INTENCIONAIS

365 IDEIAS
PARA VIRAR O MUNDO DE CABEÇA PARA BAIXO

Publicações Pão Diário

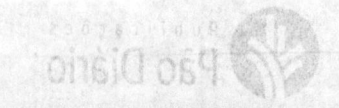

INTENCIONAIS

365 IDEIAS

PARA VIRAR O MUNDO DE CABEÇA PARA BAIXO

INTENCIONAIS: 365 ideias para virar o mundo de cabeça para baixo
©2018 por Beatriz Hummel, Filipe Silveira, Julia Bomfim, Lissa Subirá,
Nelson Scheffler de Barros, Stela Krüger, Vinicius Condo
Editado e publicado por Publicações Pão diário sob acordo especial.

Coordenação: Denise Cortazio
Revisão: Dalila de Assis, Fábio Ricardo Gioppo, Melina Pockrandt, Lozane Winter
Capa: Adilson Proc
Ilustração: Carolina Araújo
Foto: Franciele Cunha
Projeto gráfico e diagramação: Juliana Ruggiero, Rebeka Werner, Victoria Amaral

Dados Internacionais de Catalogação na Publicação (CIP)

BARROS, Nelson Scheffler de; BOMFIM, Julia; CONDO, Vinicius; HUMMEL, Beatriz; KRÜGER, Stela; SILVEIRA, Filipe; SUBIRÁ, Lissa
INTENCIONAIS: 365 ideias para virar o mundo de cabeça para baixo
Curitiba/PR, Publicações Pão Diário.
1. Religião prática   2. Vida cristã   3. Meditação e devoção   4. Jovens

---

Proibida a reprodução total ou parcial, sem prévia autorização, por escrito, da editora.
Todos os direitos reservados e protegidos pela Lei 9.610, de 19/02/1998.
Permissão para reprodução: permissao@paodiario.com

Exceto quando indicado o contrário, os trechos bíblicos mencionados são da Nova Versão Internacional
© 2011 Editora Vida.

Publicações Pão Diário
Caixa Postal 4190, 82501-970 Curitiba/PR, Brasil
publicacoes@paodiario.org
www.publicacoespaodiario.com.br
Telefone: (41) 3257-4028

Código: CU741
ISBN: 978-1-68043-678-5

2.ª impressão: 2019

Impresso no Brasil

PREFÁCIO

Imagine que você fosse encarregado de indicar três nomes de líderes cristãos de influência nacional na esfera Igreja. Acredito que essa não seria uma tarefa tão difícil para a maioria. Mas, e se você precisasse indicar três nomes de líderes cristãos de influência nacional em cada uma das esferas da sociedade, você conseguiria? Onde estãos os cristãos influentes no Governo, na Economia, na Educação, nas Artes e Entretenimento, na Comunicação, na Família e na Ciência e Saúde? Se você teve dificuldade para indicar nomes, essa é a chave para o propósito deste livro.

Temos visto e vivido verdadeiros absurdos em cada uma das esferas de influência da sociedade; e diante disso podemos apenas: observar e reclamar, ou fazer algo a respeito. Um pastor certa vez disse: "O mundo só tem voz onde a Igreja se calou" e talvez aquilo que nos choca hoje nos noticiários seja simplesmente fruto do nosso silêncio e estagnação como Corpo de Cristo. Mas a boa notícia é que podemos virar esse jogo! Costumo dizer que, se não fomos arrebatados após a nossa conversão a Cristo, é porque ainda temos uma missão a cumprir aqui na terra. É um desafio e, ao mesmo tempo, grande privilégio sermos chamados a, no meio de uma geração corrompida e depravada, brilharmos como estrelas no universo (FILIPENSES 2:15).

Este material surgiu debaixo do entendimento da responsabilidade que temos como cristãos de levarmos os valores do Reino para todos e em todos os lugares. Um livro escrito por adolescentes, com meditações diárias baseadas nas esferas de influência da sociedade. Escolhemos a adolescência por ser uma fase de grandes transformações e também de construção de valores que determinarão o futuro como ser humano. Eles são bombardeados com todo o tipo de informação nos diversos meios de comunicação e, diante dessa realidade, nada melhor que um adolescente se comunicando com outro adolescente, não é mesmo?

Um dos nossos objetivos com esse material é despertar você adolescente para, assim como os sete autores deste livro, se levantar em sua geração e ser um agente de transformação no meio onde você está! Os sete autores do INTENCIONAIS abriram mão de tempos de lazer com os amigos e família para estudarem sobre as esferas e buscarem em Deus inspiração para escrever cada um destes textos. Eles escreveram aquilo que é realidade no dia a dia de cada um. Em muitos textos, você vai poder compartilhar dos seus medos, frustrações, alegrias e sonhos. Eles são adolescentes como você, têm limitações assim como você e, mesmo assim, ousaram ser INTENCIONAIS, assim como você pode ser!

São 365 textos tratando as seguintes esferas: família, educação, ciência/saúde, artes/entretenimento, economia/negócios, comunicação, igreja e governo. Porém, este material não tem como objetivo falar das esferas de influência da sociedade de forma detalhada, destrinchando cada uma delas. Até mesmo por ser categorizado como um devocional, tratam-se de textos curtos, que têm como objetivo despertar adolescentes para que percebam como são afetados pelas esferas e também como podem se posicionar e influenciar essas áreas. Se você deseja conhecer mais profundamente sobre as áreas de influência da sociedade, indicamos o livro "Template Social do Antigo Testamento", de Landa Cope.

Baseamo-nos em três objetivos principais: conscientizar adolescentes sobre a existência das esferas; alertar sobre a importância e a relação de cada uma com o nosso cotidiano; influenciar pessoas para que alcancem outras e assim possamos impactar nossa nação e o mundo. Além dos sete adolescentes, tivemos a honra de contar com alguns convidados que participaram do devocional escrevendo alguns textos. Nossa imensa gratidão à Kelly Subirá, Israel Subirá, Adriana Ortencio, Danilo Ortencio, Sandro e Leslie Vila, Marcelo Bomfim, André e Daniela Hummel e Joelma Silveira.

Nas próximas páginas, você encontrará em cada texto:
- um título;
- um versículo base;
- o texto da meditação diária;
- o desafio, que visa estimular uma ação prática em relação ao texto;
- o símbolo da esfera em que aquele texto está inserido;
- a caricatura do adolescente que escreveu.

A verdade é que não nascemos para viver um dia após o outro simplesmente no piloto automático. Precisamos não só clamar pelo Reino, mas também viver de forma intencional para que esse Reino de fato venha! O nosso desejo é que diariamente pessoas de vários lugares do Brasil sejam inspiradas pelo Espírito Santo através desses textos. Por isso, leia, medite, faça os desafios e compartilhe conosco sua experiência. Que possamos nos levantar como uma geração de INTENCIONAIS!

Um forte abraço,

Denise Cortazio
Coordenadora INTENCIONAIS

AGRADECIMENTOS

À nossa família, que é nossa base. Sem vocês não estaríamos vivendo esse momento tão especial. Essa conquista também é de vocês.

Ao presbitério da Comunidade Alcance de Curitiba, nossa segunda casa. Em especial aos pastores Sandro e Leslie Vila por pastorearem nossas vidas com amor.

Aos pastores Paulo e Juliana Subirá, por todo investimento nesta geração.

À todos os amigos que de alguma forma colaboraram para que esse sonho saísse do papel. Vocês são INTENCIONAIS!

Agradecemos também à Denise Cortazio, que não foi só quem coordenou e idealizou esse projeto, mas também foi a nossa referência do que é ser intencional. A Denise nos mostrou propósito, gerou um senso de urgência por esta geração e foi usada pelo Espírito Santo para despertar dentro de nós sonhos ainda maiores. Nós amamos você!

Ao nosso Deus que nos ama com amor eterno e incondicional, ao amado Jesus que é o nosso Padrão de conduta e ao Espírito Santo que nos orientou em cada palavra destes textos.

ÍNDICE

- JANEIRO 10
- FEVEREIRO 44
- MARÇO 74
- ABRIL 108
- MAIO 140
- JUNHO 174
- JULHO 206
- AGOSTO 240
- SETEMBRO 274
- OUTUBRO 306
- NOVEMBRO 340
- DEZEMBRO 372

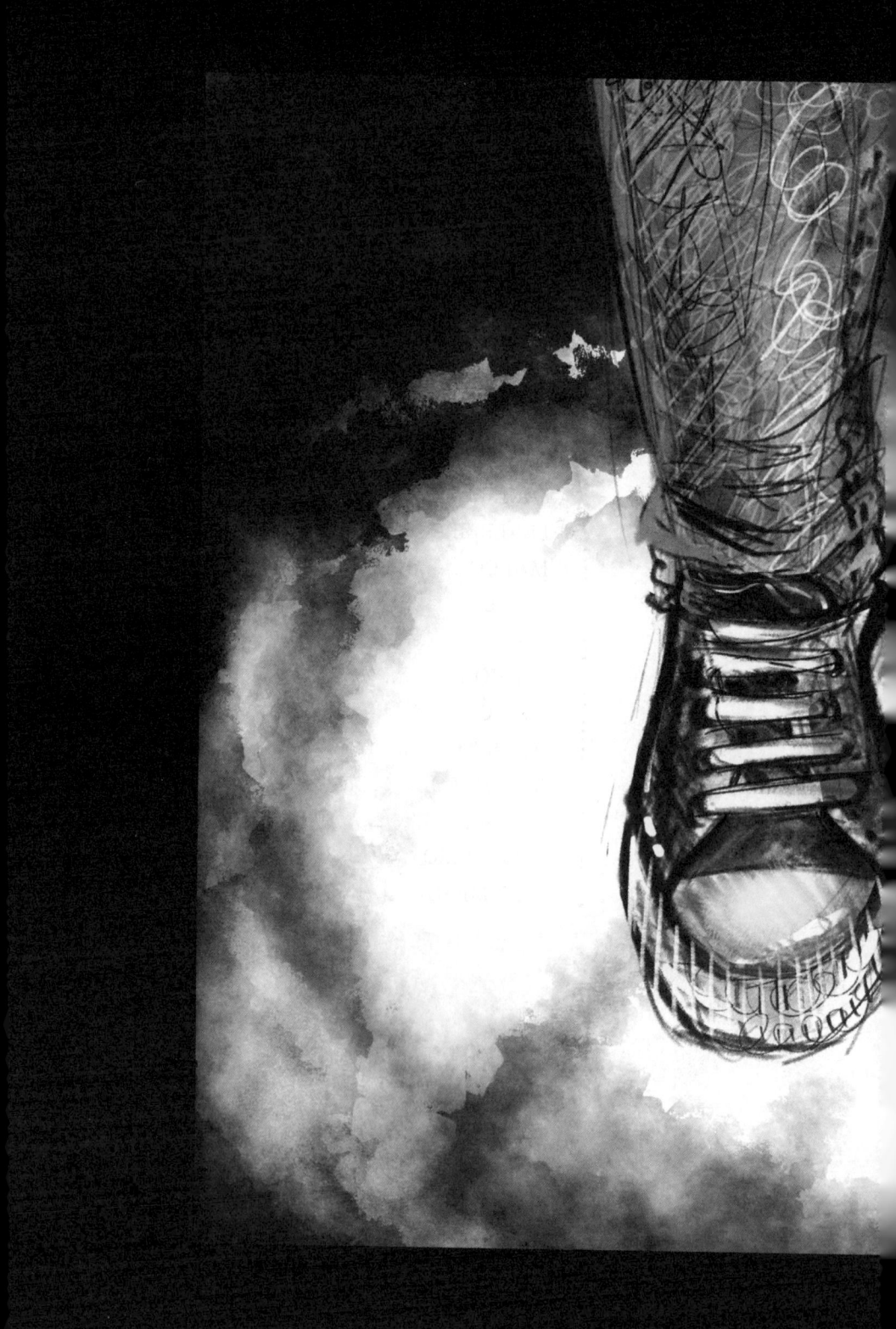

JANEIRO

O LIMITE DAS TREVAS

Revela coisas profundas e ocultas; conhece o que jaz nas trevas, e a luz habita com ele. (DANIEL 2:22)

O que mais te chama atenção em Deus? Tire alguns minutos para pensar sobre isso, respire fundo, lembre-se de tudo que Ele já fez e tente encontrar palavras para O definir. Uma das coisas que mais me chama atenção em Deus é a palavra luz. Essa palavra aparece diversas vezes como características ligadas a Deus. Por exemplo, em João 8:12, Jesus se apresenta como a Luz do mundo, em 1 João 1:5 diz que Deus é luz e nEle não há treva alguma e, em Salmo 18:28, diz que Deus transforma nossas trevas em Luz.

Um dia, um dos meus amigos recebeu uma palavra a qual dizia que onde os pés dele tocavam as trevas eram obrigadas a sair. Isso ficou na minha cabeça por muito tempo. Comecei a pensar sobre o fato de sermos a luz do mundo e que, da mesma forma que quando ligamos a luz as trevas chegam ao limite e precisam desaparecer, essa deve ser a nossa função no mundo (MATEUS 5:14,15). Fiquei me perguntando como eu poderia ser essa luz dentro de ambientes tão escuros como o escritório, a faculdade, entre os meus amigos que não conhecem Jesus.

Então me deparei com 2 Coríntios 4:6 que diz o seguinte: "Pois Deus que disse: 'Das trevas resplandeça a luz', ele mesmo brilhou em nossos corações, para iluminação do conhecimento da glória de Deus na face de Cristo". Esse versículo me fez ver que a minha missão era exatamente esta: ser luz. E ser luz significa fazer as trevas desaparecem. Mas como fazer isso? Muitas vez um abraço pode fazer as trevas sumirem, ouvir de verdade alguém que está com problemas faz as trevas desaparecem, ajudar alguém com dificuldade tem o mesmo efeito e essa é a sua missão também! Deus nos chamou para, assim como Ele, sermos a luz do mundo. Faça as trevas chegarem ao limite com criatividade e ousadia (2 TIMÓTEO 1:7). Aonde você chegar, as trevas terão de sair!

BEA

Desafio:
Desafie-se hoje a fazer as trevas desaparecem, seja dentro da sua casa, com um colega, na sua igreja ou em qualquer outro lugar. Lembre que Deus já te deu autoridade para isso!

JANEIRO 2

NECESSIDADE DE UM LÍDER

Todavia, o povo recusou-se a ouvir Samuel, e disseram: "Não! Queremos ter um rei". (1 SAMUEL 8:19)

Você já percebeu como nós temos necessidade de possuir uma referência de liderança? Estamos sempre buscando alguém para influenciar nossa maneira de pensar e agir. Nos estudos, procuramos referências. No trabalho, procuramos liderança. Nos esportes, procuramos alguém que transmita segurança. Portanto, a dúvida é: quem é seu líder?

Em 1 Samuel 8, o povo de Israel pede a Samuel um rei — apesar de possuírem Samuel como seu juiz, o qual agia conforme a vontade Deus. Então, Deus permite que o profeta atenda ao pedido deles, mas que os informe as consequências dessa escolha (1 SAMUEL 8:11-18). Mesmo depois de ouvir todas as péssimas consequências, Israel permanece com seu desejo. Acha que eu e você faríamos diferente? Está muito enganado!

A mídia apenas intensifica a nossa necessidade de procurarmos um governo sobre nós. Os "famosos" tornam-se aqueles que ditam evangelhos que queremos seguir, seja através da moda, das preferências, do falar etc. Esses "líderes informais" nos moldam e, diversas vezes, nós mesmos corremos atrás disso. Quer exemplos? Seu estilo de roupa é baseado em alguém? O que você achou de um filme é baseado na opinião de quem? No ambiente escolar, você segue a sua vontade ou procura agradar às pessoas?

Precisamos aprender a viver todos nossos dias em uma constante tentativa de nos parecermos com o verdadeiro Governador de nossa vida. Deus, através de Seu Filho, nos apresentou o melhor líder que o mundo pode possuir. O caráter de Jesus deve ser nossa referência, nossa liderança e nossa segurança. Precisamos ser como Ele é!

FILIPE

Desafio: *Defina quem são as figuras de liderança que você possui nas 8 áreas de influência que são abordadas neste livro. Escreva características de cada uma delas que são como as de Jesus. Suas características são semelhantes a essas? Precisamos nos parecer com Ele!*

JANEIRO

O PROPÓSITO DA ARTE

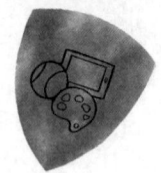

> *Para que o meu coração cante louvores a ti e não se cale. Senhor, meu Deus, eu te darei graças para sempre.* (SALMO 30:12)

No começo a música era para mim uma válvula de escape. Em toda situação, eu colocava meus fones de ouvido, aumentava no último volume e viajava para longe dentro da minha cabeça. Quando comecei a aprender a tocar violão — e depois guitarra —, fui para mais longe ainda. Lembro-me de situações em que estava um clima tenso em casa e a única coisa que eu queria fazer era sumir daquele lugar. Então eu ia para o meu cantinho, pegava meu violão e começava a tocar. Era como se tudo sumisse e eu só me concentrasse naquele momento. Cada nota me trazia paz. Cada melodia era como se fosse um grito da minha alma. Passava horas e horas apenas tocando e compondo alguma coisa.

Entretanto, a música se tornou algo muito além disso. Foi a melhor forma que eu encontrei para me expressar com Deus. O ambiente de música e adoração é onde eu mais consigo ter intimidade com Ele. É nesse lugar que vejo o propósito da arte, de comunicar uma mensagem. O artista tem a capacidade de usar seu talento para representar algo, um sentimento, uma opinião, um protesto, qualquer coisa. Na arte ele encontra uma forma de transmitir aquilo. E não só através da música, mas também da dança, teatro, pinturas, escrita etc.

Da mesma forma, Deus quer usar a arte para transmitir a Sua mensagem. Eu creio que uma pessoa pode ser curada através de uma música; ou que alguém pode ser tocado pelo Espírito Santo quando se deparar com uma obra de arte. A arte deve ser intencional. Ela deve ser feita para um fim. Deus está à procura de artistas que vão representá-Lo através do seu talento e que vão glorificá-Lo por meio das suas obras artísticas. E, principalmente, com a excelência e qualidade que Ele merece!

STELA

Desafio:
Se você desenha, canta, toca, faz teatro ou dança, quero te desafiar a investir nos seus dons. Não os coloque na gaveta, exponha-os! A sua arte pode tocar vidas!

JANEIRO 4

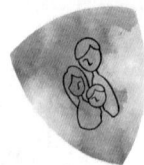

OS INCRÍVEIS

Ame o seu próximo como a si mesmo.
(MATEUS 22:39)

E aí, reconhece esse nome? Provavelmente sim, mas, caso você não tenha visto esse filme, vou dar uma explicação "rapidex". Bom, esse filme é um desenho de uma família de super-heróis e cada um deles tem um poder diferente. É muito divertido e super indico assistir com sua família.

Uma das coisas que eu acho mais sensacional em Deus é a Sua criatividade. Já parou para pensar quão impressionante é o fato de Ele criar cada pessoa com um jeito e características específicas? As personalidades podem ser parecidas, mas cada pessoa é única e tem habilidades diferentes. Na minha família, por exemplo, meu pai simplesmente manda muito bem na cozinha. Já a minha mãe tem um senso de humor incrível e consegue fazer qualquer pessoa sorrir.

Pare um pouco e olhe as qualidades da sua família, perceba as habilidades e o potencial de cada pessoa. Jesus nos ensina, no Sermão do Monte, o segundo maior mandamento: amar o próximo como a nós mesmos. E o próximo também é nossa família. As habilidades que você vai perceber neles podem não ser "superpoderes", mas, se você olhar com o olhar de Jesus, encontrará verdadeiros heróis.

Desafio:
De maneira simples e prática, exerça esse amor, reconhecendo as habilidades de seus pais, irmãos, irmãs e familiares mais próximos. Fale isso para eles e tire um tempo de qualidade com alguém de sua família, preferencialmente com quem você menos tem afinidade.

CONDO

5 JANEIRO

O ESSENCIAL

Falando novamente ao povo, Jesus disse: "Eu sou a luz do mundo. Quem me segue, nunca andará em trevas, mas terá a luz da vida". (JOÃO 8:12)

A ciência nos apresenta o sol como a estrela mais luminosa, que também é o centro do sistema solar, com vários planetas girando em sua órbita. Sem dúvida, a sua luz é essencial para vida, e somos altamente dependentes dela em vários aspectos. As plantas, em seu processo de fotossíntese, momento em que elas produzem seu próprio alimento, têm a necessidade do Sol para o procedimento ser realizado. Já nós, seres humanos, através do Sol, obtemos a vitamina D, que é fundamental para o funcionamento do nosso corpo. Ela melhora a absorção do cálcio, fortalecendo nossos ossos, evitando quedas e dá mais rigidez aos músculos.

Agora, fazendo um paralelo entre tudo isso e a Palavra de Deus, vemos Ele como o Sol. O versículo acima descreve que Jesus é a luz do mundo e quem anda com Ele nunca andará no escuro. Nós conquistamos em Cristo nosso alimento espiritual diariamente por causa da nossa necessidade. Isso melhora nosso interior e nos fortalece para não cairmos. Ele é a luz que nos guia e traz a vida, em abundância e eterna. E o interessante é que a luz do sol é fundamental para que as plantas floresçam e as árvores deem frutos. Assim também acontece com a gente: quando Jesus vem com mais intensidade, brota algo novo dentro de nós, algo vivo, e isso é reflexo dEle em nós.

Se há luz, não há trevas! Agora, com Jesus através de nós, somos chamados para iluminar todos os lugares em que estamos para que assim a escuridão não prevaleça. Em Salmo 119:105 diz que "a Palavra de Deus é a lâmpada que ilumina nosso caminho", fazendo uma comparação com as lamparinas usadas antigamente para indicar o caminho com clareza. A Palavra é o que nos fortalece e nos mantém firmes no caminho, que é Jesus.

Desafio:
Você tem andado na luz? Analise as áreas da sua vida que possam estar na escuridão e seja totalmente transparente para que o brilho de Jesus ilumine você completamente. Fale com alguém com mais maturidade e peça ajuda, pois onde existe luz, não existe trevas.

JULIA

JANEIRO 6

MAIS RICO DO QUE QUALQUER OUTRO NA TERRA

Esforço-me para que eles sejam fortalecidos em seus corações, estejam unidos em amor e alcancem toda a riqueza do pleno entendimento, a fim de conhecerem plenamente o mistério de Deus, a saber, Cristo. Nele estão escondidos todos os tesouros da sabedoria e do conhecimento. (COLOSSENSES 2:2,3)

Como fruto de propagandas e uma cultura de ostentação nas redes sociais, nossa geração herdou a mentalidade de que a alegria é proporcional à quantidade de dinheiro adquirida. Nosso mundo é movido por isso. Insatisfeitas, milhares de pessoas ao redor do globo basearam as decisões mais importantes de suas vidas no lucro financeiro. Mal sabiam elas qual seria o prejuízo espiritual, emocional e físico.

É claro que o dinheiro deve ser considerado ao tomarmos decisões responsáveis. Isso simplesmente não deve ocupar o primeiro lugar. Nossa profissão, investimentos e estilo de vida serão verdadeiramente bem-sucedidos apenas quando forem de acordo com a vontade do Pai.

Vemos em Colossenses 2 um novo conceito de riqueza: o conhecimento de Deus. Os melhores tesouros estão escondidos no Senhor. Quando essa verdade se tornar real em nosso espírito, vamos nos flagrar vivendo na contramão da maioria.

Ajustamos todas as nossas prioridades em função da maior entre elas. Conhecer o coração de Deus é mais importante do que ter mais horas de trabalho e produtividade. Enquanto o mundo é consumido pelo o que a ferrugem destrói, existem homens e mulheres que se empenham em encontrar o tesouro que os acompanhará pela eternidade. Ninguém pode roubar a sua revelação de Deus; e tê-la significa ser mais rico do que qualquer outra pessoa na Terra.

LISSA

> **Desafio:**
> *Reprograme o seu tempo e rotina em função do que é mais importante.*

JANEIRO

NÃO SEJA UM ALIENADO

*Jesus ia crescendo em sabedoria,
estatura e graça diante de Deus e dos homens.*
(LUCAS 2:52)

Quando Jesus ainda era menino, seus pais e ele foram a Jerusalém para a festa de Páscoa. Mas, no caminho de volta para casa, perceberam que Jesus havia ficado na cidade. Desesperados, começaram a procurá-lo, até que o encontraram no Templo, discutindo diversos assuntos com os mestres, ouvindo e fazendo perguntas. A Bíblia diz que Jesus crescia em sabedoria. Não só no conhecimento bíblico (diante de Deus), mas também no terreno (diante dos homens).

Daniel e seus amigos foram escolhidos dentre os prisioneiros israelitas pelo rei Nabucodonosor por apresentarem atributos de conhecimento e sabedoria. A partir disso, os filhos de Deus puderam exercer influência em todo um reinado. Paulo, um dos maiores apóstolos, aquele que mais escreveu livros no Novo Testamento, apresentou um ministério de revelação, entendimento da Palavra e exortação extraordinário! Mas, quando jovem, foi alguém muito estudioso, discípulo de um dos maiores fariseus da época. Era alguém que realmente conhecia as Escrituras e as demais áreas de conhecimento.

Se você está achando que pode impactar o mundo sem estudar, está muito enganado! Precisamos conhecer como o mundo funciona, precisamos ser pessoas informadas, que conhecem a realidade à nossa volta e, principalmente, que conhecem a Palavra de Deus.

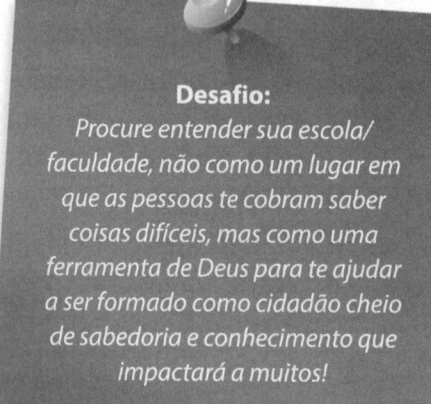

Desafio:
Procure entender sua escola/faculdade, não como um lugar em que as pessoas te cobram saber coisas difíceis, mas como uma ferramenta de Deus para te ajudar a ser formado como cidadão cheio de sabedoria e conhecimento que impactará a muitos!

NELSON

JANEIRO 8

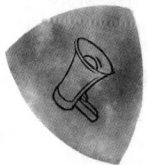

OLHANDO ATRAVÉS DOS OLHOS DELE

E Deus viu tudo o que havia feito, e tudo havia ficado muito bom.
(GÊNESIS 1:31)

Não sou nenhuma fotógrafa profissional, mas gosto de tirar fotos e, principalmente, de editá-las nesses aplicativos de celular. Eu não tenho uma câmera profissional também, por isso, às vezes, quando estou com meus amigos fotógrafos, eu tento pegar emprestada alguma câmera deles e tirar foto de qualquer coisa que eu ache bonita. Pode ser uma pessoa, um objeto, uma árvore, qualquer coisa mesmo! E isso é uma das coisas que eu mais admiro em quem trabalha nessa área. Ter esse poder de enxergar beleza onde muitas vezes nem percebemos que ela existe e eternizá-la numa foto.

Por muito tempo, eu não conseguia enxergar beleza em mim. Tinha uma autoestima muito baixa e detestava que tirassem fotos de mim, principalmente só do meu rosto. Mas houve um dia em que me desafiei. Chamei uma amiga que é fotógrafa para irmos num parque e fazermos uma sessão de fotos. No começo, foi muito difícil para mim, principalmente conseguir sorrir naturalmente, pois me sentia tão mal e feia. Mas a minha amiga fez com que eu me sentisse bem; confiante. Com o tempo ela conseguiu fazer com que eu ficasse à vontade e me soltasse. Consegui sorrir finalmente! Tiramos muitas fotos naquela tarde. Depois de alguns dias, ela me mandou as fotos. Me assustei. Eu me senti bonita, e isso era algo raro de acontecer. Ela conseguiu de alguma forma encontrar beleza onde eu não via. Captou cada traço que, no meu ponto de vista, não era algo que me atraísse. Eu me vi com outros olhos, com os olhos dela.

Isso me faz pensar muito sobre como Deus nos enxerga. Quando olhamos para nós, através do nosso ponto de vista, vemos que somos horríveis, feios, ruins, pecadores. Mas, quando olhamos através dos olhos dEle, percebemos o quão amados somos. Encontramos beleza, vida, amor e propósito nEle! Dessa forma, enxergo Deus através da fotografia. Ele me faz sentir bem. Aguarda sempre ansiosamente meu sorriso. Sempre registra nossos melhores momentos. Quando começo a me achar feia, Ele me leva para o espelho mais próximo e me diz: "Olhe para mim. Eu te criei à minha imagem e semelhança. Você me acha feio?" Eu digo: "Nunca, Você é lindo, mas olha para mim". Quando Ele me olha, diz: "Você é linda, afinal você é minha filha!".

> **Desafio:** Olhe para você através de um outro ponto de vista. Uma das melhores formas disso acontecer é perguntando para amigos bem próximos o que eles veem de beleza em você (não precisa ser só aparência física). Pergunte também para seus pais ou irmãos, pessoas que te conheçam bem. Tenho certeza que você vai se surpreender com as respostas.

STELA

9 JANEIRO

ÁGUIA QUE ANDA COM GALINHA, CISCA

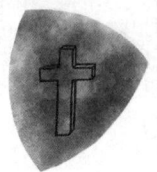

*O homem honesto é cauteloso
em suas amizades, mas o caminho dos ímpios
os leva a perder-se.* (PROVÉRBIOS 12:26)

"Águia que anda com galinha cisca": essa é uma frase que um dos meus melhores amigos costumava dizer. No dia em que ele me falou isso, eu não parei para refletir na ideia. Mas, com o passar do tempo, Deus me ensinou através da nossa amizade a profundidade daquelas sábias palavras.

Uma coisa é fato: ou você influencia, ou é influenciado. E isso para o bem ou para o mal. Trazendo para uma perspectiva espiritual, isso também acontece. Digo isso porque reconheço o quanto Jesus usou a vida desse meu amigo para me influenciar a tomar um posicionamento e me entregar por completo a Cristo. Durante o processo em que eu não entendia minha identidade em Cristo, ele me encorajou, ensinou e, como um amigo de verdade, me exortou várias vezes. Essa é uma das maneiras que Jesus usa para se manifestar na nossa vida: através das nossas amizades. Mas apenas aquelas que nos levam para perto dEle ou nas que nós influenciamos.

A razão de tudo isso é que quero te exortar, ou melhor, te dar um aviso de amigo: analise se suas amizades te aproximam de Jesus. Você tem sido influenciado ou tem influenciado? Caso você seja essa ponte entre Jesus e seus amigos, não pare! Caso contrário, eu te encorajo a buscar caminhar com quem está com o coração queimando por Jesus. Apesar de parecer algo simples, isso tem um grande peso em nossa vida e será refletido em nossas ações futuramente. Que o Espírito Santo possa te ajudar a refletir sobre suas amizades.

CONDO

Desafio:
Converse com seus amigos mais próximos e avalie quais amizades têm te influenciado para perto de Jesus e se aproxime daqueles que você tem como referência em sua igreja.

JANEIRO 10

O LEGADO DE ADÃO

Disse o homem: "Foi a mulher que me deste por companheira que me deu do fruto da árvore, e eu comi". (GÊNESIS 3:12)

A transferência de responsabilidades e culpas já existe desde o início da humanidade. Após o pecado, em vez de assumir o erro, Adão colocou a culpa na mulher que o Senhor deu; e Eva colocou a culpa na serpente. Moral da história: sempre vão aparecer desculpas boas o suficiente para não assumirmos nosso erro.

Você acha que o Brasil pode se tornar um país melhor? Se sim, qual a sua responsabilidade nisso? De certa forma, acabamos colocando a culpa de algum problema em pessoas que estão no poder. Corrupção, desvio de dinheiro, mentira e tantos outros erros que conseguimos observar em autoridades também estão presentes em nosso dia a dia. Furar a fila, não devolver o troco que veio errado, colar na prova ou até piratear filmes ou músicas. As pequenas corrupções causam efeitos devastadores na sociedade, criando um ciclo vicioso que diz: "não tem problema fazer errado, porque todo mundo faz".

A culpa é de quem? Afinal, se queremos um país melhor, a mudança deve começar em nós. Não podemos ter "boas justificativas" para pecarmos, pois o pecado não vai deixar de ser errado porque é mais ou menos visível. Temos que fazer a diferença, assumir responsabilidades e mudar atitudes para gerar um impacto positivo na sociedade. E isso começa nas pequenas ações!

Desafio:
Você consegue observar hoje, em suas atitudes, pequenas corrupções? Se sim, se esforce ao máximo para ser um adolescente relevante em todas as áreas. Lute primeiro contra as suas próprias corrupções e invista no seu caráter para ser um verdadeiro exemplo.

JULIA

11 JANEIRO

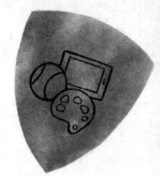

EXPECTATIVA X REALIDADE

Apeguemo-nos com firmeza à esperança que professamos, pois aquele que prometeu é fiel.
(HEBREUS 10:23)

A Copa do Mundo me ensinou (sofrendo, a gente aprende) a regular expectativas. Seja pelo título de Hexa, amizades, família ou qualquer outra área, precisamos estar sempre prontos para o próximo 7 a 1. Isso não quer dizer que devemos esperar pelo pior, mas que a nossa fé não deve estar em coisas ou pessoas e sim em Deus.

Diariamente somos bombardeados com notícias trágicas. Muitas vezes nos cenários que aparentam ser os mais seguros, coisas horríveis acontecem. Não quero te desanimar, mas apenas lembrar que a nossa confiança não deve estar nas tecnologias mais modernas ou na força do nosso braço.

No Salmo 20, versículos 7 e 8, a Palavra de Deus diz: "Alguns confiam em carros e outros em cavalos, mas nós confiamos no nome do Senhor nosso Deus. Eles vacilam e caem, mas nós nos erguemos e estamos firmes".

Algumas pessoas parecem nunca se curar de uma frustração, passam a não confiar em mais ninguém e desacreditam nos relacionamentos. Não é isso que Deus tem para você! Libere e peça perdão, acredite no poder de restauração que a vida dEle produz em nós e principalmente, deposite as suas expectativas no caráter e nas promessas de Deus para você. Dessa forma, você nunca mais terá suas expectativas frustradas.

Desafio:
Anote suas metas para esse ano e analise o quanto elas dependem de Deus, de você mesmo e das outras pessoas.

LISSA

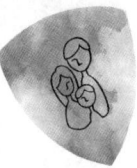

JANEIRO 12

FAMÍLIA, UM PROJETO DO SENHOR

Honra o teu pai e a tua mãe, como te ordenou o Senhor, o teu Deus, para que tenhas longa vida e tudo te vá bem. (DEUTERONÔMIO 5:16)

A família é um plano e projeto do Senhor. Famílias saudáveis definem uma sociedade saudável. Quando Deus criou o homem, percebeu que era bom que houvesse outros como ele com os quais pudesse se relacionar (GÊNESIS 2:18). Então Ele criou a mulher, para ser sua companheira, com a qual deveria se unir, originando filhos e construindo uma família (MARCOS 10:7).

Diante dessa importância, é fato notável que o reino das trevas faria de tudo para afetar as famílias, distorcendo aquilo que Deus instituiu, gerando traição, destruição de casamento, rebeldia, desobediência e desconfiança. Mas devemos nos apoiar na Palavra do Senhor, na Verdade que é Cristo e permanecer firmes diante desses ataques.

Devemos zelar para que tudo vá bem. A Bíblia nos dá um padrão de família e ordens para que tudo se mantenha segundo a vontade de Deus. Cada um tem o seu papel na família: o Senhor instituiu que o homem deve unir-se a sua mulher, tornando-se uma só carne com ela (MARCOS 10:7) tudo o que não segue esse padrão bíblico não provém do Senhor; os filhos devem obedecer aos pais (essa é a parte que cabe a você, adolescente) e os pais devem guiar os filhos no caminho certo, lutando para estar em paz com eles (EFÉSIOS 6:1-4; PROVÉRBIOS 22:6).

Acima de tudo, fazemos parte de uma família gigante! Somos filhos do Senhor, sangue real corre em nossas veias. Mas é de extrema importância que nossa família, nosso lar, seja um ambiente saudável que tenha o Senhor como centro.

Desafio: *O mandamento do Senhor é que honremos nossos pais independentemente de como eles são. O Senhor não disse para honrar pai e mãe somente se eles fossem legais. Pode ser muito difícil, mas temos a ajuda do Espírito Santo, que é nosso amigo, ajudador, conselheiro, consolador. Portanto, tome atitudes de honra em seu lar.*

NELSON

13 JANEIRO

ECONOMIA DO REINO

Há quem dê generosamente, e vê aumentar suas riquezas; outros retêm o que deveriam dar, e caem na pobreza. O generoso prosperará; quem dá alívio aos outros, alívio receberá. (PROVÉRBIOS 11:24,25)

Economia é um assunto que geralmente não desperta muito o interesse das pessoas da nossa idade, mas algo recentemente me chamou muita atenção: a economia colaborativa. Fiquei pensando como ela se assemelha aos conceitos econômicos da Bíblia e fiquei ainda mais interessada. A economia colaborativa é um movimento que defende a divisão ao invés do acúmulo, que, a partir dos seus excelentes resultados, virou uma megatendência[1].

Comecei a procurar conceitos sobre economia na Bíblia e me deparei com Provérbios 11. Esse capítulo todo fala sobre economia, prosperidade e sociedade. E me chamou atenção como sempre é destacada a questão da partilha, dos ricos ajudando os pobres, da importância de os justos prosperarem (PROVÉRBIOS 11:11) etc. Porém, mesmo diante de tantos respaldos bíblicos, vejo algumas pessoas pregando que os cristão não devem ter dinheiro.

O nosso Deus diz, em Jeremias 29:11, que está nos planos dEle nos fazer prosperar, não para que o nosso coração se torne soberbo, mas para que, através do recursos que estão nas nossas mãos, tenhamos capacidade de impactar a sociedade (JEREMIAS 29:7). Por mais que agora você pense: "Ok, mas que recurso?". Pense que recursos nem sempre são uma questão de dinheiro. A sua disposição em ajudar, sua capacidade de ensinar e seu talento também podem colaborar para a prosperidade da sua cidade e avanço do Reino de Deus.

BEA

Desafio: Junte-se com mais alguns amigos e planeje uma ação colaborativa que toque a sociedade. Vocês podem ajudar uma casa de idosos, cuidar dos filhos do casal de amigos dos seus pais, limpar a igreja, enfim, tenha a sua ideia, mas não deixe de cumprir esse desafio!

---

[1]**Fonte:** http://m.sebrae.com.br/sites/PortalSebrae/artigos/economia-colaborativa-a-tendencia-que-esta-mudando-o-mercado,49115f4cc443b510VgnVCM1000004c00210aRCRD.

JANEIRO 14

ELE ME CONHECE PELO MEU NOME

Ele determina o número de estrelas e chama cada uma pelo nome.
(SALMO 147:4)

Por diversas vezes, já senti que Deus não me enxergava. Sentia que Ele olhava para os Seus "filhos mais importantes" e se esquecia de mim. Não por conta de Ele estar errado, mas era como se eu não merecesse ser conhecido por Ele. Afinal, quem era eu? Quantas pessoas já havia levado para Jesus se comparado a outros? Tudo em relação a mim parecia pouco para chamar a atenção dEle.

Você sabia que, de acordo com o Instituto Nacional de Pesquisas Espaciais, estima-se que a Via Láctea possui de 200 a 400 bilhões de estrelas? Além disso, também é apontado a existência de centenas de bilhões de galáxias, ou seja, há um número absurdo de estrelas no espaço. E, mesmo assim, Deus conhece o número exato de estrelas e chama cada uma pelo nome. Isso realmente me deixa constrangido.

Se Deus conhece o nome de cada estrela, acha mesmo que Ele não conhece o seu nome? Em Filipenses 2:15, Ele nos compara a estrelas no universo por conta do nosso brilho. Isso é lindo demais! O nosso Pai nos enxerga na multidão. Ele nunca se esqueceu de nós e nunca se esquecerá! Você é importante demais para Ele. Por isso, nunca pense que é o filho menos amado ou esquecido. Você é único e possui um brilho digno de lembrança!

Desafio:
Invista um tempo para, durante a noite, olhar um céu estrelado. Ore e peça para que Deus lhe mostre a maneira como Ele o vê. Você é muito especial!

FILIPE

15 JANEIRO

ALOS – AMOR, LEI, OBEDIÊNCIA E SABEDORIA

> *Vocês devem obedecer-lhes* (aos decretos e leis) *e cumpri-los, pois assim os outros povos verão a sabedoria e o discernimento de vocês. Quando eles ouvirem todos estes decretos dirão: "de fato esta grande nação é um povo sábio e inteligente".* (DEUTERONÔMIO 4:6 – ênfase adicionada)

Você já se questionou por que existem algumas regras? No livro de Deuteronômio, Moisés reafirma para o povo uma série de leis que Deus tinha dado, inclusive os Dez Mandamentos. Desses dez, quatro falam do nosso relacionamento com Deus (vertical) e seis falam do nosso relacionamento com o próximo (horizontal). Mas por que estabelecer leis e decretos? Exatamente para que pudéssemos nos relacionar bem com Ele e entre nós.

Se naquela época já devia ser difícil tantas pessoas conviverem e caminharem juntas por anos em um deserto, imagine atualmente se vivêssemos (com mais de 7 bilhões de habitantes) sem regras ou leis. Seria um verdadeiro caos! Larry Richards, em seu livro *Guia fácil para entender a Bíblia*, afirma que "foi o amor que levou Deus a dar a Lei a Israel, e o amor leva as pessoas a cumprirem a Lei. A Lei mostrou como expressar amor". Em nosso relacionamento com Deus, quando nos sentimos constrangidos pelo amor dEle por nós e nos questionamos sobre o que fazer para "devolver" esse amor, a resposta é bem simples: **obediência**! Jesus disse: "quem tem os meus mandamentos e lhes obedece, esse é o que me ama" (JOÃO 14:21).

O mais interessante é que a obediência em si não deveria ser nada mais do que a nossa obrigação por tudo o que Ele fez por nós. Porém, quando obedecemos a Deus, ainda recebemos algo em troca. A obediência aos mandamentos de Deus resulta em: **sabedoria**. Pois o temor do Senhor é o princípio (ou a chave) da sabedoria (PROVÉRBIOS 1:7).

Assim como vimos no versículo-base, que nós possamos viver em obediência ao Senhor e, assim, sermos conhecidos como um povo sábio e inteligente!

Desafio: *Sabe aquilo que Deus já te falou que você deve fazer, mas que você ainda não fez? Decida hoje virar o jogo. Decida hoje obedecer!*

Denise Cortazio

JANEIRO 16

JESUS, A PONTE

Eu sou o caminho, a verdade e a vida. Ninguém vem ao Pai, a não ser por mim. (JOÃO 14:6)

Os meus olhos se encheram de lágrimas, corri na direção dEle e O agarrei com todas as minhas forças. "Não vou embora sem Você!", eu gritava. Ele me olhou e Seu semblante era triste, nunca O tinha visto daquele jeito. De repente, entre mim e Ele, a terra começou a tremer e a se abrir violentamente. Eu não o soltaria de jeito nenhum, mas Ele, com todo amor, me empurrou para longe. Quando me levantei, corri em direção a Ele de novo, mas alguém me segurou. Eu quase havia despencado num enorme buraco. As terras se partiram no meio. Ele estava longe demais. Aquela tinha sido a última vez que O vi.

Desde aquele dia, tivemos que encontrar um novo lugar para morar. Caminhamos por tantas cidades, povos e terras. Fomos presos, escravizados, exilados, passamos por tantos altos e baixos. Não sabendo mais para onde ir, paramos. Então, numa noite, houve um terremoto. As paredes da casa balançavam e muita poeira caía sobre nós. Algo tinha acontecido, sabia que tinha a ver com o lugar onde a terra havia se partido. Me levantei de madrugada, peguei um mapa e fui para lá. Todos tentavam me impedir, mas nada me fazia parar. Corri o mais rápido que pude, sem olhar para trás.

No momento em que cheguei no local, parei. Minhas forças estavam esgotadas. Meu corpo tremia. Meus pés doíam. Minha respiração era pesada. Mas meus olhos… não estavam acreditando no que viam. Alguém havia construído uma ponte. Uma ponte que unia as duas terras partidas. Assim que eu dei meu primeiro passo nela, eu O vi caminhando em minha direção. A adrenalina subiu, meu coração disparou; as forças voltaram, meu corpo se impulsionou para frente, e me lancei para Ele. Meus olhos se encheram de lágrimas e O agarrei com todas minhas forças. "Não vou embora sem Você!", eu soluçava. Ele me olhou e Seu semblante era de alegria, do jeito que eu O conhecia. Com um sorriso no rosto, Ele me disse: "Agora nada mais pode nos separar".

STELA

Desafio: *Talvez você conheça um amigo que tenha se distanciado dessa ponte e hoje se encontra perdido. Que tal mandar uma mensagem para essa pessoa? Seja um canal de amor para ela e tente lembrá-la do amor de Cristo pela vida dela.*

17 JANEIRO

ELE NÃO LIGA PARA QUANTOS SEGUIDORES VOCÊ TEM!

Assim, fixamos os olhos, não naquilo que se vê, mas no que não se vê, pois o que se vê é transitório, mas o que não se vê é eterno. (2 CORÍNTIOS 4:18)

Likes e seguidores, nada disso importa para Deus, pois essa não é a visão dEle sobre sucesso. A visão de sucesso que Deus tem para nós é a eternidade. Paulo diz, no capítulo 6 da carta aos Romanos, que a vida eterna em Cristo é um dom gratuito de Deus e em Jesus somos filhos (EFÉSIOS 1:5). Se somos filhos, isso significa toda a eternidade com o Pai!

É muito fácil começar a medir seu sucesso quando se investe tempo em coisas passageiras. Eu passei por isso, e o Espírito Santo me guiou a repensar no tempo em que eu estava investindo em mídias, me preocupando com a quantidade de *likes* e seguidores que eu tinha (ou queria ter). Não me entenda mal, redes sociais também são ótimas ferramentas para espalhar o evangelho e influenciar pessoas, porém nosso coração precisa estar com o foco certo.

Talvez sua quantidade de seguidores e *likes* não seja um problema para você, mas lembre-se de 1 Coríntios 10:12 e cuide para não cair.

Precisamos nos focar nAquele que é eterno, viver para dar frutos para o Reino, frutos como o nosso Deus dá (ROMANOS 14:17). O sucesso de curto prazo não impressiona a Deus. Ele vê nossa forma de viver e se nossas palavras condizem com o nosso coração e atitudes (MATEUS 7:21).

Desafio:
Algo que o Espírito Santo me guiou a fazer, para alinhar meu coração com o dEle, foi tirar um tempo longe de redes sociais e quero te encorajar a fazer o mesmo. Então comece tirando uma semana sem acessar as redes sociais e busque ao Senhor para alinhar seu coração com o dEle.

CONDO

JANEIRO 18

"UM DIA VOCÊ VAI ENTENDER"

Honra teu pai e tua mãe, a fim de que tenhas vida longa na terra que o Senhor teu Deus te dá. (ÊXODO 20:12)

Como são bonitos os pequenos começos! A construção de prédios muito altos começa fora da vista da maioria. As árvores enormes eram, no início, apenas uma semente. Grandes personalidades ao longo da história aprenderam com seus erros e permaneceram focados em seus alvos.

Nossos começos podem ser pequenos, mas jamais serão desprezíveis. Se não fosse pelo fundamento, o prédio não permaneceria em pé. Sem a semente saudável, a árvore não cresceria e, sem os erros, não haveria as lições que geraram a maturidade.

Jesus se tornou tão vulnerável vindo à Terra como um bebê e, enquanto crescia, precisou se submeter a seus pais. O cumprimento de todas as profecias a respeito do Filho de Deus se deu por causa da fidelidade de Jesus. Foram anos de oração e permanência no Pai, muitos deles inclusive não narrados detalhadamente na Bíblia. Jesus estava sendo forjado.

Cada repreensão, cada ordem dada a nós por uma autoridade, nos torna mais fortes. Após levantarmos de uma queda, nos tornamos mais maduros. Se formos sábios, amaremos a correção. Deus tem um plano muito especial para a sua vida. Pode até parecer que Deus não estivesse "fazendo muita coisa" até agora, mas isso não é verdade. O ministério de Jesus se tornou visível aos seus 30 anos de idade, mas nenhum dos anos anteriores poderia ser desprezado.

Da mesma forma, o Senhor estabeleceu pessoas que exercem autoridade em sua vida com um propósito. Continue firme, em obediência a Deus e às autoridades que Ele estabeleceu em sua vida, lembrando que um dia as coisas farão sentido. Não importa quão pequeno é o seu começo, sonhe sonhos dignos de um Deus tão grande, construa sua vida nEle — a rocha inabalável, confiando na beleza dos processos.

Desafio: *Quem é a autoridade em sua vida que mais te desafia? Aja de forma diferente com essa pessoa hoje, submeta-se em amor!*

LISSA

19 JANEIRO

PISANDO NAS PEGADAS DE JESUS

O discípulo não está acima do seu mestre, mas todo aquele que for bem preparado será como o seu mestre. (LUCAS 6:40)

Em 1 João 2:6 diz que, se permanecemos em Deus, devemos andar como Cristo andou aqui na Terra. Uma das coisas que mais me impressiona é que Jesus dividiu a história e o evangelho hoje é conhecido por causa de Seus discípulos que andaram como Ele. Assim como eles fizeram, nós devemos pregar através de palavras e também de atitudes. Essa é a lição que Jesus nos deixou: pisar em Suas pegadas. Ele não chamou os discípulos para simplesmente carregarem o nome de cristão, mas para agirem como verdadeiros discípulos, buscando cada vez mais se aperfeiçoar no caráter de Deus.

Dentre muitos atributos de Jesus, o que me chama a atenção é o fato de Ele ter vivido de forma tão memorável, mas com tanta simplicidade. Ele buscava o melhor de cada pessoa, amando-as pela essência e não por sua aparência. Enquanto muitos pregavam a condenação, Ele pregou a salvação. Jesus pregou o amor e Seu palco foi nas ruas, sinagogas, casas e principalmente na cruz. Ele viveu sem religiosidade. Ele era atraído por cuidar de pessoas e fazer a vontade do Pai.

Assim, Ele venceu o mundo, deixando para nós um exemplo de vida inquestionável. Nosso maior objetivo como cristão deve ser andar como um discípulo, tendo atitudes que Jesus teria para que as pessoas saibam que andamos com Ele. Não ache que você é muito novo para começar a praticar isso, pois nós temos o Espírito Santo dentro de nós. Em 2 Timóteo 1:7, Paulo fala que Deus não nos deu espírito de covardia, logo, devemos ser ousados nEle. Depender totalmente dEle e acreditar que quem faz é Ele, não nós.

Desafio: *Comece com coisas simples, sempre pensando antes de agir ou falar. Mostre que Ele habita dentro de você e busque essa semana compartilhar o amor de Jesus com alguém que ainda não O conhece.*

JULIA

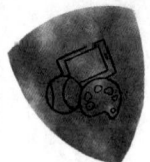

JANEIRO 20

A ARTE E O CONSUMO DE CULTURA

*Temam o Senhor, o seu Deus,
e só a ele prestem culto, e jurem somente
pelo seu nome.* (DEUTERONÔMIO 6:13)

A cultura é algo que tange diversas áreas, como comportamento, moral, valores e costumes. Exercemos e consumimos cultura principalmente através da arte. A arte que eu crio ou consumo é a expressão daquilo que eu cultuo e adoro, e aquilo que cultuo forma a minha cultura, definindo de forma geral, a minha personalidade, meus costumes e jeitos.

Quando ouvimos música, por exemplo, estamos consumindo cultura, pois a música é uma expressão de sentimentos, ideias e valores de um determinado grupo ou personalidade. Isso se aplica a diversas áreas da arte, não se limitando somente à música. Percebe como isso é importante? O tipo de cultura com que me relaciono, que consumo através da arte, formará conceitos, moralidades, ideias, que impactarão grandemente a minha vida individual e socialmente.

Perceba como a arte sempre antecede os costumes de uma sociedade. Por exemplo, o movimento hippie, que inundou os Estados Unidos e o mundo com ideais de paz, amor, prazeres, contato com a natureza e socialização. Grande parte da difusão do movimento se deu por meio de músicos, escritores, pintores e outros artistas. A arte tem um poder enorme de propagar ideias, propagar cultura.

Como Igreja, devemos cultuar a Deus e, portanto, exercer e mostrar ao mundo a cultura do Céu. Sim, devemos nos projetar em meio à arte para espalhar a cultura do Reino! Ser usado por Deus não se limita a ser um missionário ou um pastor; você pode ser usado como dançarino, pintor, cantor, músico, escritor, escultor. O Senhor pode te usar de inúmeras formas, basta você apresentar um coração disposto.

Desafio: *Que tipo de cultura você tem consumido? Que tipo de cultura você tem reproduzido? Escolha uma área da arte (literatura, pintura, música, dança etc.), pesquise e anote curiosidades sobre artistas que manifestam o Senhor Jesus.*

NELSON

21 JANEIRO

QUEM É O FILHO FAVORITO?

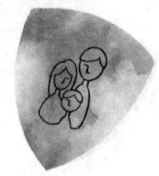

Ora, Israel gostava mais de José do que de qualquer outro filho, porque lhe havia nascido em sua velhice; por isso mandou fazer para ele uma túnica longa. (GÊNESIS 37:3)

Se você tem um irmão ou mais, muito provavelmente já perguntou para seus pais quem era o filho favorito! Aposto que eles responderam que não havia um, o que é verdade, afinal todos nós somos únicos aos olhos de Deus. Na maioria das vezes, quando não nos sentimos muito aceitos por nossos pais, acabamos fazendo coisas para deixá-los mais felizes, tentamos conseguir algum tipo de crédito com eles. Mas em alguns casos essas tentativas acabam sendo frustradas. Então já vou começar com uma dica: em vez de tentar fazer com que eles adivinhem que você está se sentindo desse jeito, tenha uma conversa sincera com eles.

Existem diversas formas de tentarmos chamar a atenção dos nossos pais. Por exemplo, você pode tentar ser o melhor aluno da turma, o melhor jogador ou, simplesmente, o melhor em tudo o que você faz. E, caso tenha irmãos, isso vai ficar ainda mais evidente. Porém, sempre existe um lado ruim e, geralmente, ele é o mais comum. Vi muitos dos meus amigos tentarem chamar a atenção "aprontando", fugindo de casa, tirando notas horríveis, arrumando brigas e, sinceramente, não funcionou. Uma história incrível sobre irmãos e comparação é a de José. Eu não acho que ele quisesse se mostrar melhor do que os irmãos intencionalmente. Isso simplesmente aconteceu, e o nível de comparação foi tão grande que seus irmãos chegaram ao ponto de vendê-lo e fingir para os seus pais que ele havia morrido.

Toda essa história se dá por conta de um favoritismo, por uma vontade de ser melhor e uma vontade de "ser o filho favorito". Não podemos nutrir o pensamento de querer ser o filho preferido ou querer ser o melhor e não reconhecer o que nós somos realmente. Isso é cansativo e frustrante. Deus nos fez com pontos fortes e fracos. Em nossos pontos fortes, podemos colaborar de alguma forma dentro de casa, além de conseguirmos ajudar nossos irmãos também. Já em nossos pontos fracos, podemos aprender com os nossos irmãos. Ou seja, devemos sempre colaborar com as nossas habilidades, mas também melhorar e aprender em nossas fraquezas.

Desafio: *Prepare uma surpresa para o seu irmão (caso você não tenha um irmão, faça isso para um irmão na fé). Tente encontrar o máximo de características nele que você admira, e diga isso para ele! Tenho certeza de que, além de melhorar a relação entre vocês, isso vai transformar a relação da casa no geral.*

JANEIRO 22

O BOM ADMINISTRADOR

*Quem é fiel no pouco também é fiel no muito,
e quem é desonesto no pouco também é desonesto
no muito.* (LUCAS 16:10)

Em Lucas 16, Jesus fala sobre sermos bons administradores de riquezas. Primeiramente, é bom lembrar que Deus nos comprou por um alto preço e hoje somos Seus servos, os quais Ele tomou como filhos. Nada nos pertence! O dízimo que damos sempre foi dEle, e os 90% restantes são apenas um presente que Ele nos entrega. Então, apenas administramos a riqueza que pertence a Deus!

Por muito tempo eu questionei algo: como uma pessoa cristã pode ser tão rica e outra não? Existem alguns motivos, mas às vezes a resposta está em como as pessoas estão gerenciando aquilo que Deus deu. Vou adaptar um exemplo que ouvi uma vez do pastor Luciano Subirá. Imagine que exista um dono de uma empresa que possui dois tipos de setores: os de produtos caros e os de produtos baratos. Um funcionário trabalha no caixa dos produtos baratos e todo dia o dono vê, através das câmeras, que ele rouba dinheiro desse caixa. Por conta de os produtos serem baratos, ele rouba "apenas" cerca de 20 reais por dia. O dono pensa "ele deve estar roubando por estar necessitado", então, coloca o funcionário no caixa de produtos caros, pois agora ele roubaria apenas uma vez e supriria logo sua necessidade. Por fim, o funcionário continua roubando todos os dias, mas cerca de cem reais agora.

Você agiria como o dono? Eu jamais faria isso! Teria demitido na hora! Então, por que acha que Deus colocaria muita riqueza nas mãos de quem não é fiel nem no pouco? Deus nos chamou para a fidelidade e para O honrarmos. O Senhor é dono de tudo e não está interessado no dinheiro, mas em nosso coração (2 CORÍNTIOS 9:7).

FILIPE

Desafio: *Analise a forma como você administra aquilo que Deus colocou em suas mãos. Você tem sido fiel? A partir de hoje, anote a quantia e o destino de seu dinheiro no mês. Ao final do mês, procure perceber as decisões erradas que tomou financeiramente.*

PERSEGUINDO A BELEZA DO SENHOR

Uma coisa peço ao Senhor, e a buscarei: que eu possa morar na Casa do Senhor todos os dias da minha vida, para contemplar a beleza do Senhor e meditar no seu templo. (SALMO 27:4 ARA)

Imagine que você escutou a vida inteira sobre o melhor chocolate do mundo. As pessoas ao seu redor sempre o descreveram com brilho nos olhos, o que te deixou curioso sobre isso. Após alguns anos, você já decorou o discurso sobre o chocolate, e até consegue reproduzi-lo, mas você nunca chegou a experimentar. Você estaria satisfeito com isso? Claro que não! Porque a melhor parte é provar! No momento em que isso acontecesse, você passaria a descrevê-lo com as suas próprias palavras e sua experiência seria única. Da mesma forma, podemos cultivar palavras bonitas e repetidas sobre o Senhor e nos tornarmos tão familiarizados com a descrição que conhecemos dEle sem nunca saber quem Ele realmente é.

Davi, que na Bíblia é o homem denominado "segundo o coração de Deus", encontrou algo diferente dos demais. Sua busca de todo coração o levou a um lugar de fascinação tão grande por Deus que nada mais era tão importante quanto estar com Ele! Nos Salmo 29:2 e 96:9, assim como em outras passagens, a Palavra fala sobre a beleza da santidade de Deus. Os seres viventes no Céu declaram sem parar sobre a Santidade do Único Deus. Eles não estão ali entediados, por tradição ou por uma performance religiosa, e sim completamente fascinados, extasiados, contemplando a majestade de Deus! Ler essas palavras ou escutar boas mensagens nunca será o suficiente. Precisamos da nossa própria experiência com o Senhor!

Quanto melhor entendermos a imagem de Deus, menos limitado será o nosso relacionamento com Ele.

Desafio: Em um papel, escreva de forma simples quem Deus é em sua vida. Para cada característica, adicione um motivo! Isso pode te ajudar a avaliar a intensidade da revelação de quem Ele é para você.

LISSA

JANEIRO 24

VOCÊ QUER JUSTIÇA?

Bem-aventurados os que têm fome e sede de justiça, pois serão satisfeitos. (MATEUS 5:6)

Em Êxodo 2, Moisés fez uma visita ao seu povo hebreu para ver como estavam vivendo e percebeu que o trabalho deles era muito duro e pesado. Logo depois se depara com uma cena que o deixou indignado: um soldado egípcio espancando um escravo hebreu! Ele sabia que aquilo era totalmente injusto e, percebendo que não tinha ninguém olhando, matou o soldado (e ainda escondeu o corpo). No dia seguinte, Moisés vê outros dois escravos brigando e pergunta o motivo da briga. Um deles questiona: "Vai nos matar assim como fez com o egípcio?". Moisés ficou com medo porque todos já sabiam do assassinato que havia cometido e foge do país. Ele tinha sido movido pelo seu senso de justiça e acabou se dando muito mal.

Moisés tinha o chamado de libertar o povo hebreu da escravidão no Egito, isso era algo que já queimava em seu coração antes mesmo de Deus revelar isso pessoalmente (ÊXODO 3). Mas ele quis fazer a justiça através das suas próprias mãos, sendo que deveria ser algo que partiria primeiro de Deus e não dele. Antes mesmo de Moisés querer libertar o povo, Deus já havia planejado isso há muito tempo, só estava esperando o tempo certo para levantar um libertador e começar a obra.

Da mesma forma como Deus levantou Moisés para fazer justiça da forma certa no momento certo, Ele quer te levantar para trazer a justiça para o Brasil. A Palavra diz que aqueles que têm fome e sede de justiça seriam satisfeitos; isso é uma promessa! Existem muitos problemas na nação que só pela força do nosso braço não podemos resolver, mas sabemos quem pode. Ele é o vento, e nós somos o barco. Sem ele, esgotaríamos as nossas forças, remando em alto-mar, mas com Ele soprando a nosso favor, vamos mais rápido e mais fortes para o destino. Seu coração queima por justiça?

STELA

Desafio: Pegue um papel e escreva cinco coisas que te causam um senso de injustiça. Que tipo de situação você olha e pensa: "Isso é injusto!"? Depois de escrever, ore para que Deus fale como Ele quer te usar para levar a justiça do Reino nesse lugar!

25 JANEIRO

INABALÁVEIS

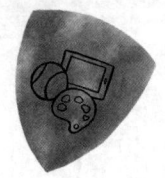

Portanto, meus amados irmãos, mantenham-se firmes, e que nada os abale. Sejam sempre dedicados à obra do Senhor, pois vocês sabem que, no Senhor, o trabalho de vocês não será inútil. (1 CORÍNTIOS 15:58)

Você já se imaginou como um super-herói? Muito melhor do que Batman, Super-Homem, Mulher-Maravilha ou qualquer personagem da Marvel, quero falar sobre o nosso maior modelo de super-herói: Jesus. Sim! Pense em como Ele revolucionou Sua geração, salvou, curou, libertou, ressuscitou mortos e morreu por mim e por você. Ele foi um herói e é referência para nós. Quando Ele foi para o deserto (LUCAS 4:1-15), teve que vencer o inimigo que jogou sujo e pesado com ele, atacou Sua identidade, paternidade e Seu propósito. Questionou e confrontou-o dizendo que, se Ele era filho de Deus, por que passava fome? Ou por que não tinha riquezas e reinos e outras coisas? Mas Ele permaneceu firme em Suas convicções e venceu todos os ataques. Ele saiu do deserto ainda mais poderoso e pronto para enfrentar todas as circunstâncias e adversidades até a sua morte. E como é imortal, Ele venceu a morte!

Veja, temos tantos ataques diários sobre nós; nos perguntamos quem somos, para que estamos nesse mundo, o que teremos que fazer, somos cobrados em sermos bons em tudo que fazemos, estudamos e muitas vezes nos achamos incapazes. A dica de hoje é: se mantenha firme em todas as promessas de Deus para você, leia a Palavra e tenha como alvo o maior herói que a história já viu.

Quando aparecerem diante de você situações de desânimo, tentação, desespero ou vontade de desistir, você conseguirá ser inabalável, como seu Herói Jesus foi e é!

Leslie Vila

Desafio:
Escreva o versículo de 1 Coríntios 15:58 em uma folha e cole em um lugar que você visualize diariamente. Escreva nesse papel "INABALÁVEL" e saia de casa com essa certeza!

JANEIRO 26

JESUS ARQUITETO E SURFISTA?

*Eu estava ao seu lado, e era o seu arquiteto;
dia a dia eu era o seu prazer e me alegrava continuamente
com a sua presença.* (PROVÉRBIOS 8:30)

Já parou para pensar que tudo, tudo que conhecemos e o que desconhecemos do nosso planeta e do universo não existiria sem Ele (JOÃO 1:3)? Só de pensar que cada detalhe da criação foi planejado por Deus não tem como não ficarmos fascinados. Um exemplo disso são as plantas que consomem o gás carbônico, purificando o ar e no final liberam oxigênio, simplesmente o mais importante componente para que haja vida. Fala sério!

Mas o que o surfe tem a ver com isso? O mar é uma das criações que mais me fascina e, assim como evangelho, ele não vai se adaptar a nós! Para pegar uma onda, é necessário preparar seu corpo e sua mente; e nada melhor do que aprender com alguém experiente no assunto. Semelhantemente à nossa caminhada cristã, não há ninguém melhor do que o Senhor Jesus para nos ensinar. No surfe, a partir do momento em que começamos a evoluir, o desejo de pegar uma onda maior também aumenta. Porém, se não tivermos um condicionamento físico e psicológico maduro para determinada onda, o resultado pode ser doloroso e frustrante.

Da mesma forma, existem "ondas" na nossa caminhada com Cristo para as quais ainda não estamos prontos. Se preparar para as "ondas" de Deus é lembrar que Ele estará conosco em todos os momentos e em cada desafio.

Desafio:
Pense em algo que você quer viver em Deus e crie uma lista com os objetivos que você quer alcançar e também as atitudes que tem que tomar para poder viver isso (exemplo: quanto tempo de oração, jejum etc.). Aproveite para conversar com seu líder ou alguém de referência em sua igreja que possa te dar boas dicas.

CONDO

JANEIRO 27

APRENDENDO COM JOSÉ

Porque ele faz raiar o seu sol sobre maus e bons e derrama chuva sobre justos e injustos. (MATEUS 5:45)

José era um garoto que sonhava. Por causa disso, seus irmãos tiveram inveja dele e o venderam aos egípcios. No Egito, José, por sua boa conduta, sabedoria que vinha de Deus e obediência ao Senhor, foi levado a lugares altos. Um dia, o faraó teve um sonho que não conseguia entender. Então mandaram chamar José, que já havia interpretado outros sonhos, para trazer algum direcionamento a faraó. Ele, então, interpretou que Deus traria sobre o Egito sete anos de fartura, seguidos por sete anos de fome. Ele aconselhou que o faraó colocasse alguém sábio no comando das terras do Egito, para que durante os anos de fartura, fosse armazenado suprimento suficiente para os anos de fome que haveriam de vir (GÊNESIS 40).

O Senhor Jesus afirmou que o sol nasce sobre bons e maus; e a chuva cai sobre justos e injustos. Sim, os filhos de Deus podem passar por momentos de dificuldades tanto quanto aqueles que andam no pecado. E os que andam no pecado podem passar por momentos de fartura bem como os filhos de Deus. Existem ciclos e devemos aprender a respeitar isso. Muitas vezes, pensamos que não devemos nos preocupar com o que há de vir, porque o Senhor traz provisão. Sim, isso é verdade, mas muitas vezes não prestamos atenção no fato de que a provisão pode anteceder um momento de dificuldade. Ciclos. E onde erramos? Em não aproveitar esse momentos para nos prepararmos para os tempos difíceis.

O Senhor enviou provisão para o Egito passar pela fome. Essa provisão foi enviada durante a fome? Não. Deus permitiu uma fartura abundante para que tivessem um excedente, mas era necessário que Sua voz fosse ouvida e que obedecessem a ela. A grande realidade é que muitos dos problemas pelos quais podemos passar em nossa vida são por falta de atenção à voz do Senhor. O Senhor sempre nos avisa (AMÓS 3:7). Devemos ouvi-Lo e obedecer a Ele.

Desafio: *Comece desde já a administrar o seu dinheiro. Não saia por aí gastando sem necessidade. Comece hoje a reservar dinheiro, fazer planos, administrar as provisões que o Senhor te dá.*

NELSON

JANEIRO 28

A QUEM VOCÊ SEGUE?

Quem tem muitos amigos pode chegar à ruína, mas existe amigo mais apegado que um irmão. (PROVÉRBIOS 18:24)

Desde os meus nove anos de idade, sempre tive os mesmos três melhores amigos. Digo isso por eu saber que poderia contar igualmente com eles todos os dias. Eles, além dos meus próprios pais, eram aqueles que sabiam sobre meus medos, sonhos e desejos. Durante anos criamos histórias juntos que jamais esquecerei. Mas o mais importante: através do que diziam, eles me levavam para perto de Deus.

Contudo, no ano de 2016, através de chamados específicos que eles tinham, os três foram morar nos Estados Unidos. Obviamente, continuamos conversando, mas a distância dificultou nossa comunicação. Eu fiquei perdido. Abria minhas redes sociais e não havia ninguém como eles. Quantos seguidores você tem nas redes sociais? Agora, quantos deles realmente se importam contigo a ponto de serem aqueles descritos em Eclesiastes 4:9,10? Seguir alguém é se deixar ser influenciado, é analisar os detalhes para se parecer com aquela pessoa. Para se ter muitos amigos, você precisará agradar muitos gostos.

As mídias sociais apresentam o lado que queremos mostrar. Muitos adolescentes se iludem em amizades superficiais ou se aprofundam em amizades que não os levam para perto de Deus. Eu tenho vários amigos que se importam com minha felicidade, mas poucos que se importam comigo. Qual a diferença? Quem se importa contigo está disposto a te magoar pelo teu bem e está sempre buscando teu crescimento espiritual. Faça um exercício agora: pense em um nome que represente uma verdadeira amizade para você. Conseguiu? Se sim, agradeça a Deus, cultive essa amizade e lute por ela. Se não, peça a Deus por uma. Não devemos ser influenciados por aqueles que não transbordam intimidade com o Senhor. Portanto, quem você está disposto a seguir?

FILIPE

Desafio: *Quais pessoas você admira, mas que não investe tempo na amizade? Tome uma atitude hoje para mudar isso e tire um tempo de qualidade com elas.*

29 JANEIRO

QUEM MANDA AQUI SOU EU!

*Como a cidade com seus muros derrubados,
assim é quem não sabe dominar-se.*
(PROVÉRBIOS 25:28)

Você provavelmente já ouviu falar sobre domínio próprio. Esse, para mim, é um dos ensinamentos mais fundamentais da Bíblia, porque, sem o domínio próprio, fica muito difícil cumprir a vontade de Deus por completo. Afinal, somos seres cheios de impulsos e vontades (GÁLATAS 5:24), que muitas vezes falam mais alto do que nossa disposição em obedecer.

Você já esteve em alguma situação em que percebeu que perdeu o controle? Que foi grosseiro demais com alguém? Gritou? Bateu? Machucou? Ou se entregou novamente a um pecado que já havia sido vencido? Se serve de consolo, você não está sozinho. Mas essa não é a posição em que devemos estar. Uma posição de vulnerabilidade em relação à carne significa uma posição desprotegida (PROVÉRBIOS 25:28). Em alguns versículos, podemos perceber que essa não é uma missão muito fácil, afinal a Bíblia nos alerta várias vezes sobre o controle de nossas emoções. Um ótimo exemplo está em Provérbios 16:32, que diz que vale mais controlar o espírito do que dominar uma cidade.

Algumas vezes na minha vida, percebi que não tinha controle em relação a algumas coisas. Aos poucos, comecei a perceber que tudo que vinha da minha carne que eu não conseguia dominar se tornava um pecado (GÁLATAS 5:19-21). Por isso, comecei a usar uma espécie de técnica de conversar comigo mesma na frente do espelho e uma vez, depois de ficar frustrada por não conseguir controlar uma certa vontade, disse para mim mesma: "Quem manda aqui sou eu!".

Depois dessa conversa, comecei a falar essa frase com mais frequência, comecei a ver onde eu não conseguia me controlar e a orar especificamente por essas áreas. Se você consegue perceber alguma coisa da sua vida sobre a qual não consegue ter controle — alguma vontade, desejo ou coisa do tipo — ore para que Deus tome o governo dessa área e tenha atitudes para que essas situações não voltem a acontecer.

Desafio: *Se posicione contra você mesmo e vença as vontades da sua carne que te afastam de Deus. Governe suas emoções, desejos, sentimentos e pensamentos com a ajuda de Deus.*

BEA

JANEIRO 30

OBEDECER, POR QUE É TÃO DIFÍCIL?

Filhos, obedeçam a seus pais em tudo, pois isso agrada ao Senhor.
(COLOSSENSES 3:20)

Já é uma tendência do ser humano ter dificuldade de ser obediente. Podemos ver o exemplo de Adão e Eva, que desobedeceram uma ordem de Deus de não comer do fruto da árvore (GÊNESIS 3); o povo hebreu que, mesmo depois de tudo que Deus tinha feito para libertá-los do Egito, no deserto adoraram a um bezerro de ouro (ÊXODO 32); Moisés, que, em vez de falar para rocha jorrar água, bateu nela com o cajado (NÚMEROS 20:7-11); Jonas, que fugiu de Deus porque não queria pregar para a cidade de Nínive (JONAS 1). Sansão, Saul, Davi, Salomão, enfim, a lista é bem grande.

À medida que vamos crescendo, queremos ser mais independentes, seguir nossos caminhos e relutar quando nos é dada uma ordem, com argumentos de que "não precisam nos dizer o que fazer, sabemos o que é bom para nós, somos bem grandinhos e podemos tomar nossas decisões sem a ajuda de ninguém". Hoje, não só temos dificuldade de seguir o que Deus pede, mas também do que nossos pais pedem. Mesmo que sejam coisas simples, como arrumar a cama ou orar um pouco mais, sempre temos a famigerada preguiça. Não honramos nossos pais da forma como deveríamos, pois, quando nos pedem para limpar o quarto, é quase um parto para nós agirmos. Mas, se eles não nos derem dinheiro para sairmos com os nossos amigos, eles são os piores pais do mundo! Oramos para que Deus faça a vontade dEle em nós, mas, quando Ele pede algo, achamos o fardo muito pesado.

O fato é que a obediência nos custa. Ela sempre vai bater de frente com a nossa carne, orgulho e razão. Ela vem para nos tirar da zona de conforto, nos ensinar a ter disciplina, a receber um "não", mesmo que não entendamos. Ela vem acompanhada com "quando você crescer você vai me entender". Que venhamos aprender a obedecer com aquele que é o maior exemplo de servo: Jesus. Ele tinha todos os motivos para não ter morrido por nós, mas escolheu obedecer ao Pai. Ele até pediu para Deus que, se fosse possível, afastasse aquilo por que teria de passar (LUCAS 22:42), mas ainda assim queria que fosse feita a vontade de Deus, e não a dEle.

Desafio: *Se em algum momento (ou vários), você percebe que tem andado em desobediência com seus pais, quero te desafiar a fazer algo por eles, como uma forma de pedir perdão. Que tal preparar um café da manhã para eles? Ou dar uma geral na casa? Surpreenda-os hoje!*

STELA

31 JANEIRO

O DEUS QUE CURA

Um leproso aproximou-se dele e suplicou-lhe de joelhos: "Se quiseres, podes purificar-me!" Cheio de compaixão, Jesus estendeu a mão, tocou nele e disse: "Quero. Seja purificado!" Imediatamente a lepra o deixou, e ele foi purificado. (MARCOS 1:40-42)

Somos espírito, alma e corpo e ter boa saúde significa estar com essas três áreas em ordem. Não importa o quanto fomos quebrados, nosso Deus é poderoso o suficiente para restaurar a espiritualidade, o coração, a "camada exterior" e muito mais. Pela fé e através de uma conduta condizente a ela, podemos viver cada uma das promessas descritas na Bíblia para nós. A cura é uma delas! Você acredita nisso?

Certa ocasião, em um grupo pequeno da igreja, terminamos nosso culto com os pedidos de oração. Uma das meninas estava com muita dor de cabeça naquele mesmo momento e, depois de orarmos por ela, eu perguntei se ela estava melhor. Para minha surpresa, ela realmente estava. Quase perguntei: "Sério?". Muitas vezes, podemos entrar no modo automático. Orar por orar, cantar por cantar...

Mas Deus nunca planejou algo superficial para a sua vida, e sim um relacionamento mais íntimo do que qualquer outro. O amor de Jesus já levou as nossas dores sobre aquela cruz. É possível que nesse dia você se identifique com o meu pensamento naquela história, assim como o leproso em Marcos 1: será que Deus quer mesmo tratar os meus traumas e tocar o meu corpo com saúde sobrenatural? Nossa resposta está no amor de Jesus. Se nem a cruz pôde parar o poder de cura em Jesus, por que deixaríamos nossa falta de fé fazer isso?

LISSA

Desafio: *Como esperado, o desafio de hoje é orar por alguém que precisa de cura. Na rua, na escola, em casa ou qualquer lugar! Acredite no amor de Jesus em sua vida e através dela!*

NOTAS

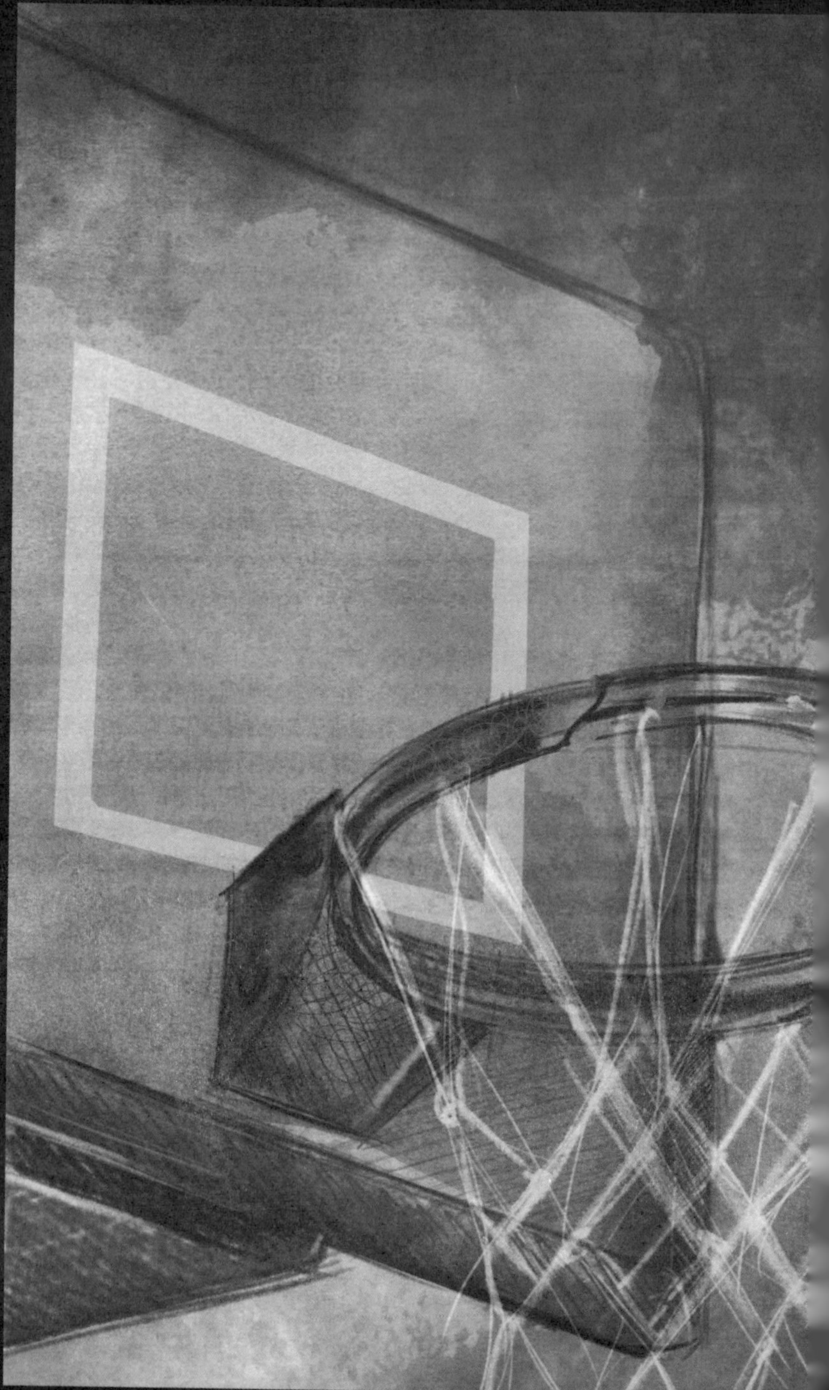

FEVEREIRO

FEVEREIRO

NÃO PARE ATÉ ESTAR SATISFEITO

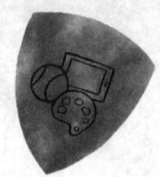

Consagre ao Senhor tudo o que você faz, e os seus planos serão bem-sucedidos.
(PROVÉRBIOS 16:3)

Você provavelmente já deve ter ouvido falar do mundialmente conhecido Michael Jordan, um dos maiores nomes da história do basquete. Com inúmeros troféus e prêmios, o ex-jogador levou muito a sério a carreira, tendo como visão ser o melhor no que fazia com muita dedicação. Para ele, fama e dinheiro foram consequência de todo esforço.

Uma de suas frases mais conhecidas é "Eu errei mais de 9.000 arremessos na minha carreira. Perdi quase 300 jogos. Em 26 vezes, confiaram em mim para fazer a cesta da vitória, e eu errei. Eu falhei uma vez, de novo e outra vez na minha vida. E é por isso que obtive sucesso". Por trás do grande sucesso, sempre houve muitos erros, mas nunca desistência. Jordan é um grande exemplo de que em, tudo que fizermos, devemos fazer o nosso melhor.

Você tem a chance de ser um Michael Jordan na área em que for atuar, se fizer isso com paixão e de todo coração. Seja a melhor versão de si mesmo! Você não foi criado para ser mais um, mas, sim, para estar acima da média, ser reconhecido por, mesmo nos mínimos detalhes, fazer o melhor. Seja varrendo um chão ou administrando uma empresa, faça para Deus. Quando buscamos agradar a Ele, todo esforço é válido, por isso é necessário sairmos da nossa zona de conforto e nos superarmos a cada dia. Não se acomode com algo que você já saiba fazer, mas está infeliz; corra atrás daquilo que você tem vontade! Sonhos grandes estão à altura de um Criador maior ainda.

Desafio: "Seu tempo é limitado, então não o desperdice vivendo a vida de outra pessoa. Não deixe que a opinião dos outros cale a sua voz interior" — Steve Jobs. Nunca deixe de lutar por aquilo que você realmente gosta. Invista hoje em se superar e tenha como objetivo não deixar morrer nenhum sonho seu. Se não está satisfeito no lugar em que está agora, não desista e tire tempo para se aperfeiçoar nos seus objetivos.

JULIA

FEVEREIRO 2

O PODER DAS PALAVRAS

E disse Deus: "Haja luz"...
(GÊNESIS 1:3)

Deus criou o mundo por meio das palavras. Ele simplesmente ordenava e as coisas aconteciam. Jesus, em meio à tempestade, ordenou e o mar e a tempestade se acalmaram (MARCOS 4:39). Ele disse a respeito da igreja que faríamos obras maiores que as dEle (JOÃO 14:12). Pedro entendeu isso e ordenou no nome de Jesus que um paralítico voltasse a andar e ele foi curado (ATOS 3:6). Essa autoridade está sobre nós através do nome de Jesus (JOÃO 14:14), e temos a função de usá-la para manifestar o amor de Deus.

No entanto, falhamos nesse sentido. Muitas vezes somos aquela pessoa que só fala palavras de rebaixamento, de pessimismo. Isso está errado! Devemos ser pessoas que falam palavras de bênção, não de maldição. "Acaso podem sair água doce e água amarga da mesma fonte?" (TIAGO 3:11). Jesus disse que "a boca fala do que está cheio o coração" (MATEUS 12:34). O que tem preenchido o seu coração? Qual tipo de fonte você tem sido?

Esse assunto é de total importância. Milhares de ações boas podem perder seu efeito quando falamos algo que magoa alguém. As palavras têm poder de destruir e de edificar, por isso devemos cuidar muito com o que falamos. Uma vez li que as palavras são como pasta de dente: depois que apertamos o tubo, torna-se impossível colocar a pasta dentro novamente. Aquilo que falamos pode não ter volta, pode causar um mal inimaginável. Nossa comunicação deve ser caracterizada por ser amorosa e edificante. Não quer dizer que precisamos falar somente o que as pessoas querem ouvir, pois o amor muitas vezes corrige, mas devemos fazer isso sempre de maneira sábia, a fim de evitar maiores transtornos, evitar machucar o coração de pessoas e até mesmo produzir morte.

NELSON

Desafio: *Palavrões e palavras torpes não combinam com alguém que carrega o nome de filho de Deus. Se você tem o costume de usar um palavreado sujo, arrependa-se, mude de atitude. Peça ao Espírito Santo para que Ele te eduque e que te ajude a refrear sua boca. Seja uma fonte de água doce!*

3 FEVEREIRO

O LUGAR DE FILHO

*Pois o Senhor disciplina a quem ama,
assim como o pai faz ao filho de quem deseja o bem.*
(PROVÉRBIOS 3:12)

Durante muito tempo, tive dificuldade de entender algo: por que para alguns não-cristãos tudo parecia dar certo e para alguns cristãos a vida era tão turbulenta? Eu pensava: "Deus, sou Seu filho! Por que passo por tanta coisa e aquele meu colega que faz tudo errado, e não acredita em Você, tem uma vida tão boa aqui na Terra?". A Sua resposta foi Salmo 73!

Quando eu era criança, minha mãe desenvolveu um código secreto comigo. Se ela colocasse o dedo indicador na bochecha, eu seria castigado em casa. Então, todas as vezes que eu fazia birra ou bagunça, ela dava o sinal e eu ficava desesperado, pois sabia a consequência. Certo dia, vi uma criança fazendo um escândalo em uma loja de brinquedos e fiquei com uma vontade imensa de fazer o sinal para ela! Mas, obviamente, eu não poderia corrigir aquela criança, pois não era minha filha.

A Bíblia diz que, aos que creram no nome de Deus e o receberam, Ele deu-lhes o direito de se tornarem filhos de Deus (JOÃO 1:12). Os não-cristãos ainda não o receberam, logo não são filhos dEle. Nós, porém, somos! E, a quem muito foi dado, muito será exigido (LUCAS 12:48). Deus nos disciplina porque nos ama e quer nos ensinar. Ele nos trata de forma diferente daqueles que não são seus filhos (HEBREUS 12:8). Portanto, alegre-se durante a disciplina, pois você está passando por uma prova de amor!

FILIPE

Desafio: *Invista seu tempo no dia de hoje para fazer com que alguém receba esse lugar de filho! Escolha alguém que você saiba que ainda não conhece nosso Pai e fale do amor dEle. Alegre-se, pois você já é filho.*

FEVEREIRO 4

SENSO CRÍTICO

...mas ponham à prova todas as coisas e fiquem com o que é bom.
(1 TESSALONICENSES 5:21)

Durante meu Ensino Médio, eu não era uma pessoa que tinha opinião sobre tudo ou um senso crítico das coisas. A preguiça de ler, me aprofundar e estudar era muito mais forte do que eu. Não tinha o costume de filtrar as informações. O pior é que havia opiniões com as quais eu não concordava, mas nem sabia o porquê, só "entendia" que não podia concordar. Que bobo, né? Um dia o Espírito Santo me deu um puxão de orelha sobre isso e através desse versículo minha postura mudou.

Paulo fala que temos que colocar à prova todas as coisas, mas à prova de quê? Da Palavra. Agora, se não conhecemos a Palavra, como vamos saber o que é bom e ruim? Isso vale para tudo. Ouvir uma informação e analisar se aquilo está ou não de acordo com o que Deus disse. Devemos fazer isso até mesmo nas pregações que ouvimos. Você pode pensar: "Ah, mas se o pastor disse que é assim, então é assim". Mas não seria mais interessante você ver com seus próprios olhos o que a Bíblia fala sobre isso? Precisamos aprender a ter um senso crítico das coisas, saber que fonte a pessoa usou e procurar entender mais sobre o assunto. Isso vale também dentro da sua sala de aula, em casa, na rua, em todos os lugares.

Em vários ambientes, vamos ouvir muitos argumentos, ensinamentos e opiniões diferentes. E qual é a sua opinião? O que você pensa sobre o assunto? Qual é o seu posicionamento? Não fique na superfície, mas se aprofunde!

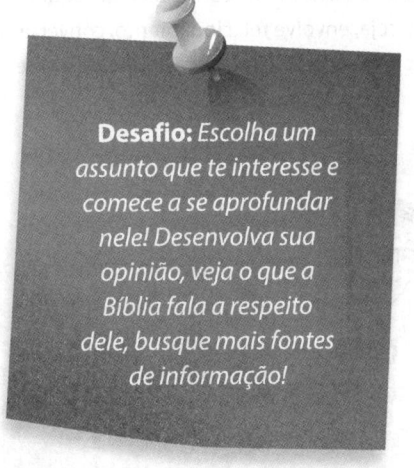

STELA

Desafio: *Escolha um assunto que te interesse e comece a se aprofundar nele! Desenvolva sua opinião, veja o que a Bíblia fala a respeito dele, busque mais fontes de informação!*

FEVEREIRO 5

PARTE I – ELE NÃO É UMA SENSAÇÃO

E eu pedirei ao Pai, e ele lhes dará outro Conselheiro para estar com vocês para sempre, o Espírito da verdade. O mundo não pode recebê-lo, porque não o vê nem o conhece. Mas vocês o conhecem, pois ele vive com vocês e estará em vocês. (JOÃO 14:16,17)

Algo muito incrível que escutei uma vez de um grande homem de Deus foi que precisamos ter consciência da presença do Espírito Santo e essa é a melhor maneira de se relacionar com Ele. Um exemplo disso é que, se você está a sós com um amigo, naturalmente vocês conversam, certo? Se não há conversa é porque existe uma barreira entre vocês (ou desinteresse); e ainda a possibilidade de você não estar ciente da presença da pessoa. Pare um instante e pense nisso.

Eu sei que existem muitas coisas para falarmos sobre o Espírito Santo e uma delas é que Ele não é uma sensação. Quando O limitamos a uma sensação ou emoção, a partir do momento em que não sentimos nada, somos levados a acreditar que Ele não está conosco e isso não é verdade. Jesus disse que Ele estaria com a gente para sempre. E para sempre é para sempre, não é mesmo?

Ele é uma pessoa e, mais do que isso, ele é Deus! Sendo Deus, Ele é onipresente e está com a gente o tempo todo. Observe as palavras de Jesus: "ele vive com vocês e estará em vocês", ou seja, Ele habita em nós. Sentindo ou não, Ele está conosco; o que difere é a nossa sensibilidade à voz Dele. Preste atenção na frase "mas vocês o conhecem" (do versículo de João 14:17) e pare para pensar: como você conhece uma pessoa? Não se engane, saber quem é alguém é diferente de conhecer esse alguém. Um dos sinônimos de conhecer é relacionar-se, ou seja, envolve relacionamento, conversa, amizade, e isso está ligado diretamente com o Espírito Santo. Ele tem total interesse em se relacionar com você.

CONDO

Desafio: *Converse com o Espírito Santo, pois Ele está com você nesse exato momento. Ele está disposto a ter comunhão contigo. Peça para que Ele te ensine a entender quem Ele é de uma maneira mais profunda* (JOÃO 14:26).

FEVEREIRO 6

PARTE II – ELE NOS ENSINA

Tudo isso lhes tenho dito enquanto ainda estou com vocês. Mas o Conselheiro, o Espírito Santo, que o Pai enviará em meu nome, lhes ensinará todas as coisas e lhes fará lembrar tudo o que eu lhes disse. (JOÃO 14:25,26)

Um dos momentos mais incríveis no relacionamento de Jesus com Seus discípulos foi quando um deles pediu para que Jesus os ensinasse a orar (LUCAS 11:1). Imagina o próprio Jesus te ensinando a orar como Ele!

Pelo fato de Jesus estar com Pai (JOÃO 14:28), Ele enviou o Espírito Santo para nos ajudar e ensinar todas as coisas. Algo muito importante que aprendi com esse ensino da oração de Jesus foi que, sem a revelação do Espírito Santo, não tem como entender o que realmente Ele ensinou para Seus discípulos.

Então, quero te encorajar a estudar a oração do Pai Nosso que Jesus ensinou aos discípulos. Mas faça isso com um olhar diferente, pedindo a ajuda do Espírito Santo. Peça para ter a revelação do que Jesus estava ensinando. Uma delas é que, além de Deus ser Deus, Ele também é nosso Pai.

Desafio:
Durante esse dia, medite na oração ensinada por Jesus (MATEUS 6:9-13) e compartilhe com alguém aquilo que o Espírito Santo tem te ensinado.

CONDO

FEVEREIRO 7

PARTE III – ELE NOS DÁ A REVELAÇÃO

Nós, porém, não recebemos o espírito do mundo, mas o Espírito procedente de Deus, para que entendamos as coisas que Deus nos tem dado gratuitamente.
(1 CORÍNTIOS 2:12)

Esse é o terceiro ponto que o Espírito Santo trabalhou na minha vida para que eu pudesse ter um relacionamento mais profundo com Ele. É lógico que existem infinitas coisas que Ele pode nos ensinar se permitirmos. Não me entenda mal, esses três devocionais sobre o Espírito Santo foram algumas das coisas que marcaram minha vida e acredito que podem te ajudar no seu relacionamento com Ele, mas não se limite a eles, descubra coisas novas.

Toca o barco! O Espírito Santo nos revela tudo aquilo que precisamos. Entenda que a presença dEle e o livre relacionamento com Ele já nos foram concedidos através de Cristo Jesus. Então pare de buscar algo que você já recebeu, force sua mente e não dê ouvidos às mentiras do diabo. Lembre-se de que pensamentos como "Você não deveria falar com Deus hoje"; ou, "Olha o que você fez minutos atrás!" não vêm de Deus.

Em Mateus 6:6, Jesus nos diz que, quando orarmos no secreto, em nosso quarto, o Pai nos vê em secreto. Ou seja, Jesus não nos garante que veremos o Pai, mas Ele nos verá e isso me traz a certeza de que nosso caráter será moldado mesmo sem sentir, chorar ou se arrepiar. Se permanecermos, sairemos transformados.

Desafio: Nesta semana, deixe de lado todas as séries que você quer terminar, assim como todas as atividades de lazer e busque em secreto, mesmo não sentindo nada, permaneça. E quando for buscar a Deus no secreto, entre com a mentalidade de que Ele é uma pessoa e não uma sensação. Ele é real, pode te ensinar a orar e revelando quem você é em Cristo. Que Deus te abençoe meu amigo(a). Vai com tudo!

FEVEREIRO 8

DEBAIXO DOS PÉS

> *Vi a cidade santa, a nova Jerusalém, que descia do céu, da parte de Deus, preparada como uma noiva adornada para o seu marido. [...] A rua principal da cidade era de ouro puro, como vidro transparente.*
> (APOCALIPSE 21:2,21)

Se nesta terra já somos maravilhados pela beleza da natureza e construções humanas (mesmo que por fotos), imagino o quanto seremos impressionados diante da cidade descrita em Apocalipse 21. Ainda que incomparável diante da glória de Deus, o Céu é absolutamente melhor e mais bonito do que qualquer cena já vista aqui.

Aprendi com meu pai uma ilustração interessante: no Céu há ruas de ouro (APOCALIPSE 21:21), enquanto, no livro de Atos, algumas ofertas eram depositadas aos pés dos apóstolos. Esse simples exemplo nos lembra que somos nós quem dominamos os recursos financeiros e não o contrário. Na eternidade, aquilo que é tão disputado na Terra só serve para ser pisado. No Reino de Deus, todo recurso é servo e não senhor.

Não é errado desejar uma vida próspera! Se desejarmos apenas o necessário, não estaremos pensando em compartilhar e abençoar os outros — o que nos torna egoístas. Quando o dinheiro é servo e cumpre o propósito de abençoar — quer investindo em pessoas, quer suportando missões —, ele se torna cada vez mais presente em nossa vida. Generosidade atrai generosidade, como água em correnteza que nunca para de entrar e nunca para de sair.

Ouse acreditar no favor sobrenatural de Deus em sua vida financeira, mas nunca se esqueça: o lugar do dinheiro é debaixo dos pés, longe do coração!

LISSA

Desafio: *Presenteie alguém com algo que tenha valor para você. Treine sua generosidade!*

9 FEVEREIRO

PRESIDENTE POR UM DIA

*O rei que exerce a justiça dá estabilidade
ao país, mas o que gosta de subornos
o leva à ruína.* (PROVÉRBIOS 29:4)

Eu sinceramente não sei quem vai ser o presidente do nosso país quando você estiver lendo este texto, mas, se por acaso alguém te oferecesse o lugar dele, você aceitaria? Preciso que hoje você use a sua imaginação e se veja como o presidente do Brasil. Mesmo com a ajuda de muitas pessoas, você precisaria aprovar muitas leis, medidas e decidir pontos que influenciariam todo o país.

Coloquei-me nessa situação e confesso que fiquei com um pouco de medo, afinal ser presidente exige muito compromisso, sabedoria e honestidade. Em Provérbios 29:4, a Bíblia nos mostra a importância do governo em um país, como ele pode mudar o destino de uma nação e impactar todos que habitam nela. Já pensou ser responsável pela desgraça de um povo? Quero te fazer pensar hoje sobre a importância de um governo bem estabelecido, bem escolhido, sobre a importância do seu voto e da sua posição eleitoral. Deus não ignora a política, muito pelo contrário, na Bíblia podemos ver muitos homens de Deus sendo levantados para posições de governo.

Diferente do que muitos dizem, os cristãos devem sim se envolver com a política. Não para se tornarem famosos, buscarem satisfazer o desejo do reconhecimento, mas para governarem trazendo a justiça do Reino de Deus para a Terra. A Bíblia nos instrui a orar por nossas autoridades (1 TIMÓTEO 2:1,2) e não falar mal delas (ÊXODO 22:28). Se você está em alguma posição de governo, como representante de classe, capitão de um time, presidente de algum projeto da escola, ou se planeja chegar até uma algum dia, lembre-se sempre do que Deus diz a respeito do governo (2 SAMUEL 23:3,4): governe com justiça e temor, manifeste Jesus nas suas decisões e busque a sabedoria do Rei mais sábio que existe (TIAGO 1:5).

Desafio: *Aproveite o dia de hoje para jejuar pelo governo do nosso país, para que a vontade de Deus seja estabelecida dentro do governo, com justiça e paz. (Lembre-se: você não está sozinho, serão muitas pessoas jejuando pelo mesmo motivo, então tenho certeza que vamos impactar essa nação).*

BEA

FEVEREIRO 10

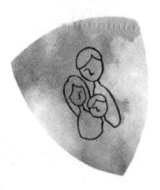

FLORES AOS VIVOS

Com isso todos saberão que vocês são meus discípulos, se vocês se amarem uns aos outros. (JOÃO 13:35)

Ame como se não houvesse amanhã! Muitas vezes perdemos tempo demais brigando com nossos pais, achando defeitos na nossa família ou implicando com coisas pequenas que acabam tirando nossa paz. Perdemos tempo entrando no nosso quarto, mexendo no celular ou vendo séries, em vez de aproveitar tempo com os de casa. Por mais que estejamos morando no mesmo teto que nossa família, a maior parte do nosso tempo de qualidade é dedicado aos nossos amigos.

O versículo acima fala que através do nosso amor pelas pessoas saberão que seguimos a Jesus. Nosso cuidado, a forma de falar e agir, a obediência, o zelo e tantas outras atitudes que cooperam para mantermos bons relacionamentos são reflexo de um amor gigante por Deus! Se amamos a Ele a quem não vemos, maior ainda é nossa responsabilidade de amar a quem vemos (1 JOÃO 4:19,20). E isso deve começar dentro de casa, sendo mais paciente, assumindo as responsabilidades e tendo empatia.

Não tenha que se arrepender de ter passado pouco tempo com seus pais, ter abraçado menos ou não ter falado "eu te amo". Comece hoje fazendo a diferença. Às vezes não temos noção do quanto isso pode fazer falta no dia deles. Então seja um filho excepcional, aquele que, em meio a um dia cansativo de trabalho, está lá para demonstrar amor e cuidado.

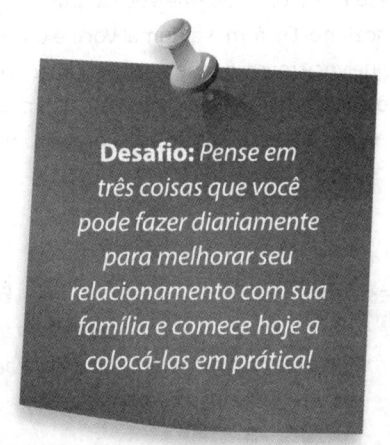

Desafio: *Pense em três coisas que você pode fazer diariamente para melhorar seu relacionamento com sua família e comece hoje a colocá-las em prática!*

JULIA

11 FEVEREIRO

HORA DE CRESCER

Quando eu era menino, falava como menino, pensava como menino e raciocinava como menino. Quando me tornei homem, deixei para trás as coisas de menino. (1 CORÍNTIOS 13:11)

Assim que adentrou ao deserto, o povo hebreu começou a se queixar para os líderes Moisés e Arão sobre a falta de comida e água. Em Êxodo 16, Deus se atenta à necessidade deles e avisa Moisés que traria o pão do céu para alimentá-los: o maná. Durante anos e anos, eles foram sustentados com isso. Mas chegou um momento em que eles já não aguentavam mais comer da mesma comida todos os dias e passaram a reclamar muito. Vamos entender a situação. Eles estavam no meio do nada. Deus sabendo dessas condições os sustentou até a chegada deles em Canaã (JOSUÉ 5). Eles não precisavam trabalhar para ter o sustento. Você acha que o povo tinha o direito de reclamar para Deus sobre a comida?

Ao chegar à Terra Prometida, o povo agora pôde experimentar dos frutos de Canaã. Em Josué 5:12, a Bíblia fala que a partir daquele momento o maná cessou. Eles estavam numa terra frutífera, e não mais no deserto; agora eles podiam, com as suas próprias mãos, plantar e colher o que quisessem. Isso quer dizer que não dependiam mais de Deus? Não! Significa que naquele momento era hora de crescer. As circunstâncias anteriores faziam com que eles tivessem uma total dependência de Deus, mas agora o Senhor dá autonomia para conquistarem o que estava ao alcance deles.

Quando somos crianças, dependemos totalmente do sustento de nossos pais, mas chega uma hora que temos que crescer e fazer algumas coisas sozinhos, certo? Ninguém gosta de sair da zona de conforto, de ter que começar a trabalhar, pegar ônibus ou pagar sua própria comida. É bem chato mesmo, eu sei. Não estou dizendo que você agora deve sair de casa, arrumar um emprego e viver sua vida sozinho. De forma alguma! Você é um adolescente e precisa dos seus pais, porém há coisas que você mesmo sabe que tem capacidade para fazer sozinho. Quer dinheiro? Comece a trabalhar. Quer sair, mas seus pais não podem te levar? Pegue um ônibus (com permissão deles, obviamente). Crescer faz parte do plano de Deus para sua vida (2 PEDRO 3:18)!

STELA

Desafio: *Invista em seu crescimento. Você pode começar pedindo para seus pais fazerem uma lista de compras no mercado e você mesmo ir sozinho para comprar.*

FEVEREIRO 12

NEGOCIAR NÃO É UMA OPÇÃO

Moisés, porém, respondeu a Deus:
"Quem sou eu para apresentar-me ao faraó e tirar
os israelitas do Egito?" (ÊXODO 3:11)

Moisés foi um homem muito usado por Deus, que exerceu obediência em suas atitudes. Uma verdadeira inspiração! Mas, ao lermos Êxodo 3, identificamos alguns pontos que chegam a ser engraçados sobre sua história.

Deus aparece a Moisés através de uma sarça em chamas que não se consumia pelo fogo e fala que ele seria o homem que livraria o povo de Israel do Egito e os levaria à Terra Prometida (ÊXODO 3:8). Você consegue imaginar essa experiência? Sensacional! E qual foi a reação dele? Simplesmente não acreditou que seria a pessoa certa para isso, mesmo Deus falando com ele, sobrenaturalmente, através da sarça. Deus, então, começou a provar que estaria com Moisés durante seu chamado. E, depois de todas demonstrações, ele aceitou o chamado do Senhor, certo? Errado! Ele usou como desculpa sua dificuldade de falar, pediu para que enviasse outra pessoa e até conseguiu tirar Deus do sério (ÊXODO 4:14). No final, depois de muita "negociação", Moisés aceitou aquilo que o Senhor pediu e seguiu com sua missão, ou seja, decidiu obedecer.

Isso nos leva a pensar: como reagimos a um pedido de Deus? Muitas vezes tentamos "negociar" a respeito das atitudes que Ele nos pede. Às vezes, não acreditamos que somos capazes ou nos justificamos através de nossas dificuldades. Deus tem algo especial e individual para cada um de nós. Se Ele falou, é certo. Não adianta negociar. Chega de dar desculpas! Precisamos aprender a aceitar aquilo que Ele quer de nós, para que sejamos usados.

Desafio:
Se você já sabe seu chamado, tome uma atitude hoje que leve você para mais próximo dele. Caso ainda não saiba, faça uma ação hoje que ajude a realização de um sonho que você possui.

FILIPE

13 FEVEREIRO

OS 12

*Para com os fracos tornei-me fraco,
para ganhar os fracos. Tornei-me tudo para com todos,
para de alguma forma salvar alguns.*

(1 CORÍNTIOS 9:22)

De todas as esferas, a comunicação é a que me chama mais atenção. Porque a comunicação é a forma mais simples de atingir alguém, além de ser algo básico e necessário para todas as outras esferas funcionarem. Por exemplo, você já se perguntou por que o conflito da Síria não foi resolvido ainda? Um dos três principais motivos é a falta de comunicação, já que os diferentes povos que disputam o local se comunicam em línguas diferentes, dificultando muito qualquer tipo de acordo. Afinal, por mais que se entendam parcialmente, todos precisam de uma comunicação clara. Hoje eu quero apresentar para você os maiores comunicadores da história.

Os doze discípulos de Jesus conseguiram, sem internet ou qualquer outro tipo de tecnologia que facilitasse a comunicação, espalhar uma mensagem (MARCOS 6:7-13) sem variação, pelo mundo todo. E isso sinceramente me deixa fascinada. Gostaria de que agora você se perguntasse como eles conseguiram fazer isso. Acredito que a principal estratégia dessa comunicação incrível tenha sido a empatia; como Paulo diz em Coríntios, ele se fez parecido com o povo para conseguir alcançá-los. Ou seja, ele se colocava no lugar dos outros para, dessa forma, se comunicar com eles (ROMANOS 12:15).

Acredito que esse seja o segredo para uma comunicação clara, principalmente na hora de comunicar o Reino a alguém que ainda não o conhece. Devemos nos tornar parecidos com o modelo estabelecido, Jesus, que foi o comunicador mais claro e eloquente que já existiu. Aquele que mudou a história do mundo através da sua comunicação. Ele, em todo o momento, foi empático em relação às diversas pessoas que conheceu e nos chamou para fazer o mesmo (MATEUS 28:19,20).

Desafio: *Pense em como você aborda uma pessoa que não conhece Jesus e, durante o dia de hoje, teste formas diferentes de fazer isso.*

BEA

FEVEREIRO 14

MUITO AMADOS, MAS NÃO TÃO BEM TRATADOS...

*Se alguém não cuida de seus parentes,
e especialmente dos de sua própria família,
negou a fé e é pior que um descrente.*
(1 TIMÓTEO 5:8)

Certa vez em uma reunião, ao conversar sobre a importância da família, escutei de uma amiga: "Se me perguntassem quais são as pessoas que eu mais amo, com certeza mencionaria minha família e meus amigos mais próximos. Mesmo assim, reconheço que não costumo tratá-los tão bem quanto as pessoas 'de fora'". Isso me chocou! Por mais que a afirmação feita não combinasse em nada com a atitude mencionada, essa é a realidade de muitas casas.

A convivência, quando permitimos, pode nos levar a um estado de comodismo. Em 1 Timóteo, no versículo 5 do capítulo 8, vemos que o cuidado com a família é importante para Deus. Então, não podemos deixar que uma rotina interfira no alto padrão de honra com o qual os membros de nossa casa devem ser tratados! As circunstâncias não definem o comportamento de alguém que vive por decisão, e não emoção!

Lembro-me de escutar um pastor afirmar que, ao se irritar com sua esposa, o Espírito Santo lhe perguntou como seria o modo que ele trataria um estranho na mesma situação. Em resposta, o pregador pensou: "Com muito mais paciência e em um tom mais bonito". E naquele momento entendeu como deveria proceder com sua esposa. Ele conta que ela chegou a perguntar: "Amor, está tudo bem com você?". Que a honra com que nossos familiares devem ser tratados não se comprometa na rotina!

LISSA

Desafio: *Faça uma surpresa para a sua casa. Isso pode ser através de uma carta, serviço, abraço, presente ou até mesmo através de uma forma para passarem tempo juntos!*

15 FEVEREIRO

E O TÍTULO?

*O rei que exerce a justiça dá estabilidade
ao país, mas o que gosta de subornos o leva à ruína.*
(PROVÉRBIOS 29:4)

Vivemos em um país de regime democrático, ou seja, as pessoas, através do voto, decidem quem governará o Brasil. Logo, a situação do país depende do povo, pois é a população que determina quem governará e liderará durante todo o período de mandato. Infelizmente devido a muitos fatores, como a falta de acesso a informações, educação precária, suborno, entre outros, grande parte da população brasileira é manipulada através de promessas falsas e mentiras.

Com 16 anos, você já pode ter seu título de eleitor e votar! Apesar de você achar que não fará tanta diferença por ser só um voto, a sua postura diante do regime democrático demonstrará que você não se omite em relação à política. De acordo com o versículo acima, o candidato escolhido levará o país à estabilidade ou à ruína. Então, sim, cada voto conta!

Talvez a política não faça parte dos assuntos sobre os quais você tem interesse, mas não participar significa aceitar tudo que lhe é imposto, sem questionar e sem fazer nada para que as coisas mudem. Faça bom uso dos direitos que estão a seu alcance para mudar a política do nosso país. Pesquise sobre os candidatos, assista aos debates, converse com pessoas, levando em consideração e respeitando as diferentes opiniões. E quando chegar sua hora de votar, não se omita!

CONDO

Desafio:
Se você tem 16 anos, faça seu título de eleitor, sendo o ano de eleição ou não. Procure saber como anda a sua cidade. O que o prefeito tem feito pela cidade e pelos cidadãos, suas decisões são viáveis? Em que ele tem investido a verba arrecadada?

FEVEREIRO 16

O CUIDADO DE QUE PRECISO

Além do mais, ninguém jamais odiou o seu próprio corpo, antes o alimenta e dele cuida, como também Cristo faz com a igreja. (EFÉSIOS 5:29)

Quando dizemos que amamos a Deus acima de todas as coisas e ao próximo como a nós mesmos, isso deve refletir em nossa comunhão com os irmãos (MATEUS 22:39) e também na forma como cuidamos de nós mesmos, seja o nosso físico ou o nosso psicológico. Se afirmo que amo meu próximo assim como a mim, mas não cuido da minha saúde, estou me contradizendo. Pois como posso dizer que amo meu próximo se tampouco estou tendo os devidos cuidados comigo mesmo? Então, se não me amo, não amo meu próximo e, se não amo meu próximo, não estou amando a Deus na forma como deveria. Percebemos, então, o quão vital é prestarmos atenção em como temos nos cuidado, visto que isso reflete em nosso relacionamento com Deus e com os homens.

É verdade que, quando ajudamos nossos amigos nos tempos de dificuldade, estamos sendo um canal do amor de Deus para a vida deles. Mas muitas vezes nos esquecemos de nós. Se queremos demonstrar o amor de Deus, precisamos também querer receber o amor e o cuidado dEle. Damos orientações, conselhos, ajuda, nosso tempo, tudo pelas pessoas que amamos, mas quando foi a última vez que você parou para se escutar? Quando foi a última vez que você olhou para si e disse: "Eu preciso de ajuda, eu preciso ser cuidado"? E evitamos fazer isso porque achamos que estamos sendo egoístas e egocêntricos em pensar em nós. Mas não é isso.

Existem dois extremos: o primeiro é quando nos doamos só para as pessoas e nos esquecemos de nós mesmos, e outro é quando nos doamos só para nós mesmos e nos esquecemos dos outros. É preciso encontrar um equilíbrio e entender que existem tempos em que Deus faz com que nós nos doemos um pouco mais para os outros e tempos que Ele nos chama para cuidarmos mais de nós. Sua saúde é importante para Deus também!

STELA

Desafio: Marque um encontro com você. Isso mesmo, com você. Separe um tempo, escolha um lugar, uma hora e converse consigo mesmo. E se for necessário, vá para academia, cuide da sua alimentação, dê uma volta no parque. Enfim, invista em você!

17 FEVEREIRO

MINHA MÃE PREFERE... E MEU PAI PREFERE...

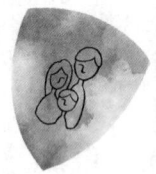

Os meninos cresceram. Esaú tornou-se caçador habilidoso e vivia percorrendo os campos, ao passo que Jacó cuidava do rebanho e vivia nas tendas. Isaque preferia Esaú, porque gostava de comer de suas caças; Rebeca preferia Jacó. (GÊNESIS 25:27,28)

Quando são dois filhos, ok, cada um prefere um. Mas e quando são três, quatro ou até sete filhos? Essa predileção dos pais acaba afetando o relacionamento entre irmãos, e a Bíblia mostra o quão prejudicial pode se tornar esse tipo de situação. Muitas vezes a afinidade de personalidade faz com que alguns filhos se relacionem melhor com o pai e outros com a mãe. É muito comum ouvir os pais falarem: "Criei todos iguais! Como esse menino é tão diferente!".

O Senhor nos fez com temperamentos diferentes e, através do convívio em família, nossa personalidade vai sendo formada, nosso caráter vai sendo forjado. Por isso não adianta falar "criei todos iguais". Cada um é um, um ser especial que se sente amado de uma forma especial e quer ser ouvido de uma forma especial. Ninguém quer ser tratado como um produto feito em série.

Tanto pais como filhos, diversas vezes, têm dificuldade em se fazer compreendidos no convívio familiar. Mas quanto mais nos conhecemos, mais conseguiremos nos expressar. Por isso é muito importante o autoconhecimento. Reflita um pouco sobre estas perguntas: O que eu gosto de fazer? No que eu não sou bom? (Ah! E você tem todo o direito de rir de si mesmo, ok?). No que sou forte? No que sou fraco? Tudo isso nos ajuda, em meio a uma família com muitas pessoas, a amar e se sentir amado também.

Jesus teve uma grande família, pai, mãe, irmãos, amigos, discípulos. E isso nos encoraja a prosseguir nos relacionamentos. A Bíblia, do começo ao fim, trata de relacionamentos! Se você não se sente preferido por seu pai ou por sua mãe, não importa. Acredite, Deus sempre preferiu você.

Daniela Hummel

Desafio: *Escreva quais características de Jesus você já vê em sua vida e quais dessas características você ainda deseja conquistar.*

FEVEREIRO 18

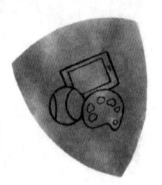

APARÊNCIA X ESSÊNCIA

*O Senhor, contudo, disse a Samuel:
"Não considere a sua aparência nem sua altura,
pois eu o rejeitei. O Senhor não vê como
o homem: o homem vê a aparência,
mas o Senhor vê o coração".* (1 SAMUEL 16:7)

Não é de hoje que homens e mulheres buscam se encaixar no elevado padrão de beleza imposto pela sociedade. Essa busca, quando exagerada, contribui na formação de pessoas alienadas que são facilmente influenciadas pela mídia. E é nessa busca desenfreada que perdem sua essência e sua identidade tentando ser aceitas.

Se você é uma dessas pessoas, acredite: sua beleza está na sua singularidade. Apesar de muitos acharem a beleza o fator mais importante sobre si, o que realmente importa é o interior. Dentre milhares e milhares de pessoas do planeta, não existe ninguém igual a você. Uma prova disso é sua digital, que te faz único.

Deus nos fez conforme a Sua imagem e semelhança, ou seja, você não precisa se parecer com ninguém, apenas com Ele. Pois muito mais vale sua essência do que sua aparência. Nós não somos do mundo (JOÃO 15:19), logo, não podemos nos encaixar nos padrões daqui. Devemos olhar para Jesus e esperar que, quando Ele olhar para nós, possa encontrar a verdadeira beleza que está dentro da gente: um coração puro.

Desafio:
Deus fez cada um de forma única e especial, por isso não queira se parecer com ninguém além de você mesmo. Nessa próxima semana, medite em Gênesis 1:27; João 1:12; 1 Coríntios 12:27; 1 Pedro 2:9; Efésios 1:5; 1 Coríntios 6:19,20; Colossenses 3:1-4.

19 FEVEREIRO

EU VIRTUAL X EU REAL

Porque outrora vocês eram trevas, mas agora são luz no Senhor. Vivam como filhos da luz, pois o fruto da luz consiste em toda bondade, justiça e verdade; e aprendam a discernir o que é agradável ao Senhor. (EFÉSIOS 5:8-10)

Um dos grandes perigos das redes sociais e da internet em geral é o de criar vários "eus". Não estou me referindo a criar várias contas em diversas redes, mas o de trocar a sua personalidade. O meu eu real deve ser o mesmo que demonstro no mundo virtual. A internet não é um lugar em que tenho liberdade para pecar, para dizer palavras ofensivas, para ter uma personalidade diferente só porque "the zueira never ends". O amor de Deus não tem limites. Não devemos limitá-lo achando que na internet podemos agir de forma contrária a esse amor, mas devemos utilizar o mundo online para propagá-lo!

Podemos viver conforme a carne ou conforme o Espírito (ROMANOS 8:5). Não há meio termo! Não tem como ficar em cima do muro. Ou você é filho de Deus em tempo integral, ou não é! "Conheço as suas obras, sei que você não é frio nem quente. Melhor seria que você fosse frio ou quente! Assim, porque você é morno, não é frio nem quente, estou a ponto de vomitá-lo da minha boca" (APOCALIPSE 3:15,16). Deus não se agrada daqueles que não se definem. Devemos entender o privilégio de sermos chamados filhos pelo próprio Deus, mas também precisamos compreender a responsabilidade que esse nome carrega.

Não tenha dois "eus". Não negocie princípios na internet. Seja um filho em tempo integral. Demonstre amor aonde for, até mesmo nas redes sociais. Não seja parcial, ponha Deus em tudo, ou o tire de tudo!

NELSON

Desafio: *Cuidado com suas postagens. Demonstre amor a todo momento. Utilize a incrível ferramenta de comunicação que é a internet para espalhar amor. Mande uma mensagem carinhosa, amável e fale de Jesus para alguém na internet.*

FEVEREIRO 20

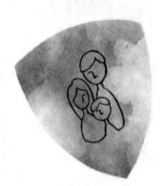

O MAL DO SÉCULO

"Eu odeio o divórcio", diz o Senhor, o Deus de Israel, e "o homem que se cobre de violência como se cobre de roupas", diz o Senhor dos Exércitos. Por isso tenham bom senso; não sejam infiéis. (MALAQUIAS 2:16)

Andei percebendo algumas coisas que mudaram dos filmes de antigamente para os de hoje. Notei que os filmes de maior sucesso normalmente são aqueles que apresentam lares desestruturados, pais separados, filhos rebeldes, irmãos que se odeiam, filhos que tomam os lugares dos pais e pais que se comportam como adolescentes. Recentemente assisti a um filme com a minha família, o enredo era realmente engraçado, mas não era difícil notar que a mensagem final era: sua família pode ser uma loucura, completamente desestruturada, fora dos padrões do Céu e o final será sempre feliz. Mas não é bem assim...

Essa distorção da família, definitivamente, não era o plano inicial de Deus, afinal Ele criou no Éden, Adão e Eva, um feito para o outro, e juntos formando uma só carne, como Jesus reafirma em Marcos 10:8. Ou seja, nós desde o princípio fomos feitos para vivermos unidos a alguém para sempre, e não apenas até uma fase. Hoje podemos ver uma relativização em relação a isso. Conheço pessoas que estão no seu terceiro casamento, outras que juram um amor eterno e se separam em alguns meses. Isso acontece porque a sociedade nos diz que o divórcio não é tão errado e que, se você estiver sofrendo, se você não amar mais, você deve se separar. O mundo pode vir com infinitas frases motivacionais para promover o divórcio, mas não se esqueça do que Deus diz sobre ele (1 CORÍNTIOS 7:1-14).

Quando eu era criança, descobri que a aliança é redonda, pois não tem começo e nem fim. Além de ser usada como o símbolo de um casamento, representa a eternidade. Acredito que Satanás sempre teve como missão nos fazer pensar que a família não é tão importante, não é tão necessária e que pode ser uma coisa relativa. Porém sabemos que somos chamados para lutar contra isso, então, escolha hoje ser um promotor da família e um empecilho para os planos do diabo.

> **Desafio:** *Mesmo sendo um adolescente, sua futura família já foi planejada por Deus, por isso, pegue um caderno, separe-o em duas partes (casamento e filhos). Procure versículos, anote palavras, conselhos e direções de Deus que envolvam esses assuntos, guarde bem esse caderno e abra-o novamente somente daqui a alguns anos.*

BEA

21 FEVEREIRO

CORRA!

Ela o agarrou pelo manto e voltou a convidá-lo: "Vamos, deite-se comigo!". Mas ele fugiu da casa, deixando o manto na mão dela. (GÊNESIS 39:12)

Os períodos do colégio e da faculdade são divisores de águas para a identidade de um adolescente. Todo mundo já ouviu sobre a necessidade de nos guardarmos — tanto emocionalmente quanto fisicamente —, mas essa ideia, no mundo, está completamente banalizada. O ponto é: mesmo que você não esteja ficando com alguém, como você lida com as oportunidades que aparecem?

José, filho de Jacó, foi nosso maior exemplo nessa área — mesmo o seu caso sendo mais voltado ao adultério (GÊNESIS 39). Potifar era um oficial do faraó do Egito, certo? Ele poderia ter a mulher que quisesse. Então você consegue imaginar o quão linda era sua esposa? Isso faz de José um cara ainda mais impressionante, pois ele fugiu de uma das mulheres mais lindas do Egito! Ele não ficou enrolando. José deu o maior corte da história! E, depois disso, a Bíblia diz que ela continuou insistindo, dia após dia (GÊNESIS 39:10), mas ele evitava ficar perto dela. Aí que mora o segredo. Muitos adolescentes querem fugir da tentação, mas andam no limite do pecado. Jamais faça isso!

Por fim, a mulher agarrou José em uma das tentativas, e o versículo diz que ele fugiu da casa em que estavam. Você consegue entender isso? Ele correu da casa! Chega de ficar de "conversa mole" com aquela pessoa que você sabe que quer algo a mais. Corra! Não vale a pena viver nesse limite. José sabia a posição que Deus confiou a ele e demonstrou um posicionamento correto. Devemos ser mais como esse herói a ponto de sabermos que devemos ficar longe daquilo que não agrada a Deus e fugir caso necessário.

Desafio: Neste exato momento, corte relações com pessoas que o levam a andar sempre no limite do pecado nesta área. Pare de seguir nas redes sociais, delete o contato etc. Elas não vão fazer nenhuma falta, acredite!

FILIPE

FEVEREIRO 22

VOCÊ FOI COMPRADO E TEM MUITO VALOR

Vocês foram comprados por alto preço.
Portanto, glorifiquem a Deus com o seu próprio corpo.
(1 CORÍNTIOS 6:20)

O Reino de Deus é o único jogo de xadrez em que o Rei se sacrifica por um peão. Você já parou para pensar o que isso significa? O Criador do Universo, a pessoa mais incrível, que governa sobre todas as coisas, que tem anjos O adorando em todo tempo, que tem toda a glória, todo o poder, todas as riquezas; essa pessoa escolheu morrer por um simples humano, que está cheio de pecados e somente destrói a si mesmo. Isso não parece fazer sentido. Mas é a realidade.

Jesus morreu para que você tivesse vida. Abriu mão de tudo. De toda glória, poder e majestade, veio para Terra e viveu como um homem. Sim, um homem de carne e osso, como eu e você. Agora pense logicamente: se Ele abriu mão de tudo isso para vir e morrer por você, só pode significar que Ele te ama e dá mais valor a você do que à glória, majestade e poder que Ele tem. Nós fomos comprados por um preço muito caro: o sangue de Jesus. Sim, você é muito caro. Eu sou muito caro. Somos muito valiosos. Mas será que vivemos como tal?

Quando nos vendemos para "ficar" com alguém só porque a pessoa é atraente, ou quando permitimos que mentiras como "você é um lixo, você não vale nada" entrem em nosso coração, como você acha que Jesus se sente? Quando necessitamos de atenção de homens, de estar à frente de algum ministério ou serviço, somente para nos sentirmos especiais, quando na realidade é o preço pago na Cruz e o amor do Senhor que nos faz especiais, será que estamos valorizando o que Jesus fez por nós? Definitivamente, acredito que essas coisas ferem o coração dEle. Estamos negligenciando o nosso valor.

A Palavra de Deus é como um espelho, onde você pode ver a sua identidade. Gaste tempo se alimentando da Palavra, para que você entenda o seu valor, entenda quem você é em Deus. Passe tempo com o Senhor diariamente, para que você experimente e compreenda o amor dEle. Você é filho do Rei! Uma pessoa de sangue nobre, aja como tal!

NELSON

Desafio: *Pegue uma nota de dinheiro, de qualquer valor. Amasse-a, pise nela e depois tente comprar algo com ela. Ela não perde o seu valor, independente do que aconteça. Deus te vê do mesmo jeito, nada tira seu valor para Ele. Valorize-se, pois o Senhor valoriza você.*

23 FEVEREIRO

SEJA FORTE E CORAJOSO!

Não fui eu que ordenei a você? Seja forte e corajoso! Não se apavore nem desanime, pois o Senhor, o seu Deus, estará com você por onde você andar. (JOSUÉ 1:9)

Não é apenas uma afirmação ou uma frase de autoajuda, pelo contrário, o contexto mostra que Josué estava sendo promovido, estava sendo colocado à frente do povo. Mas foi necessário Deus confirmar isso para ele, reforçar o quanto ele teria que trabalhar e lutar, o quanto ele precisaria ter ânimo, foco e muita fé. E por que isso foi necessário?

Muitos vão começar a ler este devocional e lembrar do versículo aparentemente contrário a essa ordem direta dada por Deus a Josué: "porque quando estou fraco então sou forte" (2 CORÍNTIOS 12:10).

São contextos diferentes, porém convergentes. O primeiro trata de ATITUDES que Josué precisaria ter para liderar o povo e cumprir um propósito estabelecido por Deus. O segundo versículo trata do nosso CORAÇÃO, de como lidamos com as coisas do nosso dia a dia. Então precisamos ser *fracos* no sentido de não sermos orgulhosos, de não querermos para nós a glória e a honra que pertencem só ao Senhor, mas precisamos ser fortes no sentido espiritual, físico, emocional e mental, para que tenhamos uma mente renovada na Palavra e assim promoveremos o tempo todo atitudes vencedoras.

Deus deixa claro que Josué precisaria de ânimo, coragem e força. Haveria desafios e territórios para serem conquistados. O povo precisava de um líder que os inspirasse e que trouxesse direção de onde ir e como conquistar, ou seja, um líder forte e corajoso.

Ser forte e corajoso não é uma opção para quem decide vencer, é simplesmente um estilo de vida. Diante de circunstâncias aparentemente ruins, o forte e corajoso aprende, persevera e vence. Diante de uma dificuldade, o forte e corajoso luta, crê nas promessas e confia somente em Deus. Talvez hoje você esteja justamente no tempo de preparo para ser um líder em sua escola, faculdade, trabalho, um líder de célula, um pastor, um político. Não importam as provas, importa a sua atitude para superar este tempo de preparo. Cumprir a Palavra e exercitar a fé sempre serão decisões diárias que precisamos tomar.

> **Desafio:** *Faça uma pequena lista de suas qualidades, aquilo que você faz bem. Depois faça ao lado uma lista daquilo que você precisa melhorar ou mudar radicalmente. Durante alguns dias, leia essas duas listas e ore ao Senhor pedindo força e coragem (força para mudar o que é necessário e coragem para enfrentar o pecado e todos os desafios do seu dia). Você vai experimentar mudanças radicais, prepare-se.*

André Hummel

FEVEREIRO 24

COM QUEM VOCÊ ANDA?

Aquele que anda com os sábios será cada vez mais sábio, mas o companheiro dos tolos acabará mal. (PROVÉRBIOS 13:20)

Não se deixem enganar: "As más companhias corrompem os bons costumes". (1 CORÍNTIOS 15:33)

Uma das qualidades que mais admiro ultimamente é a intencionalidade. Tenho aprendido que podemos fazer mais com menos esforço se focarmos nas coisas que realmente importam. Entre as muitas escolhas que fazemos diariamente, as pessoas com quem nos relacionamos exercem um grande fator de influência sobre nós.

Vi uma diferença relevante em meu relacionamento com Deus quando me aproximei de pessoas apaixonadíssimas por Ele. Pude aprender e ser influenciada positivamente através da vida delas. Aprendemos com Jesus que é possível ser amável com todos, mesmo sendo próximo apenas de alguns.

Amizades não são neutras, cada um contribui com os próprios costumes. Certa vez escutei que somos a média das cinco pessoas com quem mais nos relacionamos e me impressionei ao perceber o quanto isso é real em minha vida. Se você deseja ser uma pessoa que ama o Senhor, que se dedica, que cuida bem de si mesmo, procure amigos com essas características. E não se esqueça de também ser esse amigo para as pessoas à sua volta!

Se alguém fala mal de outros para você, saiba que, muito provavelmente, essa mesma pessoa fala mal de você para outros. A Bíblia nos ensina que a boca fala sobre o que o coração está cheio (MATEUS 12:34), então, uma boa forma de analisarmos nossas amizades (e nosso próprio coração) é pensando sobre nossas conversas. Exerça intencionalidade ao escolher quem será uma voz influenciadora em sua vida. Se você realmente for a média das cinco pessoas com quem mais se relaciona, isso seria bom ou ruim?

Desafio: *Peça ao Espírito Santo discernimento e decida quais pessoas terão a permissão de te influenciar. Caso identifique amizades que te influenciam negativamente, mude o jogo! Comece a influenciar positivamente essa pessoa com uma conversa evangelística ou edificante.*

LISSA

25 FEVEREIRO

FAGULHAS DE FOGO

Por essa razão, torno a lembrar-lhe que mantenha viva a chama do dom de Deus que está em você mediante a imposição das minhas mãos. (2 TIMÓTEO 1:6)

Em Levítico, no Antigo Testamento, a Bíblia relata sobre um altar no qual os sacerdotes colocavam um sacrifício que era consumido por um fogo que nunca se apagava. Toda manhã eram retiradas as cinzas para que, então, pudessem colocar mais lenha para manter a chama acesa. O altar era um meio de comunhão entre o povo e Deus, em que era necessária a entrega total, pois sem sacrifício não havia necessidade fogo. Essa era uma forma de remissão dos pecados. De longe, quem via a fumaça, sabia que naquele lugar havia um altar de adoração para Deus.

Anos se passaram e por fim houve o último sacrifício, agora Jesus sendo o protagonista que foi entregue como Sacrifício Vivo, o Cordeiro imaculado que derramou Seu sangue para nos limpar de todo pecado e nos proporcionar um relacionamento profundo com Deus. O Cordeiro que trouxe reconciliação, purificação e a demonstração do mais perfeito amor.

Esse modelo estabelecido por Deus antigamente continua dentro de nós. Agora, nessa Nova Aliança, nosso coração simboliza o altar; as cinzas, todo pecado que precisa ser retirado diariamente; o sacrifício, tudo que devemos entregar a Deus; a lenha, a busca incessante pelo relacionamento com Ele através da Palavra; o fogo representa o Espírito Santo que age nos levando ao arrependimento e a uma conduta de viver com o caráter de Cristo, o fogo que não nos deixa esfriar espiritualmente, mas que mantém a chama acesa.

John Wesley, um dos maiores avivalistas da Grã-Bretanha, uma vez disse: "Eu me coloco em chamas e o povo vem para me ver queimar". As pessoas precisam ver na nossa vida a fumaça que vem de dentro para fora, as evidências do agir de Deus em nós, para que assim possamos incendiar esta geração.

JULIA

Desafio: *Sacrifique por um tempo coisas que são de grande valor para você a fim de melhorar seu relacionamento com Deus. Como por exemplo o tempo gasto em redes sociais, a sua alimentação (doce, pizza, fast-food) e séries.*

FEVEREIRO 26

VOCÊ NÃO É ORIGINAL

Então disse Deus: "Façamos o homem à nossa imagem, conforme a nossa semelhança". (GÊNESIS 1:26)

A palavra "criar" significa dar a existência, originar, fazer com que alguma coisa seja construída a partir do nada. Em Gênesis 1, vemos que Deus criou a luz, o sol, as estrelas, a natureza, animais etc. Ou seja, o que não havia Ele trouxe à existência. Mas analise junto comigo o versículo 26. Quando Ele vai criar o homem, Deus não usa o verbo "criar". Deus não disse "vamos criar o homem". Deus diz "façamos o homem". O verbo "fazer" significa desenvolver algo a partir de uma certa ação. O que isso quer dizer?

Criatividade tem nome: Deus. Pensa em alguém que tem uma mente brilhante, genial, sensacional, infinita e perfeita: é Ele. Ele desenhou, moldou e criou o Universo e tudo que nele existe. Galáxias, planetas, estrelas, todas as coisas foram feitas por Ele. De onde vem tanta criatividade para criar tudo isso com tantos detalhes e mistérios que o homem está há milhares de séculos tentando descobrir? Ninguém teve uma ideia assim. Deus não fez um Ctrl C + Crtl V, copiando algo que já existia em algum outro lugar. Ele tirou tudo da própria cabeça. O Universo é a ideia mais original que existe. Mas calma aí, isso quer dizer que nós, seres humanos, somos originais também? Não. COMO ASSIM? Pois é, você não é original.

Somos a única criação que foi copiada. Deus não nos criou a partir do nada. Ele nos fez com base em algo: nEle mesmo. A Sua principal criação se parece com o Seu Criador. Você consegue entender o tamanho desse privilégio? Ele poderia ter nos feito de qualquer outro jeito, mas não; Deus escolheu nos fazer parecidos com Ele. Isso é amor! E melhor ainda, Ele habita dentro de nós, o Criador vive em Sua criação! Da mesma forma que Ele criou tudo com tamanha criatividade e originalidade, Ele te deu esse potencial também, porque você é à imagem e semelhança dEle! Que maravilhoso!

Desafio: *Talvez você esteja pensando em criar algo, mas está sem inspiração e desanimado. Pode ser um trabalho, apresentação, texto, peça de teatro, música, alguma coisa que você esteja com dificuldade de fazer. Você tem todo o potencial do Céu para te ajudar a criar. Vá em frente!*

27 FEVEREIRO

JOVEM INFLUENTE

Estou editando um decreto para que nos domínios do império os homens temam e reverenciem o Deus de Daniel. "Pois ele é o Deus vivo e permanece para sempre; o seu reino não será destruído, o seu domínio jamais acabará. Ele livra e salva; faz sinais e maravilhas no céu e na terra. Ele livrou Daniel do poder dos leões". (DANIEL 6:26,27)

Daniel é um personagem da Bíblia que me inspira muito. Ele, mesmo jovem, conseguiu conciliar, de forma brilhante, o seu relacionamento com Deus e com seus deveres. Percebo que muitos adolescentes se veem como muito novos para influenciar uma figura de autoridade, como um professor, um chefe ou até um governante. Precisamos entender que a maturidade espiritual não é igual à cronológica (1 CORÍNTIOS 3:1-3), portanto sermos jovens não nos limita em nossa maturidade espiritual. Daniel foi prova disso.

O livro de Daniel, no capítulo 2, conta sobre como esse jovem se destacava entre os outros supervisores do reino a ponto de o rei planejar promovê-lo. Os outros, por inveja, buscaram algum motivo para acusar Daniel, mas não encontraram nenhum. Por isso, no capítulo 6 decidiram que a única opção seria inventar um motivo que interferisse no relacionamento de Daniel com Deus. Então criaram uma lei que determinava que por 30 dias o povo só orasse ao rei Dario. Consegue imaginar isso? Daniel estava apenas sob uma acusação: seu relacionamento com Deus! Você já conhece o final: Daniel continua a orar ao Senhor, é jogado na cova dos leões e salvo milagrosamente, levando o rei Dario a emitir um decreto de que o Deus de Daniel seria reverenciado em todo o reino.

O que podemos aprender com tudo isso? Mesmo sendo jovem, você pode influenciar uma autoridade em sua vida! Daniel influenciou o rei e todo seu reino por ser alguém que amava Deus, destacava-se em seu esforço para glorificá-Lo, mantinha um relacionamento profundo com o Senhor e tinha fé. Portanto, você pode impactar a vida de seu professor, chefe e governante através dessas mesmas atitudes firmadas no objetivo de glorificar o nome da maior autoridade que o mundo possui: Deus, nosso Pai.

FILIPE

Desafio: *Leia o capítulo 6 de Daniel e cite três características da vida dele que você ainda não possui. Que práticas para atingir essas características o deixariam próximo de ser um jovem como Daniel?*

FEVEREIRO 28

DE ONDE VEIO ESSE DINHEIRO?

Melhor é o pouco do justo do que a riqueza de muitos ímpios.
(SALMO 37:16)

Quem nunca recebeu um troco errado na vida? Eu já passei algumas vezes por essa situação e confesso que nem sempre percebi rápido o que tinha acontecido. Em uma dessas vezes abri minha carteira e me perguntei exatamente isso: "Dê onde veio esse dinheiro?". Mesmo se tratando de um valor baixo, já seria errado querer ficar com algo que não é seu, mas você já imaginou receber por engano uma quantia alta?

Recentemente conheci uma pessoa que recebeu mais de vinte mil reais na sua conta, só que por engano. Ele disse que assim que o dinheiro caiu, contatou o banco e, em questão de minutos, retiraram o dinheiro da conta dele, mas você já parou para pensar a falta que esses vinte mil fariam talvez para o pai que precisava deles para terminar de pagar a escola atrasada das crianças, para conseguir matriculá-las novamente? Ou para alguém que estava tentando transferir esse dinheiro, que ralou muito para conseguir, para quitar uma dívida de anos, ou qualquer outra situação do tipo?

Muitas vezes em situações em que saímos na vantagem, preferimos ficar em silêncio. Mas a Bíblia fala sobre o dinheiro do ímpio, o dinheiro ganho de forma injusta (PROVÉRBIOS 13:11), e fala também sobre o peso desse dinheiro, ou seja, sobre as consequências dele. Então, se por acaso alguma situação parecida já aconteceu com você e, por estar precisando do dinheiro ou por qualquer outro motivo, você acabou pensando apenas em você e não em quem perdeu aquele valor, lembre que o nosso Deus vê todas as coisas e que não existe nada em oculto que não vá ser revelado (LUCAS 12:2). Podemos até conseguir esconder algo momentaneamente dos olhos humanos, mas um dia teremos que prestar contas ao próprio Deus (HEBREUS 4:13).

Desafio: *Você já ficou com o troco a mais em algum lugar? Ou já passou a perna em alguém e ficou com mais dinheiro do que deveria? Se a sua resposta foi sim, eu te desafio a devolver esse dinheiro. Talvez já faça muito tempo, talvez você não tenha esse dinheiro agora, mas se esforce para resolver o mais rápido possível. Não se esqueça que é sempre uma ótima hora para se arrepender.*

BEA

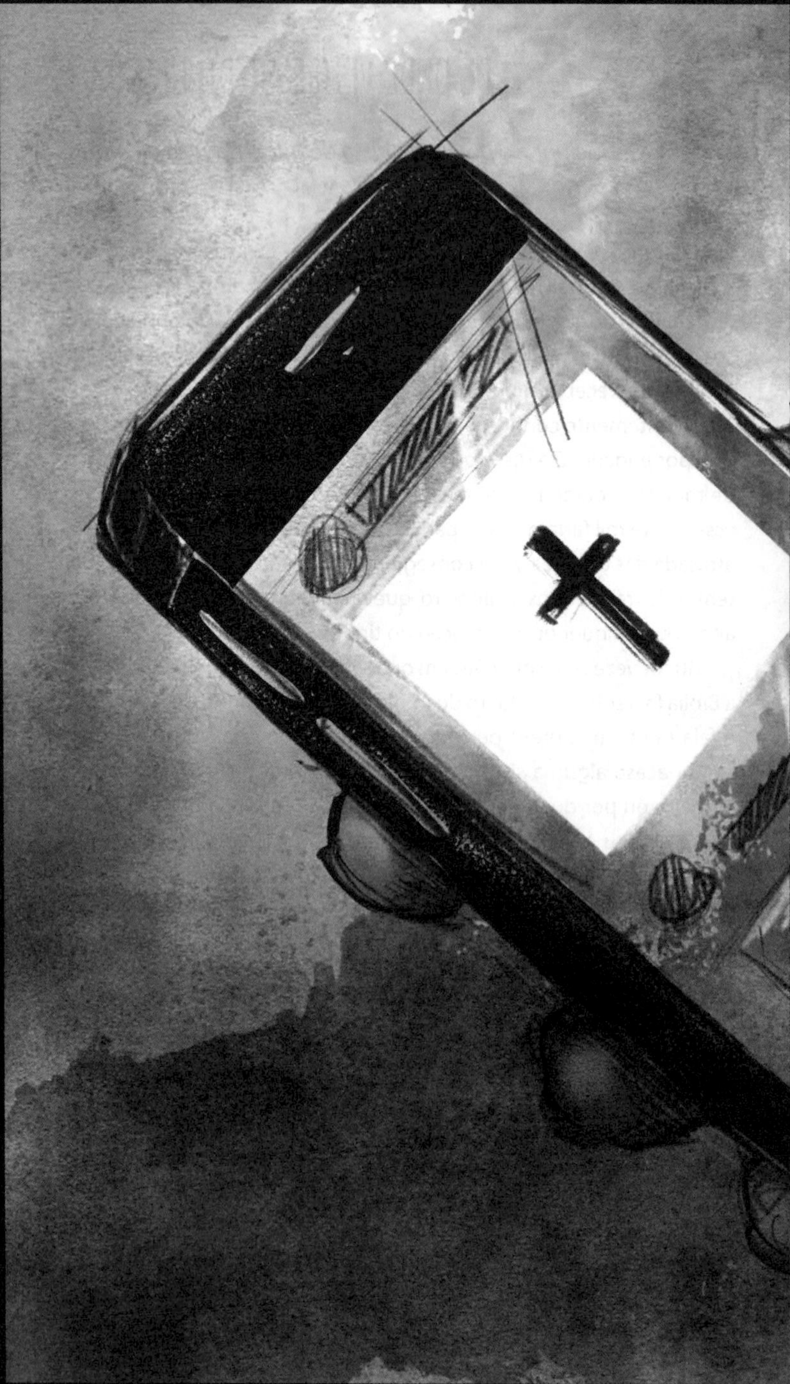

MARÇO

1 MARÇO

A IMPORTÂNCIA DAS MÍDIAS

E disse-lhes: "Vão pelo mundo todo e preguem o evangelho a todas as pessoas".
(MARCOS 16:15)

Deus tem procurado por pessoas que se proponham a conquistar territórios. Pessoas como Samá, filho de Agé, o hararita (2 SAMUEL 23:11). Samá foi um dos homens a que a Bíblia se refere como "Os valentes de Davi". Os filisteus estavam tentando invadir um território pertencente a Israel, onde havia uma grande plantação de lentilhas, sendo portanto um ponto estratégico, afinal, oferecia alimento ao povo israelita. Samá entendeu a importância daquele território e o defendeu bravamente, ferindo sozinho todos os filisteus que tentaram invadir.

Como Igreja, devemos adentrar os diversos campos da sociedade. Devemos conquistar e defender esses territórios para o Senhor (JOSUÉ 1:3). As mídias são um desses campos. Quero destacar a internet. Sabemos quantas coisas ruins podem ser encontradas na web. Por que isso acontece? Pela falta de consciência e atitude dos filhos de Deus em dominar esse território. No entanto, muitos têm sido despertados, e a situação tem mudado. Hoje vemos muitos canais no *YouTube*, páginas e perfis nas redes sociais que são utilizados para manifestar o amor de Jesus e realizar a obra de Deus na Terra, trazendo diversos conteúdos edificantes para o nosso crescimento em Deus.

Portanto, aproveite-se desse excelente meio de propagação que é a internet e utilize essa grande ferramenta a seu favor e a favor do Reino de Deus; cumpra o IDE!

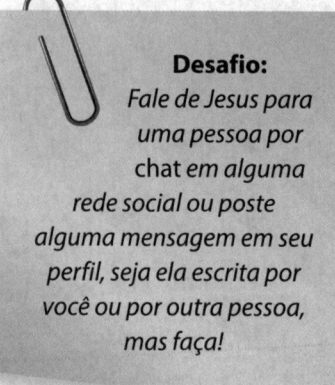

NELSON

Desafio:
Fale de Jesus para uma pessoa por chat em alguma rede social ou poste alguma mensagem em seu perfil, seja ela escrita por você ou por outra pessoa, mas faça!

MARÇO 2

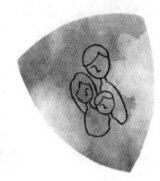

BUSCANDO EM FAMÍLIA

Busquem, pois, em primeiro lugar o Reino de Deus e a sua justiça, e todas essas coisas lhes serão acrescentadas. (MATEUS 6:33)

Espera, antes de ler esse devocional, convide seus pais, familiares ou responsáveis para que vocês leiam em família!

O que Deus falou comigo e quer falar com vocês hoje é algo que, para muitos, é um assunto desesperador e, para outros, por serem ainda novos (os filhos), não é muito preocupante ainda. Buscar o reino de Deus em primeiro lugar quer dizer buscar a vontade do Senhor e entender o que o coração dEle deseja para a nossa vida. Por exemplo, quando se trata de escolher uma profissão ou curso da faculdade, não é diferente. Cada um de nós tem um plano elaborado por Deus (SALMO 139:16) e, para que isso se cumpra, precisamos entender que nossos pais devem fazer parte desse processo.

Pais ou responsáveis, é aí que vocês entram! Mas como? Com a autoridade, experiência e habilidade de nos ajudar a entender o nosso chamado, nos estimulando a compreender qual a vontade de Deus para a nossa vida. E essa ajuda se dá principalmente através da busca, oração e jejum juntos. Vocês têm um papel importantíssimo, encorajando-nos, incentivando-nos e corrigindo-nos. Por isso, não fiquem de fora disso!

Filhos, lembrem-se: "Ouça, meu filho, a instrução de seu pai e não despreze o ensino de sua mãe" (PROVÉRBIOS 1:8,9). Ou seja, na sua busca para entender o seu chamado, não se esqueça de buscar o auxílio de seus pais. Isso vai fazer total diferença!

Que nesse dia vocês possam continuar (ou começar) a buscar juntos a vontade de Deus com relação a essa área, colocando-O em primeiro lugar. E que o Espírito Santo possa ajudá-los e abençoá-los.

> **Desafio:** *Pais (ou responsáveis), perguntem aos seus filhos o que tem queimado no coração deles sobre isso. Perguntem sobre seus desejos nessa área e caso eles já tenham ou não, orem juntos a respeito. Filho(s), apresente(m) suas ideias sobre cursos e profissões que já passaram no seu coração, seus desejos e planos e escute a opinião de seus pais ou responsáveis. Juntos orem sobre o que foi abordado, entregando ao Senhor.*

CONDO

3 MARÇO

A LOUCURA DE DEUS

Porque a loucura de Deus é mais sábia que a sabedoria humana, e a fraqueza de Deus é mais forte que a força do homem. (1 CORÍNTIOS 1:25)

Desde criança acreditei em Deus. Para mim, a existência dEle era algo inquestionável e qualquer um que tentasse me dizer o contrário nunca me convenceria. Por mais que eu não tivesse um relacionamento tão próximo, a ideia de Deus sendo um ser superior a tudo que existe no mundo era muito legal. E isso não mudou muito quando me converti realmente.

Mas aquele primeiro amor, um dia, foi confrontado quando entrei no Ensino Médio. As aulas de filosofia pareciam um soco no estômago. Cada questionamento que eu não conseguia refutar ficava martelando na minha cabeça a noite inteira. Eu nunca tinha respostas, somente mais dúvidas. Quando me deparei com a maldade do homem e o caos que existe no mundo, passei a me perguntar: "Onde está Deus?". A dúvida parecia que estava corroendo a minha fé a ponto de eu não conseguir mais orar. Não porque eu estava deixando de acreditar, mas algo dentro de mim me impedia. Havia uma luta interior na minha mente; a cada passo que eu dava para tentar compreender o que estava acontecendo, acabava num beco sem saída. Eu estava tão pressionada e com medo de onde minha fé havia parado que a única coisa que eu conseguia dizer para Deus era: "Só me diga que isso não é loucura, por favor. Eu não quero Te deixar, mas as dúvidas não querem me deixar ficar aqui".

"A loucura de Deus é mais sábia que a sabedoria humana", Ele me lembrou. Quando eu li esse versículo, o meu coração foi confortado. Foi como se eu estivesse recebendo um abraço. Em meio a tantos questionamentos, Ele continuou me dizendo: "A vida te trará todos os argumentos possíveis contra a minha pessoa; eles sempre vão existir, mas nem sempre você estará pronta para recebê-los. Você precisa me buscar primeiro, com todas as suas forças (MATEUS 6:33) e amadurecer na fé (HEBREUS 5:13,14). Tenha raízes em Mim. E quanto às dúvidas, guarde-as com você, porque, quando eu te trouxer aqui em casa, vamos conversar bastante sobre elas!" (Deus sempre é muito fofinho). Engraçado é que hoje em dia amo estudar filosofia. Não me assusta mais, pelo contrário, me faz querer entender mais sobre Deus.

STELA

Desafio: *Sei que é difícil ser confrontado e não ter respostas para refutar. Veja o filme* Deus não está morto *e, caso já tenha visto, assista de novo. Combine com seus amigos para fazerem uma sessão cinema na sua casa (ou na casa de alguém) e depois conversem sobre o assunto.*

MARÇO 4

GENEROSIDADE

Porque Deus amou ao mundo de tal maneira que deu o seu Filho unigênito, para que todo o que nele crê não pereça, mas tenha a vida eterna. (JOÃO 3:16 ARA – ênfase adicionada)

Uma das características do amor de Deus é a generosidade. Ele nos presenteou com o que possui de mais precioso. O amor verdadeiro se preocupa, o amor verdadeiro não é interesseiro e o amor verdadeiro vai muito além das palavras e elogios. Esse mesmo amor se expressa em ações. O sacrifício de Jesus, sua doação pelas pessoas e a forma como Ele as servia era sempre generosa.

Amo essa definição de generosidade: "Virtude daquele que se dispõe a sacrificar os próprios interesses em benefício de outro". Quando somos generosos, revelamos em parte, a natureza do próprio Deus. Essa característica dos filhos de Deus tem a capacidade de tocar profundamente as pessoas que ainda não encontraram o amor de Jesus por elas, porque, afinal, somente através de Jesus teremos um coração verdadeiramente empático.

Quando essa verdade se fixa em nós, é natural que ela se torne também parte do nosso estilo de vida. Nossas finanças, disposição e recursos simplesmente passam por um processo de desapego ao percebermos que as pessoas são muito mais valiosas do que os bens materiais. Podemos viver com menos para que as pessoas tenham pelo menos um pouco mais e, a partir disso, vemos que o princípio de semear e colher é tão verdadeiro. Quanto mais abençoamos, mais somos abençoados.

Desafio: *Seja generoso hoje. Pode ser oferecendo comida para alguém necessitado, dando uma roupa do seu armário, ofertando algo ou até mesmo sendo paciente com as pessoas. Seja fiel ao que o Espírito Santo colocar em seu coração.*

LISSA

5 MARÇO

INFLUENCIADORES

Assim brilhe também a vossa luz diante dos homens, para que vejam as vossas boas obras e glorifiquem a vosso Pai que está nos céus. (MATEUS 5:16)

Provavelmente você já ouviu a palavra "influenciadores" em algum lugar. Mas já parou para pensar sobre como essas pessoas conquistaram essa posição? Durante um semestre da faculdade, tive uma matéria sobre mídias e, durante esse período, a questão da influência foi colocada em pauta diversas vezes. Descobri que você não precisa de muitos seguidores para ser um influenciador, você só precisa que uma parte do seu público acredite naquilo que você diz. Ou seja, em pequenas proporções, você e eu também somos influenciadores.

Agora, vamos pensar de forma mais profunda sobre o tipo de influência que temos em relação aos outros e de que maneira comunicamos isso. Em 1 Timóteo 4:12 a Bíblia diz que devemos ser um exemplo, além de também falar sobre não nos tornarmos pedra de tropeço (1 CORÍNTIOS 10:32). Refletindo sobre isso, me lembrei do texto que está em Mateus 5:16, onde, de forma explícita, nos é dada a missão de, através das nossas obras, glorificar a Deus. A meu ver, isso tem muita relação com influência. A Bíblia diz que nós somos a luz do mundo! Calma, não estou dizendo que você precisa sair com uma roupa de glitter, chamando atenção e fazendo de tudo para brilhar. O que eu quero dizer é que Deus nos coloca em posições de "destaque", mesmo que de forma pequena, para que nos tornemos referência e exemplo para aqueles que precisam. Um ótimo exemplo disso é Jesus. Você consegue medir o tamanho da influência dEle a ponto de alterar o calendário da humanidade (a.C. e d.C.)?!

Sua influência pode não ser tão grande, mas, mesmo que seja pouca, faça dela uma maneira de levar pessoas para Cristo. Pode ser em um time, na sua sala de aula, no seu trabalho, nas suas redes sociais, na sua igreja. Sinceramente, não importa onde, o que importa é que a sua influência exalte quem Ele é! Dê o seu melhor e se coloque à disposição para ser um exemplo. Além de ajudar os outros, você vai descobrir que essa posição de referência faz com que você amadureça, aprenda a lidar com certos impulsos, gera um senso de responsabilidade e faz você pensar além do seu círculo de amigos. Espero que um dia você diga como Paulo: "Sejam meus imitadores, assim como eu sou de Cristo" (1 CORÍNTIOS 11:1).

BEA

Desafio: *Durante este dia, influencie pelo menos duas pessoas a buscarem Jesus com mais intensidade a fim de descobrir o seu lugar de destaque. Seja um exemplo para os seus amigos!*

MARÇO 6

O SEU PROBLEMA É MEU TAMBÉM

Quanto ao mais, tenham todos o mesmo modo de pensar, sejam compassivos, amem-se fraternalmente, sejam misericordiosos e humildes. (1 PEDRO 3:8)

Diversos problemas familiares ocorrem pelo fato de não entendermos o que o outro sente. Na adolescência isso se agrava, pois costumamos achar que sempre estamos certos. Por isso, Jesus, em Mateus 22:39, afirmou que o segundo maior mandamento é amar ao próximo como a nós mesmos, o que demonstra que devemos nos importar com os sentimentos alheios.

O dicionário *Michaelis* conceitua "empatia" como a habilidade de se imaginar no lugar de outra pessoa. É o compartilhar de sentimentos. Essa capacidade é um grande segredo para evitarmos conflitos familiares! Você já deve ter ouvido a expressão "um namoro só dá certo quando você vive para fazer o outro ser feliz", certo? Contudo, isso não se restringe ao namoro, mas funciona em qualquer relacionamento (MATEUS 7:12). Sabe quando seus pais ficam bravos por algo que você fez? Ou quando você fez algo que sabia que desagradaria a seus pais? Isso é consequência de uma falta de empatia. Você não se colocou no lugar deles, nem procurou entender como eles se sentiriam.

A história do bom samaritano é um belo exemplo de alguém que se dispôs a compartilhar o sentimento do seu próximo, demonstrando o amor de Deus (LUCAS 10:33). Para que possamos evitar brigas com nossos familiares, demonstrar o amor de Deus e o nosso amor por eles, precisamos enxergar as reações deles não somente com nossos olhos, mas como eles veem!

Desafio: *Analise seus pais ou responsáveis hoje, coloque-se no lugar deles e tente entender o que estão precisando. Faça algo que demonstre seu amor por eles.*

FILIPE

7 MARÇO

HÁ MUITO TEMPO, NUMA GALÁXIA NEM UM POUCO DISTANTE

Então, Jesus aproximou-se deles e disse: "Foi-me dada toda a autoridade no céu e na terra. Portanto, vão e façam discípulos de todas as nações, batizando-os em nome do Pai e do Filho e do Espírito Santo, ensinando-os a obedecer a tudo o que eu lhes ordenei. E eu estarei sempre com vocês, até o fim dos tempos" (MATEUS 28:18-20)

Ah, meus amigos! Existem várias coisas na vida que consigo comparar com o evangelho e uma delas é *Star Wars*.

Uma das coisas mais importantes no ministério de Jesus é o discipulado. E adivinha quem são ótimos exemplos sobre esse assunto? Jedi e Padawan! É isso mesmo, o mestre e seu discípulo. No universo fictício de *Star Wars*, os padawans caminham debaixo da autoridade de seus mestres jedi até estarem prontos para se tornarem jedi. Em Lucas 6, Jesus diz que o discípulo não está acima de seu mestre, mas todo aquele que for bem preparado será como o seu mestre. Portanto é preciso ser preparado e ninguém cresce sem ter aprendido algo com alguém. Assim como no caminho jedi, na caminhada cristã também precisa existir um jedi e um padawan. A propósito, é um mandamento (MATEUS 28:19), não um convite, ok? Não fomos criados para caminhar sozinhos; precisamos ser instruídos e corrigidos por alguém. Jesus e os 12 discípulos são a prova disso.

Caso você não tenha um discipulador, alguém em quem você possa confiar e para quem você possa constantemente abrir o coração, quero te encorajar a buscar alguém de confiança, de preferência seu líder. A Palavra de Deus nos diz que "Assim como o ferro afia o ferro, o homem afia o seu companheiro" (PROVÉRBIOS 27:17). Isso está ligado ao sentido de amadurecimento e crescimento. Significa que o discipulado, a amizade e o caminhar junto de alguém que tem o coração queimando por Jesus, nos leva ao amadurecimento espiritual. Por isso, tenha um coração de padawan.

Desafio: *Caso você não tenha um líder para fazer um discipulado, quero encorajá-lo a buscar conversar com alguém que você tenha como referencial ou alguém de autoridade em sua igreja. Decida ser padawan de alguém!*

CONDO

MARÇO 8

DIA DA MULHER ♡

DEUS E AS MULHERES

A beleza é enganosa, e a formosura é passageira; mas a mulher que teme ao Senhor será elogiada. (PROVÉRBIOS 31:30)

Jesus veio ao mundo e quebrou paradigmas, desconstruiu ideias humanas e derrubou pensamentos que tinham como principal objetivo prejudicar e diminuir pessoas. Naquela época, havia muito desprezo às mulheres e patriarcalismo, principalmente entre os judeus, que se achavam superiores aos samaritanos e às mulheres. Jesus era judeu, mas Ele não vivia de acordo com a religiosidade. Assim, quebrando o primeiro preconceito, vemos em João 4:7 que Ele falou com uma mulher samaritana. Ele pede água à mulher e conversa com ela no poço. O que para nós hoje é algo comum, na época era repúdio para os judeus.

Mas Cristo não se importava, pois Seu ministério era para todas as pessoas e não para algumas camadas da população. Ele deu voz a quem permaneceu calado e oprimido, deu valor a quem a sociedade rejeitava e sentou-se à mesa com pessoas taxadas de traidoras e impuras. Jesus deixou uma mulher, considerada "pecadora" pelos fariseus, sentar-se aos Seus pés para ouvi-Lo (LUCAS 7:38,39). Ele veio para revelar a forma como Deus vê as mulheres e esteve entre nós para demonstrar todo Seu amor.

Deus criou todos nós à Sua imagem e semelhança. Ele escreveu todos os dias da nossa vida e se importa muito conosco. A Bíblia apresenta muitas mulheres importantes que são exemplo para nós até hoje e, dentre elas, eu destaco Débora. Uma simples mulher que foi escolhida para ser juíza de Israel, tendo um alto cargo político. Ela se manteve fiel e submissa a Deus, levando o povo a conquistar muitas vitórias (JUÍZES 4:4). Ela não se intimidou pelo fato de ser mulher e ganhou respeito de muitos líderes da época.

JULIA

Desafio: *Pequena mulher, nunca se esqueça do seu valor para Jesus! Ele veio a fim de reafirmar sua identidade e te fazer sentir como a menina mais especial do mundo. Apesar da delicadeza, a força está em vários aspectos através dEle em nós! Todos os dias, mas principalmente hoje, é dia de elogiar as mulheres perto de você e fazer com que elas se sintam especiais e importantes.*

9 MARÇO

QUEM DEUS LEVANTARÁ AGORA?

Sempre que o Senhor lhes levantava um juiz, ele estava com o juiz e os salvava das mãos de seus inimigos enquanto o juiz vivia; pois o Senhor tinha misericórdia por causa dos gemidos deles diante daqueles que os oprimiam e os afligiam. (JUÍZES 2:18)

Depois de ler e reler o Antigo Testamento, reparei que havia como se fosse um ciclo repetitivo dos fatos em cada livro que eu lia. Era mais ou menos assim: O povo estava com Deus; eles desobedeciam ao Senhor; misturavam-se com os povos pagãos; caíam na perdição do pecado; percebiam depois o erro que haviam cometido; Deus levantava uma pessoa para redirecionar o povo de volta para Ele; o povo se arrependia e o ciclo se repetia. Mas o que mais me chama a atenção é a resposta que o Senhor dava para o Seu povo. Eles clamavam por misericórdia e arrependimento, e Deus levantava um líder, uma pessoa.

De Gênesis a Apocalipse, nós vemos que a resposta era quase sempre com pessoas. Abraão, Isaque, Jacó, José, Moisés, Josué, Gideão, Débora, Ester, Samuel, Davi, Daniel, Ezequiel, Jeremias, e a lista continua. Reis, juízes, profetas, sacerdotes e, finalmente, Jesus. Toda vez que um líder na Bíblia era comprometido com Deus e com a Sua Palavra, todo o povo permanecia nos caminhos do Senhor. Mas, sempre que esse líder morria, o povo se perdia. E se o líder não seguisse os caminhos do Senhor, todo o povo iria junto com ele. Uma liderança corrompida é a perdição de uma nação.

E no nosso tempo? Quem são essas pessoas? Quem são as respostas? Diante de tantos problemas no país, valores invertidos, corrupção, violência e imoralidade, quem será a próxima pessoa que Deus levantará?

STELA

Desafio: *Em que lugar você pode se tornar uma resposta de Deus? Tome uma atitude hoje que lhe deixe próximo a ser usado por Ele para modificar um ambiente que você sabe que precisa de Jesus!*

MARÇO 10

PASSE O BASTÃO

Que todas estas palavras que hoje lhe ordeno estejam em seu coração. Ensine-as com persistência a seus filhos. Converse sobre elas quando estiver sentado em casa, quando estiver andando pelo caminho, quando se deitar e quando se levantar. (DEUTERONÔMIO 6:6,7)

Acho fantástico o princípio de transbordar sobre o coração dos filhos os decretos e princípios instituídos por Deus ao Seu povo. Evidencia que a aliança de Deus é instituída com gerações e que cada geração precisa ter isso em mente a fim de passar o bastão para a próxima.

A educação tem um papel chave nesse processo. A didática apresentada no versículo acima é de um ensino prático, diário, que acontece ao redor da mesa, na sala, nas saídas em família, de manhã e à noite. Talvez sua história em família foi exatamente assim, recheada de momentos memoráveis de ensino dos princípios bíblicos. Talvez não. A questão, entretanto, de poder conhecer o amor de Deus hoje te leva a este lugar de responsabilidade. Agarre o bastão, cresça em conhecer a Deus e, assim, estará apto para passar também o bastão à sua descendência.

A citação abaixo, mostra o valor da transmissão de valores em uma sociedade: "Ninguém nasce odiando outra pessoa pela cor de sua pele, por sua origem ou ainda por sua religião. Para odiar, as pessoas precisam aprender, e se podem aprender a odiar, podem ser ensinadas a amar" (Nelson Mandela).

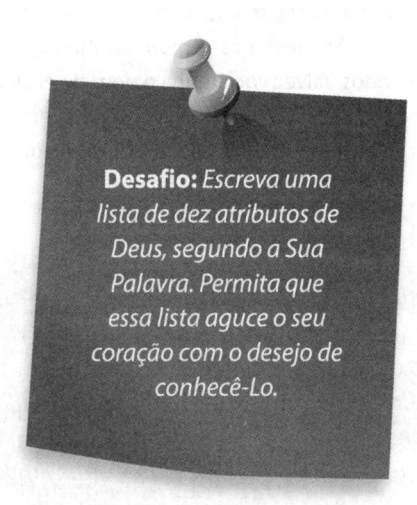

Desafio: *Escreva uma lista de dez atributos de Deus, segundo a Sua Palavra. Permita que essa lista aguce o seu coração com o desejo de conhecê-Lo.*

Kelly Subirá

11 MARÇO

O DOM DE ENSINAR

Se o seu dom é servir, sirva; se é ensinar, ensine.
(ROMANOS 12:7)

Todos nós temos algum tipo de dom e devemos usá-lo de forma especial para falar do amor de Deus. O seu dom pode ser revelado de diversas maneiras: pode ser o dom de cozinhar, organizar, correr, cantar, dançar, atuar e muitas outras formas. Mas hoje vamos conversar sobre um dom muito necessário: o dom de ensinar. Garanto que pessoas com esse dom também possuem muito amor e paciência. Porque, vamos lá, não é todo mundo que consegue ensinar alguém. Eu, por exemplo, me irrito rápido e desisto de ensinar com bastante facilidade.

Deus deu dons espirituais para edificar a Sua Igreja. Paulo instruiu os coríntios a edificar e construir a Igreja de Cristo, dizendo a eles que, já que "desejavam" ter dons espirituais, deveriam procurar "progredir, para a edificação da igreja" (1 CORÍNTIOS 14:12). Em todos os casos, os dons são para edificar a igreja, mas devem ser usados também para edificar sociedades, escolas, hospitais, tribunais, construções, e tantos outros lugares. Não para nossa glória, mas para revelar mais de quem Deus é. Você consegue identificar quais são os dons que Deus colocou em você? Eu gosto muito de observar os dons das pessoas, o que elas fazem bem, em qual área se destacam e por isso tive facilidade em entender quais eram os meus. Mas nem sempre é tão simples entender que dom é esse e o porquê dele.

Recentemente comecei a notar algo, principalmente com alguns adolescentes com que convivo mais. Percebi que crianças que têm o dom de ensinar, em muitos casos, são desencorajadas pelos mais velhos. Eles usam argumentos muitas vezes até relevantes, como a questão do baixo salário, do desgaste etc. Mas devemos sempre lembrar que Deus nos deu dons para serem usados, e não ignorados. Talvez você tenha o dom de ensinar, mas foi desencorajado e esse texto é para você! Acredite: Deus não colocou nada em você à toa. Cada mínimo detalhe em você tem um propósito, não deixe nada te impedir de viver o que Ele sonhou a seu respeito.

Desafio: Você conhece alguém com o dom de ensinar? Pode ser sua mãe, seu pai, seu primo, um amigo ou até você mesmo. Se a resposta é sim, procure hoje encontrar uma maneira de honrar isso nessa pessoa, contar o que aprendeu e como isso impactou sua vida. Valorize o dom de ensinar.

MARÇO 12

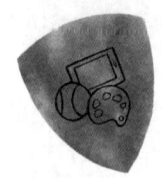

FORTES E INFLUENTES

E sucedia que, quando o espírito maligno, da parte de Deus, vinha sobre Saul, Davi tomava a harpa e a dedilhava; então, Saul sentia alívio e se achava melhor, e o espírito maligno se retirava dele. (1 SAMUEL 16:23 ARA)

Quais seriam as primeiras palavras que você usaria para descrever arte? Será que a expressão frágil de um homem pode significar força? É possível que o conteúdo nela comunicado exerça algum tipo de influência sobre a sociedade? Talvez, as palavras "força" e "influência" não foram as primeiras em sua mente, mas, pela história de Davi, narrada em 1 Samuel, vemos que essas características também podem estar presentes.

Sua capacidade de tocar harpa foi a porta de entrada para o ambiente em que mais tarde ele exerceria seu ministério. Quando o Espírito do Senhor se retirou do rei Saul, um espírito maligno o atormentava e, conforme o conselho dos servos do rei, Davi tocava sua harpa para que Saul se sentisse melhor. Davi começou como músico e passou a ser escudeiro. O que era para ele um hobby ou costume foi usado por Deus para forjar o caráter dele para o que viria depois.

A arte daqueles que temem ao Senhor é também usada para trazer paz, alívio em meio a um cenário com pessoas ansiosas, depressivas, que perderam a esperança. A força e a influência que ela carrega (o que não se limita a música) é mais uma das estratégias que podemos usar para mudar o mundo. Existe influência melhor do que lembrar a criação de seu Criador? Se provarmos dEle, saberemos que não. Tudo de mais digno que existe tem a ver com Ele e transborda. Dele, por Ele e para Ele são todas as coisas (ROMANOS 11:36); sim, até a arte é para Ele.

Desafio: *Como suas habilidades podem influenciar o ambiente em que você está inserido? Ore e converse sobre isso com um "cristão de verdade" hoje! Que Jesus seja visto em você!*

LISSA

13 MARÇO

BRILHAR SEM OFUSCAR

Assim brilhe a luz de vocês diante dos homens, para que vejam as suas boas obras e glorifiquem ao Pai de vocês, que está nos céus. (MATEUS 5:16)

Já tive a oportunidade de ir algumas vezes a regiões rurais do meu estado. O que mais me impressiona nesses lugares é a quantidade de estrelas visíveis. Obviamente, não é a zona rural em si que possui mais estrelas, mas, devido a uma menor poluição luminosa, é mais fácil enxergá-las.

Nós, cristãos, somos chamados de *luz do mundo*, ou seja, o brilho de nossas obras deve impactar os olhos humanos para a glória de Deus (MATEUS 5:14-16). Devemos nos sobressair em nossas atividades! Porém, muitos confundem a missão de brilhar com a de ofuscar. A zona urbana torna mais difícil a visualização das estrelas no céu por conta da quantidade absurda de luminosidade presente, ou seja, as luzes da cidade ofuscam o brilho das estrelas. Agora, quando estamos em uma zona rural, é possível ver o brilho de cada uma. O que isso quer dizer? Se você viver buscando um brilho apenas terreno, ou seja, para que as pessoas vejam o quanto você se destaca, você ofuscará o brilho que Deus quer apresentar através de você. O objetivo sempre foi e será glorificar o nome dEle!

Ao olhar para o céu, vemos que o brilho de uma estrela não ofusca a de outra. Você não precisa humilhar alguém para se sobressair em uma área de sua vida. Há espaço para todos! Quem humilha seu irmão para se destacar simplesmente esquece que nossas obras não são para nossa glória, mas para a dEle. Portanto, busque se destacar sem humilhar seu próximo e permita que a luz que ilumina suas obras venha dEle.

FILIPE

Desafio:
Na noite de hoje, olhe para o céu e procure por estrelas. Se estiver difícil, pesquise na internet o termo *céu estrelado*. Ao fazer isso, repare como é possível todas brilharem sem se ofuscarem. Devemos fazer o mesmo!

MARÇO 14

É IMPORTANTE!

Procure agora o faraó um homem criterioso e sábio e coloque-o no comando da terra do Egito. O faraó também deve estabelecer supervisores para recolher um quinto da colheita do Egito durante os sete anos de fartura. Eles deverão recolher o que puderem nos anos bons que virão e fazer estoques de trigo que, sob o controle do faraó, serão armazenados nas cidades. Esse estoque servirá de reserva para os sete anos de fome que virão sobre o Egito, para que a terra não seja arrasada pela fome. (GÊNESIS 41:33-36)

Talvez você já tenha lido ou ouvido falar de José, o garoto que foi vendido por seus irmãos mais velhos como escravo. Pois é, hoje vamos trocar uma ideia sobre a sabedoria que Deus deu para esse cara. Bom, o que aconteceu é o seguinte: nessa parte da história, José explica o significado dos sonhos que o faraó teve e diz o que ele deve fazer em seguida. O que José estava propondo era o que chamaríamos hoje de "planejamento".

Sim, eu e você devemos nos preocupar com isso. E caso você esteja se perguntando: "Cara, eu não trabalho! E aí?", meu amigo, planejamento vai além de questões financeiras. E outra coisa, se você ainda não trabalha, um dia vai trabalhar, amém?! É um bom momento para você dizer "amém"!

Então sabendo que um dia você trabalhará, já pode começar a se regrar e acostumar sua mente a se planejar antes de fazer as coisas. Por exemplo, é normal achar chato seus estudos e atividades da semana, mas você pode pedir ajuda a seus pais para saber como se planejar melhor. E caso você ganhe mesada, aí não tem desculpa para não se planejar financeiramente e começar a organizar seus gastos.

"Torrar" sua grana toda no lanche da escola e depois pedir dinheiro para ir ao cinema ou comprar seja lá o que for definitivamente não é um bom passo! Antes de qualquer coisa, pensa naquilo que você quer fazer com o seu dinheiro e em que pretende gastá-lo. Ah! E não esqueça que a pessoa mais importante que precisa estar presente em suas finanças e planejamento é Deus!

Desafio: *Tire um tempo com Deus, peça ajuda ao Espírito Santo para se planejar e organizar. Em seguida, crie uma planilha com todos os seus gastos. Converse com seus pais, tire um momento para perguntar a eles como eles se organizam e peça o auxílio deles ou de seu pastor, líder ou discipulador.*

CONDO

15 MARÇO

MAIS QUE AMIGOS, FAMÍLIA

O amigo ama em todos os momentos; é um irmão na adversidade.
(PROVÉRBIOS 17:17)

Acho que uma das melhores coisas da vida é encontrar amigos. Aqueles que nos ensinam, amam e ajudam a melhorar são, certamente, os que não devemos sair de perto. E como é triste a realidade que estamos vivendo! Vemos como nada é profundo hoje em dia porque pessoas estão acostumadas a criar relacionamentos rasos e superficiais, sem se preocupar com a vida do próximo. Relacionamentos que só existem por interesse e que são baseados em receber algo em troca.

A amizade é um privilégio que Deus nos deu para crescermos! É muito comum para nós, adolescentes, tentarmos encontrar um grupo do qual a gente se sinta parte. Muitas vezes deixamos de ser nós mesmos para participar de algo e nos deixamos ser influenciados em vez de influenciar. Mas a realidade é que suas amizades influenciarão diretamente a sua vida e o seu relacionamento com Deus. Então saiba escolher muito bem as pessoas com quem você vai dividir seus piores e melhores momentos.

Por isso, tenho aprendido muito ao longo deste ano sobre a importância de ter amizades em que Deus seja o foco e o centro de tudo. Invista em criar relacionamentos que te inspirem a ser uma pessoa melhor e mais parecida com Jesus. Fique perto de amigos que estejam queimando pelas mesmas coisas que você! Se ainda se sente sozinho, ore para que Deus levante pessoas que te ajudem nessa caminhada e sempre esteja disposto a criar relacionamentos profundos e a conhecer pessoas novas para aprender e compartilhar a aventura que é viver. Tenho certeza de que, se encontrar amigos tão incríveis quanto os meus (parte deles estão aqui com o coração queimando enquanto escrevem para vocês), a vida de vocês será uma loucura no melhor sentido!

JULIA

Desafio: *Saia da sua zona de conforto e busque conhecer as pessoas que estão perto de você. Muitas delas passam por nós sem ao menos sabermos o que elas estão vivendo ou as dificuldades que estão enfrentando. Esteja disposto hoje a ouvir novas histórias e se permita ser um canal de Deus para ouvir e aprender!*

MARÇO 16

DISCUSSÕES QUE ENVOLVEM A FÉ

Sejam sábios no procedimento para com os de fora; aproveitem ao máximo todas as oportunidades. O seu falar seja sempre agradável e temperado com sal, para que saibam como responder a cada um. (COLOSSENSES 4:5,6)

Corremos o risco de interpretar mal um versículo quando o analisamos "isolado". Ainda mais com tantas versões e traduções bíblicas disponíveis, é importante sempre considerar todas as peças do quebra-cabeça, ou seja, descobrir qual é a verdade completa, segundo a Palavra de Deus.

Como estudante me deparei com afirmações absurdas sobre o cristianismo e a Bíblia, realizadas por professores. Nesses momentos, eu realmente ficava em dúvida sobre como eu deveria proceder, considerando que devemos sempre respeitar as autoridades e amar as pessoas, propagando a única verdade que pode salvá-las.

Vemos a conduta perfeita na vida de Jesus. O mesmo homem, com caráter irrepreensível e cheio do Espírito Santo, respondeu de formas bem diferentes. O que mudou? A situação! Precisamos, assim como Ele, reconhecer que para cada situação existe um "como".

Em Tito 3:9, recebemos o conselho de evitar discussões. Provérbios também nos apresenta a importância de sermos pacificadores (14:29; 15:1), assim como outras passagens bíblicas. Com certeza essa é uma das características de alguém que copia Cristo. Isso, no entanto, não anula a nossa responsabilidade de defender a verdade assim como Jesus, Paulo e outros homens de Deus fizeram.

Mas, para facilitar, qual é a regra? Sensibilidade à voz do Espírito Santo! Deus disse à Moisés: "Agora, portanto, vai; e Eu estarei contigo, e te ensinarei **o que** há de falar e **como** falarás!" (ÊXODO 4:12). Em Mateus 10:19 ("Todavia, quando vos prenderem, não vos preocupeis em como, ou o que deveis falar, pois que, naquela hora, vos será ministrado o que haveis de dizer") também temos mais um exemplo de que, quando necessário, teremos ajuda do alto.

Deus sempre honra aquele que escolhe fazer a vontade dEle. Ele não te abandonará. Na próxima vez que a dúvida de calar ou falar surgir, peça ao Espírito Santo, em seu coração, a resposta. Caso Ele te direcione a falar, faça isso com ousadia e amor, assim como os exemplos bíblicos.

Desafio: *Esteja preparado para defender o que a Bíblia diz a respeito de temas cotidianos de debate.*

LISSA

MARÇO 17

ESTRELAS E LUAS

Fui crucificado com Cristo. Assim, já não sou eu quem vive, mas Cristo vive em mim. A vida que agora vivo no corpo, vivo-a pela fé no filho de Deus, que me amou e se entregou por mim. (GÁLATAS 2:20)

Sabia que existem estrelas que há muito tempo já morreram, mas ainda assim é possível ver seu brilho à noite? Isso porque elas estão a anos-luz de distância de nós. Então quando olhamos para uma estrela, muitas vezes estamos vendo o passado dela. Um nascimento de uma estrela depende da morte de outra. Isso porque elas são formadas dentro de um berçário estelar, que é feito de poeiras das estrelas que explodiram, ou seja, que chegaram no seu estágio final de evolução e morreram. Estudando sobre isso, me interessei também em ver coisas relacionadas com a lua. Descobri que ela não possui luz própria, mas que ela brilha por causa da luz do sol. Sem ele não conseguiríamos vê-la à noite. Gosto de analisar o Universo, ver a forma como Deus fala através dele e de como podemos aplicar isso à luz da Palavra. Vem comigo!

É por causa da morte de Cristo que hoje temos vida nEle. E é a partir da morte do nosso eu que Cristo passa a viver em nós. Ele morreu por nós para que não vivamos mais para nós, mas para Ele (2 CORÍNTIOS 5:15). Tudo que é dEle passa a ser nosso, da mesma forma que tudo que é nosso passa a ser dEle. Ele é o Sol da Justiça (MALAQUIAS 4:2) e a Luz que ilumina a vida dos homens (JOÃO 1:9) e essa luz brilha em nós.

Só é possível ver a lua e as estrelas à noite. A Palavra diz que o mundo jaz no maligno (1 JOÃO 5:19) e que nós somos a luz deste mundo (MATEUS 5:14). Que nesse mundo de trevas, venhamos a esconder a nossa vida nEle de uma forma que apenas Ele apareça. E quando as pessoas olharem para nós, vejam pessoas que morreram para si (assim como algumas estrelas) e vivem para Cristo. E quando enxergarem a luz (assim como acontece com a lua), saibam que não é nossa, mas dAquele que vive e ilumina a nossa vida.

STELA

Desafio: Sua vida mostra a vida de Cristo em você? Que atitudes você precisa mudar? Faça uma lista de coisas que precisam ser mudadas em sua vida e decida hoje tomar uma atitude.

MARÇO 18

PRONTOS? LÁ VOU EU! – A IMPORTÂNCIA DO SECRETO
PARTE I: IDENTIDADE

Mas quando você orar, vá para seu quarto, feche a porta e ore a seu Pai, que está em secreto. Então seu Pai, que vê no secreto, o recompensará. (MATEUS 6:6)

Todos nós precisamos de algo que afirme nossa identidade. No entanto, muitas vezes buscamos essa afirmação em lugares errados. Surge então a necessidade de nos tornarmos "populares", aceitos pela sociedade, de termos seguidores nas redes sociais. Isso tudo porque precisamos ouvir das pessoas que somos legais. Temos um anseio de forjar nossa identidade em elogios, porque assim sentimos que somos "pessoas melhores". Isso é extremamente perigoso, pois seremos instáveis, constantemente afetados pelas coisas que dizem a nosso respeito (que muitas vezes são desagradáveis) e, o dia em que não formos elogiados, tudo vai por água abaixo!

A questão é que somente Deus nos conhece de verdade (LUCAS 12:7), e Ele quer nos mostrar quem nós somos, mas para isso precisamos passar tempo com Ele! Como você sabe o que seu amigo acha de você? A resposta é simples: vocês se relacionam e se conhecem e, a partir disso, podem demonstrar a sua afeição um pelo outro. Mas perceba que algo é necessário: tempo juntos, tempo em intimidade. Com Deus é a mesma coisa; a diferença é que a nosso respeito Ele só tem bons pensamentos (JEREMIAS 29:11).

Não há como ser feliz baseando-nos em pessoas, mas baseie a sua definição de si mesmo no que Jesus diz a respeito de você. Conheça a Palavra dEle e, assim, você encontrará a verdadeira felicidade.

NELSON

Desafio: *Passe tempo de intimidade com Jesus no secreto. Conheça a Palavra dEle. Se você já lê a Bíblia diariamente, acrescente pelo menos um capítulo em sua leitura habitual. E se você não lê constantemente, se desafie-se a ler pelo menos um capítulo da Bíblia todos os dias.*

19 MARÇO

PRONTOS? LÁ VOU EU! – A IMPORTÂNCIA DO SECRETO
PARTE II: RECONHECENDO A VOZ DE DEUS

As minhas ovelhas ouvem a minha voz, eu as conheço, e elas me seguem.
(JOÃO 10:27)

Imagine a seguinte situação: você está tranquilo em casa, quando recebe um telefonema. O número é desconhecido. Ao atender, você pergunta quem está do outro lado da linha, pois você não reconheceu a voz dessa pessoa. Ela então se identifica como alguém que estuda com você, mas com quem você nunca passou muito tempo.

Agora imagine uma situação parecida: você recebe um telefonema, de um número também desconhecido. Dessa vez, antes mesmo de a pessoa se identificar, você reconhece a voz — da sua mãe ou de alguém muito próximo. Essa pessoa esqueceu o telefone em casa e acabou precisando ligar de um celular emprestado na rua.

Perceba que as situações se assemelham. Na primeira, você não reconhece a voz da pessoa, mas na segunda você sabe quem é antes mesmo dela se identificar. Por que isso acontece? Ora, o motivo é óbvio. Com uma pessoa você quase nunca esteve junto, e a outra é alguém que mora com você, ou com quem já passou muito tempo.

Agora aplique essa comparação a Deus. Você com certeza concorda comigo que reconhecer a voz dEle é muito importante! Mas como vamos reconhecer a voz de alguém com que passamos pouco tempo?

Em um mundo tão barulhento, tantas vozes nos falam o que fazer. Os outros nos julgam e nos rebaixam. Para permanecermos inabaláveis diante dessas circunstâncias, precisamos conhecer a voz dAquele que nos conhece de verdade para distingui-la das demais.

Desafio: Invista cada vez mais tempo em secreto, conhecendo a voz do Papai. Fique um tempo com Deus e permaneça em silêncio.

NELSON

MARÇO 20

PRONTOS? LÁ VOU EU! – A IMPORTÂNCIA DO SECRETO PARTE III: BOA INFLUÊNCIA

Não se deixem enganar: "As más companhias corrompem os bons costumes".
(1 CORÍNTIOS 15:33)

Todos temos nossa "rodinha" de amigos. Aquelas pessoas com quem nos identificamos. Às vezes, temos costumes e jeito exclusivos do nosso grupo de amigos. Isso porque somos bastante influenciados pelo meio em que vivemos.

Na igreja, aprendemos bons costumes, somos bem influenciados, mas não podemos ficar em meio a nossos irmãos 24 horas por dia. Existe um mundo lá fora, um mundo em que estamos inseridos. Vamos para o trabalho, para o colégio, para a faculdade, para a rua. Estamos constantemente em lugares em que o meio pode exercer má influência em nós. Como permanecer inabalável perante essas circunstâncias? A resposta é simples: passando tempo em secreto com Jesus, pois, se somos tão influenciados pelo meio em que estamos, vamos investir mais tempo com o Mestre e sermos influenciados por Ele!

Os discípulos perguntavam a Jesus como poderiam conhecer o Pai. E Jesus dizia que olhando para ele veriam o Pai (JOÃO 14:9). Mas por que vendo Jesus vemos o Pai? Porque Jesus vivia em perfeito relacionamento com Deus, a ponto de refletir Sua natureza por completo. E qual era a chave para isso? As noites que Jesus passava em claro, longe de todos, em secreto, com o Seu Pai.

Você quer ser mais parecido com Jesus? Invista tempo sozinho com Ele, crescendo cada vez mais em intimidade com Aquele que te criou!

NELSON

Desafio: *Comece a observar as pessoas com quem você passa mais tempo, busque por boas influências. Dobre o tempo que você investe em seu devocional durante essa semana.*

21 MARÇO

FINITO X ETERNO

Quem semeia para a sua carne, da carne colherá destruição; mas quem semeia para o Espírito, do Espírito colherá a vida eterna. (GÁLATAS 6:8)

Uma característica comum entre grandes obras de arte é sua capacidade de sobreviver por tantos anos na Terra. É realmente impressionante que, entre os destaques relevantes da literatura, música, fotografia e tantas outras expressões, o artista foi capaz de produzir algo que não se limitou a sua própria vida. Séculos depois, tais peças continuam produzindo sentimentos, discutindo temas importantes e, de forma singular, deixam sua marca também na sociedade atual.

Ao pensarmos sobre o que permanecerá, passamos a valorizar as coisas certas. No final da nossa vida, que importância terão as coisas finitas? Até mesmo a arte em si deixará de existir! E embora seu impacto terreno seja inegável, valerá muito mais termos investido em um relacionamento pessoal e profundo com o Senhor, aproveitado nossa família e alcançado vidas para o Reino de Deus. A forma como vivemos pode abranger muito mais do que "o nosso umbigo"! Semelhante a alguns artistas, podemos ver além do nosso tempo.

Jesus é o melhor exemplo que poderíamos ter. Sua conduta tão admirável, Seus ensinamentos e Seu amor repercutiram através da história, das culturas e das localizações geográficas. Sua morte e Sua ressurreição continuam trazendo vida e assim será até a Sua volta! Cada uma de Suas ações foi estratégica. Sua vida era fazer a vontade de Seu Pai. Humanamente, Cristo enxergava como qualquer outro, mas espiritualmente enxergava indescritivelmente mais! Ele semeou na intimidade com Deus e colheu visão espiritual, conselho, revelação, direção…

Será que investimos o suficiente no que é eterno? É possível que as distrações e desejos estejam nos freando e nos fazendo perder tempo? Que possamos ir além da realidade visível e semear na eternidade. Que nos tornemos íntimos de Jesus a ponto de enxergar as pessoas e situações com "o filtro" de Deus. E então, assim como obras artísticas, deixaremos nossa marca. Mas nosso legado não acabará na Terra como o delas! Por entender o que importa, tudo que fazemos aqui será instrumento, para o que de fato ecoará para sempre.

LISSA

Desafio: *Mantenha essa convicção viva em você: estamos de passagem e as coisas terrenas um dia acabarão. Converse com uma pessoa sábia, que já esteja na terceira idade e pergunte sobre seus arrependimentos e acertos.*

QUEM CALA CONSENTE

Como é feliz aquele que não segue o conselho dos ímpios, não imita a conduta dos pecadores, nem se assenta na roda dos zombadores! (SALMO 1:1)

Quando pensamos em *bullying*, logo lembramos de atos violentos com danos físicos. Porém, essa intimidação vem, principalmente, de uma humilhação e de uma agressão psicológica. Pesquisas indicam que um a cada dez alunos sofrem *bullying* frequentemente no Brasil[1], o que coloca nosso país em quarto lugar com maior prática desse ato no mundo.

Provavelmente você já presenciou um ato de *bullying*. Qual foi sua reação? Você defendeu aquele que estava sendo ferido? Há um ditado que diz algo muito verdadeiro sobre isso: "Quem cala consente". A Bíblia diz que aquilo que sai da boca vem do coração, e é isso que contamina o homem (MATEUS 15:18). Além disso, essa é a causa da destruição daqueles que utilizam seus lábios para ferir (PROVÉRBIOS 18:7). Portanto, é errado! Seja brincadeira ou não. Se você sofre ações do tipo, conte para sua família, procure sua identidade em Cristo (GÊNESIS 1:27; SALMO 139:1-10), libere perdão (MATEUS 5:44,45) e procure ajuda! E caso você seja alguém que ignora aqueles que sofrem *bullying*, saiba que, como cristãos, não podemos virar nossos rostos frente a uma situação de humilhação. Não defender quem sofre é ajudar quem pratica!

Obviamente, não devemos pagar com a mesma moeda (ROMANOS 12:17). Porém, é necessário defender aqueles que sofrem com isso (SALMO 72:4) e mostrar ao agressor seu erro (MATEUS 18:15). A Palavra tem poder (HEBREUS 4:12) e pode mudar significativamente a vida de uma pessoa. É através dela que também podemos exercer o segundo maior mandamento: amar o próximo (MARCOS 12:31). Portanto, mobilize-se, defenda quem precisa e ame quem não merece. Não esqueça: rir ou ignorar é participar!

Desafio: *Puxe conversa com alguém que você conheça que sofreu* bullying. *Primeiramente, conquiste a amizade dele e mostre o amor de Deus através da sua vida. Ore e peça sensibilidade para perceber atitudes de* bullying *no seu dia a dia.*

FILIPE

[1]**Fonte:** Agência Brasil EBC

23 MARÇO

EM SEGUNDO PLANO

Não sejam egoístas, nem tentem impressionar ninguém. Sejam humildes e considerem os outros mais importantes que vocês. Não procurem apenas os próprios interesses, mas preocupem-se também com os interesses alheios. (FILIPENSES 2:3,4)

Muitas vezes eu me frustrei muito com a vida, especialmente com relacionamentos. Eu sentia que ninguém estava me tratando como eu "merecia" ser tratado. Eu voltava cansado para casa depois de longos dias estudando e trabalhando, mas ninguém estava me esperando para perguntar como foi o meu dia e como eu estava me sentindo! Parecia que ninguém me mandava mensagens durante a semana a fim de saber como eu realmente estava. Talvez neste momento você já esteja com dó de mim, mas na verdade eu estava tendo uma atitude muito errada.

A verdade bíblica e o caráter de Cristo são exatamente o oposto dessa atitude egocêntrica. O exemplo que vemos em Jesus era o de alguém que vivia pensando nos outros, pensando em fazer os outros se sentirem bem! A própria natureza do Senhor está centrada em dar ao invés de receber.

Alguém disse que uma boa definição de humildade é andar com uma lista que não tem o nosso nome, apenas interesse dos outros. Um dia eu cheguei em casa nessa mesma frustração, apenas foquei em mim e não percebi que alguns dos meus familiares tiveram um dia muito mais intenso e desgastante do que o meu. Nesse momento, meu coração pesou em compaixão com apenas uma pergunta: "Quem vai contribuir para que eles se sintam melhor?". Porque no meu egoísmo eu me escondi por estar chateado e acabei perdendo grandes oportunidades de fazer com os outros como eu gostaria que fosse feito comigo. Ficar pensando apenas em si é uma péssima ideia, é um buraco negro que gera cada vez mais autopiedade e egoísmo. A verdadeira satisfação na vida não é encontrada em como somos tratados, mas, sim, em como tratamos os outros, porque melhor coisa é dar do que receber (ATOS 20:35).

Conforme a minha atitude mudou, meu coração também. Eu passei a me sentir mais feliz e mais leve e acabei percebendo que eu era tratado muito melhor do que merecia por meus amigos e família. Se você já se encontrou nessa mesma situação e já foi incomodado pelos mesmos sentimentos, quero te encorajar a viver esse dia em segundo plano. Servir ao próximo e se preocupar com os interesses alheios trazem uma satisfação sobrenatural ao nosso coração.

Israel Subirá

Desafio: *Escolha três pessoas do seu convívio e faça uma lista de coisas para fazer por elas. Podem ser coisas simples. Experimente viver o dia de hoje de uma forma diferente, colocando os outros acima de si mesmo.*

MARÇO 24

PARA ONDE VOCÊ VAI?

Os planos bem elaborados levam à fartura; mas o apressado sempre acaba na miséria. (PROVÉRBIOS 21:5)

Em todos os momentos, temos que tomar decisões, mas, se não tivermos um objetivo, qualquer coisa serve. Um amigo meu costuma dizer que "para um barco sem leme, qualquer direção serve". Sabemos que não é assim que deve ser; precisamos ter objetivos e eles precisam estar alinhados com os objetivos de Deus para a nossa vida.

No livro *Prosperar e uma decisão*, escrito por André Hummel, o autor diz que, quando decidimos comprar algo, precisamos avaliar o impacto que isso terá em curto, médio e longo prazo. Realmente precisamos ficar espertos nas decisões que tomamos e o que podem causar futuramente, não só em uma esfera financeira, mas também nas outras áreas da nossa vida. Esse livro realmente tem me ajudado a enxergar a importância de um planejamento futuro e, de maneiras bem práticas, eu realmente acredito que isso é possível durante a juventude e adolescência. Não precisamos esperar a água bater na cintura para começarmos a nos preparar!

A Bíblia nos ensina que, antes de tomarmos uma decisão e já partir para cima, realizando o que precisa ser feito, temos que calcular se vamos dar conta (LUCAS 14:28). Portanto, você, mesmo sendo novo, pode e deve começar a planejar junto com Deus seu futuro financeiro e todas as demais áreas de sua vida.

CONDO

Desafio: *Se você de alguma forma, possui uma renda própria periódica, crie uma lista de gastos e possíveis despesas que você sabe que vão acontecer durante o mês. Anote cada um deles e estabeleça um limite. O objetivo é que você consiga entender para onde seu dinheiro vai, assim você vai chegar no final do mês e saberá no que gastou, onde gastou e por que gastou. Ainda estabeleça um valor que não poderá ser mexido tendo em mente um projeto futuro, como por exemplo, algo que você gostaria de ter.*

25 MARÇO

APÓSTOLO CAMALEÃO

Porque, embora seja livre de todos, fiz-me escravo de todos, para ganhar o maior número possível de pessoas. Tornei-me judeu para os judeus, a fim de ganhar os judeus. Para os que estão debaixo da lei, tornei-me como se estivesse sujeito à lei, (embora eu mesmo não esteja debaixo da lei), a fim de ganhar os que estão debaixo da lei. Para os que estão sem lei, tornei-me como sem lei (embora não esteja livre da lei de Deus, mas, sim, sob a lei de Cristo), a fim de ganhar os que não têm a lei. Para com os fracos tornei-me fraco, para ganhar os fracos. Tornei-me tudo para com todos, para de alguma forma salvar alguns. (1 CORÍNTIOS 9:19-22)

Através dos estudos, podemos ver a variedade das espécies de animais e a capacidade de alguns se adaptarem ao meio onde estão, na maioria das vezes, para sobreviver. Diversos insetos, mamíferos, répteis e animais aquáticos ficam parecidos com paisagens, como a areia, galhos e folhas, para se camuflarem. O camaleão é um desses exemplos. Ele muda sua cor para ficar parecido com o ambiente, podendo se camuflar de acordo com a luz ambiente, temperatura e até mesmo seu estado de humor. Isso mesmo, os camaleões mudam sua cor para interagir e se comunicar. Nesse texto vou focar na mudança em prol da relação.

A Bíblia nos apresenta um apóstolo que também se adaptou ao meio, mas sem perder sua essência e os princípios de Deus. Paulo se tornou "parecido" com aqueles para quem queria levar a mensagem, para que assim eles pudessem conhecer a Cristo. Quando estava com os judeus, se mostrava como o profundo conhecedor da Lei que era (ATOS 22:3). Quando estava com os gentios, até mesmo por ser conhecedor da cultura grega, dos usos e costume dos pagãos, também levou Jesus aos gentios. Ele tinha estratégias e não deixava nenhuma oportunidade passar, abrindo mão de sua própria liberdade em favor do evangelho.

Paulo tinha diálogo e levou a mensagem de Cristo desde os lugares mais simples até à sede da cultura e filosofia grega — Atenas. Ele se doou completamente vivendo e praticando o ide! Assim como esse grande exemplo na Palavra de Deus, nós devemos nos tornar cooperadores do evangelho e aproveitar todas as entradas e oportunidades para pregar. Sair das panelinhas e da nossa zona de conforto, importando-nos em trazer à Terra a cultura do Céu.

JULIA

Desafio: *Faça novas amizades! Saia um pouco do que está acostumado, fale com outras pessoas e peça a Deus estratégias. Muitas pessoas estão passando por lutas que não conhecemos, então decida ser luz fora da sua zona de conforto e de meios em que está acostumado a estar.*

MARÇO 26

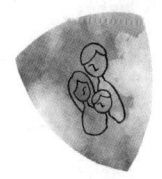

LÁ EM CASA É DIFERENTE!

Honra teu pai e tua mãe, como te ordenou o Senhor, o teu Deus, para que tenhas longa vida e tudo te vá bem na terra que o Senhor, o teu Deus, te dá. (DEUTERONÔMIO 5:16)

Geralmente quando usam esse versículo para dar algum conselho, ele vem acompanhado de uma resposta do tipo "Lá em casa é diferente", "Você não conhece a minha mãe", "Como eu vou obedecer a meu pai se ele nem liga para mim?". Fica tranquilo, eu entendo o que isso quer dizer, mas hoje eu preciso mostrar algo que talvez você não tenha prestado atenção. Em primeiro lugar, já notou que esse versículo não tem um acompanhamento do tipo: "se eles forem legais", "se te deixarem fazer tudo que você quiser", "se te derem dinheiro sempre que você pedir"? Diferente disso, ele vem acompanhado de uma promessa que claramente tem a intenção de nos motivar.

Talvez você já tenha pensado em trocar de família ou queria voltar a ser filho único, talvez queria ser filho dos pais do seu amigo, queria morar sozinho e, se eu continuar falando, vamos achar infinitas possibilidades de fuga em que você e eu já pensamos. Mas agora eu quero voltar ao ponto da fidelidade da promessa (HEBREUS 10:23). Mesmo você já sabendo disso, eu vou te lembrar que a Palavra de Deus não mente e, se nela diz "para que viva muito e viva bem", isso significa que você vai viver muito e vai viver bem! Não existe uma variável (JOSUÉ 21:45). Deus não errou em te colocar na família que está, não existe nada que fuja do controle de Deus e Ele só quer o seu bem (SALMO 116:7). Ou seja, quando você honra os seus pais, você também está honrando a Deus (EFÉSIOS 6:1). Viver a vontade dEle inclui obedecer e honrar seus pais, porque Ele te deu essa família e, sinceramente, não existe lugar melhor para estar do que no centro da vontade de Deus.

Pense sobre isso. Pode ser um grande esforço sair da sua cama mais cedo para ajudar um pouco sua mãe antes de ir para a escola, mas tenho certeza que a sua recompensa será bem maior que o seu esforço. A Bíblia nos fala várias vezes sobre a importância da honra e reforça que devemos dar honra a quem merece honra. Pense um pouco sobre tudo que seus pais fizeram por você e reconheça a honra que eles merecem (ROMANOS 13:7).

> **Desafio:** *Agradeça aos seus pais hoje de forma prática, seja com um café da manhã na cama, lavando uma louça, com notas melhores na escola, ajudando a cuidar dos seus irmãos ou falando para eles que você reconhece e agradece tudo que eles têm feito por você. Não deixe o dia de hoje passar em branco.*

BEA

27 MARÇO

TRANSFORMAÇÃO PESSOAL E SOCIAL

*Assim brilhe a luz de vocês diante dos homens,
para que vejam as suas boas obras e glorifiquem ao Pai de vocês,
que está nos céus.* (MATEUS 5:16)

Não tenho muito costume de ver TV, geralmente acompanho as notícias pela internet mesmo. Mas, toda vez que vou ligá-la, levo um susto: morte, catástrofe, poluição, corrupção, injustiça, fofoca, tudo de ruim num clique só. Não é novidade isso, eu sei. Mas isso sempre gera em mim um senso de urgência. Da mesma forma como está acontecendo uma transformação pessoal em n através de Jesus, precisamos nos mover para que essa transformação afete o ambiente em que vivemos. A luz de Deus que brilha em nós precisa refletir no mundo.

Conheço diversas pessoas que abrem mão do seu tempo de qualidade para ajudar o próximo. Tenho amigos que juntam grupos de jovens para ir visitar asilos e levar alegria para os velhinhos. Outros que fazem arrecadação de agasalhos e levam para os moradores de rua no inverno. Existem ONGs que oferecem cursos profissionalizantes para adolescentes que estão em vulnerabilidade social.

Começando com pequenas atitudes, você pode mudar o mundo! Você é como um copo o qual Deus começa a encher com água da vida, mas não para de derramar, mesmo quando o copo está cheio. Ele continua e a água começa a transbordar a ponto de começar a tocar tudo que está a sua volta. Deus quer estender o que Ele tem depositado em você para alcançar outras vidas.

Desafio: Que tal montar um projeto na sua escola de arrecadação de brinquedos e/ou comida para ajudar um orfanato?

STELA

MARÇO 28

NADA MAIS QUE A OBRIGAÇÃO

Tudo o que fizerem, façam de todo o coração, como para o Senhor, e não para os homens, sabendo que receberão do Senhor a recompensa da herança. É a Cristo, o Senhor, que vocês estão servindo. (COLOSSENSES 3:23,24)

Minha casa, assim como a maioria, sempre teve a regra de apenas apresentar notas acima da média. Porém, como minha mãe é pedagoga, a exigência era maior. Por sabermos disso, eu e meu irmão sempre nos dedicamos em nossos estudos, mas eu, durante muito tempo, fazia isso apenas para evitar conflitos com minha família.

Acho muito difícil você nunca ter ouvido alguém dizer: "Não fez mais que a obrigação" para você em relação aos estudos. Já ouvi isso algumas vezes, porém fui entender a verdadeira mensagem dessa afirmação ao ler Colossenses 3:23,24. Deus espera de nós atitudes de todo o coração que visam agradar a Ele e glorificá-Lo (COLOSSENSES 3:17). Sabemos disso em relação ao louvor, à honra e ao nosso crescimento espiritual, porém esquecemos que o texto se refere a tudo o que fizermos. Tudo! Estudos mostram que, dos vencedores do prêmio Nobel de 1901 a 2000, cerca de 65% se diziam cristãos. Não sei você, mas não considero esse número ideal! Deus espera que façamos nosso melhor nas áreas que atuamos, o estudo não é exceção.

Não consigo entender como um adolescente cristão pode ser lembrado em seu ambiente escolar, como aquele que não se dedica. Assim como Deus não quer que sejamos preguiçosos (2 TESSALONICENSES 3:10), Ele também quer que nos destaquemos. Deus quer seu maior esforço nos estudos e, consequentemente, na sua vida profissional, para que Ele seja glorificado. Ele quer que as pessoas vejam seu sucesso e saibam que vem dEle (MATEUS 5:16). Portanto, adolescente, dedique-se por amor a Ele e jamais esqueça que nosso Pai rejeita os soberbos (TIAGO 4:6). Lembre que seu sucesso virá dEle e por isso a glória deve ir para Ele.

FILIPE

Desafio: *Analise suas notas na escola ou na faculdade. Elas glorificam ao Senhor? Você poderia agradar ao Pai com o esforço que vem apresentando? Determine uma meta de notas para o próximo boletim. Deus espera todo nosso coração em tudo o que fizermos!*

29 MARÇO

DISTRAÇÃO

Busquem, pois, em primeiro lugar o Reino de Deus e a sua justiça, e todas essas coisas lhes serão acrescentadas. (MATEUS 6:33)

Vivemos rotinas tão corridas em busca das nossas conquistas, que muitas vezes não encontramos espaço para nada além das nossas obrigações. Quando temos tempo livre, gastamos no celular, em jogos, séries etc. Em meio a tanta correria, temos de achar tempo para investir em Deus, pois investimos tempo naquilo que valorizamos. Veja, alimentamos nosso corpo em média três vezes por dia, do contrário, ficamos desnutridos e podemos até morrer. Da mesma forma, nosso espírito, precisa ser alimentado. Ele se alimenta da Palavra e da Presença do Senhor. Se comemos três vezes ao dia, o que nos faz pensar que ir ao culto uma vez por semana será suficiente? Você consegue comer somente uma vez por semana? (MATEUS 4:4).

Distração é tudo aquilo que tira de Deus o primeiro lugar na sua vida. Cuidado! O inimigo não precisa que você peque para te vencer, ele só precisa que você deixe de se alimentar. Na verdade, ele só precisa que você fique desnutrido espiritualmente. Ele quer roubar o seu tempo com Deus através de coisas fúteis, para que você morra por si só.

O que tem mais valor em sua vida? As redes sociais, nas quais você passa horas por dia? O dinheiro, atrás do qual você trabalha dia após dia para tê-lo? Sim, eu entendo que dinheiro é uma necessidade, mas será que é mais necessário que Deus? "Aquele que não poupou seu próprio Filho, mas o entregou por todos nós, como não nos dará com ele, e de graça, todas as coisas?" (ROMANOS 8:32). Estamos tão ocupados em obter, ao passo que somos filhos de Deus e tudo já é nosso!

NELSON

Desafio: Analise o modo como você tem gastado seu tempo e estabeleça suas prioridades. Trabalhar, estudar, divertir-se é importante, mas lembre-se de buscar em primeiro lugar a Deus e, então, todas as coisas serão acrescentadas. Somente ir à igreja não é suficiente para te manter forte, por isso, separe um momento do dia para estar somente com o Senhor. Construa todos os seus outros compromissos em torno disso.

MARÇO 30

ESCRAVOS DE UMA CONSTRUÇÃO CULTURAL?

Antes da sua queda o coração do homem se envaidece mas a humildade antecede a honra. (PROVÉRBIOS 18:12)

Nos dicionários, a palavra vaidade é encontrada como: qualidade do que é vão, vazio, firmado sobre aparência ilusória.

Essa geração conhece bem os efeitos colaterais de um padrão de beleza irreal propagado nas mídias. Por causa disso, sempre pensei em vaidade apenas como um culto à aparência física, mas, de acordo com o conceito, vaidade também é algo firmado sobre aparência ilusória. Por exemplo, posso ser uma pessoa completamente desapegada à estética, mas, ao não confessar meus pecados para preservar uma "reputação santa", firmo minha decisão sobre aparência ilusória. Algo que parece, mas não é.

Vemos isso também em Marcos 11. Aquela figueira possuía folhas, assim como uma árvore frutífera, mas não possuía o mais importante: frutos. De que adiantou? Aquela árvore foi inútil em servir Jesus. Acredito que a vaidade tem sua raiz no orgulho. E tanto a supervalorização da aparência quanto a proteção de uma imagem "perfeita" refletem uma necessidade da nossa sociedade. Devemos abraçar nossa identidade em Deus. Os filhos e filhas não são movidos pela aceitação social porque sabem que foram aceitos pelo Único que realmente importa agradar.

As mídias nos revelam, em parte, os pensamentos que estão guiando nossa geração. As *selfies*, a ostentação e o materialismo reafirmam uma tendência humana: o egocentrismo. O evangelho nos apresenta um novo foco. Ao analisarmos a vida de Jesus e seu atencioso olhar para as pessoas, percebemos que Jesus não abandonou o cuidado e amor próprio, porém foi equilibrado e sábio o suficiente para não transformar isso em narcisismo. Sua presença tocava — de alguma forma — cada pessoa que o conhecia. Jesus é intencional em seu amor pelas pessoas. A conduta dEle nos mostra que é possível ir contra a cultura e dedicarmos nossas forças ao que realmente importa. Jesus nos fez livres, aproveite!

Desafio: *Você compara mais sua aparência física com pessoas do que suas atitudes com as atitudes de Jesus? Faça uma limpa em suas redes sociais! Dê unfollow em pessoas que influenciam inutilidades em sua vida.*

LISSA

31 MARÇO

ABANDONE OS RÓTULOS

Porque Deus nos escolheu nele antes da criação do mundo, para sermos santos e irrepreensíveis em sua presença. (EFÉSIOS 1:4)

Por muitas vezes acreditei na mentira colocada na minha mente de que eu não era uma pessoa importante e que o meu valor estava naquilo que as pessoas me rotulavam e não em quem eu realmente era. Sentia que eu era alguém não planejada por não conhecer o meu propósito, mas o que eu mal sabia é que, independentemente de ter sido planejada ou não, no aspecto terreno, eu já havia sido planejada no Céu.

A partir do momento que busquei conhecer meu Criador, descobri que, por trás de quem eu sou, tem um Deus que me ama e, todos os dias, eu posso me sentir a pessoa mais importante do mundo, alguém com propósito! Afinal, quem não sabe quem é não sabe para onde vai. Quando sabemos a nossa identidade, conhecemos o propósito pelo qual fomos criados e a vida ganha um sentido. Só consegui me conhecer quando conheci e entendi a cruz verdadeiramente. Não é sobre o que eu posso fazer, mas sobre o que Ele já fez por mim. Jesus se tornou irreconhecível para que nós nos tornássemos reconhecidos perante Deus. Ele não erra, por que teria errado em te criar? Não existem acidentes no mundo espiritual.

Por crescermos na igreja, acostumamo-nos a seguir quem é nosso referencial, nossos pais ou líderes. E isso é bom, pois é importante termos referências. Porém, muitas vezes agimos como marionetes. Se eles levantam as mãos, também levantamos; se eles se ajoelham, também nos ajoelhamos. Quando descobri quem eu sou para Deus, comecei a entender que imitar os costumes do Reino não te torna um membro da família real. Deus ministrou isso ao meu coração quando me mostrou o quanto eu estava sendo religiosa em alguns aspectos. Ele me levou a entender a importância de ter um relacionamento com Ele, vivendo experiências pessoais e íntimas, e não simplesmente imitando alguém.

Quer encontrar sua identidade em Deus? Livre-se da sua zona de conforto e de toda mentira que você já ouviu sobre sua vida. Não leve como verdade os rótulos que já colocaram em você e corra para onde está seu valor: na cruz. Quando você conhecer o amor que Ele tem por você, vai ser o suficiente para nunca querer voltar atrás do que te prendia.

JULIA

Desafio: *Invista tempo com o Senhor para que você se conheça. Separe hoje 15 minutos para ouvir de Deus quem você é para Ele. Eu te aconselho a ouvir a pregação, do Rodolfo Abrantes, "A cura da identidade".*

NOTAS

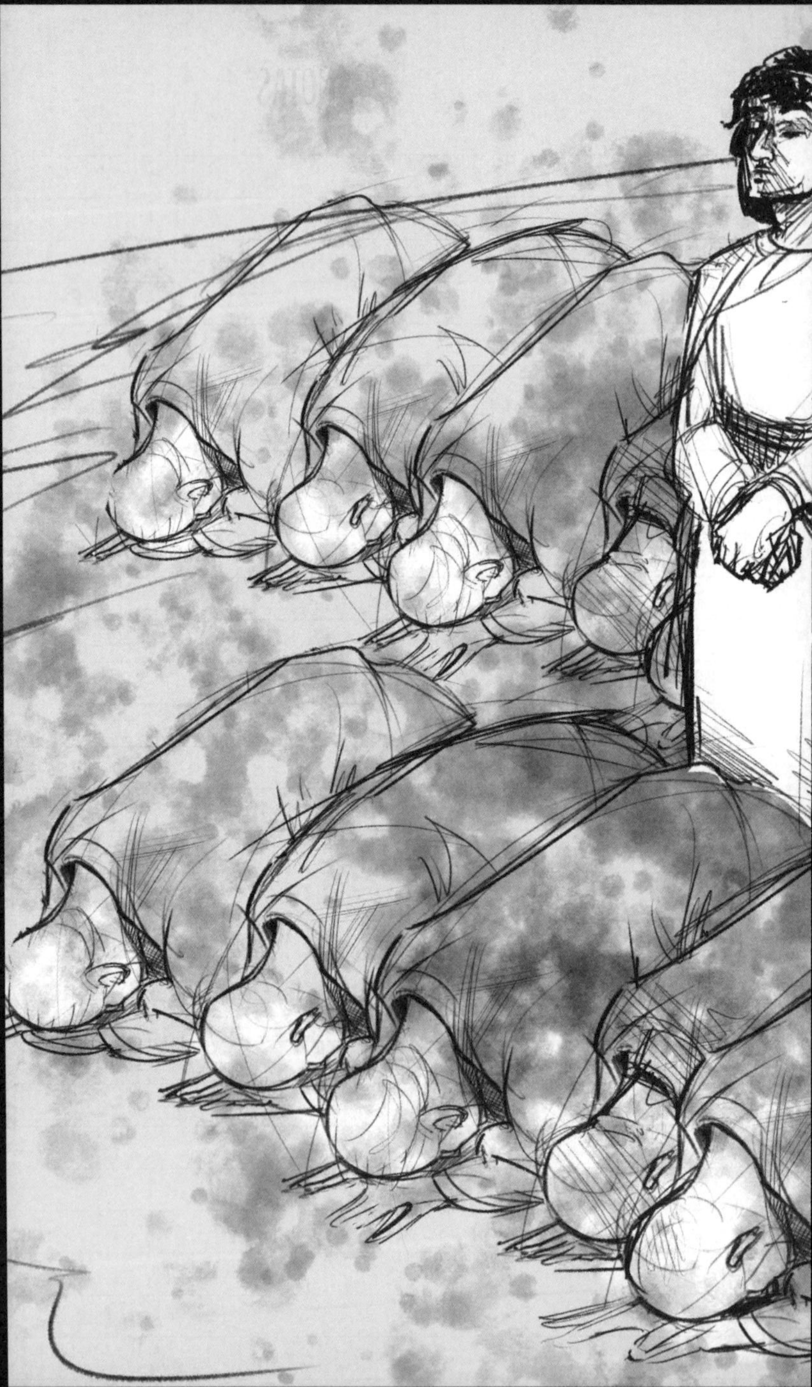

A
BRIL

ABRIL

CONTRA O SISTEMA

Sadraque, Mesaque e Abede-Nego responderam ao rei: "Ó Nabucodonosor, não precisamos defender-nos diante de ti. Se formos atirados na fornalha em chamas, o Deus a quem prestamos culto pode livrar-nos, e ele nos livrará das suas mãos, ó rei. Mas, se ele não nos livrar, saiba, ó rei, que não prestaremos culto aos seus deuses nem adoraremos a imagem de ouro que mandaste erguer". (DANIEL 3:16-18)

O rei Nabucodonosor havia colocado Daniel como governador da província da Babilônia depois de ele ter sido o único capaz de interpretar o sonho que o rei teve. A pedido de Daniel, Nabucodonosor colocou mais seus três amigos — Sadraque, Mesaque e Abede-Nego — para serem administradores da Babilônia. Eles ocuparam uma alta posição de governo e influência, provavelmente muitas pessoas do povo queriam estar naquele lugar.

Dois anos depois, o rei mandou construir uma estátua de ouro que tivesse a sua imagem e mandou que, toda vez que fossem tocadas as trombetas, todo o povo tinha que se ajoelhar e adorar ao ídolo. Aqueles que não cumprissem a ordem deveriam ser jogados numa fornalha. Quando se ouviram as trombetas, os únicos que não se curvaram foram Sadraque, Mesaque e Abede-Nego. Agora pensa comigo: foi com a permissão do rei que eles puderam trabalhar e fazer parte do governo, eram administradores da Babilônia e mesmo assim descumpriram a ordem. Nabucodonosor deve ter ficado chocado com a atitude ousada deles. O mais louco é que eles disseram que, mesmo se Deus não os livrasse da fornalha, não adorariam a estátua, pois apenas Deus é digno de toda adoração. O rei ficou tão furioso que mandou que aquecessem a fornalha sete vezes mais. Bom, não vou dar um *spoiler* do que acontece depois.

Mas o ponto a que quero chegar é este: mesmo diante da morte, eles não abandonaram as suas crenças. Eles não se deixaram levar pelo medo do que o rei poderia fazer, mas se posicionaram contra o sistema que ia contra a Palavra de Deus. Será que temos feito o mesmo? Temos sido firmes na nossa fé? Como você tem se posicionado na sua vida? Que venhamos fugir da fé imparcial e relativista, de um cristianismo que só é vivido dentro da igreja e de um evangelho que se amolda aos nossos padrões ao invés de nós nos moldarmos ao dele.

Desafio: *O que você faz, por exemplo, quando todo mundo concorda com uma ideia, mas você sabe que aquilo vai contra a Bíblia? Você segue o que a maioria está falando ou diz que não concorda?*

STELA

ABRIL 2

É NOSSA RESPONSABILIDADE

O Senhor Deus colocou o homem no jardim do Éden para cuidar dele e cultivá-lo. (GÊNESIS 2:15)

Você já parou para pensar na responsabilidade que nós temos, como filhos de Deus, de cuidar da Sua criação? Como vemos no Éden, Deus nos colocou aqui para cuidar e cultivar, mas será que temos feito isso? Eu moro em Curitiba, uma cidade considerada por muitos como a "capital mais verde" do Brasil. Porém, em junho de 2018, a prefeitura da cidade afirmou em uma pesquisa que temos 260 mil ligações de esgoto irregulares. Isso significa que literalmente o esgoto vai direto para os rios, sem nenhum tratamento[1]. Se isso não te deixa preocupado, deveria.

Durante meu primeiro estágio da faculdade, percebi o quanto essa questão da poluição dos rios é desprezada de diversas maneiras. Provavelmente, se fosse para escrever sobre essa problemática, um devocional seria pouco! Um dia, fomos visitar a estação de tratamento do rio Belém, cujas nascente e foz estão dentro de Curitiba, e foi uma das coisas mais tristes e nojentas que vi. É até difícil imaginar que um dia, nesse mesmo rio, as pessoas pescavam. Todo o esgoto, querendo ou não, é lançado em algum rio, mas existe (ou deveria existir) todo um processo de coleta de resíduos sólidos e de tratamento antes de ser lançado lá. Ou seja, deveria haver o cuidado com a criação.

Deus estabeleceu Adão e Eva como responsáveis por cuidar do Éden, ou seja, nós também somos responsáveis por cuidar do planeta e dos recursos naturais que ele nos oferece e que foram confiados por Deus em nossas mãos. Você pode ser um agente transformador não só em cima de um púlpito, mas também cuidando do planeta que Deus nos confiou.

CONDO

Desafio: *Sabe a louça que você lava (ou ao menos deveria lavar)? A água utilizada vai para o esgoto, então, de maneira prática, use menos detergente, apenas o necessário. Assim o tratamento desse esgoto se torna mais fácil. Lógico que essa é uma pequena coisa que já faz muita diferença, então pesquise mais a respeito de como funciona o tratamento de água e como pode ser mudada a situação dos rios da sua região.*

[1] **Fonte:** https://www.bemparana.com.br/noticia/prefeitura-diz-que-curitiba-conta-com-mil-liga%C3%A7oes-irregulares-esgoto

3 ABRIL

DEUS NÃO JOGA CONVERSA FORA!

Apeguemo-nos com firmeza à esperança que professamos, pois aquele que prometeu é fiel. (HEBREUS 10:23)

Você tem alguma promessa? Algo que Deus te falou, uma palavra, uma visão ou algo do tipo? Hoje vamos refletir sobre quando Deus fala algo e aparentemente "nada acontece". Espero que você me veja como uma amiga nesse momento, pois essa é uma conversa muito pessoal. Muitas pessoas na Bíblia receberam promessas, alguns tinham sonhos como José (GÊNESIS 37:5), outros foram ungidos como Davi, outros não sabiam exatamente para o que tinham sido chamados, mas havia alguém para os instruir, como aconteceu com Ester (ESTER 4:4). Há também aqueles que receberam uma direção de Deus, ouviram sobre o lugar onde chegariam, porém, as suas vidas continuaram iguais.

Isso aconteceu com todos esses personagens bíblicos que citei, aconteceu comigo, e se ainda não aconteceu com você, fique tranquilo, porque essa hora vai chegar. Todo mundo conhece a história de Davi: o menino que cuidava das ovelhas, que tinha irmãos fortes, que foi ungido rei (1 SAMUEL 16:12), mas, até ele subir no trono, por um bom tempo, nada aconteceu, nada mesmo! E ele voltou a cuidar das suas ovelhas (1 SAMUEL 17:5). Se você observar bem, ninguém recebeu uma palavra e a viu se cumprir num piscar de olhos. Muitas vezes questionei Deus, falando assim: "Você poderia resolver isso num estalar de dedos, e não está fazendo porque não quer". Hoje vejo como eu estava errada, como eu não tinha maturidade (e ainda não tenho) para viver certas coisas que foram prometidas. Mas a minha questão aqui é: Deus não joga conversa fora, Ele não fala uma coisa e esquece, Ele não precisa que você O fique lembrando das promessas que um dia te fez. Deus sabe exatamente o tempo certo para cada coisa (ECLESIASTES 3:1). Sabe a hora certa de nos entregar o que nos foi prometido.

Um dia na minha cama falei: "Deus, por que você disse que faria isso e não o fez?". Na hora parecia que havia alto-falantes por todo meu quarto que ecoaram uma frase que me fez nunca mais questioná-Lo: "Eu sou Deus e não te devo explicações". Para você, pode parecer que foi meio grosseiro, mas era exatamente isso de que eu precisava lembrar. Eu estava tão preocupada em como chegar lá, que esqueci do quão confiável era Aquele que me disse que eu chegaria. É exatamente esse ponto que pode mudar todas as coisas!

BEA

Desafio: *Pegue um caderno e escreva tudo que Deus já te falou. Não use isso para cobrá-Lo, mas para lembrar a si mesmo e se encher de fé nos dias em que pensar: "Deus, cadê você?". Tenha o costume de orar pelo lugar aonde Deus falou que você vai chegar e para que a promessa se cumpra no tempo certo.*

ABRIL 4

ELE NÃO TIRA OS OLHOS DE VOCÊ

Sua cabeça e seus cabelos eram brancos como a lã, tão brancos quanto a neve, e seus olhos eram como chama de fogo. (APOCALIPSE 1:14)

Minha mãe conta uma história interessante sobre minha infância. Quando criança, eu olhava para os olhos dela e dizia: "Mãe, você me ama demais mesmo! Você me ama tanto que eu estou dentro dos seus olhos". Ao ver meu reflexo nos olhos dela, eu pensava que ela me amava tanto que minha imagem morava ali. Pode-se dizer que eu tinha uma boa autoestima.

Como um admirador de fogueiras, eu sempre gostei de imaginar os olhos de Deus descritos como chamas de fogo na Bíblia. Devem ser lindos demais! Por isso, um dia pedi ao Espírito Santo para entender mais sobre o amor de Deus por mim e a relação entre o fogo que devemos ter em nosso coração queimando por Ele (JEREMIAS 20:9). Na mesma hora, o Espírito Santo me lembrou da história da minha mãe e me disse: "Deus ama você daquele jeito. Você, por deixar queimar o fogo dentro do seu coração, é como a chama em Seus olhos. E Ele não tira os olhos de você". Não preciso nem explicar o quanto chorei!

Então, pensei sobre o que eu poderia fazer depois de saber disso. Obviamente, como diz o primeiro mandamento (MARCOS 12:30), devemos buscar incessantemente retribuir Seu amor. Porém, precisamos entender que, assim como Ele nos amou, devemos demonstrar nosso amor por Ele para outras pessoas. Quando os outros olharem para os nossos olhos, eles devem ver Jesus, pois, assim como disse Paulo, devemos estar constantemente olhando para Ele nessa jornada (HEBREUS 12:1).

> **Desafio:** *Fecha seus olhos por alguns minutos e tente imaginar os olhos dEle, descritos como chamas de fogo! São lindos, né? Fale para alguém sobre Seus olhos hoje.*

FILIPE

5 ABRIL

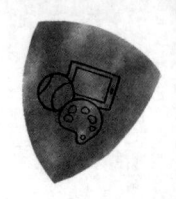

O DEUS ILIMITADO

*A graça do Senhor Jesus Cristo,
o amor de Deus e a comunhão do Espírito Santo sejam
com todos vocês.* (2 CORÍNTIOS 13:14)

Comunhão com o Espírito Santo. Não há nada mais prazeroso que ter a presença da pessoa mais incrível. Relacionamento com Ele é tudo do que precisamos. Você sabia que o Espírito de Deus habita em Seus filhos? (1 CORÍNTIOS 3:16). Ele não está preso em templos e igrejas, nem no seu quarto. Ele está com você em tempo integral, não somente quando você "dobra o joelho" para orar. Que tal desfrutar dessa comunhão?

A religiosidade tem engessado tanto o nosso relacionamento com Deus. Achamos que devemos ser todos sérios para falar com Ele, quando na verdade podemos sentar no colo dEle, beijá-Lo e ouvir as batidas do Seu coração.

Desfrute da sua vida com Ele! Chame-O para andar na rua com você, para ir ver um filme, para olhar o céu, para tomar café. Converse com Ele, pois Ele fala! Ele é vivo! E se não souber o que falar, descanse nEle. Contemple, simplesmente aproveite Sua Presença; Ele é seu Papai, seu *Aba*. Seus momentos com Ele podem englobar até mesmo seus divertimentos! Ele está sim interessado em todos os aspectos da sua vida, Ele anseia estar com você a todo tempo. Ele te criou para se relacionar com Ele.

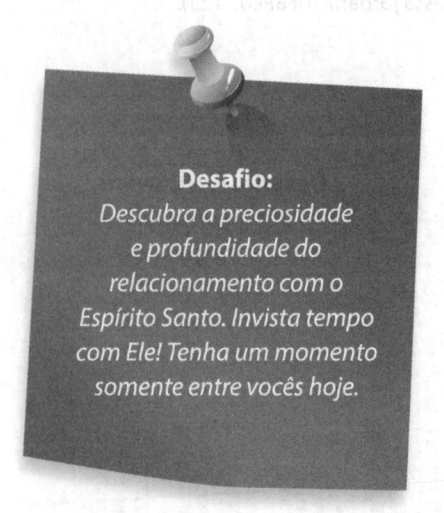

NELSON

Desafio:
Descubra a preciosidade e profundidade do relacionamento com o Espírito Santo. Invista tempo com Ele! Tenha um momento somente entre vocês hoje.

ABRIL 6

MUDE A PERSPECTIVA!

*Os céus declaram a glória de Deus;
o firmamento proclama a obra das suas mãos.*
(SALMO 19:1)

Não sei qual é o seu nível de entusiasmo em relação aos estudos. Pessoalmente, sempre gostei das matérias de linguagem, humanas e biológicas, mas perdia de 10 a 0 no mundo das exatas. Suas preferências podem ser diferentes, ou quem sabe você é uma daquelas pessoas que amam o estudo em si, o que faz com que toda matéria se torne incrível (vai que existe um adolescente assim?!). De qualquer forma, quero te encorajar!

Já que a criação revela a glória do Criador, toda matéria escolar revela uma faceta da grandiosidade de Deus. Além disso, o Espírito Santo sabe infinitamente mais do que nós, mesmo com todo avanço do conhecimento através da ciência. Deus criou as leis que regem o mundo a partir de conceitos que estudamos na Física, Biologia, Matemática e outros, então podemos pedir a ajuda dEle em nossos estudos!

Sei que muitas vezes, em meio à correria, a rotina de estudos pode se tornar um pouco cansativa, mas lembre-se disto: você foi planejado e feito imagem e semelhança do Deus mais genial que poderia existir. Você não só foi capacitado intelectualmente pelo Senhor como pode contar com a ajuda sobrenatural do Espírito Santo! Você é capaz!

Lembre o quanto somos privilegiados por poder estudar e imagine quantos adolescentes não possuem as mesmas oportunidades e gostariam de estar em sua posição. Que essa gratidão se expresse em uma atitude positiva e um sorriso contagiante em sala de aula. Tenho sido encorajada por essa perspectiva e espero que o mesmo aconteça com você!

Desafio: *Organize sua rotina de estudos e (caso haja algum) tire da sua mochila objetos de distração da aula como o caderno de desenho, livro etc.*

LISSA

7 ABRIL

DIA MUNDIAL DAS BOAS AÇÕES

PLANTOU = COLHEU

*Não se deixem enganar:
de Deus não se zomba. Pois o que o homem semear,
isso também colherá.* (GÁLATAS 6:7)

Já ouvi mais de um milhão de vezes a frase: "Tudo que você planta você colhe", mas você já pensou no quanto isso é real mesmo? Refletindo sobre isso, resolvi falar desse assunto dentro da esfera dos negócios porque, afinal, é uma das áreas onde as pessoas mais "puxam o tapete" umas das outras. Eu pensei em diversas situações em que já me vi colhendo certas coisas, tanto boas quanto ruins, e, por mais incrível que pareça, para mim essas situações são bem claras e naturais.

Indo mais a fundo na esfera da economia, hoje vamos conversar sobre um assunto bem recorrente... Rufem os tambores: "meu chefe é um saco". Essa não é a minha realidade, mas confesso que já passei por isso. Já vi muitos dos meus amigos se queixando sobre suas autoridades, sejam chefes, professores, líderes ou pastores. Essa pode até parecer uma coisa simples, mas eu posso te garantir que isso é mais sério do que você imagina. Mesmo que você esteja vendo seu chefe errar feio em alguma coisa, saiba que falar mal dele não muda nada e muito menos te ajuda.

Pense agora sobre o nosso versículo base e aplique ele em sua vida. Digamos que você um dia se torne um mega empresário e descubra que os seus funcionários estão falando muito mal de você. Olhando pelo lado mais raso, você poderia reclamar, mandar cada um embora, mas e se você estiver apenas colhendo aquilo que plantou? Nosso Deus é um Deus bom (SALMO 25:8), mas Ele também é justo (DEUTERONÔMIO 32:4) e não brinca com colheitas. Por isso te desafio, a partir dessa visão, a começar a tratar todos como você gostaria de ser tratado, mas aplicar isso de verdade. Tratar o seu porteiro como você gostaria de ser tratado; tratar sua professora do jeito que você gostaria de ser tratado e todos aqueles que convivem com você. Tenho certeza de que, além de impactar os outros, você estará impactando o seu próprio futuro.

> **Desafio:** *Hoje é o dia mundial das boas ações, mas eu te desafio a ir além disso e fazer dessa semana a semana das boas ações. Faça isso até que seja algo natural para você. Acostume-se a ajudar os outros a alcançarem as suas posições e lembre que tudo o que você plantar um dia colherá.*

BEA

ABRIL 8

DIA DA ASTRONOMIA

O CIENTISTA ACIMA DA NASA

Pois desde a criação do mundo os atributos invisíveis de Deus, seu eterno poder e sua natureza divina, têm sido vistos claramente, sendo compreendidos por meio das coisas criadas. (ROMANOS 1:20)

Hoje é Dia da Astronomia! Uma ciência que estuda corpos celestes como estrelas, galáxias e fenômenos que acontecem fora da atmosfera. Basicamente um estudo complexo sobre o céu, Universo e tudo que nele há, explicando suas origens e movimentos. A cada ano que passa, a astronomia avança tecnologicamente, ampliando o conhecimento sobre os astros. Hoje não poderia deixar de citar alguém perito na área: Deus.

Ele está muito à frente de outros cientistas, por isso acredito que jamais será compreendido pela mente humana; caso fosse, não seria Deus. O Universo foi criado de uma forma muito particular e incrível, onde tudo manifesta e revela a glória de um Criador preocupado com os mínimos detalhes. Os atributos invisíveis dEle são vistos nas coisas visíveis, sendo que tudo que existe tem uma ordem e uma linguagem em código revelada através da matemática, física, biologia e química. Ele planejou tudo!

Já parou para pensar que tudo que existe adora a Deus? Um exemplo são as estrelas. Cientistas do Reino Unido conseguiram registrar sons que elas emitem e, a partir disso, puderam calcular a massa e a idade de constelações antigas[1]. Isso mesmo! Até as estrelas glorificam o Criador. Então, por que nós não faríamos o mesmo? Fomos criados para refletir a glória dEle. E esse mesmo Deus que criou essa imensidão de coisas também nos criou e nos coloca acima de tudo isso. Podemos chamar de Pai esse criativo Criador!

Billy Graham certa vez disse: "O maior acontecimento da história não foi o homem subir e pisar na Lua; foi Deus descer e pisar na Terra". Não importa o quanto o homem tem buscado se superar nas pesquisas tentando sempre encontrar algo além de si mesmo; o maior fato que aconteceu na história foi Deus se tornar homem e compartilhar conosco Sua divindade através da Sua humanidade. Deus nos mostrou que nós somos a obra-prima da Sua criação!

Desafio: *Que hoje seja um dia de agradecer a Deus por tudo que existe e por mesmo assim cuidar tão bem de você!*

JULIA

---

[1] **Fonte:** http://g1.globo.com/ciencia-e-saude/blog/observatorio/autor/cassio-barbosa/15.html

9 ABRIL

QUER MUDAR O MUNDO? ESTUDE!

*O conselho da sabedoria é:
procure obter sabedoria; use tudo que você possui
para adquirir entendimento.* (PROVÉRBIOS 4:7)

Meu professor de história no Ensino Médio sempre nos dizia isso: "Querem mudar o mundo? Melhorar o Brasil? Então estudem!". Tenho levado essa frase para minha vida. Não adianta querermos tentar mudar alguma coisa sem ao menos termos o conhecimento dela. Se eu quero defender o que acredito e argumentar contra o que não acredito, eu preciso estudar do mesmo jeito!

Jesus sempre estava estudando a Palavra de Deus. Em Lucas 2, vemos Maria e José procurando desesperadamente o seu filho Jesus e onde o encontraram? Junto com os mestres ouvindo-os e fazendo perguntas a eles. E a Bíblia diz, no versículo 47 do mesmo capítulo, que todos ficavam maravilhados com o Seu entendimento e com as Suas respostas. Desde criança, Cristo procurava estar aprendendo mais e mais. Quando Jesus foi tentado no deserto (MATEUS 4), em todos os argumentos que o diabo usava para fazer Jesus pecar, Ele respondia com porções da Bíblia. Ele conhecia a Palavra de Deus!

Creio que estudar é uma das formas de demonstrarmos nosso amor a Deus e também de honrar tanto a Ele quanto aos nossos pais. Em Mateus 22:37 está escrito: "Ame o Senhor, o seu Deus de todo o seu coração, de toda a sua alma e de todo o seu **entendimento**". Deus quer usar a sua vida para mudar este mundo. Você não é burro! É normal encontrarmos dificuldades de aprender algumas coisas, mas, se nos posicionarmos em querer estudar, o Espírito Santo estará junto ajudando e estudando conosco.

STELA

Desafio:
Vá para a biblioteca do seu colégio/faculdade e escolha um livro para ler.

ABRIL 10

DISCORDAR NÃO É OFENDER

> *Todos devem sujeitar-se às autoridades governamentais, pois não há autoridade que não venha de Deus; as autoridades que existem foram por ele estabelecidas. Portanto, aquele que se rebela contra a autoridade está se opondo contra o que Deus instituiu, e aqueles que assim procedem trazem condenação sobre si mesmos.* (ROMANOS 13:1,2)

Eu amo o Brasil! Nós temos um povo com um senso de humor sensacional. Acho fantástico como nós sabemos lidar bem com a diversidade de algumas áreas, como esportes, artes e música. Porém, quando se trata de política, o brasileiro ainda não aprendeu a respeitar a diversidade.

Nós, como cristãos, precisamos amar o próximo. Obviamente não concordaremos com todas ideias políticas vigentes, principalmente aquelas que vão contra princípios bíblicos, mas muitos não sabem diferenciar o ato de discordar com o de desrespeitar. Note que não estou de forma alguma falando sobre partidos políticos, mas de ideias. É claro que devemos lutar pelo que é correto e pelos nossos direitos, porém da maneira correta. Conforme o país entra em crise, é cada vez mais comum ouvirmos cristãos insultando com xingamentos nossas autoridades. Apesar de, muitas vezes, elas estarem realmente erradas, não podemos fazer isso (TITO 3:1,2).

Fomos chamados para sermos parecidos com Jesus (EFÉSIOS 5:1). O mesmo que nos ensinou a respeitar autoridades instituídas por Deus espera isso de nós (1 PEDRO 2:13-17). Ofender um governante vai contra o amor que devemos demonstrar, mesmo em relação àqueles que possam nos prejudicar (MATEUS 5:44,45). Desde já, adolescente, saiba que discordar e ofender possuem conceitos distintos. Como cristãos, devemos lutar pelos princípios bíblicos corretos, mas sempre com amor, até pelos que nos ofendem.

Desafio: Analise seus pensamentos e suas falas a respeito das autoridades governamentais de nosso país. Pesquise sobre as figuras de nossa política atual e cheque se elas cumpriram o que prometeram em suas campanhas.

FILIPE

11 ABRIL

OS FILMES E O FUTURO

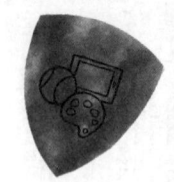

Contudo, os perversos e impostores irão de mal a pior, enganando e sendo enganados. (2 TIMÓTEO 3:13)

Você já notou que muitas vezes uma série de filmes sobre determinado assunto é lançado e, logo em seguida, algo sobre aquilo acontece na vida real? Por exemplo, foram lançados vários filmes em que os personagens principais eram adolescentes incríveis, com pais divorciados, mostrando ser algo super *cool* e, coincidência ou não, houve um aumento de mais de 160% na taxa de divórcios em uma década[1]. Da mesma forma, um pouco antes do jogo *Baleia Azul* ser lançado, um filme chamado *Nerve* contava a história de um jogo online que levava os jogadores à morte. Logo depois, uma onda de filmes sobre Marte foi lançada, e, durante uma conferência de 2018, Elon Musk afirmou que, dentro de dois anos, enviará 100 pessoas para Marte, incluindo cientistas, biólogos, médicos, e que inclusive eles já haviam definido a forma de democracia que será aplicada em Marte.

Isso me preocupa porque de certa forma, através dos filmes, essa indústria pode passar muitas mensagens quase imperceptíveis, mas que acostumam o nosso subconsciente com certas ideias. Por exemplo, quanto mais filmes sobre homossexualidade, mais as pessoas acharão isso normal; quanto mais filmes sobre estupro e violência, cada vez mais as pessoas vão se acostumar com isso. E assim podemos perceber a relevância dos filmes. Não só na parte de influência de massa, mas também na parte mais íntima de influência, fazendo com que valores e princípios muitas vezes sejam corrompidos.

Há alguns dias, conversava com uma pessoa que me contou sobre uma mensagem assustadora que notou no último filme da Marvel. Durante o filme, um vilão é apresentado e seu último ato é fazer com que as pessoas desapareçam, ou seja, uma espécie de arrebatamento. De forma muito subjetiva, quando o arrebatamento acontecer, as pessoas poderão ter uma tendência a achar que quem fez isso foi alguém mau, ou seja, ligar a figura de Deus com a de um vilão. Essa não é a primeira e nem a última vez que um filme tenta (por mais que de forma sutil) distorcer a imagem de Deus. Ao mesmo tempo, quero que você entenda que não estou falando que os filmes são do diabo e que não devemos assistir nada. O que quero dizer é que devemos sempre prestar atenção e pedir discernimento sobre o que assistimos.

Desafio: *Você percebe algum filme que influenciou de alguma forma o modo das pessoas pensarem? Escreva o seu próprio texto sobre isso e compartilhe nas suas redes sociais alertando os seus amigos. Não se esqueça de marcar @intencionais.*

BEA

[1] **Fonte:** http://agenciabrasil.ebc.com.br/geral/noticia/2015-11/divorcio-cresce-mais-de-160-em-uma-decada

ABRIL 12

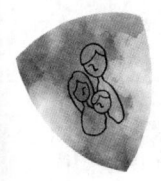

TEMPOS DE DESERTO

Sinto-me bastante encorajado; minha alegria transborda em todas as tribulações. (2 CORÍNTIOS 7:4)

Uma planta venenosa é boa ou má? Talvez você diga que ela é má, porque afinal ela tem veneno. Mas e se eu te disser que muitos medicamentos são feitos a partir dessas plantas? Julgar isso é muito difícil. Mas na verdade nem é a nossa função.

Quando eu tinha quinze anos, os problemas dentro de casa se agravaram a ponto dos meus pais se separarem e eu acabar indo morar com minha mãe numa cidade no interior do Paraná. Para mim, parecia ser o fim do mundo. Minha família estava sendo destruída, eu largaria meu colégio, meus amigos, tudo o que tinha construído na minha cidade natal: Curitiba.

Me mudei pensando que seria a pior fase da minha vida. No entanto tive uma surpresa: aprendi que Deus é profissional em transformar mal em bem, em fazer com que todas as coisas cooperem "para o bem daqueles que o amam" (ROMANOS 8:28). E foi exatamente o que Ele fez.

Nessa nova cidade, conheci pessoas incríveis, tive experiências diversas com o Senhor. Foi um lugar onde amadureci, cresci em Deus. Pude experimentar todo o cuidado e carinho dEle para comigo. O sofrimento inicial pelo qual passei nem se compara aos benefícios que tive ao confiar que Deus estaria fazendo o melhor para mim. Quer dizer que a separação era da vontade de Deus? Claro que não. A família é um projeto do Senhor, e Ele se entristece com toda a quebra de relacionamentos. No entanto, Ele, em todo o Seu amor, transformou essa tragédia em algo que me trouxe crescimento. Ele conseguiu extrair medicamentos de plantas venenosas.

NELSON

Desafio:
Leia o texto de Lucas 4, que retrata a tentação de Jesus no deserto (lugar de dificuldades), e como Ele saiu de lá "no poder do Espírito" (v.14). *Se você está passando por momentos difíceis, se está passando por um deserto, confie no Senhor.*

13 ABRIL

TUDO SOB CONTROLE

Ele governa para sempre com o seu poder, seus olhos vigiam as nações; que os rebeldes não se levantem contra ele! Bendigam o nosso Deus, ó povos, façam ressoar o som do seu louvor; foi ele quem preservou as nossas vidas impedindo que os nossos pés escorregassem. (SALMO 66:7-9)

É comum que as pessoas reflitam sobre a bondade de Deus. Através de importantes filósofos ou até mesmo por meio de conversas do dia-a-dia. Vemos que podemos facilmente colocar o caráter de Deus à prova, mesmo que façamos isso "só" em nosso coração.

Algo que não podemos ignorar, no entanto, é que as lutas que vivemos fazem "parte do contrato". Em João 16:33, a Palavra de Deus nos lembra de que nós teremos sim problemas nesta Terra, mas também que isso não deve nos abalar já que Aquele que está em nós é (muito) maior do que aquele que está no mundo (1 JOÃO 4:4).

Essa revelação de um Deus que é maior do que tudo nos leva a um nível de confiança na mesma intensidade. Independentemente do que estejamos vivendo, precisamos lembrar que Jesus entende as nossas dores e que Deus continua no controle. Não estou dizendo que isso seja fácil, mas que é sim possível confiar em Deus mesmo em meio ao aparente caos.

Amo o exemplo que Eclesiastes 11:5 nos dá! Da mesma forma que não sabemos o caminho do vento nem como se formam os ossos na barriga de uma grávida, não conhecemos/entendemos o agir de Deus. O texto de Salmo 66:7 nos revela o Deus que governa para sempre com o Seu poder e também preserva a nossa vida, cuidando de nós.

Mesmo sem entender o Governo de Deus completamente, sabemos que Ele é digno de confiança e devoção. Nos dias difíceis, a atitude que tomamos mostra se a nossa busca pelo Senhor está motivada só pelo o que Ele faz ou por quem Ele é.

Desafio: *Pense sobre qual é a sua atitude quando algo ruim acontece: reclamar ou buscar uma direção de Deus a respeito? E se algo está te entristecendo hoje, abra seu coração para Jesus e confie nEle.*

LISSA

ABRIL 14

A GRAÇA DE GRAÇA

Pois vocês são salvos pela graça, por meio da fé, e isto não vem de vocês, é dom de Deus. (EFÉSIOS 2:8)

É incrível ver como as coisas naturais se relacionam com as sobrenaturais. Gostaria de que, por um instante, você imaginasse que está precisando de muito de dinheiro para um determinado negócio, mas não tem a menor condição de consegui-lo. Então seu patrão empresta a você o valor necessário. O valor depositado não é baixo e rápido de repor, algo em torno de um milhão de reais. Agora você entra em dívida e tem que se "matar de trabalhar", fazer horas extras e procurar empregos alternativos para conseguir pagar sua dívida. Certo dia, seu patrão vê seu esforço e te chama na sala para conversar. Ele diz que tua dívida está paga e que não precisa mais devolver o que estava devendo.

Assim também Deus fez por nós: pagou nossa dívida mais alta — a morte — e trocou pela vida que Jesus nos concedeu através da cruz. A graça já era pregada antes mesmo de Jesus se fazer homem e vir ao mundo, pois no jardim Deus derramou o sangue de um animal, estabelecendo assim o sacrifício em remissão do pecado de Adão e Eva. Uma vida pela outra. E assim foi o Antigo Testamento, quando o animal era colocado no lugar do pecador, aproximando Deus e o homem de novo.

Até que por fim veio o último e perfeito sacrifício, Aquele que se tornou o próprio pecado para nos livrar da condenação: Jesus! (2 CORÍNTIOS 5:21). O favor não merecido que em forma de cruz derramou uma misericórdia absurda sobre a nossa vida. Deus coloca Jesus em nosso lugar e nos dá a chance de restaurar o relacionamento por Ele desejado. O Reino dos Céus é um grande e louco negócio, onde a dívida já foi paga, a vergonha apagada e a morte vencida!

Desafio: *Exerça graça (favor imerecido) por alguém hoje. Pode ser através de um presente para alguém que te ofendeu ou encorajamento para alguém que te magoou recentemente.*

JULIA

15 ABRIL

ELE É A ESPERANÇA!

Respondeu Jesus: "Eu sou o caminho, a verdade e a vida. Ninguém vem ao Pai, a não ser por mim". (JOÃO 14:6)

Não é de hoje que as pessoas que estão terminando seu Ensino Médio sofrem com a pressão de entrar em uma excelente faculdade, ter um ótimo emprego, ganhar muito dinheiro, enfim, obter sucesso. Essa pressão, quando não bem administrada, acaba se tornando um fardo maior do que possamos aguentar e muitos acabam desistindo de tudo. De acordo com a BBC Brasil, baseado em pesquisas do Mapa da Violência 2017, a cada ano que passa, o número de pessoas que cometem suicídio tem aumentado no Brasil e a maioria são adolescentes e jovens.

Os números são assustadores, mas o que eu e você podemos fazer a respeito? Quais as atitudes que podemos tomar para que isso possa tomar um rumo diferente? Paulo, em Romanos 12:20, diz que devemos dar de comer e beber aos nossos inimigos. Eu acredito que mais do que uma questão natural de comida e bebida física, ele quer nos passar a visão de vida, ou seja, levar Jesus até essas pessoas (JOÃO 4:14) e certamente não é somente para nossos inimigos, mas para todas as pessoas!

De maneira prática, algo que eu e você podemos fazer é ir até as pessoas. Oportunidade é o que não falta para falar do amor de Jesus e, muitas vezes, as nossas ações falarão mais do que nossas palavras.

CONDO

Desafio: *Durante esta semana, escolha uma pessoa que você sabe que não conhece Jesus e faça algo que demonstre o amor de Jesus por ela.*

MEDO DE FICAR DE FORA

Não andem ansiosos por coisa alguma.
(FILIPENSES 4:6)

Já aconteceu de em algum momento você abrir sua rede social, ver uma foto dos seus amigos se divertindo numa festa e você sentir uma angústia por não ter conseguido ir? Ou ficar um dia sem internet (por exemplo, ter ido a um lugar que não tinha sinal) e começar a se sentir ansioso por não poder abrir um aplicativo? Quando foi a última vez em que você esteve num evento e não postou nenhum *story* no seu *Instagram*? Já parou para pensar em quanto tempo nós ficamos nas nossas redes sociais apenas rolando o *feed*? Se você respondeu "sim" para alguma dessas perguntas, isso pode ser um sinal que você tenha **FoMO — Fear of Missing Out**.

FoMo é uma emoção criada por pensamentos que geram ansiedade e, no pior dos casos, até depressão. Essa sensação de "ausência inquietante" que as redes sociais nos trazem é considerada um gatilho para sentirmos o FoMO, que nos faz ter essa necessidade de não ficarmos de fora daquilo que está acontecendo no mundo, de termos informações a todo minuto, a cada momento postar um *story* para deixar todo mundo sabendo o que está acontecendo com você, e de não conseguirmos nos desconectar do mundo digital. Um estudo feito nos Estados Unidos chamado *Status of Mind* apontou que aplicativos de fotos e vídeo são mais propensos a provocar ansiedade, depressão, má qualidade do sono e insatisfação com o próprio corpo.

Não estou dizendo que as redes sociais são coisas do diabo e que devem ser abolidas da humanidade. Elas são ótimas ferramentas de comunicação e entretenimento! O problema não está nelas, mas em nós. Nós permitimos que elas tomassem o domínio de nossa vida a ponto de nos tornarmos dependentes delas! Mas como? Quando sentimos essa necessidade de sermos aceitos pelo mundo e, muitas vezes, para preencher esse vazio de aceitação, procuramos não estar de fora daquilo que as pessoas têm feito ou falado. Talvez porque não queremos ser aquelas pessoas desinformadas ou consideradas "estranhas" por não saber tais coisas na roda de amigos. Por que permitimos que as nossas emoções nos controlem em vez de nós termos o controle sobre elas?

Desafio: Tente baixar algum aplicativo que monitora quanto tempo você fica nas redes sociais. Depois disso, quando você fizer seu devocional, veja quanto tempo você fica orando e meditando na Palavra. Compare os dois. Pense sobre isso.

17 ABRIL

A ARTE À SERVIÇO DO REINO DE DEUS

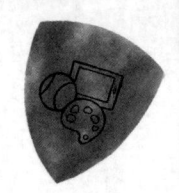

Pois Deus é o Rei de toda a terra, cantem louvores com harmonia e arte. (SALMO 47:7)

Algumas das definições mais interessantes para a palavra arte são as seguintes: perfeição, capacidade especial, esmero técnico e requinte. E a princípio nos parece algo muito difícil de alcançar, principalmente se somos pessoas um pouco relaxadas.

Podemos entender, dentro dessas definições, que, sendo Deus alguém perfeito, absoluto e digno de louvor, o mínimo que temos de oferecer a Ele deve estar à altura da Sua grandeza. Por isso, Ele pede que nosso louvor seja regado de arte. Hoje vemos muitas atividades sendo descritas como "arte", por exemplo: balé, shows musicais, artesanato, teatro e até alguns esportes. Pode observar: aqueles que estão em algumas dessas áreas são, normalmente, pessoas muito dedicadas e que não medem esforços para alcançar algo. Por quê? Querem apresentar a alguém um resultado excelente! Essa excelência é de extremo valor, muito mais para nós cristãos por podermos nos envolver nessa área tão importante e que afeta tanto nossa sociedade, expressando assim a essência do nosso Criador.

As pessoas enxergam na arte a perfeição, a excelência, o esforço sendo coroado! Imagina só como podemos mostrar Cristo nisso tudo! Se as pessoas notarem que somos bons artistas por causa da vida dEle em nós, com certeza teremos cumprido muito bem nosso papel.

Desafio:
Sendo você um artista profissional ou não, assim que receber um elogio por ter feito um bom trabalho, diga quem te levou a fazer isso: Jesus Cristo. E não se esqueça de que, primeiramente, para receber um bom elogio, terá que fazer um bom trabalho, então: faça acontecer!

Marcelo Bomfim

ABRIL 18

ELE SE IMPORTA

Porque Deus tanto amou o mundo que deu o seu Filho Unigênito, para que todo o que nele crer não pereça, mas tenha a vida eterna. (JOÃO 3:16)

O silêncio de Deus pode nos ensinar muito. Quando estamos tristes, queremos um toque dEle, pois sabemos a origem da verdadeira felicidade (FILIPENSES 4:4). A saúde emocional de um jovem ou de um adolescente é uma variável importante para firmar sua identidade. Por isso, em tempos de deserto em minha vida, já tive dúvidas sobre o quanto Ele se importava comigo.

Note que, quando somos adolescentes, alguns sentimentos não parecem fazer sentido. Cresci em um lar cristão e sempre ouvi do amor de Deus, mas levou tempo até que eu o compreendesse. Por conta disso, sabia que Deus me amava, porém, muitas vezes pensei que, por eu não ser pastor, líder de louvor ou algo assim, Deus não se importava tanto comigo. Eu me considerava pequeno demais para que Ele me enxergasse. Aliás, Ele é Deus, o dono de tudo, com milhões de "verdadeiras preocupações". Por que Ele me ouviria?

Contudo o Espírito Santo me mostrou como Ele se importa comigo. Todos agradecemos a Deus por entregar Seu Filho por nós, vemos o amor dEle nisso, porém Deus O entregou não somente por nos amar, mas para que pudéssemos viver por meio dEle (1 JOÃO 4:9). Vivemos para conhecer o amor dEle! Não existe forma maior de demonstrar que se importa com alguém do que o salvar simplesmente para que essa pessoa conheça Seu amor. Ele conhece nossos desejos, nossos sonhos e até nossos fios de cabelo (MATEUS 10:30). Ele se importa com os detalhes! Então, se você, por algum momento, achar que Ele não se importa com algo que está passando, imagine Jesus na cruz pensando em você ao morrer por amor. A maior prova de amor foi a cruz!

Desafio: *Quero que você gaste uns minutos imaginando Jesus crucificado e busque compreender Seu amor. Coloque diante dEle seus planos e peça ao Espírito Santo para que o auxilie no conhecimento do coração dEle. Se puder, assista ao filme* Paixão de Cristo.

FILIPE

19 ABRIL

PRECIOSO SANGUE

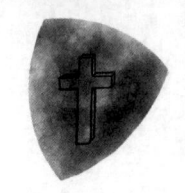

*Eles o venceram pelo sangue do Cordeiro
e pela palavra do testemunho que deram; diante da morte,
não amaram a própria vida.*
(APOCALIPSE 12:11)

As nossas necessidades físicas, emocionais e espirituais nos mostram o quanto somos seres dependentes. Porém, podemos escolher não sermos governados por elas. Jesus ditou um novo padrão para viver essa verdade.

Quando criança, escutei diversas vezes que "há poder no sangue de Jesus!". Mas que poder é esse? O sangue de Jesus nos comprou e pagou o preço necessário para que nós tivéssemos vida abundante! Cristo possui toda autoridade sobre os Céus e a Terra e chegada a hora certa, Ele reinará. A partir dEle e de Seu sacrifício por nós, temos acesso à graça, curas e manifestações sobrenaturais que tornam a caminhada com Deus ainda melhor. Não estamos desamparados!

Apropriando-nos dessas verdades, viveremos sem que o amor por esta vida (interesses, necessidades etc.) nos guie, mas como aqueles citados em Apocalipse 12:11, venceremos o acusador, pelo sangue do Cordeiro e pelo nosso testemunho!

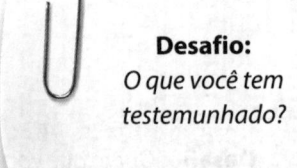

LISSA

Desafio:
O que você tem testemunhado?

ABRIL 20

DEPOIS DE CRISTO

Aquele que é a Palavra tornou-se carne e viveu entre nós. Vimos a sua glória, glória como do Unigênito vindo do Pai, cheio de graça e de verdade. (JOÃO 1:14)

O próprio amor se tornou carne e habitou entre nós. Você acreditando em Jesus ou não, Ele simplesmente dividiu a história da humanidade. Nossos anos hoje (d.C.) são contados a partir do nascimento dAquele que veio se tornar o fato mais importante da história: Deus pisar na Terra como homem. Jesus não é mais uma historinha, uma religião ou um mero acontecimento; Ele é.

Muitas vezes somos confrontados pela nossa crença, principalmente nas instituições de ensino onde tudo se baseia em fatos científicos, inclusive a existência de Deus. Ele é a própria ciência e está muito acima de qualquer pesquisa. A Bíblia fala que vivemos pelo que cremos e não pelo que vemos. As coisas que existem são provas de que, por trás disso tudo, há um Criador apaixonado pela criação. A natureza manifesta a glória de Deus (SALMO 19:1).

Jesus não precisa ser defendido, Ele precisa ser expresso através das nossas atitudes. Precisa ser o amor onde há ódio, a calma onde há tempestade, o silêncio em muitas vozes e a justiça no meio da confusão. Jesus é simplesmente o cara mais sensacional! Se você faz parte desse fã-clube também, seja a Bíblia que as outras pessoas vão ler! Expresse as características dEle e não se preocupe em sempre provar a verdade para os outros, mas em agradar o coração de Deus, que está sempre pronto para ouvir e disposto a amar.

Desafio: *Certa vez ouvi de um ex-ateu que, sempre que podia, confrontava quem era cristão. E o que despertou sua curiosidade sobre Jesus foi o amor com que tratavam ele. Apenas ame! Ame aqueles que te odeiam, os que te confrontam ou os que tentam provar que você está errado. Atraia as pessoas com o amor que tem dentro de você em vez de tentar convencê-las que você está certo.*

JULIA

21 ABRIL

PÁSCOA: UMA QUESTÃO DE OBEDIÊNCIA

E, sendo encontrado em forma humana, humilhou-se a si mesmo e foi obediente até à morte, e morte de cruz! (FILIPENSES 2:8)

O Senhor Jesus nos ensinou a orar assim: "Pai nosso, que estás nos céus! Santificado seja o teu nome. Venha o teu Reino; seja feita a tua vontade, assim na Terra como no céu" (MATEUS 6:9,10). Jesus veio à Terra unicamente para cumprir a vontade de Deus sujeitando-se aos comandos do Pai. Ele era guiado pelo Espírito Santo em diversas situações, como quando foi para o deserto para sofrer todos os tipos de tentação.

No Getsêmani, em momentos que precederam sua prisão e crucificação, Jesus estava tremendamente angustiado, a ponto de suar sangue. Então Ele orou a Deus para que, se possível, não precisasse passar por aquela situação; no entanto, deixou claro que acima de tudo queria cumprir a vontade de Deus, e não a própria (MATEUS 26:39).

Jesus sabia que, por mais desafiador que fosse seguir a vontade de Deus, valeria a pena. E assim foi. Jesus morreu levando sobre Si todo o pecado do mundo (JOÃO 1:29), ressuscitou no terceiro dia, sentou-se à direita do Pai em Seu trono de glória e alegra-se quando cada um se arrepende por meio do Seu sacrifício, para salvação (ISAÍAS 53:11 ARA).

Quem conhece o Pai obedece a Cristo, pois sabe que a vontade dEle é boa, agradável e perfeita (ROMANOS 12:2). Mas quem não entende que Deus ama (e que Seus planos e projetos para nós são os melhores possíveis) encontra dificuldade em se sujeitar.

Jesus é o maior exemplo de que a autoridade procede da obediência. Que tenhamos Cristo como exemplo e, assim como Ele, possamos alcançar a autoridade através da obediência. Naquilo que você vive hoje, seja fiel e obedeça. Assim, todo e qualquer desejo de alcançar lugares de liderança e autoridade se tornarão possíveis nEle.

NELSON

Desafio:
Leia todo o capítulo 53 de Isaías. Medite no que o Senhor Jesus fez por você e celebre a Páscoa que simboliza a morte e ressurreição de Jesus, para a liberdade dos Filhos de Deus.

ABRIL 22

IMAGEM E SEMELHANÇA

Então disse Deus: "Façamos o homem à nossa imagem, conforme a nossa semelhança". (GÊNESIS 1:26)

Eu amo pensar sobre esse versículo, amo pensar que tudo veio a partir da voz de Deus e que nós fomos feitos pelas mãos dEle. Além disso, o próprio Deus, o maior Criador de todos (NEEMIAS 9:6), Dono de toda a criatividade disse: "Façamos o homem à nossa imagem, conforme a nossa semelhança". Isso significa que Deus nos deu também a capacidade de criar, sem tirar o lugar dEle, o que é magnífico.

Por exemplo, quando Deus manda Noé construir a arca (GÊNESIS 6:14-16), repare que Ele quis ver Noé criando. Deus poderia simplesmente ter feito aquele barco imenso aparecer do nada no quintal de Noé, mas, diferente disso, deixou o homem participar desse momento. Trabalhou dentro de Noé enquanto Noé trabalhava para Ele. Acredito que esse ponto da Bíblia indica muito sobre a expectativa de Deus em relação a nós. Além de querer ver o nosso desempenho criativo, Deus também usa o processo da criação para trabalhar dentro de nós.

Deus fez você parecido com Ele. Colocou dentro de você a mesma capacidade de criar que Ele tem, e a Bíblia faz diversos convites para nos tornarmos ainda mais parecidos com o Pai (FILIPENSES 2:5-11), fazendo com que alcancemos o perfeito propósito que o maior Criador de todos separou para cada um de nós. Talvez você pense "ok, mas a minha profissão não vai ter nada a ver com a esfera das artes". Mas o que eu estou querendo dizer é que não importa onde você esteja, Deus pode te desafiar a usar a criatividade que colocou dentro de você para solucionar problemas, melhorar o futuro e transformar o mundo. O Deus criador vive dentro de você.

Desafio: *Pense no maior problema que você enxerga hoje na sociedade e tente desenvolver dentro da sua área de influência uma forma de solucioná-lo de forma criativa!*

23 ABRIL

PARA ANUNCIAR VIDA

Filho do homem, eu o fiz uma sentinela para a nação de Israel; por isso ouça a minha palavra, e advirta-os em meu nome. (EZEQUIEL 33:7)

Deus falou com Ezequiel e estabeleceu um meio de comunicar e advertir o povo israelita de que Deus traria morte sobre alguém. No versículo 6 desse texto, Deus mostra que esse meio era uma trombeta que deveria ser tocada por um sentinela e o Senhor também declara que a morte de alguém que não foi avisado pela trombeta seria responsabilidade do sentinela.

Existem diversas plataformas, ou melhor, meios de comunicação para se compartilhar o evangelho. Redes sociais, TV, *YouTube*, nossa própria boca são nossas trombetas para anunciar ao povo. Por favor, me entenda: não estou dizendo que Deus vai descer uma espada sobre alguém. A verdade é que a morte vai chegar para todos e, junto com ela, se o projeto de salvação não for aceito de livre e espontânea vontade, o inferno é garantido. Um amigo meu costuma dizer que o evangelho não é um tijolo para se jogar na cara das pessoas, mas, sim, uma bacia com água para trazer vida a elas.

Minha pergunta é: será que estamos utilizando da maneira correta nossas plataformas de comunicação? Que tipo de conteúdo tem sido lançado? Será que é um tijolo ou a água da vida?

Desafio:
Pergunte para três amigos sobre o que eles pensam a respeito da influência que os posts podem ter na vida das pessoas.

CONDO

ABRIL 24

SEUS FAMILIARES SABEM QUE VOCÊ OS AMA?

Cada um cuide, não somente dos seus interesses, mas também dos interesses dos outros. (FILIPENSES 2:4)

As nossas diferenças tornam os relacionamentos mais interessantes e, se não cuidarmos, também podem torná-los mais estressantes! Para que a paz perpetue em uma família — cheia de humanos tão… únicos! —, precisamos aprender a lidar com a forma de ser do outro. Isso inclui os sentimentos, costumes, opinião e muito mais. Aprendi, ao ler o livro *As cinco linguagens do amor para solteiros*, de Gary Chapman, que somos diferentes até para sentir e expressar amor!

É possível que aquilo que mais te agrada não cause a mesma alegria em seus familiares. Por outro lado, agradá-los pode até ser mais simples do que você imagina. Por exemplo, para alguém que tem como principal linguagem de amor as "palavras de afirmação", uma frase mal colocada será muito mais ofensiva do que para alguém que se sente amado através de "atos de serviço".

Nossa capacidade de amar as pessoas de forma bem sucedida envolve conhecer o que elas valorizam. E, de forma semelhante, cada pessoa ao nosso redor nos ama como melhor entende. Então, nosso amor pode ter um *upgrade* ao simplesmente nos comunicarmos bem! Observando, podemos ir muito longe, mas uma forma ainda mais rápida é perguntar: "O que eu faço que mais te faz sentir-se amado?". Por incrível que pareça, essa resposta pode te surpreender!

Desafio: Faça o teste de quanto você conhece seus familiares. Em um papel, escreva qual você acha que será a resposta deles para "a melhor forma de amor" entre: 1. Palavras de afirmação; 2. Toque físico; 3. Atos de serviço; 4. Presente; 5. Tempo de qualidade. Depois, pergunte a cada um e descubra se você acertou ou não. Se necessário, pesquise mais sobre cada linguagem na internet antes de decidir.

LISSA

25 ABRIL

MEU DESEJO

Assim, quer vocês comam, quer bebam, quer façam qualquer outra coisa, façam tudo para a glória de Deus. (1 CORÍNTIOS 10:31)

Todos nós temos muitos desejos, sonhos e metas a conquistar. Muitos buscam sucesso na área financeira; outros no esporte; alguns querem fama em suas vidas sociais, afinal, que adolescente não sonha em ter dinheiro, ser o melhor no que faz e ter sucesso? Nas nossas "viajadas da vida", imaginamos o quão bom seria ter tudo isso, mas normalmente não pensamos o porquê queremos isso.

Muitas vezes me vejo planejando como ter sucesso nisso e naquilo, mas me esqueço de colocar o principal: de que forma, no que eu gosto e sei fazer, o nome do Senhor será exaltado e conhecido entre os homens?

Quem sabe você se destaque em algum esporte e assim exerça liderança na vida das pessoas. Talvez você saiba desenhar muito bem e consiga capturar os mínimos detalhes que outros não conseguiriam. Ou você é um fotógrafo que mostra a beleza de Deus por meio da natureza. Não importa o que você sabe ou gosta de fazer, Deus vai te usar em áreas que só você poderá entrar e transformar vidas.

Mas não ache que isso é apenas para o futuro. Deus quer te usar hoje no ambiente em que você vive, seja no colégio, trabalho ou na sua família. O lugar em que você está é onde Ele te confiou para fazer a diferença e transmitir o amor. O meu desejo é ser usado por Ele. E que através da minha vida, outras sejam mudadas.

Danilo Ortêncio

Desafio: *Planeje seus sonhos pensando em como Deus quer te usar no futuro e ore ao Senhor pedindo que te mostre de que forma Ele quer te usar no presente.*

ABRIL 26

AMOR QUE EXCEDE VALOR

"Porque sou eu que conheço os planos que tenho para vocês", diz o Senhor, planos de fazê-los prosperar e não de lhes causar dano, planos de dar-lhes esperança e um futuro. (JEREMIAS 29:11)

Sempre achei uma loucura o fato de um adolescente de 17 anos ter que escolher sua profissão. Como alguém nessa idade pode tomar uma decisão que afeta o resto de sua vida, mas, ao mesmo tempo, não pode nem dirigir? É um tanto quanto absurdo. Mas, pela graça de Deus, pude descobrir cedo meu chamado. Desde os meus nove anos, sonho em ser piloto de avião e, em 2015, entendi o quanto poderia ser usado por Deus no ambiente aeronáutico.

Porém, um medo enorme me atingiu quando soube o valor necessário para realizar meu objetivo. Eu não tinha o dinheiro, então abria meu coração diariamente para Deus, colocando minha confiança nEle. Certa vez, durante esse período, Ele me lembrou de que eu nunca havia comprado um instrumento musical. Qual a relação? Sempre sonhei em ministrar louvor na igreja, então, quando Ele me permitiu ser usado nesse ministério, ganhei um violão. Quando quis aprender mais sobre música, ganhei um violino e até um cavaquinho. Ou seja, quando estamos dispostos a Deus e seguir o Seu chamado, o Senhor sempre cuida dos recursos necessários para que possamos atingir o que tem para nós.

Depois de compreender isso, alguns amigos (sem que eu comentasse nada) me presentearam com um valor em dinheiro para eu ter aulas de voo. Portanto, precisamos entender que Deus é dono de tudo (DEUTERONÔMIO 10:14) e nada é financeiramente difícil para Ele! Basta pedirmos com o coração e objetivo corretos (TIAGO 4:3).

Desafio: *Aquele que pouco semeia pouco colhe* (2 CORÍNTIOS 9:6). Portanto, ajude alguém em seu chamado hoje. Não por esperar a recompensa, mas para praticar. Oferte algo! Não precisa ser dinheiro, só precisa ser de coração.

FILIPE

27 ABRIL

SUJEIÇÃO É MELHOR

*Pois não há autoridade que não venha de Deus;
as autoridades que existem foram por Ele estabelecidas*
(ROMANOS 13:1)

Paulo e Silas encontraram uma mulher que possuía um espírito de adivinhação, trazendo muito lucro para a família da qual ela era serva. Eles, então, expulsaram o espírito imundo, extinguindo a fonte de lucro daquela família e, como consequência, foram presos.

No cárcere, Paulo e Silas adoravam a Deus e os demais prisioneiros os ouviam. Então, houve um terremoto, fazendo com que imediatamente todas as portas se abrissem e que as correntes de todos se soltassem. O carcereiro responsável, vendo o que havia ocorrido, imaginou que haviam escapado. Tomado pelo medo de sofrer as consequências da má administração, resolveu tirar a própria vida. Paulo então gritou desesperado, impedindo-o e afirmando que todos continuavam ali (ATOS 16:16-40). A atitude e o entendimento dos apóstolos de que as autoridades são estabelecidas por Deus influenciaram a todos.

Se os apóstolos tivessem simplesmente fugido, a obra de Deus teria se encerrado neles, mas, como não o fizeram, tiveram a oportunidade de manifestar Jesus ao carcereiro e sua família, que foram tremendamente impactados. Além disso, o guarda ofereceu alimento e cuidado das feridas deles. O resultado da sujeição foi muito melhor!

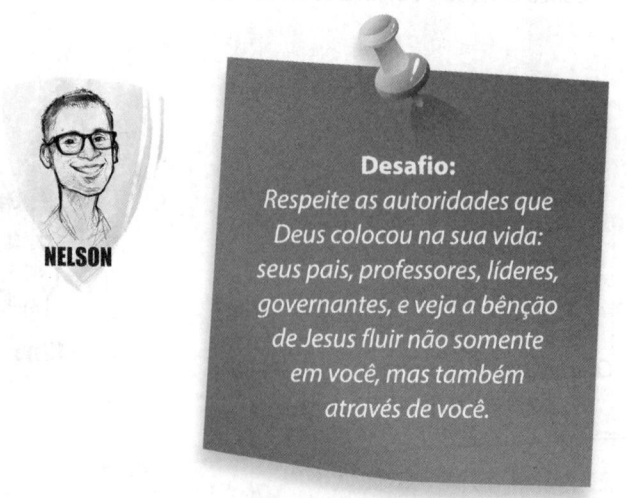

NELSON

Desafio:
Respeite as autoridades que Deus colocou na sua vida: seus pais, professores, líderes, governantes, e veja a bênção de Jesus fluir não somente em você, mas também através de você.

ABRIL 28

SUA NOTA NÃO TE DEFINE

Mas ele me disse: "Minha graça é suficiente para você, pois o meu poder se aperfeiçoa na fraqueza". Portanto, eu me gloriarei ainda mais alegremente em minhas fraquezas, para que o poder de Cristo repouse em mim. (2 CORÍNTIOS 12:9)

É muito comum passarmos por situações de estresse durante o Ensinos Fundamental e Médio. É uma fase em que estamos sujeitos a muitas provações e desafios, que têm como objetivo alcançar o nosso melhor em todas as provas. Se você está passando por isso, nunca duvide da sua capacidade mental, pois você é muito mais do que uma nota. Muitas vezes acabamos nos comparando com as outras pessoas e seus desempenhos, fazendo com que a nossa motivação seja só atingir a média.

A força de Deus se aperfeiçoa na nossa fraqueza, pois, quando nós somos fracos, Ele é forte (2 CORÍNTIOS 12:9,10). Temos que aprender a depender totalmente de um Deus que honra nossos estudos, conhece as nossas necessidades e nos capacita a sermos melhores todos os dias. É normal termos dificuldades e não sabermos profundamente sobre certos assuntos, mas a decisão de buscar aprender mais é nossa. Independentemente da pressão, tenha convicção de que você está fazendo o seu melhor.

Eu já fui o tipo de aluna que só estudava o suficiente para ficar na média, até que um dia Deus falou muito comigo a respeito da excelência. Eu fiquei pensando que, se Jesus estivesse na minha sala, Ele seria o melhor aluno, porque o objetivo dEle em todas as coisas não era agradar homens, mas, sim, o Pai. A Bíblia fala que, em tudo que a gente fizer, tem que fazer para Deus (COLOSSENSES 3:23). Então estude, dando o seu melhor! Mesmo, às vezes, não conseguindo alcançar a nota, persista e não desista, porque Deus honra o nosso compromisso com Ele.

Desafio: *Adore a Deus dando o seu melhor nos seus compromissos escolares, mesmo que você tenha dificuldade, crie uma rotina de estudos e não se esqueça que Ele vai te honrar por isso.*

JULIA

ABRIL

O AMOR QUE ME FAZ CANTAR

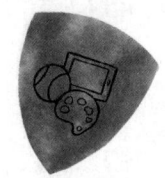

No amor não há medo; pelo contrário o perfeito amor expulsa o medo, porque o medo supõe castigo. Aquele que tem medo não está aperfeiçoado no amor. (1 JOÃO 4:18)

Quando eu tinha quatro anos, numa manhã minha mãe me levou para o colégio, como de costume. Chegando lá, e para a minha surpresa, uma das freiras (meu colégio era católico) me chamou para orar no microfone. Fui até à frente de todos os alunos, peguei o microfone e comecei o Pai Nosso. Todos começaram a rir de mim. Eu achava que não era comigo o motivo das risadas, então continuei a oração. As risadas aumentaram. Eu travei. Comecei a chorar desesperadamente. Procurava a minha mãe, mas ela já tinha ido embora. Eu queria desaparecer daquele lugar. Depois que eu entendi que o motivo das risadas era a minha voz grossa. E desde aquele dia, por mais de dez anos, eu odiava a minha voz.

Sempre amei música. Desde criança, o meu sonho era ser uma *rockstar*. Quando fui morar com meus avós, meu tio começou a me ensinar a tocar violão. Um ano depois, consegui comprar minha primeira guitarra. Entrei no louvor dos adolescentes da minha igreja com 14 anos como guitarrista. Mas, depois de um tempo, começaram a me perguntar se eu não queria cantar também. Eu sempre dizia: "Nunca! Não sou louca de ficar atrás de um microfone de novo. A minha voz é horrível! As pessoas vão rir de mim!". Eu não queria reviver tudo aquilo que aconteceu na minha infância. Até que um dia eu cheguei para Deus e disse: "EU ODEIO A MINHA VOZ! Pare de ficar tentando me convencer o contrário!".

Então, no Seu jeito mais doce, Ele me respondeu: "Você pode até odiar, mas eu amo a sua voz. E eu quero te curar de toda dor que você sofreu no passado. Eu dei essa voz para você com um propósito e eu quero te revelar qual é!". E foi aí que eu comecei a ser curada. Eu permiti que toda minha dor fosse embora. Fui ousada, comecei a cantar na minha igreja local e, através dessa cura, posso estar ajudando pessoas que passaram pelo mesmo problema.

STELA

Desafio: *Pode ser que você tenha um talento que, por muito tempo esconde das pessoas por medo, mas tente mostrá-lo para alguém hoje, para algum amigo ou parente de confiança! Você pode se surpreender.*

ABRIL 30

ESPELHO, ESPELHO MEU

Tornem-se meus imitadores, como eu o sou de Cristo.
(1 CORÍNTIOS 11:1)

Eu adoro autoavaliações, gosto de pensar no que eu sou boa e no que eu não sou tão boa assim. Eu realmente gosto de descobrir coisas em que eu não sou nada boa e isso pode parecer bem estranho, mas eu vou te contar um segredo. Para isso, vamos usar uma escala de 0 a 10. Por exemplo, nessa escala o meu desempenho na faculdade é 9/10; essa é uma coisa em que eu sou boa. Por outro lado, na organização do meu guarda-roupa eu poderia me considerar 2/10 e, em algumas fases, 0/10. O segredo é que, quando você é muito ruim em algo, qualquer pequeno avanço te faz subir o nível. Quando eu me determino a deixar o guarda-roupa arrumado, nem que seja por uma semana, eu consigo alcançar um 7/10. Então, quando você decide melhorar em algo em que é muito ruim, consegue se tornar melhor (nem que seja um pouco) em menos tempo, ter um retorno mais rápido e receber o reconhecimento das pessoas também.

Por gostar tanto de avaliações pessoais, um dia resolvi separar algumas páginas do meu caderno para fazer uma análise de quem eu era em diferentes fases da vida. A Bíblia nos sugere fazer algo parecido com isso em 1 Coríntios 11:28, ou seja, isso é importante. Um dia comentei sobre isso com um amigo bem próximo e ele me perguntou com muita sinceridade qual era a minha referência para me considerar boa ou ruim em alguma coisa, e se isso não me deixava chateada. Confesso que no dia eu não tive uma resposta certa para essas questões, então eu resolvi ir atrás.

Foi nesse momento me deparei com alguém 10/10, uma pessoa que não tinha falhas, que não tinha lacunas. Entendi que a cruz me dava um feedback incrível sobre quem eu sou; ela me diz o tempo todo qual é o meu padrão e o quanto eu não mereço aquilo, ou seja, o quanto eu sou amada por alguém perfeito. Mas, ao invés de ficar chateada por estar tão longe do padrão, Ele me diz onde eu devo chegar com tanto amor. No lugar de me deixar triste, faz com que eu tenha mais força para me olhar no espelho e falar com toda a certeza do meu coração que eu tenho dado passos, mesmo que pequenos, em direção ao melhor exemplo, ao padrão, ao único 10/10: Jesus!

Desafio: *Durante essa semana, faça o máximo de coisas que te tornem mais parecido com Jesus e anote também as características que não são tão parecidas assim. Dê um* **start** *no plano de ser um imitador de Jesus.*

BEA

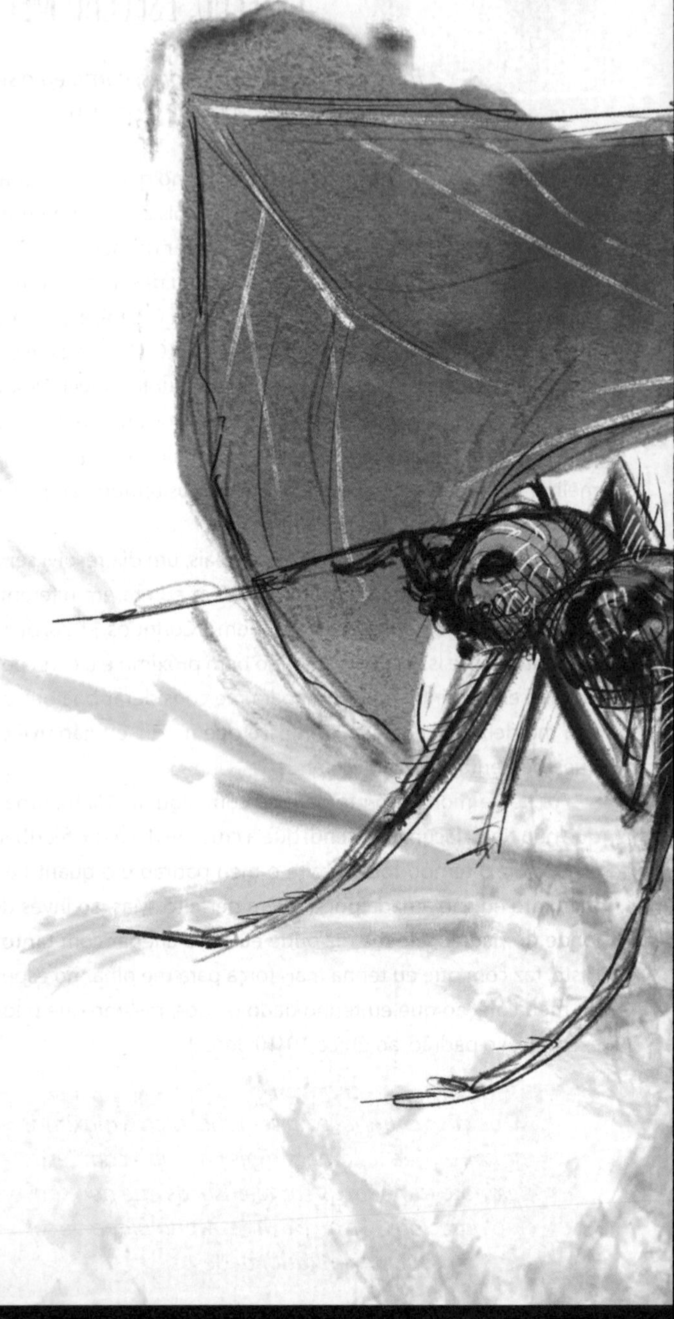

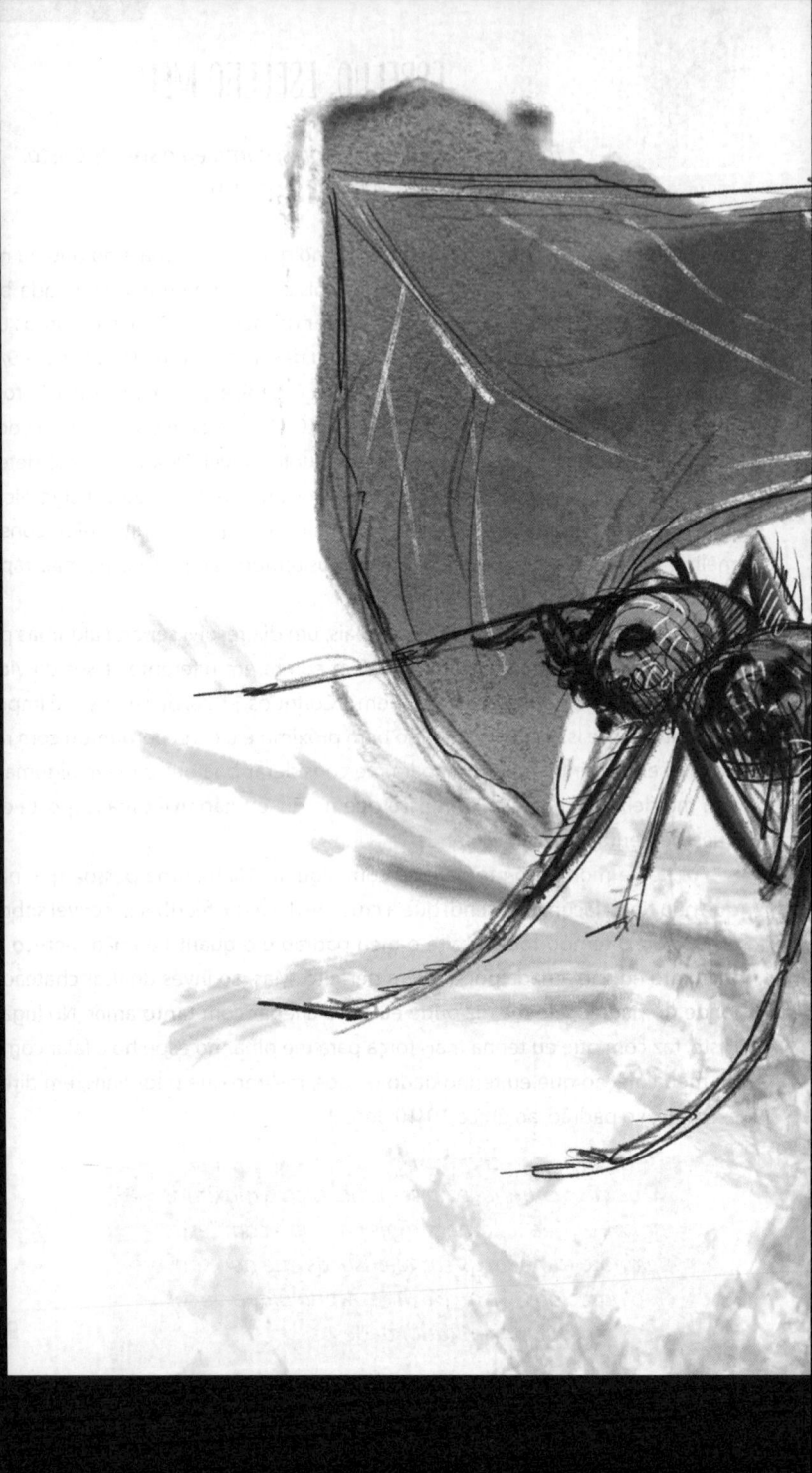

MAIO

FORTE COMO UMA FORMIGA

Observe a formiga, preguiçoso, reflita nos caminhos dela e seja sábio! (PROVÉRBIOS 6:6)

Sempre gostei muito de analisar formigas trabalhando. Acho impressionante como carregam objetos muito maiores que elas, como desviam de obstáculos e como conseguem manter uma mesma trilha em conjunto. Muitas vezes tento imaginar seus diálogos durante o trabalho. São criaturas sensacionais!

Esses animais preciosos podem nos ensinar muito sobre dedicação no trabalho, seja como estudante ou como profissional. O livro *Formigas — Lições da sociedade mais bem-sucedida da terra* aponta lições importantes sobre o assunto, como: as formigas não fogem do trabalho, trabalham com um propósito, têm iniciativa, trabalham em equipe e não adiam suas atividades. Ao analisar nossa vida como estudantes ou profissionais, conseguimos manter uma rotina de trabalho duro visando um propósito que Deus tem para nós? Somos alunos ou trabalhadores com iniciativa e que não buscam um "jeitinho" para fugir de nossas responsabilidades? Conseguimos trabalhar em equipe? Atrasamos aquilo que as autoridades que o Senhor instituiu em nossa vida nos pedem? Analise bem suas respostas, pois isso diz muito sobre você.

Devemos deixar a preguiça de lado (PROVÉRBIOS 13:4), focar naquilo que Deus nos chamou para realizar e atuar com excelência. Algumas formigas conseguem carregar cerca de 100 vezes o peso de seu próprio corpo! Se esses animais, que não são feitos à imagem e à semelhança de Deus como nós (GÊNESIS 1:26), agem dessa forma, não podemos sair perdendo. Seja forte, corajoso e enfrente suas responsabilidades com iniciativa no ambiente de trabalho e de estudo!

FILIPE

Desafio: *Sente em uma calçada hoje e analise formigas trabalhando. Suas características no ambiente de trabalho (seja de estudo ou não) são parecidas com as delas?*

MAIO 2

A ARMA DE UM PACIFICADOR

A resposta calma desvia a fúria, mas a palavra ríspida desperta a ira.
(PROVÉRBIOS 15:1)

Um ditado popular brasileiro diz: "Quando um não quer, dois não brigam". Experimentei essa verdade várias vezes com meu irmão Israel. Ele, como mais velho, sempre me inspirou com sua busca e comprometimento para com as coisas de Deus. Brigas nunca foram parte da nossa rotina, mas em algumas ocasiões (principalmente em alguma ausência momentânea de nossos pais) discussões aconteciam, evidenciando ainda mais as nossas diferenças.

Em determinada fase, as coisas mudaram. O Israel intensificou sua busca por Jesus e, antes mesmo de irmos à escola pela manhã, ele orava e lia a Bíblia. Foi nesse tempo que os nossos desentendimentos foram revolucionários. Agora, quando eu falava algo que poderia causar uma discussão, ele me respondia de forma amorosa e calma! Nas primeiras vezes eu ficava até meio perdida. A ação dele me constrangia. Muitas vezes eu ria e, mesmo que eu estivesse com raiva, aquele conflito simplesmente acabava. Não havia como eu discutir mais!

A atitude dele em obediência ao ensinamento dos meus pais me marcou e me ensinou a também fazer isso. A Bíblia nos mostra que existe um modo adequado para responder a cada um: assim como a comida é temperada com sal, nossas palavras devem ser medidas levando em consideração a singularidade de cada pessoa e situação (COLOSSENSES 4:6). Por exemplo, nossos pais, líderes espirituais e familiares mais velhos são autoridades sobre a nossa vida. Isso significa que independentemente da nossa concordância, devemos sempre comunicar nossas ideias (quando adequado) com muita honra e respeito. Já para com os nossos amigos, é necessário sensibilidade para responder como Jesus responderia a cada personalidade e necessidade.

Essa atitude é a consequência de um coração humilde, submisso à vontade de Deus. Quando o Senhor é o primeiro em nossa vida, consideramos a aceitação social inferior à aprovação de Deus! Então, até quando "temos razão", agimos com amor, porque sabemos que proceder certo é melhor do que "estar certo" aos olhos das pessoas. A melhor defesa não é o ataque! A melhor defesa é o amor!

Desafio: *Responda com humildade e amor à próxima pessoa que tentar discutir com você.*

LISSA

3 MAIO

SERÁ QUE VALE A PENA?

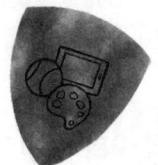

Assim, aquele que julga estar firme, cuide-se para que não caia!
(1 CORÍNTIOS 10:12)

Entretenimento é algo que muito facilmente pode tirar nosso foco e, de maneira sutil ou não, mensagens totalmente corrompidas podem entrar em nossa mente distorcendo as verdades do evangelho — e o pior, corrompendo nosso coração. Sabe aquela série do Netflix que você acha tão da hora? Você já parou para pensar na mensagem que ela está querendo transmitir?

Em 1 Coríntios 2, Paulo diz que o homem espiritual discerne todas as coisas. O significado de discernir também pode ser: avaliar, identificar, entender etc. Então, você não acha que deveríamos avaliar a mensagem que essas séries querem transmitir? E outra, que tipo de conteúdo essas séries estão expondo? O que isso vai acrescentar na sua e na minha vida? Aliás, será que Jesus assistiria isso?

Jesus nos ensina que nossos olhos são as candeias do nosso corpo e que, se os nossos olhos forem maus, todo o nosso corpo está em trevas (MATEUS 6:22,23). Então, se meus olhos são as candeias do meu corpo e eu me abasteço de coisas inúteis, então o que terei em mim?

O entretenimento é legal e a ideia aqui não é excluir seu lazer, mas, sim, de fazer você se autoavaliar e, obviamente, analisar aquilo que você assiste. Por exemplo, podem ter questões na sua vida ainda não resolvidas, como raiva e ódio, e assistir a um conteúdo que só tem esse tipo coisa não me parece algo que vai ajudar. Ao mesmo tempo, se você é uma pessoa carente e só assiste filmes "românticos", com certeza você terá uma grande tendência a alimentar a sua necessidade de ter alguém. Enfim, aquilo que você alimenta é o que será mais forte dentro de você. Do que você tem se alimentado?

CONDO

Desafio: *Tire um tempo com seus pais, líderes ou responsáveis e converse com eles sobre isso. Avalie o tipo de conteúdo e a mensagem que você tem assistido nas séries/filmes. Pergunte se na percepção deles isso tem te afetado negativamente de alguma forma e, se sim, decida mudar.*

MAIO 4

TELEFONE SEM FIO

Pois a palavra de Deus é viva e eficaz, e mais afiada que qualquer espada de dois gumes; ela penetra até o ponto de dividir alma e espírito, juntas e medulas, e julga os pensamentos e as intenções do coração. (HEBREUS 4:12)

Quanto mais o tempo passa, mais podemos perceber movimentos contrários à Palavra de Deus, que passam despercebidos por causa do conteúdo atrativo. Um exemplo é a tal da graça barata e do evangelho flexível: a Bíblia é distorcida, o pecado já não é tão pecado assim e, por Jesus já ter pago o preço, podemos fazer o que quisermos. Mas o fato é: cada ponto aumenta um conto.

A proposta do evangelho nunca foi de uma melhora de vida, mas, sim, de uma caminhada repleta de renúncias, em que cada sacrifício nos aproxima mais de Deus. Não é para ser fácil, mas para lembrar que independentemente da tempestade Jesus nunca saiu do barco. É ter a mentalidade de que devemos morrer para nossa carne porque Cristo vive em nós; é também ter a decisão de escolher Ele todos os dias, mesmo tendo o livre arbítrio, pois somos escravos por amor! Obedecer porque amamos e não por medo das consequências.

Independentemente do que ouvimos por aí, devemos nos apegar à Palavra que é viva e eficaz. Lutar pela verdade e tomar nossa cruz todos os dias, assim como Jesus. Não é para ser um fardo viver para Ele, mas um prazer e uma certeza de que escolhemos o melhor. Em meio a tanta contradição, mude o assunto do telefone sem fio e sempre reproduza o que a fonte, que é Deus, quer realmente falar.

JULIA

Desafio:
O tipo de cristão que você tem sido está comunicando Jesus? Que hoje você possa refletir e mudar algumas atitudes, entender que a cruz não é um passe para pecar, mas um passe para a vida eterna. No meio do evangelho flexível pregue a verdade!

5 MAIO

MAIS PODEROSA QUE O SABRE DE LUZ: A PALAVRA

Peço que o Deus de nosso Senhor Jesus Cristo, o glorioso Pai, lhes dê espírito de sabedoria e de revelação, no pleno conhecimento dele. (EFÉSIOS 1:17)

Conhecer a Palavra é conhecer o caráter de Deus e isso é de total importância para o desenvolvimento de nossa intimidade e relacionamento com Ele. É vital para um cristão! Efésios 6 fala sobre a armadura do cristão e o texto relata que a espada do Espírito é a própria Palavra (v.17). Ou seja, a Palavra, o conhecimento da Palavra, que é o próprio Jesus (JOÃO 1:1), se torna nossa arma de combate. Mas não é à toa que a Bíblia se compara com uma espada de dois gumes (HEBREUS 4:12). A Palavra pode ser usada para fins diferenciados. E o que definirá o fim com o qual será usado? A presença da sabedoria.

Sim, a Bíblia pode ser usada para edificar ou destruir, trazer vida e até mesmo morte! Foi exatamente o que aconteceu no episódio da tentação de Jesus no deserto. O inimigo utilizava a própria Bíblia para tentar ao Senhor Jesus, enquanto Ele usava a mesma Palavra para contra-atacar e vencer o pecado.

O conhecimento sem a sabedoria não pode produzir frutos de vida! E essa sabedoria provém do Espírito Santo. Ela pode ser buscada (TIAGO 1:5; PROVÉRBIOS 8:17) e encontra-se no temor ao Senhor (PROVÉRBIOS 9:10). O inimigo usou a Palavra para o mal, pois não utilizava da sabedoria, já que não teme ao Senhor. O conhecimento te dá ferramentas, mas somente a sabedoria dá a habilidade de utilizá-las no momento certo e da maneira correta.

NELSON

Desafio:
Leia o capítulo 4 do livro de Mateus e perceba como a Palavra pode ser usada para diferentes fins. Peça ao Senhor sabedoria para que possa produzir frutos de vida.

MAIO 6

O PLANO PERFEITO E A ESTRATÉGIA PARA ACABAR COM ELE

Portanto o que Deus uniu, ninguém o separe.
(MARCOS 10:9)

Não é muito difícil observar uma série de posições ideológicas e até mesmo jurídicas que atualmente tem tentado distorcer o conceito da família. Resolvi perguntar para algumas amigas quais eram os planos para o futuro e confesso que poucas me falaram sobre casamento e família. Com algumas consegui ir mais a fundo e notei uma série de cargas emocionais, que muitas vezes nem elas tinham vivido, mas, por verem tantas pessoas falando, tomaram aquela dor para si.

O que me preocupa realmente é perceber que um plano tão perfeito de Deus acabou sendo tão distorcido. Observe esse trecho de uma série de dados lançados pelo IBGE: "O brasileiro está se casando menos, se divorciando mais e decidindo ter menos filhos". Em grande parte dos casos, isso acontece porque as mídias nos mostram mulheres fortes que não precisam de homem nenhum, homens que passam cada noite com uma mulher diferente e são bem sucedidos, e figuras públicas que não têm filhos para não acabar com a carreira.

A Bíblia fala sobre família diversas vezes. Podemos observar muitos versículos que destacam a importância dela, sobre os cuidados que devemos ter com as pessoas da nossa casa (1 TIMÓTEO 5:8), e desde o começo podemos observar que esse era e é um plano de Deus (GÊNESIS 1:28). A família é um lugar seguro, um lugar onde você pode se descobrir e principalmente um lugar para voltar. Por outro lado, temos Satanás tentando fazer com que fiquemos o tempo todo com medo, que não saibamos a nossa real identidade e que, além disso, não tenhamos um lugar para voltar. O inimigo sabe que, com uma família estruturada, é mais fácil alguém se tornar um grande potencial para saquear o inferno e, por isso, ele se esforça para em todas as esferas distorcer o conceito real do plano perfeito que é a família.

Desafio: *Tire um tempo com a sua família hoje, assistam a um filme, saiam para algum lugar ou apenas conversem mais do que o normal. Mesmo que isso não seja fácil, se esforce para ser um colaborador do plano perfeito de Deus.*

BEA

7 MAIO

QUEM SOU EU PARA QUE TE PREOCUPES?

*Quando contemplo os teus céus, obra dos teus dedos,
a lua e as estrelas que ali firmaste, pergunto:
Que é o homem, para que com ele te importes?
E o filho do homem, para que com ele te preocupes?* (SALMO 8:3,4)

Quando leio esse salmo, imagino que Davi estava no campo à noite olhando para o céu limpo e estrelado. Já me deparei com uma cena assim. Eu estava num retiro que era bem afastado da cidade, no meio do mato, literalmente. Para ir ao refeitório, tínhamos que percorrer uma pequena trilha a céu aberto. Numa noite, eu estava indo comer, quando de repente houve um apagão na chácara. Todos levaram um susto e o que eu fiz foi olhar para cima. Nunca na minha vida tinha visto um céu tão estrelado daquele jeito. E hoje, toda vez que lembro desse momento, começo a pensar como quando Davi escreveu esse salmo: Quem sou eu, para que te preocupes?

Em muitos momentos, o diabo vai tentar nos roubar a verdade de que Deus nos ama e que Ele se importa conosco. Ele coloca mentiras, dizendo que ninguém se preocupa com a gente, que não somos importantes, que ninguém liga para o que fazemos, ou pior, que ninguém vai sentir a nossa falta se um dia sumíssemos do mapa. Eu não sei você, mas eu sou daquelas que joga a verdade nua e crua na cara das pessoas quando precisa e nessas horas eu jogo a Bíblia na cara do diabo e digo para ele: "Acho que você não sabe ler, né? Então você está precisando de um óculos porque você não leu aqui direito o que está escrito. Vem cá que eu te mostro. Por quem Cristo morreu mesmo? Hã?! Não entendeu?! Foi por MIM! Ele me ama! Ele se importa comigo! Ele me quer perto dEle! Ele me chamou de filho(a)! Então xiu aí!". Só não vê quem não quer.

Quando me deparo com a grandeza de Deus, eu percebo a grandeza do Seu Amor por mim. De toda a Sua criação, Ele escolheu habitar justamente em nós, mesmo com toda a nossa limitação, erros, falhas, jeitos e trejeitos. Que amor é esse? O amor maior do que o Universo. Que essa verdade permaneça aquecida no seu coração e, em todo o momento que algo quiser roubar isso de você, olhe para cima. Nada pode abalar aquilo que está firmado na eternidade. O Pai se preocupa com você.

Desafio: *Observe nos detalhes o cuidado de Deus na sua vida como por exemplo, ter uma cama para descansar ou uma roupa para vestir.*

STELA

MAIO 8

SOLDADO PRONTO PARA A BATALHA

Assim, aquele que julga estar firme, cuide-se para que não caia!
(1 CORÍNTIOS 10:12)

O Antigo Testamento está repleto de histórias sobre guerras. Ele também conta a respeito de personagens corajosos e fortes. Contudo, nem sempre a Bíblia deixa claro como era o treinamento dos exércitos. Porém, sabemos que um soldado não se prepara para a batalha apenas quando ela surge, pois assim não estaria nas melhores condições de lutar. Então, por que achamos que podemos batalhar sem preparo?

O pecado não deixa de ser a consequência de uma batalha perdida. A Bíblia diz que Deus não permite que sejamos tentados além do que possamos suportar, portanto, para lutarmos contra o pecado, devemos nos preparar (1 CORÍNTIOS 10:13). Nosso alimento deve ser aquilo que nos fortifica, pois você consegue imaginar um soldado se alimentando apenas de porcaria antes de uma guerra? Isso não existe! A Palavra de Deus deve ser nosso alimento (MATEUS 4:4) e devemos fugir daquilo que nos faz mal.

Além disso, no ambiente de guerra, é muito mais difícil que um só homem lute sozinho contra um exército. Normalmente, os soldados possuem companheiros em quem confiam suas vidas, portanto, nunca vá sozinho para uma batalha! Você precisa de alguém que o levante (ECLESIASTES 4:10), então escolha bem. E, por fim, não esqueça que Deus providenciará uma maneira para que você vença e saia mais forte da batalha. Confie nEle!

Desafio:
Se você leu o devocional até aqui, já começou sua preparação para hoje. Mas não pare por aqui! Decida como você pode aumentar seu preparo para se tornar um bom soldado hoje. Além da Bíblia e da oração, tome uma atitude que lhe fortaleça.

FILIPE

9 MAIO

A IMPORTÂNCIA DAS PEQUENAS OBRAS

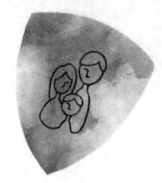

*Quem é fiel nas coisas pequenas também será nas grandes;
e quem é desonesto nas coisas pequenas também será nas grandes.*
(LUCAS 16:10 NTLH)

Nosso ambiente familiar, nosso lar, é o local onde mais somos preparados para todos os tipos de situações. É o nosso primeiro vínculo social, onde aprendemos a lidar respeitosamente com outras pessoas de diferentes interesses, onde forjamos um caráter, onde práticas boas ou más são estabelecidas como costume. Essa, dentre outras, é a importância de tornar melhor suas atitudes dentro da sua família: para que futuramente a gente possa agir corretamente diante de situações mais complexas.

O Senhor sempre nos envia oportunidades para agir em pequena escala, para agir no pouco, com o objetivo de treinar-nos para coisas maiores, pois aquele que é fiel nas pequenas coisas permanecerá fiel nas grandes. Um exemplo disso é o modo como um filho trata uma mãe, pois muito disso definirá o tipo de esposo que ele será; ou como trata um irmão mais novo, que mostrará que tipo de pai será.

Queremos aprender a ouvir a voz de Deus e ser guiado por Ele a todo o momento como os grandes homens da Bíblia, mas existem coisas que Ele já nos ordenou fazer e negligenciamos. Honrar os pais, por exemplo (ÊXODO 20:12). Portanto, como queremos ser levados a coisas maiores sem dar valor às menores? Cada pequena atitude de obediência a Deus importa!

NELSON

Desafio:
Obedeça seus pais, respeite as pessoas da sua família. Faça agrados, atitudes de honra, como lavar a louça sem que peçam para você, fazer o café da manhã, arrumar a casa por boa vontade. Escolha um dia dessa semana e leve café na cama para eles.

MAIO 10

QUAL É A MOTIVAÇÃO?

Contudo, aos que o receberam, aos que creram em seu nome, deu-lhes o direito de se tornarem filhos de Deus, os quais não nasceram por descendência natural, nem pela vontade da carne nem pela vontade de algum homem, mas nasceram de Deus. (JOÃO 1:12,13)

Acredito que umas das principais coisas que pode levar uma pessoa à depressão são as frustrações. Quantas vezes você foi fazer algo acreditando que estava preparado e que daria tudo certo e, no final das contas, foi um desastre? Depois, provavelmente você ficou totalmente desmotivado e nem queria mais continuar ou tentar outra vez.

Quando damos ouvidos às mentiras do diabo, esquecemos nosso lugar de filhos e deixamos motivações erradas entrarem em nosso enganoso coração (JEREMIAS 17:9). Temos uma tendência a apenas nos tornar bons em algo para sermos reconhecidos. E ao buscarmos uma autopromoção, esperando a aprovação das pessoas, caímos no risco de aquilo não acontecer — e então a frustração só aumenta e toma conta do nosso interior.

Em tudo o que fizermos, devemos fazer de todo o coração, como para o Senhor, e não para os homens (COLOSSENSES 3:23). Porém, sabemos que somos humanos e que obviamente falharemos em alguns processos. O ponto chave está no motivo pelo qual fazemos o que fazemos. A única forma de alinharmos nossa motivação é entendendo nosso lugar de filhos de Deus, para que Ele coloque as motivações corretas em nós. Assim, desligamos a necessidade de sermos reconhecidos pelas coisas que fazemos e começamos a entender nossa verdadeira identidade: somos filhos!

CONDO

Desafio: *Converse com seu discipulador ou alguém de referência na sua igreja e, se existe uma área da sua vida que tem sido dominada pela motivação egocêntrica de reconhecimento, abra seu coração e peça ajuda para mudar.*

11 MAIO

A VIDA É UMA CORRIDA

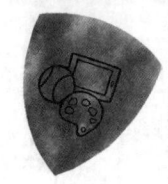

Corramos com perseverança a corrida que nos é proposta, tendo os olhos fitos em Jesus, autor e consumador da nossa fé. Ele, pela alegria que lhe fora proposta, suportou a cruz, desprezando a vergonha, e assentou-se à direita do trono de Deus. (HEBREUS 12:1,2)

Usain Bolt é considerado o homem mais rápido do mundo, o único atleta na história do atletismo a tornar-se tricampeão em duas modalidades de pista. O ex-velocista jamaicano também é o único atleta a conquistar oito medalhas de ouro em provas de velocidade, sendo dez vezes campeão mundial.

Ninguém nasce campeão. Até conseguir os resultados esperados, houve muito treino, dedicação e esforço.

Nós também estamos correndo uma corrida, assim como está no versículo acima. Mas a diferença é que não existe competição; ela é acessível para todos e, de modelo, temos Jesus que já venceu e nos deu o prêmio que é a vida eterna (1 JOÃO 2:25). E o melhor de tudo é que não estamos nessa sozinhos, porque Ele nos capacita em cada passo.

"Tendo os olhos fitos em Jesus". Essa é a ordem nos dada no versículo acima, porque, mantendo os olhos nEle, não temos tempo para distrações, assim, garantimos a vitória. O livro *O Peregrino*, de John Bunyan, mostra várias situações que retratam as surpresas e perigos da caminhada cristã. O personagem passa por diversos obstáculos, mas não desiste, pois seu objetivo era completar a missão e chegar a Cidade Celestial. Da mesma forma, somos nós, como peregrinos aqui na Terra. Persiga, lute e não desista! Por mais que às vezes você esteja cansado, parado ou tenha olhado para trás, permaneça (2 CORÍNTIOS 12:9).

JULIA

Desafio: *Para participar de uma competição, todo atleta precisa preparar seu físico e psicológico. Além disso, ele precisa praticar constantemente sua modalidade para aperfeiçoar suas habilidades. Da mesma forma, na corrida da fé, precisamos alimentar nosso espírito e treinar nossa mente com as verdades da Palavra, praticando-as em nosso dia a dia. Durante essa semana, leia o capítulo 12 de Hebreus.*

MAIO 12

QUAL É A MELHOR QUALIDADE EM UMA MULHER?

A beleza é enganosa, e a formosura é passageira; mas a mulher que teme ao Senhor será elogiada. (PROVÉRBIOS 31:30)

É interessante perceber o quanto a comunicação, através das tecnologias atuais, moldam mentalidades culturais. Cada vez mais, a forma com que as pessoas pensam no conceito de família, beleza, sucesso e tantas outras coisas se torna muito parecida. Como seria bom se essa ferramenta fosse usada apenas para espalhar o que é bom, mas eu e você sabemos que essa, muitas vezes, não é a realidade.

Os filmes, ao longo da história, representam um importante fator na doutrinação das massas, e, durante o período de ascensão das mulheres na indústria cinematográfica, muitos princípios foram deixados para trás. Ao longo da história, muitas vezes, a mulher não foi reconhecida por seu real valor aos olhos da sociedade.

Mas, para Deus, a mulher não é representada pelas épocas (e lugares) em que ela foi injustamente calada ou pela falsa liberdade que acredita ganhar ao ter sua imagem antibíblica promovida. Ao voltarmos para a criação, vemos o sonho maravilhoso de Deus para Eva antes que o filtro de qualquer corrupção pudesse comprometer seu papel. A Bíblia nos garante que fomos feitos imagem e semelhança de Deus (GÊNESIS 1:26) e assim como o Pai e o Espírito Santo não possuem valor diferente, e, sim, papéis diferentes, o homem e a mulher foram formados. Da mesma costela, mesmo sonho e mesma alegria que Deus fez Adão, fez Eva.

O único caminho para a identidade correta do homem e da mulher é entender a criação a partir do Criador. A imagem correta da figura feminina interfere em conceitos familiares e sociais tão importantes! A restauração desses valores deve começar em nós, com mulheres que entendem que o amor e cuidado próprio não correspondem à "escravidão da aparência", juntamente com os homens que não valorizam esse aspecto como o mais importante ou como o melhor elogio.

Desafio: *Elogie uma mulher de sua família, quanto mais original melhor!*

LISSA

13 MAIO

DETALHES QUE FAZEM A DIFERENÇA

Então o Senhor disse a Abrão: "Saia da sua terra, do meio dos seus parentes e da casa de seu pai, e vá para a terra que eu lhe mostrarei". (GÊNESIS 12:1)

Recentemente vivi uma situação bem diferente. Sempre fui uma mãe atenta, buscando ser diligente principalmente em relação às coisas escolares dos meus filhos. Então recebi um e-mail da escola, sobre uma reunião com os pais para entrega dos resultados. Meu esposo tinha uma agenda fora de Curitiba e me chamou para ir junto, porém a tal reunião cairia na mesma data da viagem e por isso recusei.

Chegou o dia da reunião, acordei cedo, acordei meus filhos e um amigo que estava dormindo em casa, apressei todos e seria um dia daqueles — sairia de casa cedo e voltaria só à noite. Então saímos os quatro e mais o cachorro e fomos para a escola. Cheguei lá e não tinha lugar para estacionar; rodei várias quadras até que consegui. Quando cheguei no corredor da sala em questão, a pedagoga perguntou qual era a série do meu filho, eu falei e ela respondeu: "A reunião dele não é hoje". "O quê?", pensei. "Como assim? Estava no e-mail". Os três adolescentes que estavam comigo deram muitas risadas, e eu estava inconformada. Logo que pude, fui verificar o e-mail e a data que eu fui para a reunião realmente não era da turma do meu filho. Fiquei indignada comigo, aquilo realmente me incomodou. À noite quando aquietei meu coração, Deus falou comigo: "Você não prestou atenção ao detalhe e por isso perdeu a oportunidade de viajar com seu esposo e lá teria um momento de estar com irmãos. Simplesmente porque não leu duas vezes. Você fez como Moisés, Abraão...". E eu: "Como assim?".

Claro que na hora me veio na memória o que esses homens fizeram e as consequências. Em Gênesis 12:1 Abraão recebeu uma instrução para sair de sua terra e deixar sua parentela. Ele simplesmente levou Ló, que era seu sobrinho, ou seja, era parente! E a consequência foi que Abraão teve que dividir com Ló a terra que o Senhor tinha separado só para ele. Em Gênesis 19:17-26, o anjo de Deus falou para Ló e sua família deixarem uma cidade que estava condenada a ser destruída por ter nela toda forma de depravação e imoralidade que entristeciam ao coração do Senhor, mas o anjo falou que eles não deveriam olhar para trás para que não fossem destruídos. Então, a esposa de Ló simplesmente ignorou esse detalhe, olhou para trás e virou na hora uma coluna de sal, ou seja, foi destruída. Naquele instante eu entendi como é importante prestar atenção em tudo que Deus tem me pedido e devo cumprir da melhor forma tudo aquilo que Ele me diz!

Leslie Vila

Desafio: Escreva em um papel, três coisas que o Senhor tem te falado para você parar de fazer, ver etc., e você não tem feito. Ore a respeito, deixe de praticá-las e veja Deus agindo em seu favor.

17.

Não se amoldem ao padrão deste mundo, mas transformem-se pela renovação da sua mente, para que sejam capazes de experimentar e comprovar a boa, agradável e perfeita vontade de Deus. (ROMANOS 12:2)

Eu estava lendo um livro (*Microtendências*, de Mark J. Penn) essa semana, quando uma frase me chamou muita atenção: "Nas atuais sociedades de massa, basta que apenas 1% dos indivíduos façam uma escolha contrária à da maioria para criar um movimento que pode mudar o mundo". Assim que eu li isso, o Espírito Santo me fez pensar em quantos lugares eu represento esse 1%. Isso fez com que eu parasse para avaliar a minha sala de aula, os meus amigos do colégio que não conheciam Jesus, as pessoas que já trabalharam comigo, meus vizinhos etc. E também me fez pensar na esfera política, o que me levou a procurar um pouco mais. Então vamos lá: de acordo com a Câmara dos Deputados, a bancada evangélica é formada por 199 deputados (Wikipédia, 2015), e o art. 45 da Constituição Federal garante que em todo o país existem apenas 513 deputados. Sabe o que isso significa? Que só nessa esfera, representamos 38,79% dos parlamentares.

Outra pesquisa feita por sociólogos apontou que toda sociedade tem a cultura ditada por 8% da população, mas, se no Brasil somos 22,2% de evangélicos segundo o IBGE, por que ainda existe em nosso país a cultura do estupro? Acredito que quando Paulo escreveu "não se amoldem ao padrão deste mundo", ele deixou bem claro que precisaríamos ter algum tipo de posicionamento em relação ao mundo e não apenas nos tornarmos meros espectadores do que líderes sem princípios nenhum estão fazendo com o nosso país.

Caso você esteja pensando nisso, eu não estou te pedindo para criar um movimento político, fazer um protesto e se tornar o próximo presidente do Brasil. Se você quiser fazer isso, sinta-se à vontade, mas quero te fazer pensar sobre o ponto de mudança que eu e você devemos representar na sociedade. O nosso Deus é exemplar em Seu governo; "Ele governa as nações" (SALMO 22:27,28). Por isso já sabemos qual é o padrão. Basta um posicionamento de acordo com aquilo que acreditamos para nos tornarmos o exemplo (TITO 2:7) e, através do poder de Deus, transformarmos a sociedade.

Desafio: Pesquise um pouco mais sobre essa esfera, converse com alguém que entenda desse assunto, assista aos jornais e ore para que você seja usado como instrumento para que o governo de Deus seja estabelecido no Brasil.

BEA

15 MAIO

DIA DA FAMÍLIA

A UNIÃO FAZ A FORÇA

Eu e minha família serviremos ao Senhor.
(JOSUÉ 24:15)

À medida que vamos crescendo, queremos nos tornar cada vez mais independentes, tomar nossas próprias decisões, sair com os amigos ou comprar com nosso dinheiro o que quisermos. Isso é normal e faz parte do processo de amadurecimento. Mas, se não tomarmos cuidado, quando menos percebermos, essa independência nos afastará cada vez mais da nossa família, podendo até desuni-la. Esse afastamento vem com alguns sintomas, sabia? Um deles é não aceitar mais a correção, nos acharmos grandes o suficiente para não deixar alguém nos dizer o que é certo ou errado, não sabermos receber um "não" como resposta, não entendermos mais os limites, nos esquecermos dos compromissos com a família, colocarmos como prioridade o nosso lazer ao invés de ter um tempo de qualidade com os nossos pais e assim por diante. Eu sei que talvez eles não demonstrem isso (eles têm seus motivos), mas os pais sentem falta dos filhos quando não estão em casa.

O diabo odeia a família. Sim, ele odeia quando você está de boa com os seus pais e com seus irmãos. Ele tenta de todas as maneiras destruir os lares, causando divisão, brigas, contendas, rebeldias e, quando estamos crescendo, ele procura atacar e usar a nossa independência para que nos afastemos cada vez mais da nossa família. Jesus alertou em Mateus 12:25 que uma casa dividida contra si mesma não subsistirá, ou seja, não vai permanecer firme, ela uma hora vai desmoronar. Isso é muito sério! A família é a base de cada um de nós. E se não lutarmos por ela, estamos sendo cúmplices dos planos do diabo para destruí-la sem que a gente perceba. Entendeu o nível da coisa?

Se queremos ter uma família quando ficarmos adultos, temos que investir na que Deus já nos deu. Independentemente do que você acha da sua família, Deus quis que você fizesse parte dela, então é da sua responsabilidade como filho honrar, respeitar, ajudar e caminhar junto com ela. Não tente ser um super-herói e tentar carregar tudo em suas costas. Você é filho, portanto, use as ferramentas que Deus te deu para cooperar com ela. Se una com a sua família em oração para que Deus os proteja de toda tentativa do inimigo de desunir vocês!

STELA

Desafio: Que tal ter aquele tempo de qualidade que há muito tempo você não tem com seus pais? Vão ao shopping, parque, cinema, restaurante, façam algo que antigamente era comum vocês fazerem, mas que hoje em dia vocês deixaram para trás.

MAIO 16

NÃO OS MEUS, MAS OS SEUS INTERESSES

Vocês esperavam muito, mas, para surpresa de vocês, acabou sendo pouco. E o que vocês trouxeram para casa eu dissipei com um sopro. E por que fiz isso?, pergunta o Senhor dos Exércitos. Por causa do meu templo, que ainda está destruído, enquanto cada um de vocês se ocupa com a sua própria casa. (AGEU 1:9)

No contexto do versículo acima, o povo de Israel havia retornado à Terra Prometida, porém eles não tinham feito o que o Senhor tinha ordenado: reconstruir o Templo como forma de renovar a aliança estabelecida entre eles. Suas preocupações estavam em juntar fortunas pessoais, obter bem-estar e cuidar de suas casas. Enquanto isso, negligenciaram o cuidado com a casa de Deus, que estava destruída.

Devido à ganância e aos seus próprios interesses, o povo semeava muito, mas acabava colhendo pouco, comia, mas não se fartava e o salário era como se estivesse sendo jogado num saco furado (AGEU 1:6). A falta de importância que eles davam ao templo mostrou o quanto seus olhos estavam presos ao egoísmo e não em honrar e agradar a Deus. Dessa forma Cristo fez vir a seca e tudo o que ajuntaram se tornou inválido, levando-os a uma pobreza econômica e espiritual.

Diante disso, Deus falou ao povo através do profeta Ageu, que pregou o arrependimento e a necessidade da reconciliação. Assim, veio o quebrantamento e a obediência de Israel, eles reconstruíram o templo e entenderam as implicações de serem e agirem como o povo da aliança.

Os seus interesses estão de acordo com os interesses de Deus? Muitas vezes, quando vencemos uma etapa, acabamos nos esquecendo de onde Ele nos tirou. Essa história mostra a vontade de Deus em querer ter um relacionamento conosco sendo prioridade em nossa vida. Ele não quer ser o primeiro, o segundo e nem o terceiro, Ele quer ser o único! Deus não quer ter que disputar com nossos interesses, mas, sim, ocupar a parte mais importante do nosso coração. Só vamos ter tudo dEle quando Ele tiver tudo de nós!

> **Desafio:** Hoje em dia você reconhece que tem se apegado demais a coisas materiais ou gastado muito tempo com suas próprias vontades? Avalie o tempo de qualidade que está tendo com Deus e reveja quais têm sido e quais devem ser suas prioridades.

JULIA

17 MAIO

ALEGREM-SE

*Deem graças em todas as circunstâncias,
pois esta é a vontade de Deus para vocês em Cristo Jesus.*
(1 TESSALONICENSES 5:18)

Nós temos motivos infinitos para agradecer a Deus, que nos adotou como filhos (EFÉSIOS 1:5), removeu toda a condenação através de Jesus (ROMANOS 8:1), está conosco e nos fortalece (ISAÍAS 41:10).

Talvez nenhuma dessas coisas seja novidade para você. E provavelmente, por sabermos de todas essas verdades sobre Deus em relação a nós, simplesmente nos acostumamos e acabamos não dando o devido valor. Muitas vezes eu me pego reclamando da vida, reclamando porque o dia está cinza e frio, reclamando porque deu tudo errado, e assim vai. E quanto mais eu reclamo, tenho total certeza que mais chato eu fico.

Um pesquisador americano estudou sobre os efeitos que a reclamação constante poderia produzir na mente e no corpo e escreveu o artigo *Science of Happiness — Why complaining is literally killing you*. Ele diz que "quanto mais tempo você gasta reclamando inutilmente, menos você está realmente aprendendo com seus erros e menos toma medidas para tornar as coisas melhores". De acordo com o pesquisador, reclamar demais pode reduzir sua imunidade. Além disso, a raiva e a frustração devido às reclamações liberam cortisol no nosso organismo, que é o hormônio do estresse. Ou seja, reclamar faz mal para a nossa própria saúde. Ademais, também prejudica as pessoas a nossa volta. Coloque em prática o que Deus nos ensina através de Paulo: "Alegrem-se sempre no Senhor. Novamente direi: alegrem-se!" (FILIPENSES 4:4).

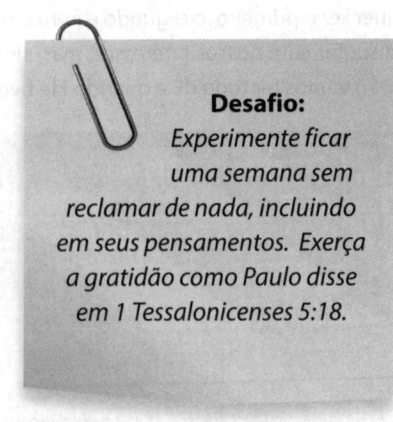

CONDO

Desafio:
Experimente ficar uma semana sem reclamar de nada, incluindo em seus pensamentos. Exerça a gratidão como Paulo disse em 1 Tessalonicenses 5:18.

MAIO 18

SEM FILTRO

Mas quem é você, ó homem, para questionar a Deus? Acaso aquilo que é formado pode dizer ao que o formou: "Por que me fizeste assim"? (ROMANOS 9:20)

Uma vez alguém me disse que ser bonito significava nunca precisar repetir o seu nome. De acordo com esse colega, pessoas bonitas eram sempre lembradas. Depois disso, todas as vezes que alguém me perguntou o meu nome pela segunda vez, me questionei sobre minha beleza, perguntei para Deus o porquê do meu biótipo e, aos poucos, comecei a perceber que eu não era a única que fazia isso com frequência.

Você não precisa ir muito longe para ver que a nossa geração (principalmente), está constantemente insatisfeita. Precisamos o tempo todo de um "filtro". Seja algo realmente produzido ou um simples filtro de cachorrinho no *Instagram*. Esse comportamento bem simples me faz questionar o nível de aceitação que temos em relação a nós mesmos.

A Bíblia nos diz que nós fomos criados à imagem e semelhança de Deus (GÊNESIS 1:26). Ou seja, fisicamente deveríamos estar mais do que satisfeitos, afinal somos parecidos com Ele, que é o padrão da beleza. Por outro lado, temos uma instrução tão clara sobre a beleza na Palavra que merecia ser colocada em um *outdoor*: "A beleza de vocês não deve estar nos enfeites exteriores, como cabelos trançados e joias de ouro ou roupas finas. Ao contrário, esteja no ser interior, que não perece, beleza demonstrada num espírito dócil e tranquilo, o que é de grande valor para Deus" (1 PEDRO 3:3,4). Talvez você já tenha ouvido isso antes, mas, nesse mundo de filtros, *likes*, e desejo compulsivo por beleza, o nosso Deus continua o mesmo; para Ele, o interior é sempre mais importante.

Muitas vezes questionamos a Deus sobre nossa aparência, personalidade ou coisas do tipo, mas devemos sempre lembrar que Ele é o nosso Criador. Ele nos planejou, nos deu vida (NEEMIAS 9:6) e para cada detalhe tem um propósito. Não se esqueça de que não existe ninguém melhor para definir uma criatura do que o próprio criador, e o seu Criador se alegra em você. Ele, que é quem de fato importa, vê beleza em você (CÂNTICOS DOS CÂNTICOS 4:7).

Desafio: *Encontre o máximo de versículos que falam sobre o seu valor, significado e propósito para Ele, anote em um lugar que você consiga ter acesso sempre e leia quando o mundo te disser o contrário.*

BEA

19 MAIO

O PAPEL DA TESTEMUNHA

Mas receberão poder quando o Espírito Santo descer sobre vocês, e serão minhas testemunhas em Jerusalém, em toda a Judeia e Samaria, e até os confins da terra. (ATOS 1:8)

Vivemos em uma sociedade que possui leis que, quando ameaçadas, servem de base para o julgamento de uma autoridade pública com este poder, ou seja, um juiz. O indivíduo que ameaça o cumprimento da lei pode tornar-se réu, pois há a possibilidade de ser chamado para responder pela sua ação. Esse réu é defendido por uma pessoa habilitada a prestar assistência profissional nesse assunto jurídico: um advogado.

Nós cristãos, porém, somos chamados testemunhas de Cristo, ou seja, não devemos apenas pregar o evangelho, mas contar tudo o que vimos e ouvimos sobre Ele (ATOS 22:15; ATOS 4:20). Pelo fato de não termos literalmente visto Jesus, baseamos nosso testemunho pela fé ao anunciarmos as boas-novas (1 PEDRO 1:8,9). Muitos têm dificuldade em falar sobre Jesus por vergonha ou por medo. A verdade é que uma testemunha não pode omitir em seu discurso aquilo que viu ou ouviu. É sua obrigação contar tudo o que presenciou. Devemos falar sobre Ele simplesmente por presenciarmos a mudança que o Senhor tem feito em nossa vida.

Em nosso dia a dia, na tentativa de falar de Jesus para outras pessoas, podemos acabar cometendo alguns erros. Como já dito, somos *testemunhas* dEle certo? Contudo, muitos cristãos, na tentativa de espalhar o evangelho, acabam se colocando no lugar de juiz ou advogado de Jesus. Tentam falar de Cristo julgando e/ou apontando todos os pecados do próximo, abrindo mão do amor que Ele mesmo nos ensinou (TIAGO 2:8). Outros querem ser advogados de Deus e, sem esse mesmo amor, buscam ganhar uma discussão e não uma vida. Portanto, entre nesta corte diariamente com seu papel bem definido: você é uma testemunha!

FILIPE

Desafio: *Separe um tempo do seu dia para testemunhar para alguém sobre o que Jesus fez e o que Ele é na sua vida.*

MAIO 20

PICASSO QUEM?

Sabemos que todas as coisas cooperam para o bem daqueles que amam a Deus, daqueles que são chamados segundo o seu propósito. (ROMANOS 8:28 ARA)

Desde o quadro mais simples ao mais complexo, tudo começa com um esboço. Quando existem apenas alguns riscos, feitos pelo pintor, as partes isoladas não fazem sentido para os espectadores. É somente quando o todo vai se encaixando que a obra planejada pode ser compreendida por outros, mesmo que o autor já soubesse em seu coração o que sua arte viria a se tornar desde o início.

Da mesma forma, quando olhamos para um acontecimento isolado, evento ou estação em nossa vida, não entenderemos completamente o que Deus está fazendo. O versículo nos mostra que todas as coisas cooperam para o bem daqueles que amam a Deus, e, se temos fé nEle (sem a qual é impossível agradar a Deus — Hebreus 11:6), lembraremos o quanto Ele é digno da nossa confiança total.

Isso não significa que qualquer situação difícil que enfrentamos é gerada por Deus. Também é possível que seja consequência de algum erro ou alguma tentativa do reino das trevas de nos parar. Mas, pelo livro de Jó, sabemos que Ele permite que algumas coisas aconteçam com um propósito. Enquanto nós só olhamos para o esboço, Deus já desenhou a história toda. Ele conhece cada detalhe do futuro e tem planos de prosperidade para nós. Confie no Senhor! Os quadros dEle são mais bonitos do que de qualquer pintor na história.

LISSA

Desafio:
Faça um desenho do que você acredita que Deus quer fazer através da sua vida e o deixe em um lugar visível. Cada vez que você olhar para ele, ore pela vontade de Deus se cumprindo em sua vida.

21 MAIO

O CANUDO COMO PONTE

A esses quatro jovens Deus deu sabedoria e inteligência para conhecerem todos os aspectos da cultura e da ciência. (DANIEL 1:17)

Daniel 1 e 2 narra que o rei babilônico Nabucodonosor havia conquistado Jerusalém, tomando para si alguns prisioneiros israelitas que deveriam se destacar em aspectos como beleza, inteligência e conhecimento. Dentre eles, foram escolhidos quatro jovens que foram superiores aos outros em todos os requisitos, o que possibilitou posição de destaque no reino babilônico: tratava-se de Daniel, Hananias, Misael e Azarias.

O rei Nabucodonosor teve sonhos que ele não compreendia. Ele solicitou então aos adivinhos que interpretassem o sonho, do contrário, todos os sábios do reino morreriam. Daniel orou ao Senhor com seus amigos, e Deus revelou o sonho e seu significado. Daniel apresentou a resposta a Nabucodonosor que, alarmado, prostrou-se declarando que Deus é verdadeiro e vivo (DANIEL 2:47).

Um rei pagão, mergulhado em pecados e impurezas, reconheceu a autoridade do Deus vivo pela influência de quatro jovens. Incrível, não? Mas, veja, eles só chegaram a estar com o rei, podendo assim manifestar o poder de Deus, por apresentarem os requisitos de conhecimento e sabedoria. Sem isso, jamais poderiam ter sido instrumentos de Deus para impactar todo um reino.

Deus busca por pessoas assim. Ele quer levar Seus filhos a posições diante de governos e autoridades, mas, para isso, uma formação educacional é necessária. Há lugares que somente uma pessoa com um canudo acadêmico pode acessar. Imagine que impacto grande é gerado em toda uma sociedade quando um governo é influenciado por pessoas que são cheias de Jesus?! Ser usado por Deus não se limita a ser um pastor ou cantor por exemplo; basta ser templo do Espírito e "fazer tudo para a glória de Deus" (1 CORÍNTIOS 10:31) estando no lugar que Ele te designou para estar.

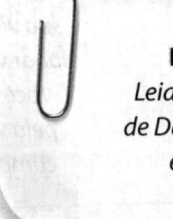

NELSON

Desafio:
Leia todo o livro de Daniel durante esse mês.

MAIO 22

QUAL É O SEU NEGÓCIO?

Cada um cuide, não somente dos seus interesses, mas também dos interesses dos outros. (FILIPENSES 2:4)

Você já pensou em abrir a sua própria empresa? Abrir o seu próprio negócio com certeza não é uma missão simples, principalmente quando você entende que o que precisa fazer é mais do que simplesmente ganhar dinheiro. Eu gosto muito desse versículo em Filipenses porque ele retrata muito bem quais devem ser as nossas intenções em tudo e se adequa perfeitamente ao mundo dos negócios. Hoje (enquanto escrevo) eu trabalho em duas empresas e nas duas aprendemos sobre propósito, aprendemos sobre pensar além, sobre se importar mais com os outros do que com o dinheiro que entra. Mesmo sendo muito nova, ainda mais comparada a outros empreendedores, comecei a observar que empresas que têm uma razão muito bem definida se dão muito melhor dentro do mercado. Acredito que, de certa forma, ajudar os outros seja algo que está dentro de nós, algo do caráter de Deus, e por isso o ser humano, ainda que de formas diferentes, se preocupa com os outros.

Você talvez tenha o desejo de abrir uma empresa, de ter seu nome reconhecido e fez planos para ficar rico. E esses são desejos legítimos. Mas hoje eu te desafio a reformular o seu ideal de futuro baseado na ótica da Palavra. A Bíblia não diz que é proibido ficar rico, mas ela diz que devemos cuidar do nosso coração e não amar o dinheiro (1 TIMÓTEO 6:10), devemos cuidar para que a ambição de nos tornarmos ricos domine a nossa vida e nos leve a tomar decisões erradas. Aliás, aqui vai uma curiosidade: a palavra "ambição" aparece apenas uma vez na Bíblia e é usada no sentido pejorativo, portanto, cuidado com isso.

Enxergue além do seu "eu", além do seu bolso e da sua conta bancária. Pense o que você pode fazer dentro da sua esfera de influência, dentro do seu negócio, para ajudar os outros, para impactar as pessoas e, além de crescer, fazer com que outras pessoas cresçam também. Pode parecer simples, mas atualmente não é fácil encontrar pessoas assim. Deus vê muito além do que os homens e acredito que, com um coração correto, você com certeza vai atrair o favor de Deus para o seu negócio.

Desafio: *Estruturar um projeto social utilizando a área que Deus te chamou para atuar. Encontre alguém da área que você admira e apresente isso para ele. Talvez o seu negócio comece hoje!*

BEA

23 MAIO

INFLUENCIANDO A FAMÍLIA PARA DEUS

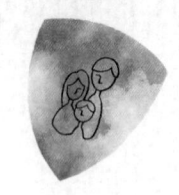

*Se alguém não cuida de seus parentes,
e especialmente dos de sua própria família,
negou a fé e é pior que um descrente.*

(1 TIMÓTEO 5:8)

Deus criou a família para ser um lugar seguro, de crescimento, de amor. Nem todas as famílias são felizes. Nem todos da família são fáceis de lidar. Mas a nossa parte é receber amor de Deus, ir direto nessa fonte infalível e inesgotável. Uma vez abastecidos do amor de Deus, estaremos aptos para amar e servir os da nossa casa.

Muitos, em função das dificuldades nos relacionamentos, se desconectam dos seus familiares. A Bíblia, porém, nos ensina que o testemunho cristão abrange o cuidado dos seus. Cuide com amor e carinho dos que estão à sua volta. Sirva como se fizesse ao Senhor. Faça para a glória de Deus. Seja uma influência que atrai as pessoas para perto de Deus, começando em sua família.

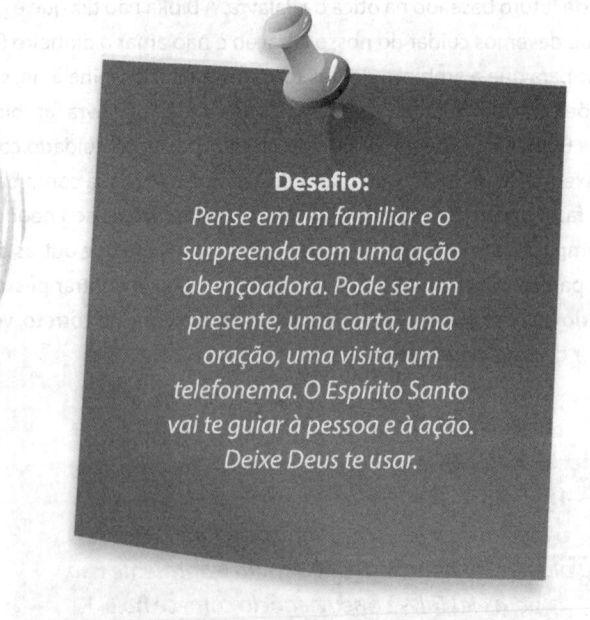

**Kelly
Subirá**

Desafio:
Pense em um familiar e o surpreenda com uma ação abençoadora. Pode ser um presente, uma carta, uma oração, uma visita, um telefonema. O Espírito Santo vai te guiar à pessoa e à ação. Deixe Deus te usar.

MAIO 24

SÓ MAIS 5 MINUTINHOS – PROCRASTINAR OU SER PRODUTIVO?

Toda árvore que não produz bons frutos é cortada e lançada ao fogo. Assim, pelos seus frutos vocês os reconhecerão! (MATEUS 7:19,20).

Quem nunca esperou mais cinco minutinhos antes de levantar da cama, ir arrumar o quarto ou fazer alguma obrigação considerada chata? Cinco, dez, meia hora ou adiar tarefas pro dia seguinte é a famosa procrastinação, a arte de deixar tudo para depois. Costumamos fazer isso com afazeres de baixo valor, coisas que não sentimos prazer ou não gostamos. Muitas vezes também adiamos tarefas que vão ser difíceis de cumprir ou que temos o receio de falhar. O medo de errar nos impede de sermos produtivos e criativos.

O versículo acima diz muito a respeito de produtividade, sobre ser reconhecido pelos seus frutos, pelo que você produz! Caso não esteja produzindo ou gerando nada, se torna algo sem utilidade. Seja alguém em constante movimento, alguém que gera vida e é motivado pelas pequenas conquistas.

Ok, e como eu começo? Três dicas que ajudam e funcionam muito! Lembre primeiro que adiar as tarefas não vai tornar sua vida melhor, apenas vai te tornar mais ansioso e indisposto. Comece o quanto antes e assim poderá fazer tudo com calma e de forma excelente. O segundo ponto é criar obstáculos que te impeçam de adiar as coisas, como por exemplo, se abster um pouco de redes sociais, séries e tudo aquilo que for considerado uma distração e atraso. E, por último, crie recompensas pessoais: após completar uma tarefa se dê um presente! Alguns minutinhos de intervalo, algum doce ou qualquer coisa que você goste e não te tire do foco. Não entre no ciclo vicioso de adiar, mas no ciclo de estar em constante movimento! Você é capaz!

JULIA

Desafio: *Essa parte agora é muito prática! Tire da gaveta prioridades a serem feitas, tarefas incompletas, sonhos que você se sente incapaz de realizar e as pequenas tarefas meio chatas de fazer. Que hoje seja o início do fim da procrastinação e o começo de uma vida mais produtiva.*

25 MAIO

PARECIDOS COM QUEM?

*Vejam como é grande o amor
que o Pai nos concedeu: sermos chamados filhos de Deus,
o que de fato somos!* (1 JOÃO 3:1)

É comum as pessoas falarem que sou parecida com a minha mãe. Sempre que vou apresentá-la para algum amigo ouço o seguinte comentário: "Uau, você puxou muito dela!". Em contrapartida, a minha irmã do meio puxou mais a aparência do meu pai (pelo menos é o que sempre dizem). Já a minha irmã mais velha é a mistura dos dois. Além das características físicas, herdei também as interiores dos meus pais. Sou calma como a minha mãe, mas bem extrovertida como meu pai. Tem coisas que gosto de ter puxado deles, outras nem tanto. Mas isso faz parte da nossa genética.

Da mesma forma, quando nascemos de novo em Jesus, recebemos uma nova identidade. É como se Deus estivesse te dando um novo RG, só que, na parte que aparece os nomes dos pais, aparece o nome de Deus como seu Pai. E como filhos de Deus, herdamos características dEle também. Ele passa a habitar em nós (GÁLATAS 2:20) e agora fazemos parte da família celestial (que chique, né?). O nosso modo de agir, pensar e falar tem que ser parecido com o do nosso Pai. Eu quero que as pessoas olhem para mim e digam: "Uau, como você é parecida com Deus".

Você carrega uma identidade. Você carrega uma filiação. Antes de qualquer coisa, você foi chamado para ser filho, nunca se esqueça disso. Assim como você herdou coisas dos seus pais naturais, que agora você herde as coisas do seu Pai celeste! Busque incansavelmente ser parecido com Ele; faz parte do seu ser, da sua genética.

STELA

Desafio:
Quais características suas são parecidas com as de Deus?

MAIO 26

O QUE VOCÊ POSSUI JÁ BASTA

Eles lhe disseram: "Tudo o que temos aqui são cinco pães e dois peixes". (MATEUS 14:17)

Lembro que na adolescência eu sempre buscava identificar os dons e os talentos que Deus me deu. Será que Ele havia me dado uma facilidade em aprender a tocar instrumentos musicais? Será que Ele havia plantado em mim um diferencial nos esportes? Conforme fui descobrindo, um desejo de ser usado por Ele crescia cada vez mais em meu coração, apesar de eu ainda achar que possuía muito pouco quando comparado aos grande homens de Deus.

Nós sabemos que o Senhor é dono de tudo (TIAGO 1:17), logo o que temos é um presente dEle — desde recursos materiais aos dons. Então, tudo o que é nosso, Ele pode usar! Ao analisarmos as histórias da Bíblia, vemos como Deus usou pessoas que possuíam poucos recursos. Por exemplo, Moisés duvidou de seu chamado, pois achava não ser capaz, mas Deus usou exatamente o que ele possuía, uma vara, para realizar milagres sensacionais entre o povo (ÊXODO 4:1-5). Eliseu jogou um galho na água e Deus fez flutuar o ferro do machado que havia afundado (2 REIS 6:1-7). Deus usou Davi através de sua funda e de cinco pedras para enfrentar o gigante Golias (1 SAMUEL 17:40-50).

Portanto, o que você tem para usar para o Senhor? Você pode até achar que não possui nada, mas Deus encontra algo! Ele sabe extrair o melhor de nós, basta pedirmos. Pode ser um dom artístico, um dom esportivo, um recurso financeiro ou até um conhecimento. Precisamos começar a valorizar o que Deus deposita em nossas mãos para atingirmos todos os sonhos que Ele tem para nós. Portanto, busque seus cinco pães e seus dois peixes para que Deus possa lhe usar em Seus planos.

Desafio: *Compartilhe hoje uma história da Bíblia que você gosta ou personagens que admira para alguém próximo.*

FILIPE

27 MAIO

490 VEZES

> Então Pedro aproximou-se de Jesus e perguntou: "Senhor, quantas vezes deverei perdoar a meu irmão quando ele pecar contra mim? Até sete vezes?" Jesus respondeu: "Eu digo a você: Não até sete, mas até setenta vezes sete". (MATEUS 18:21,22)

Assim como Pedro, quando nos aproximamos de Jesus, reconhecemos a necessidade de pedir e liberar perdão. A pergunta de Mateus 18:21 me faz questionar se Pedro tinha uma grande disposição para perdoar ou se na verdade ele queria saber em que circunstância seria "liberado" não perdoar. O que você acha? Sempre imagino a segunda opção, talvez pela forma com que eu mesma sou desafiada por esse texto.

Responder a ofensas com amor verdadeiro não é uma tarefa fácil. Graças a Deus podemos sempre contar com a ajuda do Espírito Santo e com o modelo do Homem que nunca perdeu a batalha contra o pecado. Jesus, tão cheio de sabedoria, sabia bem essa verdade: nossa missão é investir e tocar a vida das pessoas. E pessoas, mesmo que não intencionalmente, falham.

Eu sei, não é exatamente aquilo que gostaríamos de ler, mas é uma verdade que vai nos ajudar. Vejo em Cristo uma pré-disposição de amar as pessoas independentemente de como elas responderiam. Isso é parte da realidade do amor que deve ser visível em qualquer cristão. Se não lembrarmos que teremos que lidar com ofensas, frustrações e tantas diferenças, teremos dificuldade de agir da maneira que agrada ao Pai nos momentos em que as nossas emoções entram no jogo. Mas, se conhecemos essa verdade, não deixaremos de orar sobre isso.

Não ceder à amargura é não cair na armadilha do diabo. Quando escolhemos viver com a pré-disposição de amar, isso inclui a pré-disposição de perdoar. Quantas vezes? Pelo menos 490! Durante um dia isso seria aproximadamente vinte ofensas para perdoar por hora (sem contar aquelas em que estamos dormindo). Obviamente Jesus não estava colocando um limite, a ideia aqui é mostrar que devemos estar sempre prontos a perdoar, independente da quantidade de vezes.

Isso nos leva a um outro nível de cuidado! E se eu perdoar muitas vezes, mas no final perder a paciência e pecar com minhas palavras ou coração? Então fui infiel ao modelo de Jesus. Se isso acontecer, peça perdão e não desista. Tudo fica mais fácil com a prática. Conheço pessoas que amam tanto a Jesus que, para elas, perdoar já não é mais um esforço enorme quanto era quando começaram a exercer o perdão. Tenha fé que você será conhecido por isso também. Você está disposto a tornar o perdão seu estilo de vida?

> **Desafio:** Ore pela Educação Brasileira e elogie cada um dos professores que você encontrar hoje.

LISSA

MAIO 28

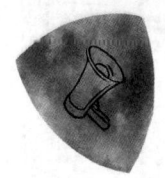

NÃO FUJA DISSO

Os pecados de uma nação fazem mudar sempre os seus governantes, mas a ordem se mantém com um líder sábio e sensato. (PROVÉRBIOS 28:2)

A comunicação e a mídia possuem um alto potencial de influência sobre uma sociedade e relevância na forma com a qual um país caminhará, principalmente em países com um governo democrata, onde as pessoas possuem o poder de eleger quem assumirá a liderança do país e representá-las. E esse é o caso do nosso país.

Publicidade e propaganda são dois termos com significados diferentes. Propaganda está ligada à exposição de ideias — por exemplo: políticas, religiosas, filosóficas — e tem a intenção de mudar a atitude e influenciar quem recebe a informação. Já a publicidade está ligada a uma esfera comercial de convencer o espectador a comprar e consumir um determinado produto.

Muitos políticos apresentam uma propaganda com ideais distorcidos, mascarada por uma publicidade atrativa à população. Eu não sou nenhum especialista em política, mas espero que esse mesmo senso de urgência que Deus tem colocado em meu coração possa ser despertado no seu coração. Você pode até não ter idade para votar, mas pode e deve estudar sobre. A Palavra de Deus nos afirma que o pecado de uma nação muda seu governo, então precisamos sim nos interessar por esses assuntos.

Desafio:
Pesquise as propostas feitas pelo prefeito da sua cidade e veja quais já foram executadas. Chame seus pais (ou responsáveis) para participar disso com você.

CONDO

29 MAIO

COMPREENSÃO RESOLVE TUDO

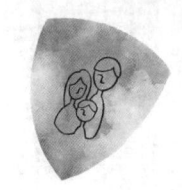

*Orem por aqueles que os maltratam.
Se alguém bater em você numa face, ofereça-lhe
também a outra.* (LUCAS 6:28,29)

Uma onça acuada sempre ataca para se defender. Uma pessoa emocionalmente ferida tende a ferir outras. Entender esse princípio é fundamental para fazermos a diferença e amar o próximo.

Quando nossos pais chegam cansados do trabalho, depois de um dia estressante, nos pedem para fazer algo por eles e não fazemos na hora, podemos deixá-los bem irritados. E nós não entendemos porque eles se ofenderam tão facilmente e nos sentimos no direito de nos revoltarmos. Quando o irmão mais novo teve um péssimo dia no colégio, em que se sentiu mal consigo mesmo, é bem nesse dia que fazemos uma brincadeirinha e ele responde de forma grosseira. Nessa hora, nos sentimos no direito de ficar ofendidos, mas não paramos para pensar que talvez ele tivesse sido ferido demais naquele dia e a nossa simples "brincadeirinha" pode ter tido um efeito que o magoou ainda mais.

Nesses momentos, devemos ser compreensivos e não pagar com a mesma moeda, entendendo que as outras pessoas também passam por momentos difíceis. Como eu disse antes, pessoas feridas tendem a ferir. E o que vamos fazer quando isso acontece? Ferir ainda mais para nos defender ou compreender e ser bálsamo, remédio para o machucado dos outros?

Meu pai sempre diz: "Seja como o sândalo, que perfuma o machado que o fere". O sândalo é uma árvore que produz um óleo perfumado. Quando um machado a corta, esse óleo o perfuma. Não foi isso que Jesus fez? Ele foi surrado, humilhado, crucificado, mas a oração dEle foi: "Pai, perdoa-os pois eles não sabem o que fazem" (LUCAS 23:34).

NELSON

Desafio: *Mude de atitude. Não fira quando for ferido. Não é uma tarefa fácil, mas peça ajuda ao Espírito Santo, para que Ele produza as características do Seu fruto em você* (GÁLATAS 5:22,23) *e assim, você consiga ter uma atitude compreensiva e amável.*

MAIO 30

UM REINO DE PAZ E JUSTIÇA

*Pois o Reino de Deus não é comida
nem bebida, mas justiça, paz e alegria no Espírito Santo.*
(ROMANOS 14:17)

O tema central do ministério de Jesus era o Reino de Deus, era pregar a vinda do Reino (MARCOS 1:14,15). Eu gosto de pensar que, no fundo, o Reino de Deus é referente ao futuro e que o Rei do futuro, no caso Jesus, se fez presente na atualidade para promover esse Reino. Esse é um assunto muito extenso, acredito que poderíamos falar sobre o Reino de Deus por horas, afinal a Bíblia fala muito sobre isso.

Mesmo sendo algo que somente no futuro se cumprirá de forma completa, o Reino de Deus exige um posicionamento imediato. Para ver o Reino, o primeiro passo é nascer de novo e o segundo passo é proclamá-lo. Em João 3:3-6 podemos observar a importância de nascer de novo para alcançar esse Reino, e em Lucas 9:60 Jesus ordena: vá e proclame o Reino de Deus. E como podemos fazer parte disso? Na oração feita em Mateus 6, mais conhecida como oração do Pai Nosso, Jesus nos dá o exemplo de orar pedindo para que o Reino de Deus venha (MATEUS 6:10). Por isso acredito que um dos nossos papéis é interceder para que o Reino de Deus seja estabelecido nas nossas casas, colégios, universidades, empresas e rodas de amigos.

Precisamos ter como objetivo cooperar com a missão de Jesus aqui na Terra. Precisamos orar e nos posicionar como embaixadores de Cristo (2 CORÍNTIOS 5:20) para que o Reino de Deus seja propagado e estabelecido onde quer que estivermos. Por fim, te aconselho a separar um tempo para orar pedindo para que o Reino de Deus, esse reino de justiça, paz e alegria, seja estabelecido por onde você passar

Desafio:
Tire um tempo para estudar e procurar saber mais ainda sobre a cultura do Reino dos Céus, e busque manifestá-la dentro de todas as áreas que você alcança.

BEA

FÉ E NEWTON

Pois Nele vivemos, nos movemos e existimos...
(ATOS 17:28)

Um objeto permanecerá parado até que uma força seja aplicada nele e, quando essa força é aplicada, ele começa a se mover. Quanto mais força eu aplicar nesse objeto, mais longe ele se moverá. Provavelmente você já deve ter visto isso numa aula de física sobre a Primeira Lei de Newton, a lei da inércia. Claro que o assunto é muito mais extenso para explicá-lo, mas vamos usar o conceito dessa lei para falar sobre fé!

Jesus é o caminho (JOÃO 14:6) para nós andarmos com Deus e vivermos o propósito para o qual Ele nos chamou. A Bíblia é a luz que vai estar nos guiando nesse trajeto (SALMO 119:105). O que vai nos fazer andar por esse caminho é a fé, porque é por meio dela que eu sei por qual caminho estou andando (Jesus) e pelo que estou sendo guiado (Bíblia). Pensa comigo: Jesus é a estrada, a Bíblia é o carro e a fé é a gasolina. Sem gasolina, o carro não vai sair do lugar, assim como sem fé, o cristão não vai viver o propósito que Deus preparou.

Deus nos dá um propósito. Aplicamos fé na Sua Palavra e começamos a nos mover pelo caminho. Mas muitas vezes, durante o trajeto, começa a ter muita neblina e chuva e fica ruim de enxergar o que vem pela frente. Fica mais difícil de dirigir, você busca a Deus, mas nada parece estar acontecendo. Você vai desanimando, fica com medo, desacelera aos poucos e, quando percebe, já parou no meio da estrada.

Quando você se encontrar nessa situação, lembre-se disto: você não se move pelas circunstâncias, você se move pela Palavra do Eterno. O caminho já está preparado. A fé é a certeza do que você não está vendo (HEBREUS 11:1)! Eu não preciso ter medo da estrada que preciso percorrer, porque Aquele que me chamou já sabia que eu era capaz de percorrê-la! Confie, não pare, continue. Volte a colocar gasolina (fé). Existe um longo caminho para ser conhecido. E mesmo que nada faça sentido, nunca se esqueça que é nEle que você vive, se move e existe (ATOS 17:28).

Desafio: *Medite sobre Hebreus 11 que fala sobre os chamados "heróis da fé".*

STELA

NOTAS

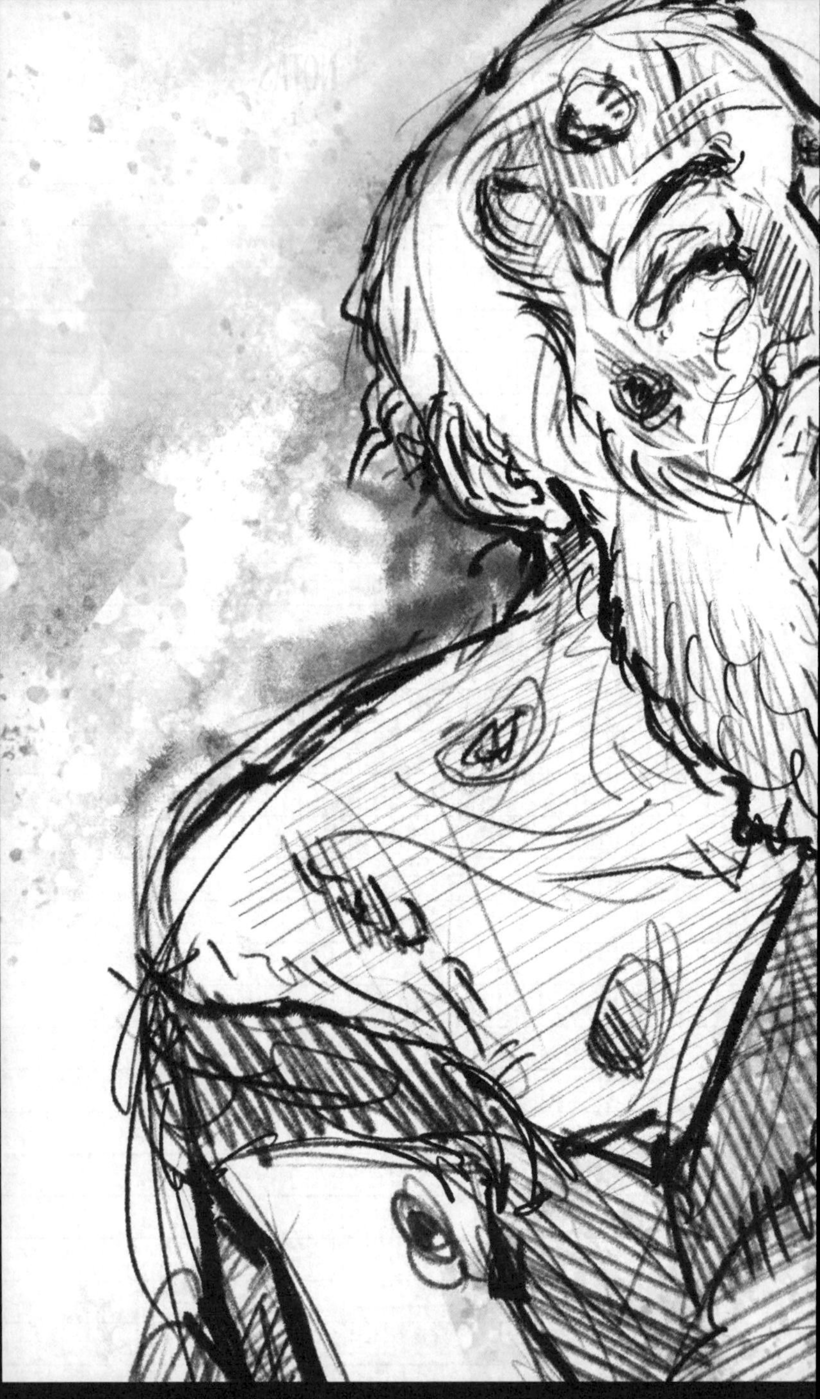

JU
NHO

JUNHO — 1

NÃO IMPORTAM AS CIRCUNSTÂNCIAS

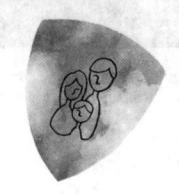

Então Jó respondeu ao Senhor:
"Sei que podes fazer todas as coisas;
nenhum dos teus planos pode
ser frustrado". (JÓ 42:1,2)

Se você ainda não conhece a história de Jó, quero recomendá-la. Deus falou muito ao meu coração através da vida desse homem.

Pensa em um cara que sofreu, e muito, perdeu sua família inteira, todos os bens e até sua saúde foi afetada. A Bíblia diz que Jó era um homem íntegro, justo e temente a Deus. Durante todo processo, ele parecia estar em uma montanha-russa emocional. Uma hora ele estava confiante em Deus, na Sua justiça e sabedoria (JÓ 1:22) e, em outros momentos, pode se notar uma grande angústia e insegurança (JÓ 3:3).

Mas, depois de todo o conflito, Jó decide confiar completamente na sabedoria de Deus e em suas mãos (JÓ 42:2), mesmo sem entender o motivo de Deus ter permitido que acontecesse tudo o que aconteceu. Ele se entregou em total dependência de Deus e se tornou um homem que, independentemente das circunstâncias, confiaria por completo no Senhor.

CONDO

Desafio:
Existem situações na nossa vida e de nossas famílias que Deus permite que aconteçam para que possamos crescer. Muitas vezes são momentos dolorosos, mas deposite sua total confiança no Senhor, mesmo que você não entenda o porquê, assim como Jó. Tiago 1:3 diz que a prova da nossa fé produz perseverança.

JUNHO 2

NÃO SEJA UMA PESSOA SEM SAL

O sal é bom, mas se ele perder o sabor, como restaurá-lo?
(LUCAS 14:34)

Muitas pessoas acham que ser missionário se limita a ficar viajando para vários países do mundo, passando por algumas dificuldades por causa de lugares precários, levando a Palavra de Deus para quem não conhece e isso só depois dos vinte e poucos anos. Mas na verdade seu campo missionário é o lugar onde você está agora: na sua escola, faculdade, no trabalho, na sua casa... Onde Deus te colocar haverá pessoas que precisam conhecê-Lo.

Esse versículo acima fala sobre o sal que dá sabor e faz a diferença na comida, algo tão simples, mas que é tão importante! E nós somos comparados a ele. Do que adianta o sal, se perder seu sabor? Não vai servir para mais nada além de ser jogado fora. Fomos chamados para fazer a diferença na vida de outras pessoas e não para sermos mais um no meio da multidão. Carregamos dentro de nós algo muito precioso que precisa ser compartilhado: o evangelho que é vivo!

Quando eu entendi que minha escola era o meu campo missionário, comecei a ter outra mentalidade. De realmente fazer a diferença no meio em que eu estava e começar o meu chamado a partir dali, pois todos nós temos o mesmo chamado que é o Ide (MARCOS 16:15). O que difere é a vocação, ou seja, onde e através do que Deus vai te usar.

Desafio:
Tome coragem e decida refletir Jesus onde você está! Muitas pessoas estão esperando para serem ouvidas, amadas e aceitas. Seja você a ponte que as leva até Ele. Tenho certeza que Deus te colocou na sua escola/faculdade/trabalho por um propósito. Seja o sal que dá sabor e faz a diferença!

JULIA

3 JUNHO

FORA DE MODA

*Assim brilhe a luz de vocês diante dos homens,
para que vejam as suas boas obras e glorifiquem ao Pai de vocês,
que está nos céus.* (MATEUS 5:16)

As redes sociais são instrumentos poderosos para divulgação de informações e ideias. Além disso, são fontes de transformação de um ser humano. Como assim? O mesmo indivíduo que conhece cerca de 20 pessoas agora se tornou "popular" e possui mais de 1.000 "amigos" no *Instagram*, todos loucos por saber mais de sua vida.

Apesar dessa ironia, a verdade é que muitos adolescentes se iludem na tentativa de adquirir conexões pessoais, sendo que esses seguidores nas redes sociais são tão seus amigos quanto as pessoas que passaram por você na rua ontem. Contudo, esses adolescentes e jovens que seguem desconhecidos, apenas para poder usufruir de poucos segundos da vida dos famosos, são moldáveis e possuem uma abertura para conhecer mais sobre a verdade libertadora. Eles estão sedentos por influência!

As mídias sociais são utilizadas por milhares de pessoas e podem ser um meio mais eficiente da propagação do amor de Deus. Se você é um adolescente ou jovem cristão com muitos seguidores, por que você mostra mais da roupa que está usando, lugar que está visitando, do que quem Ele é? Esses seguidores estão sedentos! Você possui um lugar de evidência e aquele que pode fazer o bem e não faz está pecando (TIAGO 4:17).

O mais interessante é que nós usamos as redes sociais para mostrar a melhor parte de nossa vida. Mas então por que não falamos nada sobre Deus e o que Ele fez por nós? É muito fácil seguir os padrões da moda, difícil é sermos os loucos diferenciados que Ele nos chamou para ser (1 CORÍNTIOS 1:27).

Desafio:
Faça agora um post sobre um versículo ou algo que Deus falou ao seu coração. Isso não é por você, mas por todos que ainda não conhecem esse amor!

FILIPE

JUNHO 4

LIVRE-SE DO SENTIMENTO MATERIALISTA

Respondeu o Senhor: "Marta! Marta! Você está preocupada e inquieta com muitas coisas; todavia apenas uma é necessária. Maria escolheu a boa parte, e esta não lhe será tirada". (LUCAS 10:41,42)

Há um grande abismo socioeconômico entre as pessoas que vivem a abundância de recursos materiais e outras com extrema falta deles. Em meio a essa realidade, tanto os indivíduos com pouco quanto os indivíduos com muito me parecem querer ainda mais!

Lembro-me de assistir um programa americano que apresentava cidadãos viciados em compras. Até hoje me incomoda a lembrança da cena de uma casa tão cheia de móveis e produtos que mal havia espaço para andar (ou viver)!

Obviamente, o caso extremo mencionado é uma exceção. É assustador, de qualquer forma observar o quanto o materialismo é presente na mentalidade e fala das crianças. É comum escutar sobre produtos que foram vistos no *YouTube*, mas, em contrapartida, se torna cada vez mais raro escutar as falas empolgadas para passar tempo com a família (sem tecnologia).

Esse pequeno exemplo revela uma inversão de valores. Em Lucas 10, vemos que Marta andava ansiosa e preocupada com tantas coisas, assim como muitas pessoas vivem suas rotinas, mas Jesus agradou-se de sua irmã. Maria entendeu que vale mais a pena focar no que realmente importa — Jesus — e todo o resto vem como consequência.

Somos constantemente bombardeados com afirmações materialistas, através das propagandas. Mas na verdade poucas coisas são necessárias e entre elas sabemos qual é a mais importante. O que realmente fará diferença em nossa vida não é a quantidade de objetos adquiridos, mas, sim, a profundidade do nosso relacionamento com Jesus.

Desafio: *Ore por conhecidos que estão vivendo ansiosos e preocupados demais com o material para que eles possam entender que a maior necessidade é espiritual.*

LISSA

5 JUNHO

DIA MUNDIAL DO MEIO AMBIENTE

A CRIAÇÃO

*O Senhor Deus colocou o homem
no jardim do Éden para cuidar dele e cultivá-lo.*
(GÊNESIS 2:15)

Quando ouvimos falar em criação, a primeira coisa que geralmente nos vem à mente são os animais e as plantas, a natureza em geral. Frequentemente nos esquecemos de que fazemos parte da criação e temos a função de cultivá-la.

Esse é o tipo de assunto sobre o qual não falamos muito, mas o cuidado ambiental é dever de todo o cristão, é uma questão de amor. Compartilhamos um mundo com outras pessoas, e tornar esse mundo, o ambiente, mais saudável possível para melhorar a qualidade de vida de todos é amar o próximo.

Nós, como igreja, somos embaixadores do Céu na Terra, por isso, temos a responsabilidade de produzir e implantar o padrão do Reino. O Reino não é lugar de bagunça, de lixo jogado, de recursos naturais degradados. É nossa função cuidar do mundo onde passageiramente habitamos, para demonstrar a cultura do Céu e o amor do nosso Pai.

Deus criou as plantas, os animais, separou a água da terra firme e viu que tudo isso era bom (GÊNESIS 1:25 ARC). Criou o homem para poder se relacionar com ele, mas também para que cuidasse e usufruísse de tudo o que Ele havia construído. Viu Deus que era bom. É da vontade dEle que continuemos a manter Sua criação boa, como no princípio, como ela foi criada para ser.

NELSON

Desafio: *Desafie-se a cuidar melhor do seu planeta. Procure apagar luzes desnecessárias, gastar menos água, separar o lixo que pode ser aproveitado do orgânico. Não jogue lixo no chão, seja um exemplo de mordomia na Terra. Faça uma lista de medidas ecológicas que você pode tomar.*

JUNHO 6

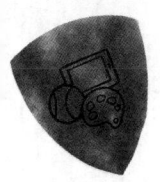

SOMBRAS, SUSTOS E FANTASMAS

Afastem-se de toda forma de mal.
(1 TESSALONICENSES 5:22)

Assim como quase todas as crianças do mundo, eu era muito curiosa sobre o mundo espiritual. Gostava de ouvir histórias de terror, ficava procurando vídeos na internet em que fantasmas apareciam, assistia a muitos e muitos filmes sobre espíritos, e, quando fui ficando mais velha, essa curiosidade só aumentou. Eu e meus amigos viramos muitas noites assistindo coisas do tipo, até que um dia comecei a notar alguns sinais estranhos em mim, principalmente o fato de gostar de sentir medo.

Com frequência sentia meu coração acelerar demais, passava noites em claro e minha ansiedade era tanta que muitas vezes não tinha controle sob certos comportamentos. Comecei a perceber que tudo isso tinha total relação com o que eu assistia. Os filmes de terror produzem medo, ansiedade, insônia e fobias, além de gerarem traumas mentais reais. Algumas das imagens podem ser perturbadoras, tendo como resultado transtornos de estresse pós-traumático, especialmente em pessoas que se submetem aos sofrimentos dos acontecimentos na vida real. Se uma pessoa desenvolver esse transtorno após ver um filme, pode não ser capaz de criar uma linha entre a realidade e a ficção.

A Bíblia é bem clara ao dizer que devemos fugir desse tipo de desejo (2 TIMÓTEO 2:22) e também que o olhos são luz para o corpo (LUCAS 11:34). Por isso, devemos cuidar do que vemos, cuidar do tipo de sentimento que desejamos ter, para que, através dos nossos olhos, nós não venhamos entristecer a Deus (EFÉSIOS 4:30) e nos afastar dEle. Então se você tem uma atração por esse tipo de conteúdo, reflita sobre esses versículos, reflita sobre a sua conduta (2 CORÍNTIOS 8:21) e sobre os sentimentos que você gera em Deus consumindo esse tipo de coisa. Agora que você entendeu o real significado dos filmes de terror, não permita que essa brecha continue aberta e lembre-se de que, conforme você entende algo em Deus e muda, você deve compartilhar isso para que outros cresçam também!

Desafio: *Você já teve algum envolvimento com filmes/séries desse tipo? Se a resposta é sim, te desafio a compartilhar com um líder, pastor ou discipulador esse tipo de dificuldade que você tem ou já teve. Orem para que toda tentativa de Satanás de te fazer ter medo ou mexer com as suas emoções seja quebrada.*

BEA

7 JUNHO

JOSÉ DE ARIMATEIA

Ao cair da tarde chegou um homem rico, de Arimateia, chamado José, que se tornara discípulo de Jesus. Dirigindo-se a Pilatos, pediu o corpo de Jesus, e Pilatos ordenou que lhe fosse entregue. José tomou o corpo, envolveu-o num limpo lençol de linho e o colocou num sepulcro novo, que ele havia mandado cavar na rocha. E, fazendo rolar uma grande pedra sobre a entrada do sepulcro, retirou-se. (MATEUS 27:57-60)

Depois da Sua morte, o corpo de Jesus ficou pendurado na cruz durante algumas horas. Ao perceber que ninguém faria nada pelo corpo do Salvador do mundo, eis que surge um cara, José de Arimateia. Ele foi o único que se levantou e ousou pedir para Pilatos o corpo de Cristo, que estava todo ensanguentado, fedendo, mutilado e nu no madeiro. José tomou o corpo, perfumou, envolveu num lençol limpo e o colocou numa sepultura que nunca havia sido usada antes. Nem mesmo os doze apóstolos, que andaram com Jesus desde o início do Seu ministério, que viram todos os milagres e ouviram todos os Seus ensinamentos, tomaram essa atitude; ficaram observando o Mestre morto. O que podemos aprender com isso?

Temos que fazer algo pelo corpo de Cristo, que é a Igreja (1 CORÍNTIOS 12:27)! Diante de todas as falhas que ela pode ter, somos chamados a ser cooperadores de Deus para, assim como José, cuidarmos do corpo mesmo que, talvez aos nossos olhos, ele esteja morto! Só que muitas vezes, em vez de tomarmos alguma atitude, pôr a mão na massa, cuidar e prepará-la para o Noivo, ficamos parados observando, assim como os apóstolos, sem fazer nada por ela.

A Igreja não será perfeita até ela se encontrar com o Noivo. Deus está à procura de pessoas que vão investir no Corpo de Cristo, que é a Igreja. Pessoas que estão dispostas a pagar o preço para cuidar dela, crendo que ela vai ressurgir. Temos que fazer a nossa parte, de preparar a noiva para o casamento, enquanto o Noivo já está à sua espera no altar. Você está pronto?

STELA

Desafio: *Se envolva em alguma atividade na sua igreja! Se você já tem feito algo, incentive outras pessoas a fazerem parte disso também.*

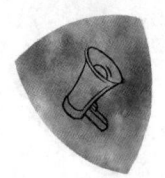

BATE-PAPO COM O CÉU

Respondeu Jesus: "Ame o Senhor, o seu Deus de todo o seu coração, de toda a sua alma e de todo o seu entendimento".
(MATEUS 22:37)

Amor é baseado em relação. Eu amo meus amigos, me relaciono com eles; amo meus pais, me relaciono com eles. Logo, para amar o Senhor, devo me relacionar com Ele, e relacionamento exige comunicação. Porém, muitas vezes limitamos nosso contato com Deus, achando que Ele está ocupado demais com outras coisas para participar das trivialidades da nossa vida. Hey, Ele não é o tipo de cara que te bloqueia no *WhatsApp*!

Entendemos muitas vezes que falar com Deus deve ser somente pedir e agradecer. Oramos com toda a reverência do mundo, até mesmo mudamos a nossa voz para falar com Ele. Esquecemos que podemos sentar no colo dEle, sentir Seu perfume e chamá-lo de *Aba*, Pai. Fazemos dEle um Deus distante, sendo que a busca e anseio do Senhor são por reconciliação e relacionamento íntimo.

Chegar em casa e contar como foi o dia, dar risada com Ele, descobrir coisas novas, conhecê-lo, compartilhar conquistas, como uma criança que corre para o pai para contar que aprendeu a andar de bicicleta sem rodinha. Deus está muito interessado em participar conosco dos momentos mais simples, pois isso sim é relacionamento! Você pode viver uma comunhão constante com Ele!

Quero te encorajar a ver Deus como alguém próximo. Sim, Ele é Santo, não somos dignos por conta própria nem de olhar para Ele, mas Jesus nos faz dignos (HEBREUS 4:16). Ele é maravilhoso demais para ser rejeitado, para ser distanciado. Ame-o!

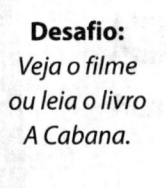

NELSON

Desafio:
Veja o filme ou leia o livro A Cabana.

9 JUNHO

O OLHAR DE DEUS

*Porém o Senhor disse a Samuel:
Não atentes para a sua aparência, nem para a grandeza
da sua estatura, porque o tenho rejeitado;
porque o Senhor não vê como vê o homem, pois o homem
vê o que está diante dos olhos, porém o Senhor
olha para o coração.* (1 SAMUEL 16:7)

Quero iniciar com uma pergunta: há algo em relação a sua aparência que você não gosta? Se a resposta for sim, saiba que, infelizmente, esse é um sentimento normal durante essa fase da vida. O padrão de beleza é muito dinâmico na sociedade. Eu, por exemplo, já tive muita dificuldade em aceitar meu tamanho. Para um homem, eu sou considerado baixo, e isso, durante muito tempo, foi um problema para mim.

Samuel foi enviado por Deus para encontrar um novo rei para o povo de Israel. Ao chegar na casa de Jessé, Samuel pensou já o haver encontrado somente ao olhar a aparência de um de seus filhos e, então, Deus o advertiu, pois ele estava se baseando em um fator externo. Ao ler essa história, descobri algo interessante: eu me sentia desconfortável por conta da minha altura apenas por causa do que eu pensava sobre homens de estatura baixa, ou seja, eu me julgava! Mas o Senhor nunca viu minha aparência, e sim o meu coração.

Não sei exatamente o que você não gosta em si próprio. Talvez seja a altura, o tamanho do nariz, a cor dos olhos etc. Mas, saiba que nada disso importa. Para aceitar a si mesmo, analise a forma com que você enxerga aqueles que possuem o mesmo que você. Não é sua aparência que definirá sua capacidade. É Ele quem nos capacita! Se o mesmo Deus que fez as paisagens mais lindas desta Terra fez você, saiba que você é lindo(a)!

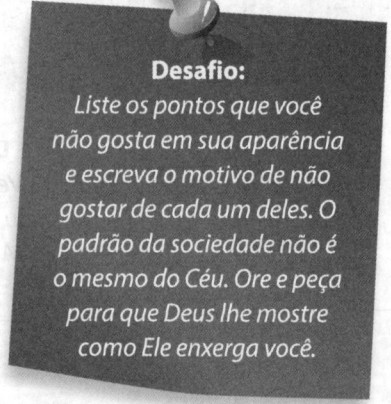

FILIPE

Desafio:
Liste os pontos que você não gosta em sua aparência e escreva o motivo de não gostar de cada um deles. O padrão da sociedade não é o mesmo do Céu. Ore e peça para que Deus lhe mostre como Ele enxerga você.

JUNHO 10

T.E.M.P.E.S.T.A.D.E.

Então, do meio da tempestade, Deus respondeu a Jó assim: "Mostre agora que é valente e responda às perguntas que lhe vou fazer. (JÓ 40:6,7 NTLH)

Você já se sentiu completamente fraco? Impotente? E além disso, que Deus não estava prestando atenção no que estava acontecendo com você? Provavelmente sim. Essas situações são bem comuns no dia a dia, principalmente na adolescência, mas, para dias assim, eu quero te lembrar de algo: "Ele acalmava a tempestade, e as ondas ficavam quietas" (SALMO 107:29 NTLH).

Se tem uma pessoa especialista em tempestades, essa pessoa é Jó. Minha dica é que você se esforce para conhecer essa história em todos os detalhes. Lembro que, quando ouvi falar sobre Jó, em um primeiro momento, achei Deus muito mau, afinal Ele permitiu aquele sofrimento. Quando fiquei um pouco mais velha, descobri que o sofrimento vinha para todo mundo e que não existia ninguém separado da categoria "tempestade". Porém, Jó é um ótimo exemplo de alguém que entendeu o que realmente era esse momento e, por isso, continuou firme. Então, analisando todo esse contexto, descobri um segredo que pode te ajudar.

Para deixar isso ainda mais claro, vamos fazer um acróstico com a palavra TEMPESTADE (Tempo Especial de Mover Poderoso do Espírito Santo Tratando Ansiedade Dependência e Esperança). Ou seja, a tempestade muitas vezes é o melhor lugar para estar, mas para entender isso você vai precisar de três características transformadoras: resiliência, paciência e confiança. A tempestade não significa que Deus quer te ver sofrer (JEREMIAS 29:11), que Ele se esqueceu de você ou que você vai ficar nela para sempre, mas, sim, que você está passando por um momento de aprendizado, em que provavelmente sentirá o Espírito Santo mais presente e será cheio de força e coragem por Ele. Caso você esteja vivendo uma tempestade agora, escolha entender e desfrutar desse tempo, não esqueça que nada fugiu no controle dEle e que Ele continua sendo um Deus bem perto. Aproveite para fazer dEle o seu abrigo e lugar mais seguro. Fique sensível ao que Deus vai falar com você nesse momento tão especial.

Desafio: Encontre uma pessoa que esteja passando por um momento difícil e compartilhe com ela o que você entendeu sobre as tempestades, faça ela se lembrar que Ele é quem controla tudo e encontre uma maneira criativa de comunicar isso. Pois, muitas vezes, ensinando se aprende.

BEA

11 JUNHO

QUANTO VALE O SEU TEMPO?

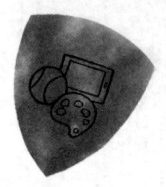

Para tudo há uma ocasião, e um tempo para cada propósito debaixo do céu.
(ECLESIASTES 3:1)

Certa vez, um professor questionou minha sala com a pergunta: "Cinco minutos é muito ou pouco tempo?". Se você estiver apurado para ir ao banheiro, vai parecer muito! Mas, se esse for o período de tempo disponível para entretenimento diariamente, vai parecer tão, tão pouco. A moral da ilustração é: depende!

Então, por que nos foi dada essa "noção de tempo"? Com certeza, o Deus que carrega a eternidade em Suas mãos não precisa se preocupar com horas, minutos e segundos. Pensando nisso, passei a enxergar tal fenômeno como um aviso. Vários deles, na verdade! Ao notarmos cada pôr-do-sol, mudança física, estação e ciclo do Universo, passamos a valorizar mais. Quem sabe, Deus nos permitiu essa percepção de início e fim para que pudéssemos adquirir qualidades que Ele, em toda Sua perfeição, já possui desde sempre: sabedoria, zelo, propósito e intencionalidade.

O arrependimento pela procrastinação se expressa em frases que eu já falei e escutei de amigos, como: "Eu deveria ter estudado mais" ou "Nossa! Como você cresceu!" (Em homenagem às tias de plantão). Essas e outras lamentações não verbalizadas, como: "Queria ter me dedicado mais em meu relacionamento com Jesus", nos lembram o quanto já desperdiçamos!

Cada hora do meu dia deve ter, para mim, a importância que ela tem aos olhos de Deus. Nossa geração muitas vezes menospreza o valor de um dia e o que pode ser feito em dois meses! Pense em quantas vezes deixamos esses períodos passarem sem significado ou relevância em nossa vida. E se tempo realmente fosse dinheiro, qual seria o seu prejuízo até agora?

Eclesiastes nos fala que há tempo para todas as coisas debaixo do céu! E isso não contradiz o fato de que tudo nos é lícito, mas nem tudo nos convém (1 CORÍNTIOS 6:12), porque para cada escolha existe uma consequência. Precisei mudar vários dos meus hábitos ao entender que eu não estava usando as horas do meu dia com sabedoria. E você, já identificou o que não convém?

Desafio: *Torne esse dia produtivo invertendo os papéis! O tempo de entretenimento será o tempo que você vai passar lendo a Bíblia e vice-versa.*

LISSA

JUNHO 12

ESPERANDO NO SENHOR

Casas e riquezas herdam-se dos pais, mas a esposa prudente vem do Senhor.
(PROVÉRBIOS 19:14)

Na minha adolescência, muitas vezes eu me perguntava se eu realmente encontraria alguém. Eu tinha decidido não ficar procurando e simplesmente esperar no Senhor, mas às vezes eu sentia uma pequena insegurança. Será que vale a pena esperar? Será que vai dar tudo certo? Meu coração se agitava nesses questionamentos, mas eu sempre decidi descansar o meu coração no Senhor.

Mateus 6:33 diz que, para quem busca em primeiro lugar o reino de Deus, todas as coisas lhe serão acrescentadas, e quando a Palavra de Deus diz "todas as coisas" quer dizer todas as coisas! Isso quer dizer que, se eu me preocupar com os interesses do Senhor e a Sua vontade, quem se preocupa com os meus interesses é Ele! Eu entendi essa verdade e me apeguei a ela. Algo dentro do meu coração simplesmente sabia que o Senhor cuidaria de mim nessa área assim como Ele cuidava de mim em todas as outras.

Hoje eu estou casado há pouco mais de um ano e realmente toda espera valeu a pena. Ironicamente, parece que são aqueles que não estão procurando por nada que se encontram como ninguém! Eu e minha melhor amiga nos casamos em um momento em que não planejávamos nem estar namorando e, tem sido um sonho! Tudo isso tem sido maravilhoso, mas nós temos certeza que é fruto das decisões que fizemos de esperar no Senhor. Temos sido surpreendidos dia após dia pela bondade do Senhor e os sonhos tão perfeitos que Ele preparou para nós e, hoje, eu posso te dizer com certeza: vale a pena esperar. A Palavra de Deus fala que até os bens ou riquezas são herdados dos pais, mas a esposa ou marido é diretamente resolvido com o Senhor (PROVÉRBIOS 19:14), é dEle que vem o nosso par.

Logo, a conclusão mais lógica é esperar nEle que nos conhece como ninguém. Existe a pessoa certa e tempo certo e, quando chegar a hora, o Senhor vai tornar tudo claro e possível. Eu espero, com esse devocional, encorajar especialmente aqueles que já decidiram entregar essa área ao Senhor e que, às vezes, acabam lidando com a mesma insegurança. Vale a pena descansar em Deus. Continue firme no seu propósito e, quando a hora chegar, você verá o bom fruto disso!

Desafio: *Se hoje você tem se preocupado em encontrar alguém, te encorajo a entregar essa pessoa ao Senhor e descansar. Sabendo que Ele é o Senhor do tempo e que nada foge do Seu controle.*

Israel Subirá

13 JUNHO

MANTENHA A BALANÇA EQUILIBRADA

Todos os caminhos do homem lhe parecem puros, mas o Senhor avalia o espírito. (PROVÉRBIOS 16:2)

Muitos cristãos modernos estão pesando mais para o lado das boas ações do que realmente em pregar o evangelho. Trocam a salvação pelo prato de comida, pela ajuda financeira ao necessitado ou fazem inúmeras campanhas que têm como mérito o reconhecimento. A Igreja tem sim que ter esse papel de ser Corpo de Cristo servindo ao próximo, mas sem esquecer de pregar a Palavra de Deus. É necessário equilíbrio.

O fato é que ninguém é perseguido por abraçar causas nobres, ninguém é decapitado por ajudar os moradores de rua e ninguém é zombado por investir em boas causas. O problema é quando falamos o que ninguém quer ouvir, sobre tomar a sua cruz todos os dias e morrer para nossa carne a fim de que Cristo viva em nós. Trocam a dura mensagem pelo conforto.

Ser cristão não é só fazer, é falar! É colocar como mais importante levar o evangelho onde as coisas materiais não conseguem preencher. Muitas pessoas estão famintas por algo maior que elas mesmas, com sede de conhecer o verdadeiro Deus e em busca de viver por um propósito. Não se cale! Uma geração está esperando você se levantar para ser a voz.

JULIA

Desafio:
Deus nos dá muitas oportunidades, tanto para pregar o evangelho quanto para ajudar ao próximo. Que hoje você seja incentivado a fazer os dois! Ajude alguém necessitado na rua e pregue o amor de Cristo, visando a importância daquela vida para Deus. Ser praticante da Palavra é cumprir o IDE (MARCOS 16:15), *levando Jesus de todas as formas.*

JUNHO 14

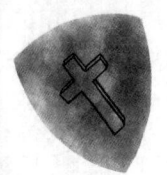

NÃO É PELA NOSSA FORÇA

*Não digam, pois, em seu coração:
"A minha capacidade e a força das minhas mãos ajuntaram
para mim toda esta riqueza".* (DEUTERONÔMIO 8:17)

O ser humano possui uma dificuldade imensa em admitir que algo bom não foi realizado pela sua própria capacidade. O engraçado, contudo, é que para nós é muito fácil culpar outra pessoa por algo ruim. Isso está muito ligado ao nosso orgulho e sabemos que Deus rejeita os orgulhosos (TIAGO 4:6).

O livro *O homem do Céu*, conta as histórias do Irmão Yun através de diversas dificuldades que passou para pregar o evangelho na China. Esse pastor foi preso e torturado muitas vezes! Enquanto eu lia suas histórias na prisão, só conseguia pensar em uma coisa: Yun só aguentou tudo isso por causa de Deus. Nenhum ser humano resistiria a tantas provações! Naturalmente seria impossível resistir ao que ele passou.

Nem sempre as dificuldades enfrentadas vão atingir nosso físico. Elas podem atingir nosso emocional ou até o espiritual. E, para sairmos vitoriosos dessas provações, precisamos abrir mão da confiança em nossas próprias forças e entregar tudo a Ele! Da mesma forma, quando atingirmos o que desejamos, o nosso louvor e reconhecimento devem ser dados a Ele. Somos apenas servos comprados pelo sangue de Jesus. Não podemos esquecer que sequer teríamos vida se não fosse por Ele! Portanto, lembre-se: jamais foi somente pela nossa força!

Desafio:
Assim como a história dos 10 leprosos (LUCAS 17:11-19), *é muito comum pedirmos ajuda a Deus durante uma dificuldade. Mas, infelizmente, muitos se esquecem de voltar para agradecê-Lo. Agradeça a Deus agora por uma vitória que pediu a Ele e esqueceu de agradecer.*

FILIPE

15 JUNHO

LIBERDADE DE ESCOLHA

E enviou mensageiros à sua frente. Indo estes, entraram num povoado samaritano para lhe fazer os preparativos; mas o povo dali não o recebeu porque se notava em seu semblante que ele ia para Jerusalém. Ao verem isso, os discípulos Tiago e João perguntaram: "Senhor, queres que façamos cair fogo do céu para destruí-los?" Mas Jesus, voltando-se, os repreendeu. (LUCAS 9:52-55)

Quando eu estava na pré-escola, era comum (naquela época pelo menos) todos acreditarem em Deus. Lembro-me de uma situação específica em que a professora perguntou na aula: "Quem acredita no Papai do Céu?". Todos (inclusive eu) levantaram a mão. No final do ensino fundamental, percebi que isso começou a mudar, já não era mais tão comum as pessoas terem fé em Jesus ou em alguma religião. No Ensino Médio ficou ainda mais raro; grande parte não ligava para essas coisas. Isso me incomodava demais. Nós, que conhecemos o Senhor, sabemos o quão maravilhoso é ter um relacionamento com Ele, como as pessoas podem não querer ter isso?!

Tiago e João ficaram incomodados também. Indignados com o povo que não quis saber de Jesus, perguntaram para o Mestre se eles não podiam orar e fazer cair fogo do Céu para destruir aquele lugar. Jesus os repreende dizendo que Ele não veio para destruir, mas, sim, salvar os homens. O que aprendemos com isso?

Cada um tem a liberdade de escolher no que acreditar. Jesus compreendia que aquelas pessoas estavam exercendo o seu direito de não recebê-Lo e não permitiu que os discípulos fizessem tal oração. Não podemos impor o que acreditamos na vida daqueles que não concordam conosco quando estes já deixaram claro que não querem ouvir.

Já imaginou se o governo proibisse que crêssemos em Jesus? Que horrível seria! Porém, isso já acontece em vários países, principalmente na Ásia. Muitos fazem cultos escondidos para que as autoridades não os encontrem adorando o Senhor e não serem presos (talvez até mortos). Devemos orar por esses cristãos e sermos gratos pela liberdade que temos em nossa nação.

Sempre haverá o mal no mundo, mas será que nós cristãos temos manifestado a vida de Deus no meio em que estamos e atuamos, para que as pessoas tenham boas opções de escolha? Diante de tantos ensinos e leis absurdas, onde estão os líderes e governantes cristãos para levar o Reino de justiça, paz e alegria? E você, já pensou em entrar para a política e assim manifestar o Reino de Deus nessa esfera?

Desafio: *Pesquise no site da Assembleia Legislativa do seu estado quais projetos de lei estão acontecendo em sua região. Se você fosse deputado, como votaria ou o que proporia?*

STELA

JUNHO 16

LEIA

Ele respondeu: "Ame o Senhor, o seu Deus de todo o seu coração, de toda a sua alma, de todas as suas forças e de todo o seu entendimento e Ame o seu próximo como a si mesmo". (LUCAS 10:27)

Você concorda comigo que conhecimento é necessário? Principalmente conhecer Jesus! Conhecer Jesus é amá-Lo e devemos amá-Lo com nosso intelecto. João 1:1 fala que Jesus era o Verbo. Jesus é a própria Palavra. Conhecer a Bíblia é conhecer o Salvador. Precisamos investir tempo nisso.

Mas, se quer um conselho para crescer em Deus, aí vai: invista muito tempo lendo a Bíblia, mas não somente ela, leia também livros que nela se baseiam. Isso é extremamente importante. Assim, uma revelação ou um entendimento da Palavra que uma pessoa demorou anos para compreender — e que talvez você nunca aprendesse não por incapacidade, mas porque a sua experiência de vida é diferente de outras pessoas — pode ser absorvido em apenas algumas horas através da leitura.

Isso é totalmente incrível! É como receber a comida já mastigada... ganhamos muito tempo. Mas perceba que equilíbrio é necessário. Devemos priorizar ter uma bagagem de entendimentos construídos somente entre nós e Deus, pois esses são os que mais marcarão a nossa vida. Comer só comida já mastigada vai tirar a força da nossa boca e logo vamos perder os dentes.

NELSON

Desafio:
Tente ler um livro com embasamento bíblico, uma vez por mês, até o final do ano.

JUNHO 17

ARQUIVO 1

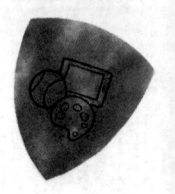

Criou Deus o homem à sua imagem, à imagem de Deus o criou; homem e mulher os criou. (GÊNESIS 1:27)

Que momento incrível esse em que Deus cria Adão a partir do pó da terra, usando Suas próprias mãos, diferente de tudo que Ele já havia feito. Esse momento me fascina, porque me faz pensar no desejo que Deus tem de se relacionar intimamente com o ser humano. E se Deus é um artista e nós somos a sua "high priority", significa que, além de sermos arte, tudo que fazemos envolve arte. Mas não é exatamente sobre isso que vamos falar hoje. Quero falar sobre o desafio que Deus deu a Adão logo em seus primeiros dias, um desafio de criatividade, que ao meu ver revela o quanto Deus gosta ver a sua criação criando.

Adão era o "arquivo 1" de Deus, todas as coisas eram perfeitas. Eles se relacionavam de forma perfeita, a confiança era perfeita e, de maneira completamente inesperada, sem referência nenhuma, Deus pede para Adão nomear todos os animais (GÊNESIS 2:19,20). Já pensou que Deus poderia muito bem ter feito isso e só explicado para Adão? Mas, diferente disso, acredito que Deus queria ver o desempenho de Adão. Acho que Ele queria apenas observar a Sua própria criação criando algo. Como publicitária, já precisei criar alguns nomes de empresas, serviços e produtos, para isso precisei fazer incansáveis pesquisas. E eu fico pensando quanto trabalho Adão teve para nomear todos os animais, desde os insetos até os elefantes, girafas e rinocerontes. Imagino quando ele acabou de nomear os animais da terra e lembrou que existiam animais no mar, precisou se esforçar ainda mais. Mas essa situação, além de parecer engraçada, revela muito sobre quem Deus é e sobre as Suas expectativas para a criação.

E o que eu quero te dizer hoje é que você também é o arquivo 1 de Deus, porque o que Ele espera de você é único, é importante e pode mudar a história do mundo! Por isso, acredito que por muitas vezes você vai precisar criar algo, ser inovador e criativo. E se eu pudesse te dar um conselho, eu diria: não desperdice essa chance! Lembre sempre que o maior Diretor de Arte confia em você, colocou a criatividade dEle no seu DNA e espera que você cumpra o seu chamado de maneira criativa e excelente.

Desafio: *Se esforce para criar algo hoje, para nomear aquele projeto que Deus colocou no seu coração ou para começar a pensar sobre isso. Tente de forma criativa e efetiva, revelar quem Ele é através da capacidade artística que Ele colocou dentro de você!*

BEA

JUNHO 18

NADA MAIS SATISFAZ

Então Jesus declarou: "Eu sou o pão da vida. Aquele que vem a mim nunca terá fome; aquele que crê em mim nunca terá sede". (JOÃO 6:35)

Em meio a uma rotina de correria ou tédio, podemos facilmente procurar preencher o vazio de Deus com outras coisas. Nós fomos feitos para a comunhão com o Pai, como foi desde o princípio. Só através de um relacionamento verdadeiro com Jesus seremos completos. O entretenimento, a produtividade e o trabalho — assim como outras coisas — muitas vezes servem como escapismos que nos conformam.

A Bíblia nos ensina que os filhos de Deus são guiados pelo Espírito Santo e os frutos do Espírito são a consequência que o relacionamento com Ele produz. Nossa vida e as decisões que tomamos não podem ser fundamentadas em nossos sentimentos porque nosso coração é enganoso (JEREMIAS 17:9).

Ansiamos por mais do que só o que essa Terra tem para oferecer (ECLESIASTES 3:11). Dentro de nós existem ambições e saudade que não podem ser explicadas a partir desse mundo porque nós não fazemos parte dele! Nossa casa é o Céu.

Podemos nunca mais ter fome e sede ao provarmos de Jesus (JOÃO 6:35). A declaração de Jesus envolve o mundo espiritual. Ele é melhor do que qualquer hobby que criamos para nos distrair. Enquanto as coisas desta Terra servem como passatempo, o Rei da eternidade nos faz querer parar no tempo. Ele é tudo o que precisamos e muito mais. Nada se compara à beleza dEle. A rota mais fácil está nas distrações, mas a melhor decisão está na comunhão com Ele.

Desafio:
Ao orar e separar um tempo de adoração a Deus hoje, busque a alegria sobrenatural que Ele tem para você.

LISSA

19 JUNHO

CHEIOS DO ESPÍRITO PARA UM PROPÓSITO

Eu lhes envio a promessa de meu Pai; mas fiquem na cidade até serem revestidos do poder do alto. (LUCAS 24:49)

Essa afirmação foi dita por Jesus aos Seus discípulos antes de subir aos Céus depois que ressuscitou. Lucas registra essa fala duas vezes, nessa passagem acima e depois em Atos 1:8. Jesus deixa claro para eles não tomarem nenhuma atitude até o momento que fossem cheios do Espírito Santo. Esse momento ocorre em Atos 2, no Pentecostes. Existe um propósito para sermos cheios: nós não podemos exercer nosso chamado sem o Espírito Santo. Isso é claro na vida de Jesus. Ele só começou o Seu ministério depois que foi batizado por João Batista, quando recebeu o Espírito Santo.

Existe uma ação quando somos cheios do Espírito Santo. Quando isso acontece, creio que Deus quer nos mover para algo. Não é para simplesmente sentirmos um calafrio e cairmos no chão. O propósito vai muito além disso! Mais louco do que ser cheio do Espírito é se mover através do Espírito!

Você está cheio do Espírito Santo? Se não, quero te convidar para nesse momento fazer a seguinte oração com toda a sua fé: "Deus, eu quero ser cheio do Espírito Santo porque eu quero viver e me mover através dEle. Eu não quero mais viver para mim mesmo, eu quero ser revestido com o Teu poder para ser usado por Ti aonde quer que eu for. Eu declaro hoje que a minha vida nunca mais será a mesma, não porque eu li isso num livro, mas porque o próprio Senhor Jesus está me tocando agora. Em nome de Jesus. Amém." Está na hora de se mover nEle.

STELA

Desafio: *Cultive o seu relacionamento com o Espírito Santo e comece a orar pedindo que Ele te dê uma palavra para entregar a alguma pessoa. Não fique preocupado, Ele vai falar. Esteja atento, olhos e ouvidos abertos.*

JUNHO 20

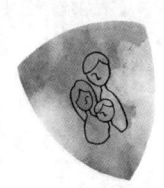

EM BUSCA DO *PLAYER 2*

Por essa razão, o homem deixará pai e mãe e se unirá à sua mulher, e eles se tornarão uma só carne. (GÊNESIS 2:24)

Grande parte de jovens e adolescentes tem buscado sua metade da laranja, sua alma gêmea, alguém para completar e suprir sua carência. Na maioria das vezes, recorrem a sites de relacionamento ou colocam uma máscara em seu visual e personalidade nas redes sociais para parecerem uma pessoa mais atraente. O problema disso tudo é que contribui para formação de "pessoas pela metade" que acham que só vão ser completas quando acharem alguém.

Esse conceito é totalmente errado. Você enquanto solteiro tem que buscar ser inteiro e satisfeito sozinho, para que, quando achar alguém, essa pessoa possa acrescentar na sua vida. Não se esconda atrás dos gostos de alguém só para tentar atrair fingindo ser alguém que você não é. Seja você mesmo! Não importa quem for, essa pessoa vai te amar do jeito que você é. Busque se amar primeiramente, se valorizar e não sair por aí aceitando qualquer oferta barata.

A pessoa com quem você vai passar o resto da vida é uma das decisões mais importantes que você tomará. Mesmo sem conhecer, ame seu futuro marido ou sua futura esposa, a ponto de se guardar totalmente. Viva em santidade e ore para que seu relacionamento seja uma união de propósitos, em que duas pessoas apaixonadas por Jesus vivem a plenitude de tudo que Ele tem preparado. Aprenda a aproveitar a solteirice! Curta seus amigos, sua família e sinta-se integral. Entregue seu coração e seus sentimentos totalmente para Jesus e deixe Ele cuidar dessa área. Tudo tem o seu tempo e, quando chegar, você vai encontrar alguém para te acrescentar e dividir o resto de sua vida.

Desafio: *Você tem orado pelo seu futuro marido/esposa? Se ainda não, comece hoje a se posicionar em relação ao seu casamento. A pessoa com quem você vai dividir todos os seus dias é a segunda decisão mais importante da sua vida, então não aceite qualquer um. Ore para que Deus abra seus olhos e te ajude a ter clareza na hora escolher.*

JULIA

21 JUNHO

GO SKATEBOARDING DAY

GO SKATEBOARDING DAY

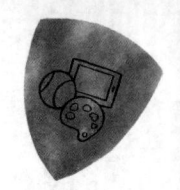

Alegrem-se sempre no Senhor. Novamente direi: alegrem-se! (FILIPENSES 4:4)

Se já existe o dia da toalha por que não do skate? O *Go Skateboarding Day* foi criado pela *International Association of Skateboard Companies* (IASC), ou seja, o mundo do skate é bem mais amplo do que você imagina. O primeiro feriado aconteceu em 2004 no sul da Califórnia, nos Estados Unidos, e desde então tem se espalhado ao redor do mundo.

Desde sua origem, o skate nunca foi classificado como um esporte, mas sempre foi considerado pelos skatistas, e ainda é por grande maioria, um estilo de vida, uma maneira de se vestir, falar, andar e viver. Porém esse estilo de vida para muitos tem uma visão distorcida do que realmente é certo (mas esse assunto fica para outro devocional).

Em meio a tantas coisas boas e ruins no skate, uma coisa é verdade para mim, andar de skate é se divertir e ter comunhão com os amigos. Antes de começar a faculdade, me lembro que toda semana, na quinta-feira, eu e meus amigos nos reuníamos, andávamos de skate e no final do dia íamos para célula e tínhamos um tempo incrível de adoração, estudo da Palavra e, depois é claro, aquela pizza marota. Não era sempre que tinha, mas quando tinha era fera!

Mas o quero dizer com tudo isso é realmente: "Alegrem-se no Senhor"! Porque foi Ele quem nos deu a possibilidade de praticar essas atividades e nos divertirmos. Em tudo, podemos e devemos nos alegrar nEle. Se somos dEle, que sejamos por completo! Assim, até ao andarmos de skate ou praticarmos qualquer outro esporte, de alguma forma, também estaremos glorificando o nome dEle! "Pois dEle, por Ele e para Ele são todas as coisas" (ROMANOS 11:36).

CONDO

Desafio: *Tire um tempo de comunhão com seus amigos para se divertir e se alegrar nas oportunidades que Deus te dá de poder praticar atividades físicas. Sejam elas com seu skate ou não.*

JUNHO 22

REI DOS REIS!

Esse poder ele exerceu em Cristo, ressuscitando-o dos mortos e fazendo-o assentar-se à sua direita, nas regiões celestiais, muito acima de todo governo e autoridade, poder e domínio, e de todo nome que se possa mencionar, não apenas nesta era, mas também na que há de vir. (EFÉSIOS 1:20,21)

Nós, como Igreja, devemos estar sujeitos à autoridade de Cristo. Nós somos o corpo do qual Ele é a cabeça. A cabeça governa o corpo e faz com que tudo funcione corretamente.

Pense no seu corpo. O cérebro governa todas as funções vitais do seu organismo: movimentos, glândulas, circulação sanguínea; nele recebemos os impulsos nervosos que nos permitem sentir dor, prazer, calor, frio, que direcionam nossos movimentos, que dizem se devemos comer, se devemos beber, que nos fazem sentir sono porque precisamos de descanso, entre outras coisas.

O que aconteceria se cada parte do corpo resolvesse ter vontade própria? Seria um caos, não é mesmo? O estômago pediria comida, mas os braços não a levariam até a boca porque estariam muito ocupados com qualquer outra atividade. Os olhos desejariam ver a paisagem, mas o pescoço estaria virado para o lado contrário. Seria uma total confusão e o corpo não sobreviveria. O mesmo acontece com a Igreja, que volto a repetir, é o corpo do qual Jesus é a cabeça (1 CORÍNTIOS 12:27; COLOSSENSES 1:18). Se não nos sujeitamos à vontade de Cristo, tudo será uma bagunça.

Devemos fazer com que a vontade dAquele que governa sobre tudo se cumpra, porque ela é "boa, agradável e perfeita" (ROMANOS 12:2). Um reino dividido não pode subsistir (MARCOS 3:24). Devemos estar alinhados com o plano de Deus e em harmonia com nossos irmãos. A Igreja, que é o Corpo de Cristo, deve manifestar a vida de Deus. Que sejamos cristãos relevantes na nossa sociedade, por meio dAquele que habita em nós e, em unidade, possamos ver o Reino dEle vindo sobre a Terra.

NELSON

Desafio:
Procure seus amigos cristãos e conversem sobre como juntos vocês podem impactar a sociedade. Vejam coisas que fazem parte da realidade da cidade de vocês e que precisam da intervenção de Deus. Se unam e permitam que Deus aja através da vida de vocês.

23 JUNHO

O CRISTÃO EMBRIAGADO

E não vos embriagueis com vinho, em que há contenda, mas enchei-vos do Espírito. (EFÉSIOS 5:18)

O número de adolescentes que já consumiu bebidas alcoólicas cresceu. Cerca de 55% já provaram tais bebidas e, desses, 21,4% já sofreram algum episódio de embriaguez[1]. Ou seja, é cada vez mais comum vermos pessoas embriagadas nas ruas. Talvez você já tenha visto alguém bêbado a ponto de não conseguir permanecer em pé e de falar sozinho e até assustando pedestres.

Mas por que estou falando sobre isso? Quando você vê um bêbado na rua, como você sabe que ele realmente está bêbado? Tudo nele afirma isso, certo? A forma como ele anda, fala e age demonstra isso. O livro *Bom dia, Espírito Santo* utiliza o texto de Efésios 5:18 para nos falar sobre como devemos ser cheios do Espírito Santo a ponto de ser nítida nossa diferença no mundo, desde nosso andar ao nosso falar. "Embriagados" do Espírito! Como consequência, alguns sinais em sua vida vão demonstrar o quanto você é cheio do Espírito, como a mudança de seu vocabulário; atitudes que não pensam mais no "eu", mas em Deus; a maneira como você dará graças por tudo ao nosso Senhor, mesmo em situações ruins que não compreende ainda; e a mudança que o tornará cada vez mais servo, com um coração disposto a ajudar o próximo.

O fato de a Bíblia dizer que devemos nos encher do Espírito diz respeito a uma busca contínua e diária, firmada na persistência e no anseio de conhecer mais o nosso Pai. Portanto, torne-se um cristão "embriagado", como no dia de Pentecostes (ATOS 2:13-17). Alguém que exala a comunhão e a intimidade com Deus.

FILIPE

Desafio: Pergunte para pessoas próximas a você o que elas veem de características em sua vida que representam uma intimidade com Deus. Há sempre espaço para melhorar!

[1] **Fonte:** http://g1.globo.com/pa/santarem-regiao/noticia/2016/08/cresce-o-consumo-de-alcool-entre-adolescente-segundo-o-ibge.html

JUNHO 24

MULTIPLIQUE SUA GRANA

E também será como um homem que, ao sair de viagem, chamou seus servos e confiou-lhes os seus bens. A um deu cinco talentos, a outro dois, e a outro um; a cada um de acordo com a sua capacidade. Em seguida partiu de viagem. O que havia recebido cinco talentos saiu imediatamente, aplicou-os, e ganhou mais cinco. (MATEUS 25:14-16)

Um talento (que era uma moeda usada na época de Jesus) era equivalente ao salário de 15 anos de um trabalhador comum. Imagina quanto que era cinco talentos?! O servo que ganhou esses cinco, em vez de ter gastado tudo, conseguiu usá-los de uma forma que eles se multiplicassem e agradou seu mestre. Na minha vida, por muito tempo, quando chegava o final do mês eu estava quase pobre e acabava não conseguindo me organizar para comprar as coisas que eu queria. Eu não tinha controle dos meus gastos, até que meus amigos me ajudaram com isso e me deram dicas bem importantes que pude levar para a vida mesmo.

Assim que você tiver algum dinheiro, coloque tudo o que você quer fazer no mês num papel. Compras, gastos, metas, tudo! Se precisar, peça para seus pais te ajudarem com isso (com certeza vai deixá-los orgulhosos). Observe quanto que você tem e quanto você quer gastar. Se você perceber que o valor é menor que aquilo que você quer comprar, comece a guardar dinheiro. Quanto? Você é que tem que estabelecer uma meta. Tenha disciplina. Uma estratégia para colocar em prática a fim de economizar é começar a levar comida de casa ao invés de gastar na cantina da escola ou fazer algo mais caseiro com seus amigos ao invés de irem ao shopping, por exemplo.

Talvez olhando para esse texto você esteja pensando: "Isso é muito difícil! É muito complicado para minha cabeça!". Não, não é. É mais fácil do que imagina, você só precisa começar. Se você não consegue poupar agora, poderá ser ainda mais difícil quando você receber seu primeiro salário. Paulo fala em Gálatas 5 que uma das características do fruto do Espírito é o domínio próprio (e sim, isso não serve apenas para controlar a raiva), então, já que você tem o Espírito Santo dentro de você, passe a orar a respeito disso para que essa caraterística venha também sobre as suas finanças.

Desafio: *Tente começar anotando tudo o que você compra. Isso mesmo, tudo. Tenha uma visão geral dos Seus gastos. Assim você vai conseguir visualizar no que você tem gastado mais e conseguirá diminuir isso.*

STELA

25 JUNHO

FUJA DO CONFORMISMO

Esses homens que têm causado alvoroço por todo o mundo, agora chegaram aqui. (ATOS 17:6)

É muito comum para nós, adolescentes, sermos acostumarmos com um padrão imposto e, consequentemente, o seguirmos. Um exemplo disso é a forma como a mídia retrata a vida nas escolas, onde sempre existe aquele grupinho dos populares, dos nerds, dos emos, dos jogadores de futebol, das bonitonas e dos excluídos. Por instinto, cada um procura entrar no grupo em que se sente parte e aceito.

A escola, sem dúvida, é um ambiente de muita comparação e faz com que aconteçam mudanças de identidade em busca de aceitação. O versículo acima fala sobre dois homens que alvoroçaram o mundo: Paulo e Silas. A palavra alvoroço vem do grego *anastatoo* que significa tornar instável, agitar de cima para baixo, mudar a posição normal das coisas. Assim como eles, nós devemos colocar o mundo de cabeça para baixo.

Fuja do conformismo! Seja aquele que foge de imposições feitas pela sociedade, esteja disposto a conhecer e ouvir a todos, tenha um coração que te motive a sair da zona de conforto, para que assim as pessoas te conheçam como aquele(a) que tem mudado a posição normal das coisas. Faça do evangelho seu estilo de vida, buscando não se encaixar nos padrões daqui, mas se aperfeiçoando para ser seguir o padrão eterno!

JULIA

Desafio:
Fuja do que você está acostumado, conheça novas pessoas! Não tem nada melhor do que estar com gente nova, para que assim você possa aprender com o diferente e sair do lugar que já se tornou uma zona de conforto.

JUNHO 26

LUTE PELOS SEUS SONHOS

...o rei gostou mais de Ester do que de qualquer outra mulher, e ela foi favorecida por ele e ganhou sua aprovação mais do que qualquer das outras virgens. (ESTER 2:17)

Para que pudesse ser escolhida como rainha, Ester teve uma longa jornada. Quando lemos todo o contexto de sua história, vemos que ela era órfã e fora criada pelo seu tio Mordecai, ou seja, teve que se acostumar com a ausência dos seus pais biológicos. O que essa jovem tinha para que, em meio a um concurso com mais de 400 mulheres virgens selecionadas nas 127 províncias do reino, ela fosse favorecida e aprovada?

Essa jovem teve que correr atrás dos seus sonhos e, apesar de sua história triste, ela decidiu lutar. Ester passou por uma preparação durante 12 meses. Ela teve um verdadeiro tratamento de beleza, até que chegasse o grande dia de se apresentar diante do rei.

Provavelmente, quando você olha para a história da sua vida, enxerga problemas, traumas, perdas ou tristezas; inúmeras coisas que te afetaram e em alguns momentos até te paralisaram. Porém, assim como Ester, você pode ser mais forte que tudo isso e viver os sonhos de Deus para você. As circunstâncias nos afetam, mas não determinam quem nós somos. Somente o nosso Criador tem a palavra final sobre a nossa vida e os planos dEle são sempre de paz e não de mal (JEREMIAS 29:11).

Adriana Ortêncio

Desafio:
Independentemente da sua história ou do contexto de onde você está, busque em Deus os sonhos e planos que Ele tem para a sua vida. Escreva seus sonhos em uma folha e coloque em algum lugar que você possa ver e se inspirar constantemente.

27 JUNHO

MORTO-VIVO

Mas o Senhor é fiel; ele os fortalecerá e os guardará do Maligno. Confiamos no Senhor que vocês estão fazendo e continuarão a fazer as coisas que lhes ordenamos. O Senhor conduza os seus corações ao amor de Deus e à perseverança de Cristo. (2 TESSALONICENSES 3:3-5)

Você com certeza já brincou de morto-vivo, certo? Quando eu era criança, essa era uma das minhas brincadeiras favoritas, mas hoje pensando nisso quero te fazer refletir sobre como, às vezes, levamos nossa vida espiritual como uma brincadeira de morto-vivo. Eu sei que a adolescência não é uma fase na qual nós somos extremamente constantes, afinal, temos crises, novos problemas, mudanças hormonais e tantas outras coisas que nos fazem ir de 8 a 80 em questão de segundos — e a ciência explica isso muito bem. Mas a Bíblia nos dá um ótimo exemplo de constância: Jesus se manteve firme em Seus momentos mais críticos aqui na Terra. Mesmo quando tudo parecia estar dando errado, Ele permanecia com Sua confiança intacta e esse, para mim, é um dos pontos mais admiráveis nEle.

Onde Deus é tão forte (constância), nós nos tornamos tão falhos (TIAGO 1:8). Muitas vezes vivemos a nossa vida com Ele como uma montanha-russa, cheia de altos e baixos, momentos de desligamento seguidos de momentos em que nos agarramos completamente a Ele. Há alguns anos notei o quanto isso entristecia o coração de Deus, o quanto parecia uma "amizade interesseira", o quanto eu me empenhava em buscá-Lo quando eu realmente precisava e, quando as coisas se resolviam, me afastava. Aos poucos isso começou a me machucar também, mas Ele continuou me respondendo com constância. Ele permaneceu, a fidelidade dEle continuou intacta, em momento nenhum Ele deixou de ser constante por conta do meu jogo de morto-vivo. Apesar das minhas fases, Deus continuou sendo Deus (TIAGO 1:17).

Deus é um Deus de recomeços e hoje pode ser o seu dia de se posicionar, de acabar com esses joguinhos (ISAÍAS 1:13-17). Ele não mudou, não oscilou, não esqueceu, não ignorou. Ele continua sendo fiel apesar da nossa infidelidade, Ele permanece constante apesar da nossa inconstância. Mas Deus não quer que você seja uma criança mimada e espera que você aprenda com Ele. Siga o exemplo e se torne um imitador de Cristo.

Desafio: Se esforce para dar uma resposta de fidelidade e constância a tudo que Deus tem feito na sua vida, evite deixar com que suas emoções tomem o controle e te afastem dEle. Tente falar mais sobre quem Ele é e menos do que Ele pode te dar. Se concentre em responder a constância dEle seguindo o exemplo.

BEA

JUNHO 28

ENSINANDO COM E SEM PALAVRAS

Então, Jesus aproximou-se deles e disse: "Foi-me dada toda a autoridade no céu e na terra. Portanto, vão e façam discípulos de todas as nações, batizando-os em nome do Pai e do Filho e do Espírito Santo, ensinando-os a obedecer a tudo o que eu lhes ordenei. E eu estarei sempre com vocês, até o fim dos tempos". (MATEUS 28:18-20)

Em meio a tantas lições, Jesus nos ensinou inclusive a ensinar. Ele é o melhor comunicador de todos os tempos, capaz de falar a qualquer público perfeitamente. Desde muito novo, Jesus conhecia a Bíblia. A forma como Jesus ensinava maravilhava aqueles que paravam para escutá-lo (MARCOS 13:53). Nenhum intelectual da época poderia ganhar dEle em um debate e, ao mesmo tempo, Jesus era capaz de simplificar mensagens através de histórias (parábolas) que alcançavam todos. Além de Sua sabedoria, Ele também falava com autoridade e com a intimidade com o Espírito Santo. Isso justifica o fato de que as multidões passavam incansáveis horas escutando Suas palavras. Imagino aquelas milhares de pessoas, silenciosas, impactadas com tanto amor no olhar dEle e com tanta autoridade na força de Seu discurso. Como eu queria estar sentada ali no meio!

Algo, no entanto, que me intriga é o fato de que Jesus não escreveu nenhum dos livros da Bíblia e nem foi preciso. Seu exemplo e caráter irrepreensíveis ecoam tão alto quanto os registros de Suas palavras. E com isso aprendemos que o exemplo também ensina.

Vemos em Mateus 28:18 que todos nós fomos convocados não somente para fazer discípulos e batizá-los, mas também ensiná-los a guardar todas as coisas que Jesus nos ordenou.

Se temos a comissão de ensinar todos os mandamentos, obviamente também temos que conhecer e viver cada um deles. 1 Coríntios 12:28 nos mostra que alguns foram chamados para serem mestres e exercerem um nível diferenciado de ensino para a Igreja. Todos nós, no entanto, devemos buscar a revelação da Palavra para anunciar o evangelho. Mas não se preocupe, pois o mesmo Espírito que agiu em Jesus age em nós e devemos crer no que Tiago diz: "Se, porém, algum de vós necessita de sabedoria, peça-a a Deus, que a todos dá liberalmente e nada lhes impropera; e ser-lhe-á concedida. Peça-a, porém, com fé, em nada duvidando" (1:5).

Você foi chamado para ensinar sobre o evangelho, com e sem palavras.

Desafio: Comece a orar pela vida de um(a) amigo(a) e comente o quanto ele(a) é amado(a) por Jesus na próxima vez que vocês se encontrarem!

LISSA

29 JUNHO

INCAPAZES?

Vá, pois, agora; eu o envio ao faraó para tirar do Egito o meu povo, os israelitas. Moisés, porém, respondeu a Deus: "Quem sou eu para apresentar-me ao faraó e tirar os israelitas do Egito?" (ÊXODO 3:10,11)

Moisés foi escolhido por Deus para libertar o povo israelita da escravidão, que estava sofrendo no Egito. Concordo que não era uma tarefa fácil, mas Deus literalmente mostrou tudo o que ele precisava fazer quando estivesse diante do Faraó. Mas mesmo mostrando os milagres (ÊXODO 4:1-9) e afirmando que estaria com ele, Moisés insistiu tanto que era melhor mandar outra pessoa no lugar dele que conseguiu tirar Deus do sério. Então Deus falou para Moisés levar seu irmão Arão junto para ser seu porta voz (ÊXODO 4:14).

Assim como Moisés, muitas vezes nos sentimos incapazes de realizar aquilo que Deus nos chamou para fazer, em qualquer área de nossa vida. É normal esse sentimento, somos humanos, porém não é esse o Espírito que Deus nos dá (2 TIMÓTEO 1:7).

O interessante é que, depois de libertar o povo e estarem no deserto, Moisés teve um sucessor para continuar a guiar a nação e, no momento em que Moisés declarou isso na frente de todo o povo, ele disse: "O próprio Senhor irá à sua frente e estará com você; ele nunca o deixará, nunca o abandonará. Não tenha medo! Não desanime!" (DEUTERONÔMIO 31). Quando isso aconteceu, Moisés tinha 120 anos. Eu imagino que ele nesse momento estava lembrando de todos os milagres que Deus realizou no deserto e de como realmente Deus esteve presente em todo o tempo. E agora, transferindo a liderança para Josué, ele afirmava aquilo com convicção. Mas será que precisamos confiar nEle somente depois de experimentar o sobrenatural?

Não importa de onde você veio, nasceu ou cresceu, Deus enxerga seu potencial para cumprir Seu propósito aqui na terra. E também não importa o quão complexo esse propósito possa ser aos nossos olhos, sim, você consegue! Deus está com você independentemente do que vier pela frente, mas tome a decisão de confiar primeiro, pois vivemos pela fé e não pelo que vemos (2 CORÍNTIOS 5:7).

CONDO

Desafio: *Você já descobriu qual é o seu chamado? Caso você ainda não tenha descoberto e se sinta perdido em relação a isso, primeiramente converse com Deus. Chamado é algo muito pessoal e particular, revelado no secreto* (MATEUS 6:6). *Aproveite e troque uma ideia com seu discipulador ou até mesmo com seu pastor de jovens ou adolescentes sobre esse assunto e pergunte a eles como descobriram seus chamados.*

JUNHO 30

MUITO ALÉM DO LUCRO

Qual de vocês, se quiser construir uma torre, primeiro não se assenta e calcula o preço, para ver se tem dinheiro suficiente para completá-la? (LUCAS 14:28)

Fomos comprados através da morte de Jesus, e a moeda de pagamento foi Seu próprio sangue (1 PEDRO 1:18-20). Um processo de compra não é nada além de uma transação pela qual uma pessoa adquire uma propriedade a partir de um preço determinado. Ao nos redimir, portanto, Deus se tornou nosso dono, ou seja, somos Sua propriedade (1 CORÍNTIOS 6:19,20). Porém, poucos entendem as consequências disso.

Nós fomos salvos pela graça por meio da fé (EFÉSIOS 2:8,9), certo? Mas não é porque fomos salvos que só devemos continuar nossa vida sem qualquer esforço (LUCAS 13:24 NVI). No livro *Até que nada mais importe*, o pastor Luciano Subirá afirma que muitos abraçam o evangelho visando o lucro de sua decisão. Em relação a isso, vejo muitos que vivem Mateus 6:33 como os pagãos citados no versículo anterior, ou seja, buscam o Reino de Deus e Sua justiça até que as outras coisas sejam acrescentadas e, assim que as recebem, retiram o Senhor de suas prioridades. Eles não calcularam bem o preço de ser um seguidor de Cristo.

Se você deseja segui-Lo de verdade, saiba que existe um preço nessa transação. Como ouvi um amigo dizer: "Deus não espera nada menos que seu tudo" (LUCAS 14:33). Não há parcelas nessa compra! Portanto, quando O buscarmos de todo nosso coração (JEREMIAS 29:13), não é um sonho alcançado, um belo casamento ou um bom emprego que nos distrairá. Quando, por Sua causa e por nosso esforço, atingirmos tudo isso, nossa busca por Ele não deve cessar!

FILIPE

Desafio: *Você já calculou o preço de ser um seguidor de Cristo? Liste cinco características que entram nessa soma para nos tornarmos seguidores de Jesus.*

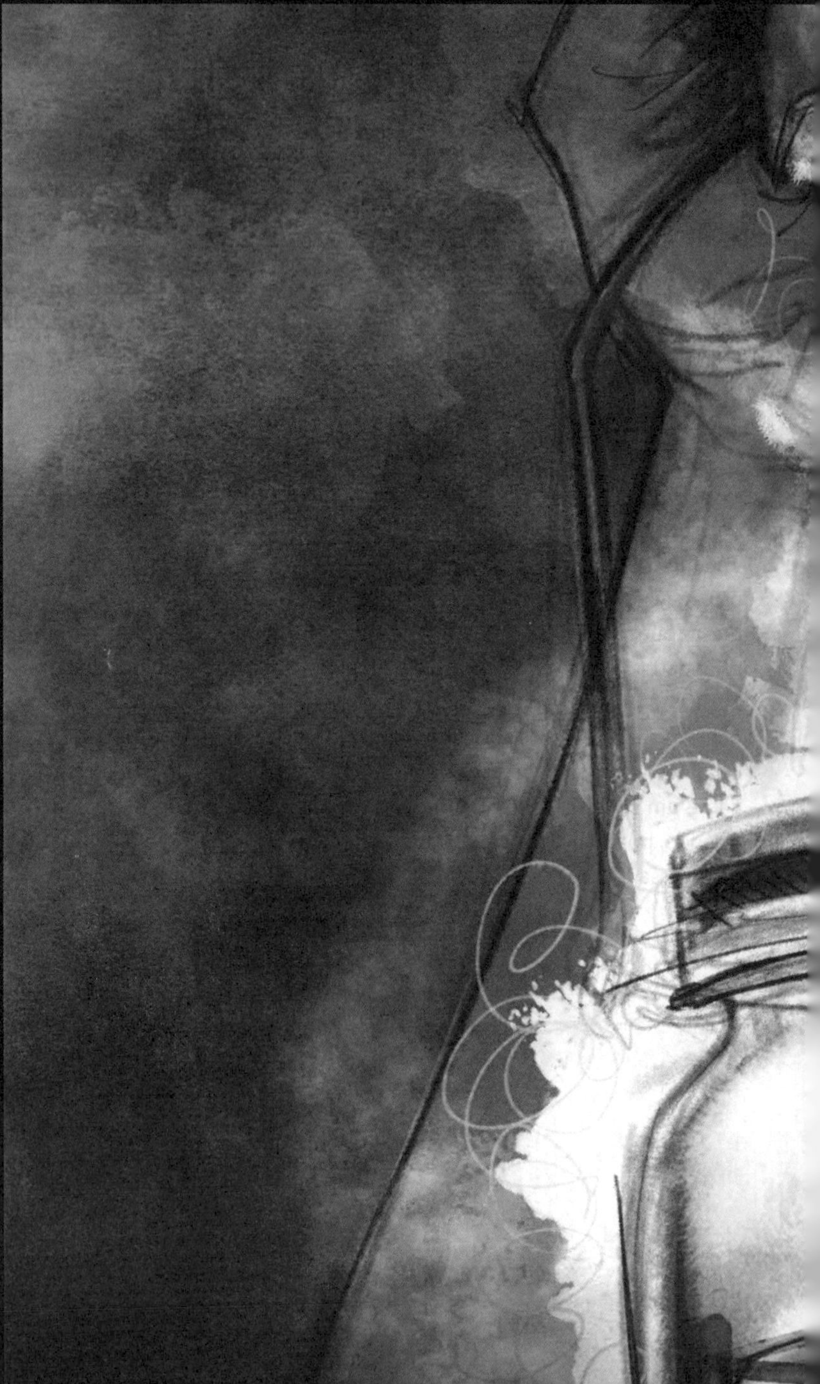

JULHO

1 — JULHO

LEVANDO JESUS NA ESCOLA

Ninguém acende uma candeia e a coloca em lugar onde fique escondida ou debaixo de uma vasilha. Pelo contrário, coloca-a no lugar apropriado, para que os que entram possam ver a luz. (LUCAS 11:33)

Nós fomos chamados para ser sal e luz do mundo (MATEUS 5:14). Ninguém acende uma luz e coloca em um lugar onde não ilumine. As luzes estão sempre posicionadas em locais estratégicos. Portanto, Deus nos colocou no local mais apropriado para iluminar. O seu ambiente de escola ou trabalho, por exemplo, é o melhor lugar possível que você pode estar, pois, se você se sujeitou ao Senhor, então foi Ele que te colocou ali.

Mas como podemos anunciar a Jesus? Sendo discípulos intencionais! Veja o que Jesus diz a respeito de Seus discípulos: "Com isso todos saberão que vocês são meus discípulos, se vocês se amarem uns aos outros" (JOÃO 13:35). Ter a intencionalidade de exercitar o amor, com as ferramentas que o Senhor nos dá, é a resposta.

Quando vemos aquela pessoa que está sozinha e triste e vamos fazer companhia; quando vemos alguém com dor e oramos por essa pessoa (porque Jesus ainda cura!); quando somos generosos pagando um lanche para quem não trouxe; quando chegamos sempre com aquele sorriso no rosto, que faz com que as pessoas queiram entender o que nos faz tão felizes, e então podemos falar de Jesus... São essas as nossas ferramentas. Você não precisa de um púlpito de igreja para pregar o amor do Senhor, pois o melhor lugar para você iluminar é onde você já está! A hora é agora.

"Pregue o evangelho em todo tempo. Se necessário, use palavras" (Francisco de Assis).

NELSON

Desafio:
Utilize as dicas acima e demonstre o amor de Jesus para alguém.

JULHO 2

O GIGANTE ACORDOU

*Pois nós somos cooperadores de Deus;
vocês são lavoura de Deus e edifício de Deus.*
(1 CORÍNTIOS 3:9)

Assim como eu, você já deve ter falado ou pensado sobre como a situação do Brasil está péssima. Governo corrupto, pessoas morrendo nas filas dos hospitais, pouco investimento na educação, a taxa de homicídios que não para de crescer, mais de 10 milhões de desempregados, e por aí vai.

Em 2013 houve uma onda de manifestações em que milhares de brasileiros foram às ruas protestar contra o aumento da tarifa do transporte público, gastos da Copa do Mundo de 2014 (que foi sediada no Brasil), desvio de dinheiro público que poderia ter sido usado para a educação e saúde etc. Mas a frase que marcou esse momento histórico foi: "O gigante acordou". O Brasil acordou. A população brasileira ergueu em uma só voz que o país precisava de mudança e justiça. Lembro que muitas igrejas se juntaram para orar por isso. Durante os cultos nos ajoelhávamos e orávamos por cada estado para que o Reino de Deus se manifestasse naquele lugar. O reino de justiça, paz e alegria (ROMANOS 14:17).

Creio que está acontecendo um despertamento dos filhos de Deus, em que vamos começar a retomar os lugares de influência. E isso, principalmente na área da política! O que Ele espera de nós, além de orarmos e jejuarmos, é um posicionamento! Deus nos chama para sermos cooperadores da Sua obra aqui na Terra. Precisamos de uma reação para a Sua ação. Você quer mudança no Brasil? Seja a mudança. Não adianta ficarmos apenas olhando a situação do país de braços cruzados. A natureza criada aguarda, com grande expectativa, que os filhos de Deus sejam revelados (ROMANOS 8:19). E nós estamos aqui para isso! O gigante acordou, e esse gigante são os filhos de Deus.

STELA

Desafio: *O que te causa indignação? Pelo que seu coração arde por mudança? Coloque isso em um papel e comece a orar para que Deus te revele o propósito disso. Talvez isso tenha relação com aquilo que Ele te chamou para fazer.*

3 JULHO

É HORA DE AGIR

"Tirem a pedra", disse ele.
(JOÃO 11:39)

Em 2 Timóteo 3:16, a Palavra de Deus nos ensina que "Toda a Escritura é inspirada por Deus e útil para o ensino, para a repreensão, para a correção e para a instrução na justiça". E, com certeza, o princípio que meu avô enxergou a partir de João 11:39 me faz refletir sobre o quanto a Bíblia é fascinante! A forma em que todos os textos, escritos por diferentes pessoas em diferentes contextos culturais, se alinham sem contradição alguma só poderia ser obra do Espírito Santo!

Então, não. Ninguém inseriu o versículo errado no devocional de hoje! Até mesmo em uma instrução aparentemente simples, o Espírito Santo nos ensina. Em João 11, a Bíblia narra como Jesus, através do poder de Deus, declara vida sobre um homem que estava morto fazia quatro dias. As manifestações sobrenaturais são uma das marcas do ministério de Cristo. Enfermos foram curados, cativos foram libertos, alimentos foram multiplicados, a tempestade se acalmou e muitos outros milagres ocorreram. E pela fé, eu e você podemos viver muito além das limitações terrenas. A questão aqui é: Não há limites para o poder de Deus!

E Jesus poderia, então, simplesmente ordenar que a pedra saísse do caminho! Mas essa não era a forma como Ele agia e essa ilustração nos ensina um princípio: podemos contar com a intervenção sobrenatural de Deus, mas não devemos ser negligentes com o natural. Somos responsáveis pela nossa parte! Mesmo confiando no Senhor, haverá momentos em que nós precisaremos "tirar a pedra", ou seja, realizar aquilo que está ao nosso alcance. Por exemplo, o fato de que Deus cura o enfermo não muda a nossa tarefa de cuidar bem do nosso corpo. Assim como o fato de que Ele pode interferir na política do nosso país não nos isenta do nosso dever como cidadãos e cristãos. E assim por diante. Que possamos confiar em Deus para o que é humanamente impossível, sem ignorar o efeito das nossas próprias ações! Que sejamos guiados pela sabedoria do Espírito Santo.

Desafio: *Enfrente sua rotina como nunca antes. Ao estudar, comer, lavar a louça ou qualquer outra coisa, faça para a glória de Deus!*

LISSA

JULHO 4

OFFLINE

*Tendo despedido a multidão,
subiu sozinho a um monte para orar. Ao anoitecer,
ele estava ali sozinho.* (MATEUS 14:23)

Repare em como Jesus sempre tratava de tirar um tempo sozinho de oração (LUCAS 6:12,13; MATEUS 26:42). Eu não sei você, mas para mim isso revela muito sobre Jesus, sobre a sua maneira de se comportar e principalmente sobre saber separar momentos de comunhão e momentos a sós com Deus. Separar o público e o secreto: acredito que essa seja uma grande lição que Jesus nos ensinou (MATEUS 6:6). E atualmente você pode encontrar inúmeras pregações sobre isso.

Em partes, acho que entendemos o valor do secreto, porém, ao longo dos últimos meses, notei um aumento significativo de fotos de pessoas orando, de pessoas com uma meia luz, Bíblia aberta e um instrumento por perto. Sinceramente, não acho que isso seja errado, desde que a motivação esteja certa. Sendo honesta com você, eu já postei uma foto de uma parte da Bíblia marcada, escrevi sobre aquilo, mas sequer tinha orado naquele dia, não por ter um coração ruim, mas por ter uma motivação ruim. Muitas vezes não queremos um tempo a sós com Deus por amor, e sim para mostrar para os outros que estamos tendo.

Mas essa necessidade excessiva de expor tudo que estamos vivendo, tentando vender uma falsa realidade, é bem preocupante e é exatamente o oposto do que Jesus faria. Pensando sobre isso, decidi ser radical e ficar offline por alguns dias, parar de expor o que eu estava vivendo e escolhi uma semana cheia de coisas incríveis para fazer isso. Notei que a maioria dos meus *posts* não era por interesse, e sim para fazer as pessoas acreditarem que a minha vida era muito legal, que eu era muito de Deus ou infinitas outras coisas. Não fiquei offline para sempre, mas passei a julgar o que eu estava postando, a minha motivação e por que estava fazendo. A verdade é que, nas coisas em que não nos parecemos com Jesus, estamos nos afastando dEle, e você sabe me dizer o porquê do seu último *post*?

BEA

Desafio: Fique alguns dias offline e se concentre em viver. Perceba como muitas vezes você vai querer mostrar para alguém o que está vivendo e como isso acaba te prejudicando. Aproveite esse tempo e conecte-se ainda mais com Ele, sem interesse, e sim por amor!

5 JULHO

VOCÊ ESTÁ DISPOSTO A PERDER?

Salomão, filho de Davi, estabeleceu-se com firmeza sobre o seu reino, pois o Senhor, o seu Deus, estava com ele e tornou-o muito poderoso. (2 CRÔNICAS 1:1)

Você está disposto a perder? Quase que instantaneamente ou por impulso, você deve ter respondido mentalmente: "Claro que não!". A maioria de nós responderá assim por pura cultura. Muitas vezes não estamos dispostos a perder. Todos querem ganhar, seja uma competição, seja uma campanha, seja até o tempo diário. Fomos treinados e criados num mundo em que pouquíssima gente lembra-se do segundo colocado em diante.

Acontece que, para transformar derrota em sucesso, precisamos aprender a "perder" para ganhar. Nossas atitudes, em uma competição, em uma luta diária para sobrevivermos ou mesmo transformando suor em renda, vão exigir de nós uma série de "perdas" necessárias. Isso mesmo, não é um jogo de palavras, é a construção de novas atitudes.

Você está disposto a "perder" algum tempo orando? Antes de ir à escola, à faculdade, ao trabalho ou mesmo para tomar uma simples decisão? Sem dúvida esse investimento de tempo fará diferença em seu dia.

Você está disposto a "perder" tempo construindo um planejamento estratégico para direcionar melhor seus estudos e consagrar a Deus a sua atual ou ainda futura profissão, antes de sair tentando fazer as coisas do seu jeito? "Consagre ao Senhor tudo o que você faz, e os seus planos serão bem-sucedidos" (PROVÉRBIOS 16:3).

Salomão pediu apenas sabedoria ao Senhor e tornou-se poderoso, influente, relevante em sua sociedade, sem perder a reverência ao Senhor.

André Hummel

Desafio: *Em uma folha de papel, escreva seus principais objetivos, seja tirar uma boa nota em uma prova, seja evangelizar um colega de sala, seja começar a escolher a sua profissão. Depois de escrever, ore ao Senhor, pedindo que Ele te mostre qual a melhor maneira de fazer cada uma destas coisas.*

JULHO 6

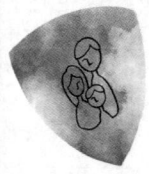

NÃO SE CALE!

*Deixo-lhes a paz; a minha paz lhes dou.
Não a dou como o mundo a dá. Não se perturbem os seus corações,
nem tenham medo.* (JOÃO 14:27)

Hoje vou falar sobre um assunto muito sério, mas ainda considerado um tabu: abuso! É comum muitas crianças e adolescentes sofrerem abusos dentro de casa, mas permanecerem caladas por medo. Esse medo faz com que o agressor continue abusando de diversas formas, seja verbalmente, sexualmente, psicologicamente ou fisicamente, deixando a vítima sem escapatória e sem voz.

O abuso tira a inocência e produz a vergonha, é um mal muitas vezes silencioso que tem o poder de destruir vidas. E pode acontecer com qualquer um: aquela menina quietinha no canto da sala, aquela pessoa arrogante que detesta todo mundo ou até mesmo aquele menino que vive com um sorriso estampado no rosto. Independentemente da pessoa, devemos estar cientes que cada um passa por uma luta da qual não sabemos, por isso precisamos ser gentis em todo momento.

Seja um agente do amor! Há muitas vozes que precisam ser ouvidas e muitas almas que precisam ser libertas. Muitas vezes não entendemos o motivo das lutas acontecerem, mas Jesus nos assegurou nos dar a paz que acalma qualquer tempestade e nos fortalecer com Seu infinito amor que é capaz de quebrar qualquer barreira.

JULIA

Desafio: *Se você já foi abusado(a), eu tenho um recado para você: não se cale! Que hoje você possa liberar perdão a todos aqueles que já te fizeram mal e deixar Jesus curar suas feridas para que assim você se liberte e ajude pessoas que já passaram ou estão passando pelas mesmas coisas. Ele te ama e quer tirar toda essa dor de dentro de você e te fazer uma pessoa nova e viva por dentro! Você não está sozinho/a! Procure ajuda de pessoas de confiança ou órgãos públicos voltados ao abuso.*

7 JULHO

VAI PESCAR!

*E disse Jesus: "Sigam-me,
e eu os farei pescadores de homens".*
(MATEUS 4:19)

Provavelmente você já ouviu a frase: "Está nervoso? Vai pescar". Quando eu era criança, meu pai me levava em pesque-pagues quando tínhamos tempo. Era bom demais toda a tranquilidade daquele momento. Se você já pescou, sabe que essa atividade exige muita paciência! A espera, que pode durar horas, com um olhar vidrado naquela pequena boia, é um aprendizado. Mas, assim que ela afunda, o resultado é quase sempre gratificante.

Muitos adolescentes se decepcionam com o evangelismo. Eles iniciam uma conversa evangelística através de uma condenação. A comunicação que devemos ter ao espalhar o evangelho varia conforme o receptor da mensagem, então algumas vezes devemos ser diretos. Porém, na maioria dos casos, o evangelismo exige confiança mútua, ou seja, leva tempo. Grande parte das pessoas que levei para Jesus se tornaram meus amigos antes, pois eu precisei que eles confiassem em mim e vissem o amor de Deus através da minha vida. Meu objetivo era transbordar Seu amor. Portanto, antes de tudo, ame!

Em Mateus 4, Jesus, após ajudar Simão Pedro, Tiago e João a pescarem, chama-os para serem pescadores de homens, não mais de peixes. No mesmo instante eles deixaram suas redes e o seguiram. Note que Jesus não os chamou para serem caçadores de homens, porque a pesca, assim como o evangelismo, muitas vezes exige paciência. São raras as oportunidades que temos de jogar a isca na água e no mesmo instante pescarmos. Conheço muitos adolescentes que falam de Jesus para seus amigos e esperam que eles se entreguem instantaneamente. Isso pode sim acontecer, mas amar exige paciência e fomos chamados para amá-los e demonstrar o amor de Deus por eles.

Portanto, abaixe sua arma, pegue sua vara, lance a isca e aguarde o peixe. Através do amor dEle, da sua vida e do seu amor pelas pessoas, elas serão impactadas. Como dizia Francisco de Assis: "Pregue o evangelho em todo tempo. Se necessário, use palavras".

FILIPE

Desafio: *Analise as pessoas à sua volta. Você foi chamado para amá-las e falar do amor dEle por elas. Hoje mesmo, escolha alguém que ainda não entregou sua vida para Jesus e tenha uma atitude que demonstre o amor de Deus por ela.*

JULHO 8

IMITADORES DE CRISTO

"Tornem-se meus imitadores, como eu o sou de Cristo".
(1 CORÍNTIOS 11:1)

Uma coisa muito comum que temos tendência a fazer é tentar imitar alguém. Não há problema em ter algumas pessoas como referência, mas, quando isso toma proporções extremas, acaba se tornando um sério problema. Para exemplificar, quero compartilhar algo que Deus tratou na minha vida através do skate. Teve uma época em que eu me inspirava em um skatista famoso, no jeito dele andar de skate. É isso mesmo. Pensa num cara que copiava até o jeito de mandar a manobra. Esse era eu!

Mas qual a lição que Deus me trouxe através disso? É que eu queria imitar alguém, porém eu não sabia nada sobre a vida daquela pessoa.

Levando isso para a caminhada com Jesus, como eu posso querer imitá-Lo se eu não conhecer nada sobre Ele? Como posso querer falar como Ele fala, se eu não O conheço de perto e não caminho com Ele? Dizer que sou cristão é muito fácil, mas viver coisas como o apóstolo Paulo viveu por causa de Jesus é bem diferente. Nós precisamos primeiro conhecer realmente quem é Jesus e nos relacionarmos com a pessoa do Espírito Santo para que possamos entender a divindade de Cristo e sermos imitadores dEle.

CONDO

Desafio:
Antes de tomar suas próximas decisões, se pergunte como Jesus resolveria a situação, o que Ele diria, o que Ele faria, como faria, diria etc. Mas, ao invés de se posicionar no achismo, vá para a Palavra e veja nas escrituras como Jesus se movia. O Espírito Santo te ajudará a conectar o que está escrito na Palavra com uma ação. Vai fundo!

9 JULHO

SÓ QUERO VER VOCÊ

...Quem me vê, vê o Pai.
(JOÃO 14:9)

Você já ouviu aquela música "Só quero ver você", do Filipe Hitzschky? Ela fala de algo muito importante: ser parecido com o Pai. Acredito que esse deve ser o objetivo de todo o cristão: estar em tamanha intimidade com Deus, a ponto de as pessoas olharem e O verem na sua vida. É como Jesus disse: "Quem me vê, vê o Pai".

Mas será que para Jesus não era mais fácil ser parecido com o Pai? Se você continuar lendo o texto de João 14, perceberá que o Mestre fala que faríamos coisas iguais ou maiores que as que Ele mesmo fez (v.12). Sabe por quê? Porque tudo o que Jesus fez na Terra, Ele fez na condição de ser humano em perfeito relacionamento com Deus (1 TIMÓTEO 2:5; JOÃO 14:10). Portanto, nós também podemos nos tornar parecidos com o Pai, já que Jesus está nEle, e nós em Jesus (JOÃO 14:20).

Mas há uma peça-chave na vida de Jesus, na qual devemos nos espelhar para que isso se torne uma verdade na nossa vida: o tempo que Jesus passava em secreto, vendo somente o Pai. A música que eu mencionei, em um trecho dela, fala exatamente sobre isso:

Quando eu Te vejo, Eu percebo algo diferente em mim
Quando eu Te contemplo, eu me torno cada vez mais semelhante a Ti, Jesus.

Se você fosse falar essa frase: "Quando eu te contemplo, eu me torno cada vez mais semelhante a Ti", a quem ou a que ela seria destinada? O que você tem contemplado? Porque é com aquilo que contemplamos que passamos a ser parecidos.

Você quer se tornar parecido com o Pai? Então faça como Jesus e invista tempo com Ele (LUCAS 5:16). Não só pedindo, mas fique em silêncio também e simplesmente contemple a plenitude da Sua natureza divina.

NELSON

Desafio: *Vá para seu quarto ou um lugar que você possa ter um tempo só com Ele. Use esse tempo para contemplá-Lo*

JULHO 10

REFLEXO DAS VACAS GORDAS

Procure agora o faraó um homem criterioso e sábio e ponha-o no comando da terra do Egito. (GÊNESIS 41:33)

José foi um governante extremamente sábio e direcionado por Deus para governar o Egito. O versículo acima conta o episódio em que o faraó tem um sonho e busca alguém que consiga interpretá-lo. José, que estava preso injustamente, já tinha interpretado sonhos na prisão, então ele é chamado e ouve a curiosa figura de linguagem que apareceu para faraó enquanto ele dormia. Sete vacas feias e magras que comeram sete vacas bonitas e gordas.

O que isso significa? José, com o discernimento proporcionado por Deus, diz a faraó que as sete vacas gordas simbolizavam os anos de fartura que estariam por vir e as vacas magras, os anos de fome e escassez que o Egito viveria depois disso.

O primeiro ponto importante é a organização. José monta um planejamento para haver estabilidade independentemente dos tempos ruins. Ou seja, Deus deu as informações necessárias para manter a economia e prosperidade. O segundo ponto é a liderança: com o plano aprovado, José é colocado apenas abaixo de faraó, que lhe concede o direito de governar. O terceiro ponto é a dependência em Deus: o Egito tinha muitas pessoas inteligentes, mas nenhuma conseguiu interpretar o sonho de faraó. José, com a sabedoria proporcionada pelo Eterno, planejou e os livrou de uma possível tragédia que ocorreria; teve seus passos totalmente conduzidos por Cristo.

Dessa história eu destaco três características importantes: a liderança exercida por José, que bem administrada ganhou a confiança do povo e salvou o Egito, a organização que dependeu totalmente da autoridade que ele tinha no Egito e a dependência em Deus, pois José se permitiu ser guiado por Ele o tempo todo, prevenindo desastres.

Nós podemos começar a aprender isso desde já, sendo sensíveis à voz de Deus para saber administrar com zelo tudo que é colocado em nossas mãos, seja o dinheiro, decisões ou nossos sonhos.

Desafio: *Peça a Deus estratégias para administrar o que está sendo colocado em suas mãos.*

JULIA

11 JULHO

UMA BABILÔNIA CHAMADA UNIVERSIDADE

Não se amoldem ao padrão deste mundo, mas transformem-se pela renovação da sua mente, para que sejam capazes de experimentar e comprovar a boa, agradável e perfeita vontade de Deus. (ROMANOS 12:2)

Em primeiro lugar vamos conversar um pouco sobre o que é Babilônia. Em Isaías 13:19,20 podemos notar que Deus amaldiçoou esse povo por conta da sua desobediência e, mais tarde, ainda se tornou conhecido por sua degradação moral, idolatria e materialismo. Lendo melhor a história, você pode observar que não vivemos uma realidade muito distante dessa, principalmente dentro das universidades.

Talvez você ainda não esteja dentro de uma, mas já deve ter ouvido falar sobre as grandes festas, o alto índice de alunos que se envolvem com drogas e também o número absurdo de meninas que precisam trancar a faculdade por conta de uma gravidez inesperada. Ao entrar na faculdade, me deparei com viagens disfarçadas de jogos, mas que na verdade só serviam para uso de drogas, prostituição e bebidas à vontade. Você pode até pensar que a parte mais difícil da faculdade é passar no vestibular, mas te garanto que sair de lá com os seus princípios intactos é muito mais desafiador.

E acredito que seja por isso que Deus nos chamou para estar ali dentro, sendo luz em meio às trevas (2 CORÍNTIOS 4:6) e trazendo paz para pessoas com vidas completamente caóticas (JOÃO 14:27). Me lembro dos meus primeiros meses na faculdade e de como eu me sentia um peixe fora d'água. Aos poucos comecei a entender o motivo de estar lá, entendi como proclamar Jesus sem precisar falar "Jesus te ama", mas usando a excelência que Ele nos ensinou. E essa é a sua missão também: seja dentro do seu colégio, dentro do seu curso de inglês ou dentro da sua faculdade. Em um lugar tão sombrio, Deus te chamou para ser luz (MATEUS 5:13,14), assim como Ele é (JOÃO 8:12).

BEA

Desafio: *Se você está na universidade, ou até mesmo na escola, sabe que existe um lugar que muita gente frequenta, principalmente durante as semanas de provas. Por isso te desafio a colocar versículos e frases sobre o amor de Deus dentro de pelo menos três livros da biblioteca. De forma discreta e anônima, você pode estar transformando a vida de alguém.*

JULHO 12

DIGITAL INFLUENCERS

Assim brilhe a luz de vocês diante dos homens, para que vejam as suas boas obras e glorifiquem ao Pai de vocês, que está nos céus. (MATEUS 5:16)

O que é um *digital influencer*? Basicamente, são criadores de conteúdos digitais, referências em assuntos específicos e que, em função disso, se tornam formadores de opiniões. Geralmente são os chamados *vloggers*, *bloggers* ou *instagramers*. Eles usam as mídias sociais para propagar algum conteúdo que seja relevante tanto para eles quanto para o seu público-alvo. Diversas pessoas têm se tornado *digital influencers* na internet, compartilhando opiniões, seu estilo de vida, produtos, ideias etc.

Somos chamados para ser sal e luz no mundo e compartilhar a vida de Jesus onde quer que estivermos, seja na rua, na escola, em casa e também nas redes sociais! Deus pode usar um *story* seu para falar com alguma pessoa que talvez só seria alcançada através da internet. Já imaginou que demais seria saber que pessoas estão voltando para Jesus através do seu *Instagram*? Ou saber que Deus está usando a sua vida para influenciar outras pessoas a serem parecidas com Ele? Imagina que legal seria uma pessoa chegar para você e dizer: "Obrigada por ter postado aquilo, eu estava muito mal e, quando vi seu *story*, Deus falou muito comigo e me trouxe alegria de viver de novo!".

Será que Deus está te chamando para ser um *digital influencer*? Se isso queima no seu coração, vai em frente! Ore para que Ele te mostre qual meio usar para alcançar as pessoas na internet. Talvez criar um canal no *YouTube*, dar a sua opinião por meio dos *posts* no *Facebook* sobre algum assunto ou compartilhar as suas experiências com Deus através dos *stories* no *Instagram*! "Assim brilhe a luz de vocês diante dos homens, para que vejam as suas boas obras e glorifiquem ao Pai de vocês, que está nos céus" (MATEUS 5:16)!

STELA

Desafio: *O que Deus tem falado com você nos últimos dias? Compartilhe numa rede social! Não precisa fazer algo complicado, às vezes uma palavra pode mudar o dia de uma pessoa em segundos! Vá em frente!*

13 JULHO

CONTENTAMENTO

Como é feliz aquele que não segue o conselho dos ímpios, não imita a conduta dos pecadores, nem se assenta na roda dos zombadores! Ao contrário, sua satisfação está na lei do Senhor, e nessa lei medita dia e noite. (SALMO 1:1,2)

Qual é a sua fonte de satisfação? Existe algum momento no seu dia em que você verdadeiramente sente que está em paz? Você costuma ter a sensação de gratidão inexplicável a ponto de rir ou até mesmo chorar por isso?

Infelizmente, acredito que grande parte dessa geração não conhece esse sentimento. Isso me preocupa. É tão comum escutarmos sobre o corpo perfeito, a casa perfeita, a conta bancária dos sonhos, histórias românticas e tantas outras coisas que apontam para a construção de um ideal. Isso nos faz acreditar que a vida só será completa ao alcançarmos essas metas.

Não quero te desencorajar a sonhar. O próprio Espírito Santo instiga sonhos em nós. É muito importante que a nossa vida seja motivada, porém, isso simplesmente não pode ocupar um lugar de cobiça em nosso coração.

A Palavra nos fala para encontrar nosso deleite na comunhão com Deus, buscar o Reino em primeiro lugar, o resto virá de acordo com a vontade dEle (MATEUS 6:33). A verdade é que o seu Pai perfeito deseja satisfazer os desejos do seu coração. Confiar nEle é entrar na maior aventura dessa vida. Ele sabe te surpreender e te presentear como mais ninguém (vantagens de ser amado pelo seu Criador).

Encontramos esse perfil na vida de Davi. Ele constantemente escreve sobre o quanto é apaixonado por estar na presença do Senhor, estudar a Palavra, estar face a face com o Pai. Nosso coração pode facilmente se enganar ao acreditar na mensagem que essa geração propaga sobre satisfação. Viver como Davi significa que o seu contentamento verdadeiro não está em nenhum pecado, o seu descanso não está no entretenimento, mídias sociais, jogos ou qualquer outro *hobby*.

Busque na presença de Deus descanso quando estiver cansado, alegria quando estiver entediado, socorro quando tudo estiver confuso, direção quando estiver perdido, consolo quando ninguém vê as suas lágrimas. Permita que Ele seja a sua fonte primária. Você não vai se decepcionar com Ele. Foi para isso que Ele nos criou. Eu não tenho dúvidas de que a sua vida será revolucionada se você escolher encontrar sua alegria no Senhor. "Olho nenhum viu, ouvido nenhum ouviu, mente nenhuma imaginou o que Deus preparou para aqueles que o amam" (1 CORÍNTIOS 2:9).

Desafio: Leia um livro inteiro da Bíblia hoje! Pode ser um dos mais curtos, mas compare o quanto essa forma de leitura fará mais sentido do que a baseada na separação de capítulos e versículos!

LISSA

JULHO 14

A MARATONA DA SUA VIDA

Combati o bom combate, terminei a corrida, guardei a fé.
(2 TIMÓTEO 4:7)

Sempre gostei muito de correr. No atletismo são várias as modalidades, desde corridas curtas (100 metros rasos) a corridas longas (maratonas). A diferença entre elas está, principalmente, na atitude do corredor. Alguém que corre uma maratona precisa priorizar sua resistência, pois ninguém aguenta correr o mais rápido possível durante todo o percurso. Já quem corre os 100 metros rasos precisa desenvolver sua velocidade para superar seus oponentes.

O apóstolo Paulo relacionou nossa jornada aqui na Terra com uma corrida (HEBREUS 12:1,2). Porém, muitos a enxergam como 100 metros rasos, sendo que se trata de uma maratona. Para correr uma maratona, é necessário uma preparação árdua. Além disso, ninguém se alimenta mal durante o tempo que treina para esse desafio. Precisamos estar constantemente preparados para essa corrida, através de uma boa alimentação, que é a Palavra, e um relacionamento com Deus. Durante a conferência Onething 2018, Jennifer Roberts afirmou que qualquer pessoa pode começar rápido uma corrida, a diferença está na intensidade contínua de manter o ritmo. Todos possuímos ritmos próprios, mas é necessário que, durante a corrida da nossa vida, consigamos chegar ao final de forma intensa.

Mas qual é o prêmio? Como vencer essa corrida? O prêmio é conhecer Jesus e viver a eternidade desfrutando de Sua beleza (FILIPENSES 3:10-14). Ele está na linha de chegada torcendo por nós! E, para vencermos, basta correr. Não há competição! As pessoas que correm do nosso lado devem ser fortalecidas e quanto mais gente chegar ao final, melhor. Portanto, lembre: não pare de correr, fortaleça quem corre ao seu lado e mantenha seus olhos em Jesus.

Desafio:
Liste cinco distrações que afastam você de um relacionamento profundo com Deus. Abandone tais distrações e não pare de olhar para frente. Ele está na linha de chegada esperando você!

FILIPE

15 JULHO

HOMENS DE VERDADE

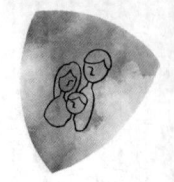

Quando se aproximava o dia de sua morte, Davi deu instruções ao seu filho Salomão: "Estou para seguir o caminho de toda a terra. Por isso, seja forte e seja homem". (1 REIS 2:1,2)

Como um homem deve ser preparado para a fase adulta? Através de instrução, orientação, advertências, mentoria, correção, direcionamento, acompanhamento e afirmação. É isso que Davi está transmitindo a Salomão. No texto Davi deu instruções a Salomão e pediu para que ele fosse forte e homem.

A adolescência deveria ser uma fase de aprendizado, contudo, parece que o adolescente, menino prefere a meninice à hombridade. Qual é a diferença entre meninice e hombridade? Meninice é a fase do desenvolvimento de todo adolescente e ele deixará as coisas de menino, da imaturidade. Portanto, é uma fase de transição e não de permanência.

Já hombridade é a capacidade de manifestar um senso de maturidade e responsabilidade. Jesus deve ser nossa referência. Em Lucas 2:52 diz que "Jesus ia crescendo em sabedoria, estatura e graça diante de Deus e dos homens". Para crescer é preciso:

a. Deixar as desculpas e assumir as responsabilidades;
b. Aprender e colocar em prática o que aprendeu;
c. Não repetir os mesmos erros, mas procurar acertar na próxima oportunidade;
d. Aceitar a ajuda de pessoas mais maduras;
e. Não fugir da correção quando errar. Pelo contrário, ser humilde e se arrepender.

Sandro Vila

Desafio:
Separe um tempo para observar onde você tem sido imaturo. Arrependa-se pedindo a Deus que te ajude a crescer em estatura e sabedoria. Converse com seus pais e líderes sobre onde você deve crescer. Seja forte, seja homem!

JULHO 16

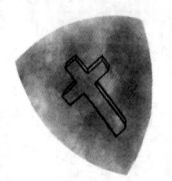

O MUNDO NÃO ERA DIGNO DELES

Eles o venceram pelo sangue do Cordeiro e pela palavra do testemunho que deram; diante da morte, não amaram a própria vida. (APOCALIPSE 12:11)

Nesses últimos tempos, tenho me dedicado a estudar sobre a história do cristianismo. Em *O livro dos mártires*, o autor John Foxe traz diversos relatos da história de pessoas que não renunciaram a Cristo e enfrentaram mortes terríveis por não negarem a sua fé. Eram submetidos a torturas, açoites, jogados em masmorras, isolados da sociedade e, por fim, executados. O Coliseu, por exemplo, foi muito usado como palco de mártires cristãos pelo imperador Nero (nos anos de 54–68 a.C.). Para você ter uma noção, naquela época ser cristão era a mesma coisa que não ser gente. Muitos deles se reuniam em cavernas, esgotos, porões, lugares bem escondidos para estudar a Bíblia e cantar louvores. No contexto do livro de Atos, os cristãos estavam justamente passando por essas dificuldades; eles eram perseguidos e excluídos da sociedade. Por isso vemos os apóstolos repartindo os bens com todos, pois o grupo era pobre e faminto (ATOS 2:44-47). Assim como o autor de Hebreus escreveu, homens dos quais o mundo não era digno (HEBREUS 11:38).

E mesmo agora, em pleno século 21, essas perseguições ainda acontecem. Lógico que a concentração maior são nos países africanos e orientais, que têm como principais religiões o hinduísmo e islamismo por exemplo. Várias igrejas têm enviado missionários a diversos lugares do mundo (aliás, lembre-se sempre de orar por eles). São pessoas que têm arriscado a própria vida por amor ao evangelho e levado a mensagem da Cruz aonde ela ainda não foi propagada.

Deus nos deu a graça do Brasil ser uma nação livre. Temos acesso à Bíblia, podemos evangelizar onde quisermos, nos reunir nas igrejas e em lugares públicos sem medo que alguém lance sobre nós um carro-bomba (sim, isso acontece). Mas e se não fosse assim? E se o Brasil fosse o país que mais tivesse perseguição religiosa no mundo, será que seríamos tão firmes quanto somos hoje? Talvez tenhamos perdido a noção do privilégio e não temos dado valor a liberdade que temos. O que você tem feito pelo evangelho? Você tem vergonha de falar de Jesus para seus amigos ou de dizer que não faz isso ou aquilo porque que eles vão te zoar? Por quê?

Desafio: *Junte um pessoal cristão do seu colégio e façam um mini culto durante o intervalo. Comecem um trabalho evangelístico nesse lugar!*

STELA

17 JULHO

DÍVIDA DE GRATIDÃO

...e eles cantavam um cântico novo: "Tu és digno de receber o livro e de abrir os seus selos, pois foste morto, e com teu sangue compraste para Deus homens de toda tribo, língua, povo e nação". (APOCALIPSE 5:9)

Existem diferentes tipos de comportamentos entre as pessoas financeiramente endividadas. Alguns, ao entrar no "vermelho", se tornam consumidos por isso. Seus dias e noites são tomados pelo esforço e preocupação. Outros, no entanto, permanecem indiferentes à situação, não dando a mínima para a reputação negativa que adquiriram. No reino espiritual, podemos ver esse exemplo com uma perspectiva diferente.

Há uma dívida em nossa vida. O salário do pecado é a morte e esse era o nosso destino como escravos. Porém, o sacrifício de Jesus nos comprou com Seu sangue e nos tornou propriedade exclusiva de Deus. Ainda assim, Jesus não nos trata como escravos (o que é o propósito da redenção). Mas a verdade é que nós só trocamos de dono!

Não há nada que possamos fazer para merecer o amor de Deus ou a vida eterna que Ele nos deu de presente, somos eternamente endividados! Como a sua vida responde ao sacrifício de Jesus?

Todos os dias, escolhemos entre a gratidão e a indiferença. Aceitamos com alegria o presente da vida eterna ou o jogamos fora. Nossa gratidão diante da revelação do amor dEle nos faz amá-lo de volta. O segredo para uma vida apaixonada por Ele, que reflete gratidão, está em ter a revelação do que Ele fez por nós e corresponder com quem Ele é! Qual é o seu comportamento diante dessa dívida eterna?

Desafio:
Mateus 25:40 nos mostra que, quando fazemos algo pelas pessoas, é como se estivéssemos fazendo para o Senhor! Então, faça algo especial para alguém hoje, como início de um estilo de vida que reflete gratidão sempre.

LISSA

JULHO 18

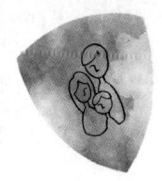

LEGADO

Jeorão tinha trinta e dois anos de idade quando começou a reinar, e reinou oito anos em Jerusalém. Morreu sem que ninguém o lamentasse, e foi sepultado na cidade de Davi, mas não nos túmulos dos reis. (2 CRÔNICAS 21:20)

Por onde passamos deixamos uma marca boa ou ruim. E no final de nossa vida, o que as pessoas dirão a nosso respeito? Jeorão reinou durante oito anos e, sem brincadeira, esse cara só trouxe discórdia! Ele matou todos os seus irmãos, levou o povo à idolatria, matou príncipes israelitas etc. Feito tudo isso, não me impressiona que ele tenha morrido sem que ninguém lamentasse sua morte. Afinal, ninguém tinha nada de bom para falar a respeito desse cara.

Lendo a história de Jeorão dá para perceber que ele deixou um péssimo legado. Talvez você nunca tenha pensado sobre o que vai deixar ou o que as pessoas vão lembrar de você pelos lugares por onde passar. Talvez ninguém te deixou um legado ou algo de valor, mas você pode começar a construir o seu agora.

A Bíblia está repleta de pessoas que deixaram um legado que vale a pena ser seguido. Pare para pensar sobre isso, sobre o que você tem deixado na vida das pessoas e lugares por onde passa; será que é uma imagem de Jesus ou uma vida totalmente destrutiva como a de Jeorão?

Talvez você não tenha tido exemplos de verdadeiros legados em sua família, mas felizmente você tem o maior exemplo, que é nosso Jesus! E a boa notícia é que você pode construir a partir do exemplo dEle. E se você teve um ótimo exemplo de legado em sua casa, baseado em Cristo, seja grato por isso e dê continuidade ao que Jesus começou na vida de sua família.

CONDO

Desafio: *Toda empresa deve possuir uma visão, missão e valores. De maneira superficial essas três coisas são: o alvo a ser atingido, o propósito da empresa para com os clientes e os princípios que servem de guia para as decisões. Acredito que todas as pessoas deveriam ter isso em mente. Quais são os meus princípios para agir, qual é o meu alvo e qual é o meu propósito?*

19 JULHO

O QUE TE MOVE?

Porque vivemos por fé, e não pelo que vemos.
(2 CORÍNTIOS 5:7)

Essa é uma pergunta que constantemente eu me faço quando vou fazer algo. O que está me movendo a fazer isso? A escola, na maioria das vezes, é um lugar onde é comum se mover pelos outros, indo na onda e fazendo coisas para se sentir parte. Mas qual é a motivação nisso? Na nossa vida, muitas vezes estamos em estado de inércia porque não permitimos que a força chamada fé nos mova a ver o sobrenatural e não as circunstâncias. A fé é a certeza das coisas que não se veem (HEBREUS 11:1), é um princípio de dependência de um Deus que supre todas as nossas necessidades.

Em Êxodo, no antigo testamento, a Bíblia relata a trajetória do povo de Israel até a terra prometida. Eles caminharam totalmente baseados nas circunstâncias que estavam vendo, mesmo tendo ouvido que Deus supriria todas as suas necessidades. Seus olhos estavam voltados para o natural e tudo era motivo de reclamação e descontentamento (ÊXODO 14:10-14). Pensa em um povo que testou muito a paciência de Deus!

Cristo, independentemente da nossa ação, continua o mesmo e, quando Ele nos toca, passamos a ser pessoas diferentes. Quando vivemos por aquilo que acreditamos, saímos do conforto e começamos a viver pelo sobrenatural. Pedro, quando deu o passo de fé, saiu do barco (MATEUS 14:29), mas, quando começou a olhar as circunstâncias, acabou afundando. A fé nos move a um lugar de viver experiências sobrenaturais, por isso saia da inércia e se permita ser movido pela eternidade de forma constante.

JULIA

Desafio: Em quais áreas da sua vida você não tem exercido a fé? Sempre que enxergar uma barreira em uma situação que está te impedindo de ter fé, ore para que Deus te fortaleça e ajude. Decida viver pelo que está escrito na Palavra e não pelo que vê!

JULHO 20

DIA DO AMIGO

QUEM SÃO SEUS AMIGOS?

*E Jônatas fez um acordo de amizade com Davi,
pois se tornara o melhor amigo de Davi.* (1 SAMUEL 18:3)

A fase da adolescência é marcada por uma constante tentativa de descoberta de identidade. Algumas vezes, durante minha adolescência, eu analisava outros colegas e procurava formar meu estilo. Sua identidade deve ser encontrada em Deus, pois Ele sabe exatamente o que tem preparado para você. Mesmo assim, é importante possuirmos figuras de referência para nossa vida. A grande dúvida é: quais amizades você permite influenciá-lo?

Hoje é o Dia do Amigo, e a Bíblia conta sobre uma verdadeira amizade entre Davi e Jônatas, repleta de fidelidade, amor e influência. Sejamos sinceros: a fidelidade e o amor você pode encontrar em uma amizade com pessoas que não são cristãs, mas a influência que um verdadeiro amigo deve exercer em você somente um cristão pode proporcionar! Uma amizade de verdade é estabelecida com pessoas que o ajudam a crescer em Deus, importam-se com suas dificuldades e dão conselhos a você com direcionamento bíblico. Suas amizades são assim?

Eu tenho várias amigos não-cristãos, mas meus melhores amigos sempre foram cristãos! Jônatas só foi fiel a Davi por acreditar no mesmo que ele. E, nos momentos em que Davi estava em apuros, Jônatas confiava em Deus e lembrava seu amigo do poder do Senhor para mudar as situações (1 SAMUEL 19:1-3). Portanto, seu crescimento espiritual necessita de amizades que o auxiliem nisso! Permita que aqueles que o influenciam sejam pessoas direcionadas por Deus e que o levem para mais perto dEle. E, além disso, seja um amigo que influencia os outros dessa mesma forma.

Desafio:
Liste seus melhores amigos e escreva cinco atitudes que cada um fez para levar você mais próximo de um relacionamento com Deus ou de ações que alegram a Ele.

FILIPE

21 JULHO

O PAPEL DO HOMEM

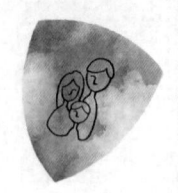

O Senhor Deus colocou o homem no jardim do Éden para cuidar dele e cultivá-lo. (GÊNESIS 2:15)

Ser homem não é "não chorar", ser durão e sair fazendo cara feia por aí, mas ter uma atitude de caráter, posicionamento, assumindo suas responsabilidades e erros, e esse já é um ponto que começamos mal. Após o primeiro casal pecar, Deus pergunta a Adão o que eles haviam feito e, de imediato, ele já se livra da culpa, passando-a integralmente para Eva (GÊNESIS 3:12).

Que responsabilidades o Senhor deu ao homem? Deus deu ao homem a responsabilidade de estabelecer ordem. Ele colocou-o no jardim para cuidar, cultivá-lo, mantê-lo como havia sido criado — de um jeito bom (GÊNESIS 1:31). E esse obviamente é um ponto em que falhamos, basta observar o jeito como o mundo está.

Deus deu a responsabilidade de afirmar identidade, por isso o homem é o pai. O homem, por ordem do Senhor, dá nome aos animais (GÊNESIS 2:20) e, mais tarde, dá nome à sua mulher, ou seja, a todas as criaturas existentes. Cabe aos pais afirmarem a identidade de filhos(as); todos precisamos de uma paternidade bem definida.

Deus deu a responsabilidade ao homem de ser o líder de seu lar; um líder cuida e se posiciona. A negligência de cuidado de Adão para com Eva permitiu que ela fosse enganada e tentada. Sua falta de posicionamento, consentindo com o pecado, levou os dois à queda (GÊNESIS 3:6).

Diante de tudo isso, sempre podemos nos espelhar em Jesus, o maior exemplo de masculinidade. Ao invés de transferir, Ele assumiu a culpa de todos. Jesus tinha posicionamento nos princípios do Senhor. Ele era um líder e por onde passava trazia ordem e o Reino de Deus. Espelhe-se em Jesus, o "segundo Adão", aquele que cumpriu o que o primeiro negligenciou (1 CORÍNTIOS 15:47).

NELSON

Desafio: *Pegue uma folha de papel e trace uma linha dividindo-a em dois campos. No primeiro, escreva "Jesus", coloque as características de caráter que ele demonstrou. No segundo, escreva "eu" e liste as atitudes que você tem tomado. Pendure esse papel num local visível e leia-o todos os dias.*

JULHO 22

A CIÊNCIA EXPLICA DEUS?

Agora, pois, vemos apenas um reflexo obscuro, como em espelho; mas, então, veremos face a face. Agora conheço em parte; então, conhecerei plenamente, da mesma forma como sou plenamente conhecido. (1 CORÍNTIOS 13:12)

Paulo escreve em Romanos 1:20 que nós podemos ver as qualidades de Deus por meio das coisas que por Ele foram criadas. Quando eu paro para analisar a infinidade que é o Universo, percebo o quanto Deus é infinito também. Quando eu me deparo com o processo que uma lagarta precisa passar para se tornar uma borboleta, vejo o quanto Deus valoriza cada processo que devemos passar na vida para sermos aquilo que realmente fomos projetados para ser. A riqueza dos detalhes que uma simples folha de árvore tem me faz voltar os olhos para um Deus que é cheio de detalhes nas pequenas coisas da vida. Mas a criação é apenas um reflexo daquilo que Ele realmente é.

Ao vislumbrarmos a natureza, estamos conhecendo Deus. Tudo veio dEle, então tudo tem um pouco dEle. Ainda que toda a humanidade dedicasse a sua vida para estudar Deus, todos os estudos que teríamos não seriam 1% daquilo que Deus literalmente é. Na verdade, o homem já tem feito isso, mas usando outro nome — a ciência.

Um dos objetivos da ciência é desvendar os mistérios do Universo e descobrir como ele funciona. São séculos e séculos de estudos que nos levam a milhões de questões e dúvidas a serem resolvidas. Novas descobertas que trazem novas perguntas que vão durar mais tempo de estudos e pesquisas. Isso me leva a uma única conclusão: a ciência está explicando Deus (mesmo que seja involuntariamente). Ela explica a infinidade do que Ele é. Quanto mais o conhecemos, mais descobrimos que ainda tem um monte de coisa para conhecer. Que loucura!

STELA

Desafio:
Pesquise no YouTube *esses dois vídeos:* The Awe Factor of God, *Francis Chan, e depois veja* O Canto das Estrelas, *Louie Giglio.*

23 JULHO

"HAJA LUZ"

A língua tem poder sobre a vida e sobre a morte; os que gostam de usá-la comerão do seu fruto. (PROVÉRBIOS 18:21)

Pela Palavra de Deus tudo o que conhecemos veio à vida. Mais tarde, Jesus, o Verbo que se fez carne, nos deu de presente vida eterna e plena. A forma como utilizamos as palavras pode gerar vida ou não!

Sou muito inspirada pela história do pastor Abe Huber. Sua família serviu à Amazônia por muitos anos, amando e evangelizando as comunidades dos ribeirinhos. Mais tarde, ele começou uma igreja em Fortaleza e começou a declarar sempre que muitas almas seriam salvas e que aquela igreja alcançaria milhares de pessoas. Hoje, esta é a realidade: a Igreja da Paz em Fortaleza ganhou milhares de pessoas para Jesus! Esse pastor também conta que algumas pessoas até lhe pediram perdão anos depois porque, no início, quando havia bem poucas pessoas, chegaram a achar que ele estava doido! É claro que por todos esses anos ele se moveu de acordo com aquilo que Deus colocou em seu coração. Mas ao contar essa história, o próprio Abe ensina a importância de declarar vida sobre as diferentes áreas da nossa rotina.

O livro de Tiago nos ensina que da boca de um cristão pode jorrar apenas uma fonte. Fofoca, murmuração, palavrões, declarações negativas jamais serão um canal de vida e bênção, então não fazem parte de um estilo de vida cristão. Por outro lado, vemos os frutos das palavras de Jesus. Encorajamento, repreensão com sabedoria, gentileza e conselhos que marcaram a vida de todas as pessoas que tiveram contato com Ele e que 2.000 anos depois continuam fazendo isso.

Nossa boca fala sobre o que enche o nosso coração. Se a Bíblia for o seu alimento e Jesus a sua fonte, suas palavras sempre propagarão vida. Ao declarar bênçãos sobre a sua família, versículos sobre a sua identidade, geração, escola, situação, governo ou qualquer outra coisa, faça isso com fé e assista a luz entrar.

Por muitas vezes vi pessoas afirmando que nossa geração só sabe reclamar, mas em nome de Jesus eu creio que essa não será a forma que seremos conhecidos. Tenho fé que a nossa geração será transformada e transformadora, pela graça de Deus e para a Sua glória. E isso começa agora. Espírito Santo, por favor, encha o nosso coração com a revelação de Deus através da Bíblia para que possamos transbordar vida em abundância!

Desafio: *Escreva três versículos em um papel e coloque-os em lugares estratégicos (espelho, agenda, guarda-roupa...) e declare-os até que essas verdades estejam cravadas em seu coração.*

LISSA

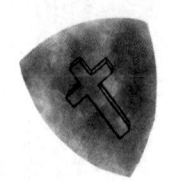

O SOBRENATURAL ESTÁ FORA DA SUA ZONA DE CONFORTO

...então Pedro saiu do barco, andou sobre a água e foi na direção de Jesus. (MATEUS 14:29)

Essa é uma história bastante conhecida em que um dos discípulos de Jesus anda sobre as águas com Ele. Dentre muitas aplicações que podemos tirar, o que mais me chama atenção é que no episódio haviam 12 homens no barco, mas apenas um deles viveu uma experiência sobrenatural. O fato de Pedro ter visto que era realmente Jesus ali foi o suficiente para ele ter uma atitude de fé e desafiar o natural, confiando em Jesus e vivendo o sobrenatural.

Apesar de Pedro ter afundado, porque começou a olhar as circunstâncias e teve medo, Jesus o pegou pela mão e questionou por que ele estava duvidando. Assim também é em relação a nossa vida. Muitas vezes, quando começamos a olhar os obstáculos que estão a nossa volta, como problemas e dificuldades, surge a ideia de duvidar que Deus está ali, quando na verdade só precisamos manter os olhos nEle e confiar. Não importa a tempestade que você esteja passando, lembre-se de que Ele está no barco.

A primeira coisa que Jesus fala quando é visto pelos discípulos aterrorizados, por acharem que era um fantasma vindo sobre as águas, é "Coragem! Sou eu. Não tenham medo". Ele pede para que eles tenham coragem, porque é Ele que está ali. O medo impediu muitos deles de terem uma experiência sobrenatural. A Bíblia escreve que Deus não nos deu espírito de temor, mas de ousadia (2 TIMÓTEO 1:7). Sair do lugar em que estamos acostumados e aconchegados é extremamente necessário para nosso crescimento, pois Deus sempre tem novos níveis para nos levar. Deixe para trás velhos hábitos, coisas e pessoas que não te levem para frente. O sobrenatural está fora da nossa zona de conforto, por isso, lembre que sempre que, quando você der esse passo de fé, Jesus estará ali para te dar a mão.

Desafio: Busque essa semana sair um pouco da sua rotina, criando novos hábitos e fazendo escolhas diferentes que te façam crescer em áreas que você precisa. Por exemplo, invista em um tempo maior na leitura da Palavra e em oração.

JULIA

25 JULHO

DINHEIRO TRAZ FELICIDADE?

Sei o que é passar necessidade e sei o que é ter fartura. Aprendi o segredo de viver contente em toda e qualquer situação, seja bem alimentado, seja com fome, tendo muito, ou passando necessidade. (FILIPENSES 4:12)

Acho que todos já ouvimos a expressão "Dinheiro não traz felicidade". Como resposta, a frase "Não traz felicidade, mas paga tudo o que ela gasta" é muito conhecida por nós. É verdade que nos sentimos alegres ao comprar bens materiais, mas será que esse sentimento permite que vivamos felizes?

De todos os livros escritos, a Bíblia é o único em que confio 100% e, em relação a esse assunto, ela é bem clara: se o apóstolo Paulo afirmou que aprendeu a viver contente em qualquer situação, como seria possível o dinheiro ser a fonte da felicidade se podemos ser felizes sem ele? Além disso, o livro *Formigas — Lições da sociedade mais bem-sucedida da terra* utiliza a Bíblia para apresentar outros três argumentos para a sustentação dessa ideia.

Primeiramente, estamos destinados a ser felizes na eternidade, enquanto o dinheiro não virá conosco (1 TIMÓTEO 6:7). Segundo, podemos experimentar a felicidade nas situações mais simples (1 TIMÓTEO 6:8), não necessitamos dele. E, em terceiro, é que o desejo pelo dinheiro pode acabar conosco (1 TIMÓTEO 6:9,10). Portanto, não procure alegria nos itens materiais nem pense que sua vida é menos feliz por não ter algo que outro possui. Faça do seu relacionamento com Ele a fonte da verdadeira alegria (FILIPENSES 4:4).

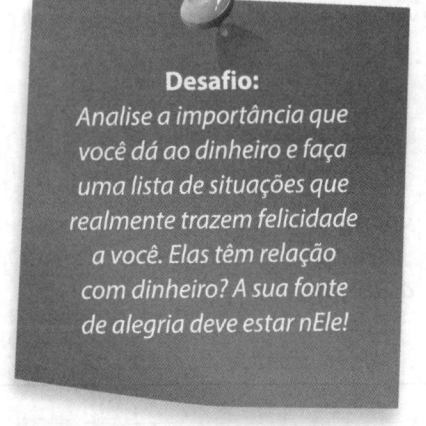

FILIPE

Desafio:
Analise a importância que você dá ao dinheiro e faça uma lista de situações que realmente trazem felicidade a você. Elas têm relação com dinheiro? A sua fonte de alegria deve estar nEle!

JULHO 26

PROMOTOR DE JUSTIÇA

*Porque no evangelho é revelada a justiça de Deus,
uma justiça que do princípio ao fim é pela fé, como está escrito:
"O justo viverá pela fé".* (ROMANOS 1:17)

Você já pensou sobre a importância da justiça dentro de uma sociedade? Hoje eu quero te fazer pensar sobre isso; sobre como o governo, as leis e tribunais nos ajudam a manter uma ordem dentro da convivência coletiva dos indivíduos. A organização da sociedade é dividida em várias áreas e cargos, mas tem um deles que me chama muita atenção e o seu nome é: promotor de justiça. Ele é responsável por defender os interesses sociais e individuais. Mas fique calmo; se você já se desesperou achando que precisa virar promotor, respire fundo, e preste atenção em como se tornar um promotor de justiça do Reino.

Pensando sobre isso, comecei a pesquisar o que a Bíblia fala sobre justiça e descobri que: Deus ama quem pratica a justiça (SALMO 37:28), Ele nos pede para buscar por ela e pelo Seu Reino (MATEUS 6:33) e que uma das características de Deus é ser justo e amar a justiça (SALMO 11:7). Isso também te dá vontade de começar a trabalhar a favor disso? Acredito que nesse versículo Deus está tentando nos despertar a nos tornarmos promotores de justiça; não a dos homens, mas a dos Céus.

A Bíblia nos dá uma instrução clara em Miqueias 6:8 de que devemos praticar a justiça, por isso quero te desafiar a ser um promotor de justiça dentro da sua sala de aula, dentro da sua casa, no meio dos seus amigos, dentro da sua igreja, na sua cidade e em todas as esferas que você consegue tocar. Tudo para que o governo e o reino dEle sejam estabelecidos por onde você passar.

BEA

Desafio:
Tenha uma ação durante o dia de hoje que mostre seu posicionamento como promotor de justiça.

27 JULHO

A TRISTEZA QUE PRODUZ ALEGRIA

No meio da mais severa tribulação, a grande alegria e a extrema pobreza deles transbordaram em rica generosidade. (2 CORÍNTIOS 8:2)

Paulo estava escrevendo aos Coríntios a respeito de generosidade. Ele então citou a condição da Igreja da Macedônia, que, em meio a grandes dificuldades, teve um transbordamento de alegria. Que alegria é essa que se manifesta em momentos difíceis como esse?

Em 2 Coríntios 7:10, Paulo fala a respeito de uma tristeza usada por Deus. Ela se diferencia da tristeza do mundo. A tristeza do mundo produz morte, angústia. No entanto, a tristeza usada por Deus produz frutos que nos aproximam dEle, que geram vida e por isso nos animamos, pelo fato de crescermos em maturidade, em conhecimento de Jesus, em intimidade com Ele e, assim, podermos adentrar mais profundo na presença dEle.

"Tu me mostras o caminho que leva à vida. A tua presença me enche de alegria e me traz felicidade para sempre" (SALMO 16:11 NTLH). A felicidade encontra-se não na conquista de bens, em atividades ou lazer. Ao contrário do que muitos pensam, ser feliz não consiste em ter elevado número de momentos de alegria. Existe sim uma alegria eterna e duradoura! Essa alegria é encontrada em estar na presença do Senhor, e as tristezas trazidas por adversidades, quando estamos em Deus, sempre nos levam para mais perto dessa presença. Como poderemos então ficar tristes diante disso?

NELSON

Desafio: *Quando você estiver desanimado, angustiado, triste, corra para o colo do Senhor, expresse seus sentimentos para Ele, encontre alegria na Presença dEle. Se você se encontra distante dos braços de amor de Deus, longe da Sua vontade, sendo alvo das tristezas do mundo, faça exatamente o mesmo: corra para a Presença do Senhor!*

JULHO 28

ABRACE O PROCESSO

Então todas as autoridades de Israel foram ao encontro do rei Davi em Hebrom, e ele fez um acordo com eles em Hebrom perante o Senhor, e eles ungiram Davi rei de Israel. Davi tinha trinta anos de idade quando começou a reinar, e reinou durante quarenta anos. (2 SAMUEL 5:3,4)

Na maioria das vezes quando vemos alguém conquistar uma posição ou algo importante na vida, não enxergamos o processo e o tempo que levou para que essa pessoa chegasse a esse lugar. Lendo um livro chamado *Enraizado — Os lugares escondidos onde Deus desenvolve você*, escrito por Banning Liebscher, Deus falou profundamente ao meu coração.

O autor fala sobre a vida de Davi e sobre três solos que Deus aprimorou para que ele chegasse ao lugar que tinha para sua vida. O primeiro solo é a intimidade: enquanto pastor de ovelhas, Davi desenvolveu uma intimidade com Deus através da oração, enfrentando batalhas e sendo dependente do Senhor. O segundo solo é o serviço: assumindo uma posição de humildade, Davi serviu a seu pai, aos irmãos e ao rei Saul, confiando totalmente em Deus e não em sua própria força. O terceiro solo é o da comunidade (o qual não seria possível sem as etapas anteriores): na caverna de Adulão ele aprendeu o que era ser um líder e cresceu em unidade em meio a dificuldades. Esses foram alguns dos processos de Deus aos quais Davi se submeteu para que pudesse crescer.

Em nossa vida, precisamos aprender a não pular etapas e confiar nas mãos de Deus. Outra coisa que vale se ligar, e que também é falado no livro, é que o Senhor preparou Davi nos lugares onde ele estava, ou seja, Deus nos colocou onde deveríamos estar e vai nos desenvolver nesse lugar até estarmos prontos para a próxima etapa. Portanto, se você tem se angustiado em querer avançar etapas, quero te encorajar a se submeter ao processo de Deus em desenvolvê-lo onde você está. Seja qual for sua posição hoje, tudo tem um valor específico para Deus.

CONDO

Desafio: *Como anda seu coração quando se trata de se submeter ao cuidado de Deus e o processo de desenvolvimento em cada área de sua vida? Entregue isso a Ele. Eu não poderia acabar sem recomendar esse livro que é realmente incrível e abençoador.*

29 JULHO

SEJA A VOZ

Pois não podemos deixar de falar do que vimos e ouvimos. (ATOS 4:20)

O mundo foi criado através da Palavra de Deus. Por meio de Sua voz, tudo se fez e a palavra gerou vida (JOÃO 1:3). Hoje vou falar sobre três tópicos importantes sobre a voz.

1. O poder das palavras. É incrível ver como algo tão natural para nós tem um poder tão sobrenatural. O que sai de nossa boca tem o poder de gerar vida ou morte. Por isso fomos chamados para anunciar as boas-novas, para Ele falar através de nós. Jesus é a Palavra Viva, o Verbo que se fez carne para anunciar a reconciliação da humanidade com Deus. Deus falou através de Jesus.

2. A forma como os discípulos falavam denunciava que eles andavam com Jesus. Fomos criados para ouvir, aprender e reproduzir. No contexto do versículo-base desse devocional, Pedro e João estavam proclamando o evangelho e muitos ouviram e creram. Isso incomodou as autoridades e líderes religiosos e os discípulos foram levados para um interrogatório. Quando eles começaram a falar, no versículo 13, as autoridades viram que eram homens comuns e sem instrução e admiraram a coragem deles. A forma como eles falavam denunciou que andavam com Jesus. Eles viveram milagres e aprenderam de perto, tiveram experiências e foram ensinados pelo grande Mestre. Não podiam deixar de falar do que viram e ouviram. Então mais que obras, precisamos falar! "O evangelho é eterno, porém não temos a eternidade para pregá-lo. Nós só temos o tempo que vivemos para alcançarmos aqueles que vivem enquanto vivemos" (Reinhard Bonnke).

3. Deus quer nos ouvir. É interessante ver na Bíblia a necessidade e a importância da voz e os efeitos que ela produz. Um exemplo disso é quando Jesus estava indo para Jericó (MARCOS 10:46-52) e no caminho encontra um cego que estava pedindo misericórdia e clamando o nome dEle. O Messias, em vez de dar a resposta curando logo, pergunta: "O que você quer que eu faça?". Isso mostra que nós temos um Deus cuidadoso e gentil, que não se impõe, mas se coloca na posição de parar para nos ouvir.

Sua voz tem poder! O que sua voz tem comunicado? Deus quer que você seja o porta-voz, alguém que fala para as pessoas sobre o próprio amor, que é Ele. Suas palavras têm o poder de gerar vida, então seja ousado e plante sementes.

Desafio: *Suas palavras têm poder, certo? Comece com coisas simples! Elogie pessoas próximas ressaltando as qualidades delas. Faça alguém hoje se sentir especial com uma conversa.*

JULIA

JULHO 30

MOVIDOS POR PROPÓSITO

Tu guardarás em perfeita paz aquele cujo propósito está firme, porque em ti confia. (ISAÍAS 26:3)

Bons atletas desenvolvem a capacidade de atuar bem sob pressão. Não importa o quão alto a plateia grite, eles precisam agir pelo que sabem e não pelo que sentem. Para nós, cristãos, não deveria ser diferente. Em 1 Coríntios lemos: "...Há, sem dúvida, muitos tipos de vozes no mundo; nenhum deles, contudo, sem sentido" (14:10 ARA).

Diariamente, os noticiários nos lembram do mundo violento em que vivemos, as pessoas ao nosso redor afirmam o que esperam de nós. Satanás usa qualquer meio para tentar infiltrar mais mentiras na sociedade e, principalmente, o Espírito Santo nos comunica verdades. Verdades que requerem sensibilidade para serem entendidas. Ou seja, há todo tipo de voz sobre nós e ignorá-las é mais fácil do que admitir sua influência em nossa vida.

Eclesiastes 3:1 declara que para todo propósito há tempo e modo. Os cristãos que entendem isso vivem de uma forma completamente diferente dos demais! Eles são estratégicos em tudo o que fazem e prosperam por buscarem a vontade de Deus, mesmo quando esse é o caminho mais difícil! Eles buscam o que o Senhor tem para eles em sua individualidade em vez de copiar aquilo que Deus está fazendo através de outros. Eles se atentam ao "quando" e ao "como" do Pai!

Pessoas terão conselhos ou palpites sobre a sua vida e o mundo espiritual também não se calará. Aprenda a filtrar seus pensamentos a partir da Bíblia e cultive seu relacionamento com o Senhor! Dessa forma, você desfrutará do plano "personalizado" de Deus para a sua vida em vez de perder tempo com algo que Ele não planejou para a sua história. Não permita que a pressão de outras vozes interfiram na sua missão. Como um bom atleta, se mova de acordo com o seu propósito!

Desafio: *Pergunte ao Espírito Santo sobre o que Ele deseja fazer através da sua vida de forma singular e pesquise sobre as ordens bíblicas (evangelizar, fazer discípulos...) para a vida de um cristão! Anote o QUANDO e o COMO ao lado dos tópicos.*

LISSA

31 JULHO

EMPREENDEDOR RELEVANTE

Assim, quer vocês comam, bebam ou façam qualquer outra coisa, façam tudo para a glória de Deus. (1 CORÍNTIOS 10:31)

Creio que Deus tem chamado muitos cristãos para a área de empreendimento e negócios, não somente para ter uma empresa, mas para que ela seja relevante para a sociedade e que glorifique o nome dEle. Um empreendedor cristão é aquele se dispõe a servir a Deus através dos seus negócios e que entende que todo o recurso gerado na empresa lhe foi confiado pelo Senhor para fazer a Sua vontade. Entretanto, ao mesmo tempo que o empreendedor enxerga seu negócio como parte dos planos de Deus para sua vida, ele precisa tomar cuidado para que o sucesso e o dinheiro não tomem conta do seu coração e acabe roubando a glória de Deus para si mesmo.

Paulo escreve em Filipenses 2:13 que Deus gera tanto o querer quanto o realizar, de acordo com a boa vontade dEle. Então tudo começa, termina e consiste nEle. Esse entendimento nos permite seguir a Sua voz para quando for necessário tomar alguma mudança de rumo. Além disso, devemos entender que somos cooperadores de Deus, então tudo o que fizermos precisa contribuir para o realizar do plano e propósito que Ele tem para nós (1 CORÍNTIOS 3:9).

Em uma sociedade com tantas empresas ainda praticando o trabalho escravo, injustiças com seus funcionários, sonegando impostos e contribuindo para o reino das trevas com coisas que vão contra a Bíblia, Deus está à procura de jovens empresários que tragam a justiça e a verdade do Reino para o ramo empresarial. Você é um deles?

STELA

> **Desafio:** *Não importa que tipo de empreendimento você tenha em mente, pode ser uma confeitaria, uma nova marca de roupas, um aplicativo de celular, livraria, até mesmo um canal do YouTube. Se Ele gerou um desejo no seu coração, coloque as mãos na massa! Coloque as coisas no papel, ore sobre elas e peça uma direção de Deus de como você pode começar esse negócio e de como ele vai ser relevante para a sociedade.*

NOTAS

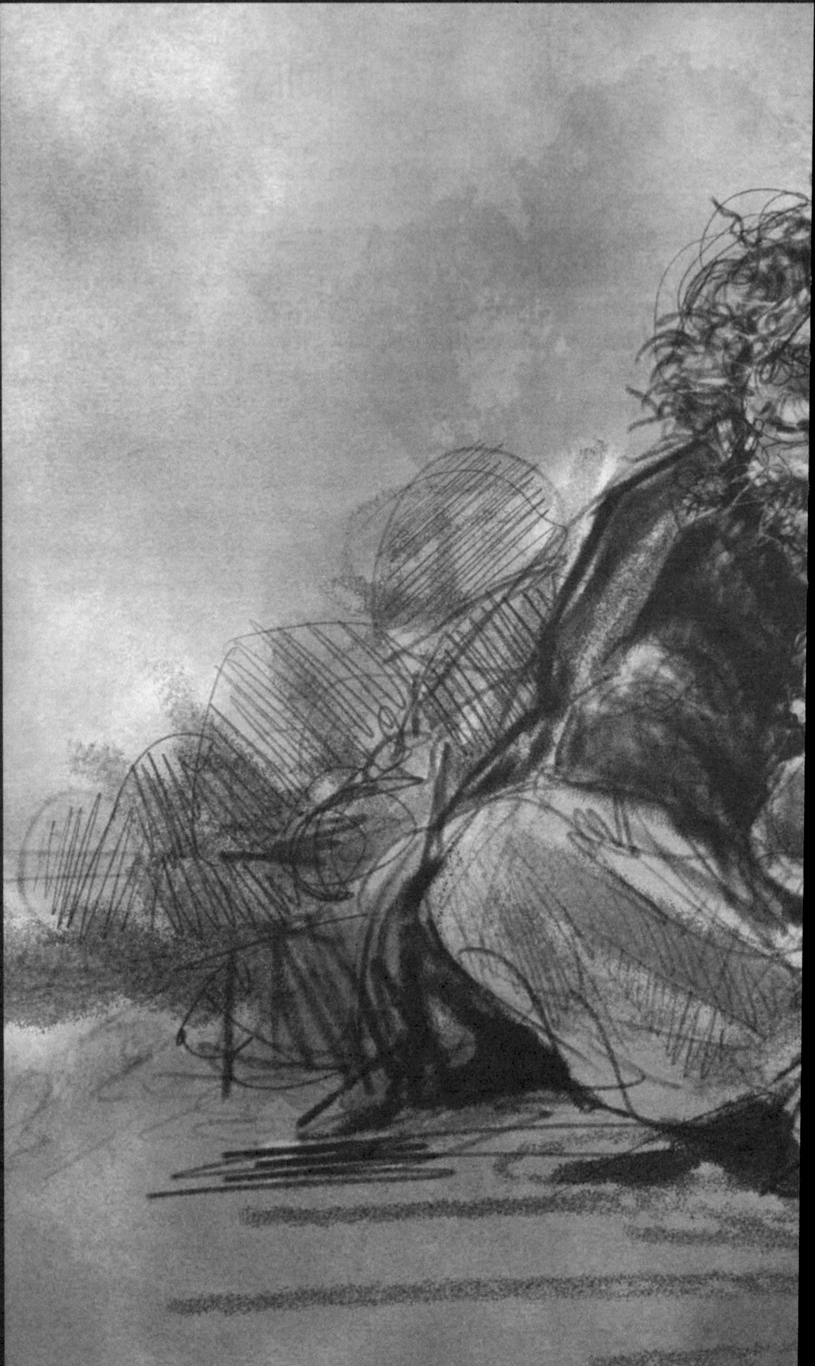

AGOSTO

1 AGOSTO

BOM DIA PARA QUEM?

Descobri que não há nada melhor para o homem do que ser feliz e praticar o bem enquanto vive. (ECLESIASTES 3:12)

Tenho lido, pesquisado e ouvido muitas pessoas falarem sobre a verdadeira felicidade, sobre como ela está ligada ao sentimento de aceitação, sucesso, realização, propósito, satisfação e mais algumas coisas. Essa informação estava ecoando na minha cabeça quando, em um belo dia, voltando para casa me peguei em uma situação que me ensinou que a felicidade não depende de nenhum dos itens acima (SALMO 4:7). Ela é uma simples decisão, além de ser algo realmente dado por Deus.

Ao chegar em um terminal, um morador de rua se aproximou de mim e disse que fazia dias que estava com vontade de tomar sorvete. Peguei rapidamente uma nota de dois reais — ele já havia me dito que o sorvete custava um pouco mais do que isso, mas que ele tinha algumas moedinhas. Então perguntei mais uma vez se ele realmente compraria sorvete — acabei suspeitando mal dele em alguns momentos dessa rápida conversa —, mas ele concordou. Depois de comprar, ele veio em minha direção novamente. Quando o vi voltar com aquele sorvete, com um dos sorrisos mais sinceros que eu já vi, com olhos brilhantes, com o coração disposto a dividir o sorvete comigo e cheio de felicidade, percebi que ele escolheu ser feliz, mesmo com algo tão simples.

Assim que ele se afastou um pouco, outra pessoa que estava por perto me perguntou se eu também tinha notado algo diferente naquele homem e, por mais estranho que isso possa soar, naquele dia esse homem refletiu Jesus para mim; ele me ensinou sobre Jesus. Muitas vezes olhamos os nossos problemas e esquecemos completamente que Ele é a felicidade (JOÃO 15:11), esquecemos aqueles pequenos detalhes, o cuidado nas pequenas coisas, os "mimos" que nos fizeram realmente felizes e focamos apenas nos problemas. Reclamamos, brigamos e somos grosseiros, esquecendo que temos muito mais do que um simples sorvete para agradecer.

BEA

Desafio: *Agradeça pelo máximo de coisas que você se lembrar ao final do dia, faça disso um hábito e realmente escolha desfrutar da felicidade que já está em você.*

AGOSTO 2

ÁGUAS MAIS PROFUNDAS

Mediu mais quinhentos, mas agora era um rio que eu não conseguia atravessar, porque a água havia aumentado e era tão profunda que só se podia atravessar a nado; era um rio que não se podia atravessar andando. (EZEQUIEL 47:5)

Por muitas vezes escutei sobre experiências que grandes homens e mulheres de Deus tiveram com o Senhor. Meu coração queimou, meus olhos se encheram de lágrimas e um desejo por uma intimidade profunda com o Espírito Santo nasceu em mim. Eu desejava experiências como aquelas que escutei e me perguntava se eu seria uma possível "candidata" para o sobrenatural.

Algumas pessoas na história me parecem ter encontrado um lugar especial em Deus onde puderam provar e ver a bondade do Pai. Será que eles eram os favoritos de Deus? Por mais bobo que isso me pareça hoje, eu realmente me perguntava isso. Mas a verdade é que não foi Deus que estabeleceu uma diferença entre aqueles que o experimentam ou não (ATOS 10:34). A profundidade que essas pessoas experimentaram no Senhor foi o resultado de sua própria busca. Elas encontraram o seu lugar em Deus. Enquanto seus amigos gastavam horas com entretenimento, eles liam a Bíblia e oravam; enquanto as outras pessoas escolhiam seus trabalhos pela quantidade de dinheiro que receberiam, eles buscavam primeiro a vontade de Deus; enquanto outros passavam suas noites em festas, eles choravam prostrados em seus quartos pedindo por mais de Deus. Por anos eles pagaram um preço, colocando o Senhor em primeiro lugar. Eles não eram movidos pelo desejo de ostentar histórias espetaculares ou esbanjar algo, muito pelo contrário, essas pessoas desejavam mais que qualquer outra coisa conhecer Jesus. Parte do fruto do que era cultivado em secreto transparecia em público!

Em Ezequiel vemos a história do homem que caminhou até que chegasse às águas profundas. Ele poderia ter parado quando elas atingiram o tornozelo — infelizmente muitos cristãos nunca passam do nível raso — ou poderia parar com água na cintura — afinal, isso já é mais do que a maioria prova — mas não; ele caminhou até as águas que eram tão profundas que já não era mais ele no controle. Você está disposto a sair da zona de conforto e caminhar?

"Se gastamos 16 horas por dia em contato com coisas desta vida e apenas 5 minutos por dia em contato com Deus, não será de se admirar que as coisas desta vida sejam para nós 200 vezes mais reais do que Deus?" (William Inge).

Desafio: *Pergunte ao Espírito Santo o quão profundo Ele deseja que você vá e que mudanças serão necessárias para que você chegue lá.*

LISSA

3 AGOSTO

TRABALHAR PARA QUÊ?

O Senhor Deus colocou o homem no jardim do Éden para cuidar dele e cultivá-lo. (GÊNESIS 2:15)

A palavra cultivar que aparece neste versículo quer dizer literalmente trabalhar, servir, lavrar. Essa palavra está relacionada com obedecer a Deus, ou seja, por meio dela Adão demonstraria sua adoração a Deus. Esse foi um padrão dado ao homem para que ele aplicasse os princípios e propósitos eternos de Deus como vida, liberdade e domínio. Essa palavra também aparece no Novo Testamento, incluindo o significado de "corte" ou "talho" em relação ao trabalho. É esse aspecto, de fazer uma marca ou corte através do trabalho, que revela como isso ajudaria a formar o caráter do homem. Adão foi colocado no jardim para trabalhar, produzir e cuidar. Isso ocorreu antes da queda, portanto, o trabalho não é resultado do pecado!

O pecado do homem perverteu esse belo trabalho de alegria em extremos humanísticos ou atitudes incorretas, que têm estado conosco há muito tempo. Contudo, o homem deveria disciplinar sua mente para manter uma atitude positiva com relação a essa função, deveria aplicar sua vontade e corpo físico para trabalhar alegremente em obediência e em resposta ao cuidadoso processo de Deus de nos formar do pó da terra. Esse trabalho deveria ser tanto externo como interno, deveria ocorrer dentro da mente de Adão antes de ser levado à obediência através de suas ações.

Durante muito tempo nós temos tido dois pensamentos relacionados a esse tema: ou idolatramos o trabalho ou os seus produtos. Porém, nossa mente deve estar ligada no princípio que o trabalho é algo que agrada o coração de Deus e molda o nosso caráter. Precisamos entender que essa função opera dentro de nós fé, confiança, habilidades, convicção, entre outros. E externamente ordena o ambiente, traz justiça e equidade, gera frutos. Eu e você fomos chamados para trabalhar em alguma área, exercer esse trabalho com alegria e entender que ele alegra ao Senhor e fará que nós deixemos nossa marca por onde passarmos. Hoje podemos decidir como queremos exercer nosso trabalho no futuro deixando com que esse princípio norteie nossa vida e profissão.

Desafio: Não espere chegar à faculdade para pensar sobre isso, pense agora. Determine o que espera colher através de seu trabalho, interna e externamente, e ore por isso durante seu Ensino Médio, para que quando chegar na faculdade tenha seus objetivos traçados.

Leslie Vila

AGOSTO 4

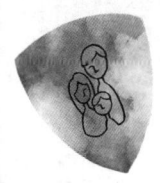

ABA, PAI

Eu digo que muitos virão do oriente e do ocidente e se sentarão à mesa com Abraão, Isaque e Jacó no Reino dos céus. Mas os súditos do Reino serão lançados para fora, nas trevas, onde haverá choro e ranger de dentes. (MATEUS 8:11,12)

Numa das vezes em que li esse texto, fiquei meio assustado ao ler a parte em que diz que "os súditos serão lançados para fora". Eu realmente não tinha entendido o que Jesus quis dizer com isso. Mas então me surgiu uma dúvida: o que é um súdito?

Um súdito é alguém que serve a um rei, mas que jamais teria intimidade com ele. O versículo anterior fala que "muitos virão do oriente e do ocidente e se sentarão à mesa". Ou seja, trata das pessoas que são da família de Deus, aqueles que têm intimidade para sentar-se à mesa. São esses os que o Senhor quer por perto. Ele não quer ser o Deus de quem se sente apenas súdito. Ele quer ser o Deus com quem você senta à mesa. Ele quer ser seu *Aba*, Pai.

Aba, é uma palavra que vem do hebraico, e significa "paizinho" ou "meu pai". Ela somente é empregada numa relação de total intimidade e proximidade. Uma expressão de carinho. Jesus a utilizou para referir-se a Deus.

Você tem sido apenas um súdito ou tem sentado à mesa? Se está sendo apenas um súdito, não sabe o que está perdendo. Ele quer te colocar bem no centro de toda explosão do Seu amor. Quer cuidar de você, quer falar com você, quer ser realmente seu Aba (ROMANOS 8:15). Mas para isso você precisa buscá-lo e confiar nEle. Corra depressa para os braços dEle!

NELSON

Desafio:
Medite a respeito do que você acabou de aprender. Analise sua vida com Deus e veja se você está depositando a confiança que Ele merece. Faça o possível para conhecê-Lo cada vez mais. Passe mais tempo lendo a Palavra e conversando com seu Aba, Pai.

5 AGOSTO

PARTE I
SE MOVA PARA VENCER AQUILO QUE TE PARALISA

*Eis que eu vos dei o poder de pisar serpentes,
escorpiões e todo o poder do inimigo, e nada vos fará dano.*
(LUCAS 10:19)

Nessa série sobre autoridade, quero mostrar que você tem um poder incrível dentro de si proporcionado por Deus. É a autoridade para vencer o maligno, assim como doenças, demônios e todo o mal que pode haver no mundo. Sim! Deus quer te usar para estabelecer o Reino dEle por onde você passar e onde colocar as suas mãos. Nesse primeiro texto, quero fazer um paralelo com a figura do escorpião e o que ele pode representar em nossa vida.

O escorpião é um aracnídeo que tem um veneno capaz de paralisar sua presa facilitando assim a sua morte. Você já percebeu como as decepções, os medos, as lutas, as afrontas e as tristezas que vivenciamos em nosso dia a dia podem nos paralisar? Essas situações são como o veneno do escorpião, são formas que o inimigo usa para nos atacar. Quando passamos por essas circunstâncias, temos a tendência a ficar paralisados, sem reação. O problema é que ficar assim facilita a nossa morte. "Sabemos que somos de Deus e que o mundo todo está sob o poder do maligno" (1 JOÃO 5:19). Ou seja, sabemos que o mundo está sob o poder do mal, porém, nós temos dentro de nós aquele que venceu o mundo (JOÃO 16:33). Ele habita dentro de nós e nos deu autoridade para vencer as trevas!

Por isso, se mova! Todos os dias temos que enfrentar gigantes, mas não podemos deixar que eles nos paralisem. Você tem a capacidade e autoridade de pisar nesses escorpiões e vencê-los! Precisamos estar preparados, nos alimentando da Palavra e falando com Deus todos os dias e, assim, seremos fortalecidos e nos tornaremos ousados e capazes de lutar e vencer. "Filhinhos, vocês são de Deus e os venceram, porque aquele que está em vocês é maior do que aquele que está no mundo" (1 JOÃO 4:4).

Desafio:
Leia Efésios 6:13-17 e busque o entendimento da importância de estarmos revestidos da armadura de Deus.

JULIA

AGOSTO 6

PARTE II
NÃO TENHO REMÉDIO, MAS POSSO ORAR POR VOCÊ?

Reunindo os Doze, Jesus deu-lhes poder e autoridade para expulsar todos os demônios e curar doenças, e os enviou a pregar o Reino de Deus e a curar os enfermos. (LUCAS 9:1,2)

É comum vermos na Bíblia multidões sendo atraídas pelos milagres que Jesus fazia (JOÃO 6:2) com o propósito de manifestar a glória de Deus e mostrar o quanto o evangelho é real. Assim como o Mestre, os discípulos se submetiam a Deus e eram usados para curar os enfermos. Mas isso não se limita àquela época e aos grandes homens que vemos nas Escrituras, pois a mesma autoridade que estava sobre eles está sobre nós.

Este é o seu tempo e está na hora de agir! "Estes sinais seguirão aos que crerem" (MARCOS 16:17). Se você crer, os sinais te seguirão e coisas maravilhosas podem acontecer. Quando oramos pelos enfermos e falamos em nome de Jesus, estamos declarando o nome que é poderoso para colocar todas as coisas de novo no lugar. Já orei por pessoas que foram curadas na hora, que foram curadas depois e pessoas que também não foram curadas. Mas em todas essas situações, independentemente do resultado que eu esperava, Deus me ensinou a ter a ousadia de fazer o que Ele me pediu e depender totalmente da vontade dEle.

Você já imaginou quantos líderes, governantes, empresários, homens com grandes recursos, que alcançaram milhões em bens materiais, muitas vezes são acometidos de uma doença que dinheiro nenhum pode resolver? Vemos em 2 Reis 5, a história de Naamã, comandante do exército do rei da Síria, que ficou leproso. Mas Eliseu, um profeta do Senhor, foi usado para curá-lo. Isso fez com que Naamã dissesse: "Agora sei que não há Deus em nenhum outro lugar" e também "nunca mais [farei] holocaustos e sacrifícios a nenhum outro deus senão ao Senhor" (2 REIS 5:15,17). Comandantes de exércitos, líderes e governantes podem experimentar o poder sobrenatural de Cristo através de você e isso pode impactar culturas de muitos países e nações! Você já parou para pensar nisso?

Poder para curar uma dor de cabeça, nas costas ou até câncer. Você tem essa autoridade! Assim como Jesus, e somente através dEle, temos essa autoridade. Não dependa de você, mas dependa daquele que é capaz de todas as coisas. Você carrega dentro de si algo sobrenatural, então não viva e não creia de forma natural!

Desafio: *Quero te encorajar a orar hoje por uma pessoa que está enfermo. Não se esqueça que você tem a autoridade! Faça uma oração simples e deixe Jesus te surpreender. Ore com fé e dependa totalmente dEle!*

JULIA

7 AGOSTO

PARTE III
EXPULSANDO DEMÔNIOS

*Escolheu doze, designando-os como apóstolos,
para que estivessem com ele, os enviasse a pregar e tivessem autoridade
para expulsar demônios.* (MARCOS 3:14,15)

De acordo com a Bíblia, "A nossa luta não é contra pessoas, mas contra os poderes e autoridades, contra os dominadores deste mundo de trevas, contra as forças espirituais do mal nas regiões celestiais" (EFÉSIOS 6:12). Estamos em uma guerra e é justamente por isso que Jesus nos deu autoridade para expulsar demônios. Aquele que crê em Deus e é nascido dEle já tem o Seu poder e a Sua proteção (1 JOÃO 5:18).

Para que essa autoridade seja reconhecida através da nossa vida, precisamos ter relacionamento verdadeiro com Jesus. Atos 19:13-17 conta que sete filhos de um dos sacerdotes dos judeus estavam tentando expulsar demônios, mas não conseguiram. Entenda, o diabo sabe quem Deus é e também quem nós somos. A palavra desses sete rapazes dirigida ao demônio saiu vazia e sem autoridade, porque estavam apenas tentando imitar aquilo que viam o apóstolo Paulo fazer. A religiosidade exterior não é reflexo de intimidade com Deus. Não importava se eles eram filhos de um sacerdote, também não importava o fato de eles terem visto (talvez várias vezes) como Paulo expulsava demônios. Não era a forma ou os métodos, não é uma receita pronta. A autoridade vem através do relacionamento com Cristo!

Você quer se mover em Deus? Então invista em tempo de qualidade diário com Jesus. Pois "nele vivemos, nos movemos e existimos" (ATOS 17:28). Somente nEle! Que seu objetivo hoje seja se revestir de toda autoridade que Jesus te proporciona e decida viver de uma forma que o inferno te tema e os Céus te reconheçam.

Desafio: *Através da oração temos autoridade para expulsar demônios que estão ao nosso redor. Não estamos lutando contra pessoas, mas contra o maligno que está evidente nas intrigas, fofocas, maledicências, mentiras e tudo que traz confusão. Estabeleça a paz em todo lugar que estiver, com a autoridade que Cristo lhe proporcionou.*

JULIA

AGOSTO 8

A RESPOSTA

A natureza criada aguarda, com grande expectativa, que os filhos de Deus sejam revelados. (ROMANOS 8:19)

Já vamos começar com um desafio, ok? Levante e vá até o espelho mais próximo, olhe bem no seu olho e veja que a resposta está bem na sua frente! E não estou falando da resposta para as questões de sempre, mas, sim, da resposta para o mundo da arte. Você pode estar se perguntando: "Por que eu sou essa resposta?". E vou te mostrar como isso é simples. Pense sobre o Universo, sobre a quantidade de folhas diferentes que existem e pense sobre o fato de não existirem pessoas iguais. Isso se parece com o quê? Arte! Quem fez tudo isso? Deus (COLOSSENSES 1:16). E quem Ele fez à Sua imagem e semelhança (GÊNESIS 1:26-28)? Você! É uma simples questão de lógica.

A arte pode ser vista de diversas maneiras. Ela comunica, expressa, chama atenção, retrata e revela sempre algo maior. E é sobre isso que eu quero te desafiar hoje. Sabendo que você é a resposta que o mundo das artes precisa, que o teatro precisa, que a música precisa, que a moda precisa, que a sociedade precisa, eu te desafio a começar a dar passos para corresponder a este chamado. Comece a criar com excelência, afinal a excelência revela a natureza de Deus e inspira pessoas!

Se você sente que Deus te deu qualquer tipo de habilidade artística (ÊXODO 35:35), seja com desenhos, pinturas, instrumentos, voz, estilo, criatividade, dança, interpretação ou qualquer outro tipo de habilidade, este devocional é para você, esse desafio é seu! Comece a analisar as áreas que estão dentro das artes e perceba como a Igreja se calou nesse ambiente. Observe também que o mundo cria tirando a glória do Criador. Mas não se esqueça de que você é a resposta para isso, que o dom que Ele colocou em você é a resposta, que a sua voz e a sua expressão são a resposta, então, permita que Deus se manifeste em você através das artes.

Desafio: *Separe um tempo para pesquisar sobre a esfera da arte, observe todas as áreas que ela abrange, identifique os problemas que existem e seja intencional em cada projeto para transformar essa realidade!*

BEA

9 AGOSTO

É PECADO SER RICO?

Pois o amor ao dinheiro é raiz de todos os males. Algumas pessoas, por cobiçarem o dinheiro, desviaram-se da fé e se atormentaram a si mesmas com muitos sofrimentos. (1 TIMÓTEO 6:10)

Por muito tempo essa foi uma grande dúvida minha. Sempre que lia a passagem do jovem rico (LUCAS 18:18-30), eu pensava: "Tá, se Jesus disse que é mais fácil um camelo passar pelo fundo de uma agulha do que um rico entrar no Céu, então quer dizer que eu não posso ser rica? Mas Abraão, Jó e Davi não eram ricos também?". Minha cabeça ficava muito bagunçada. Com o tempo fui me aprofundando na Palavra de Deus e me deparei com este versículo de 1 Timóteo.

Observe que o versículo não disse que o dinheiro é a raiz de todos males, mas, sim, o amor ao dinheiro. Por mais que o jovem rico estivesse seguindo todos os mandamentos, seu coração ainda era muito apegado às suas riquezas. Jesus não estava chamando-o para ser pobre. Quando Jesus fala para ele vender tudo o que tinha e dar o dinheiro aos pobres, Ele quis justamente mostrar para o jovem que ele ainda estava preso aos seus bens materiais.

Não importa o status, qualquer pessoa está sujeita a se apegar à riqueza, mesmo que ela seja muito pobre. O dinheiro e os bens materiais não podem ser senhores e controlar a nossa vida. Precisamos usar a riqueza em prol do Reino de Deus de forma que seja relevante para a sociedade. Creio que Deus quer usar empresários para abrir grandes negócios que possam gerar oportunidades para muitos e, assim, diminuir o índice de desemprego no país (são mais de 27 milhões de desempregados no Brasil, segundo o IBGE 2018), por exemplo. Deus quer usar pessoas que não serão dominadas pelas riqueza, mas que vão saber manejá-la da melhor forma possível!

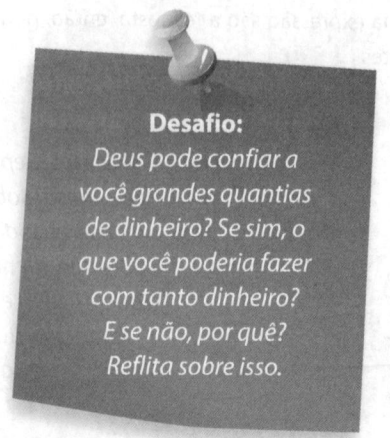

STELA

> **Desafio:**
> *Deus pode confiar a você grandes quantias de dinheiro? Se sim, o que você poderia fazer com tanto dinheiro? E se não, por quê? Reflita sobre isso.*

AGOSTO 10

VOCÊ PRECISA DE UM RECOMEÇO?

Esqueçam o que se foi; não vivam no passado. Vejam, estou fazendo uma coisa nova! Ela já está surgindo! Vocês não o percebem? Até no deserto vou abrir um caminho e riachos no ermo. (ISAÍAS 43:18,19)

Deus conhece cada etapa de nossa vida. Ele está ciente dos erros, acertos e conselhos que já recebemos. A onisciência e onipresença de Deus o tornam o único juiz verdadeiramente imparcial do Universo. Seus princípios não foram influenciados por ninguém e sua análise é profunda, alcançando o nosso coração. Ele conhece nossa história, contexto social e até mesmo motivações, portanto a melhor forma de julgarmos nossa própria fidelidade é pedindo ajuda ao Espírito Santo. Mas como assim fidelidade?

Nossa fidelidade está em agir de acordo com o que já recebemos. Desde pequenos, somos orientados. E em meio a tantas informações, Jesus nos fala qual delas importa mais (LUCAS 10:27). Se colocarmos em prática o maior mandamento (que é amar ao Senhor mais do que tudo), seguiremos a Palavra de Deus (JOÃO 14:21). Essa é a fórmula para o sucesso verdadeiro! E nossa fidelidade não para em fazer o que já sabemos, mas em buscar o que nos falta, nos enchendo sempre e cada vez mais da Bíblia!

Agora, já reconhecemos a perfeição de Deus e lembramos de Suas direções para nós. É, então, nesse momento, que nos deparamos com nossa rotina. Não importa quais sejam os hábitos e gostos já formados, na vida de um cristão, só há espaço para o que glorifica a Deus! Essa verdade me levou a mudar radicalmente. Quando identifiquei em minha rotina hábitos errados ou até mesmo descartáveis, iniciei meu processo de ajuste à Palavra de Deus. E te incentivo a fazer o mesmo nesse dia! O que não merece estar em sua vida? Pode parecer algo pequeno, mas se está passando pela sua mente é porque, muito provavelmente, esse hábito precisa ser removido. Seja fiel! Como você aconselharia uma outra pessoa para se livrar desses mesmos hábitos? Não há espaço para desculpas; se necessário, busque ajuda, mas saia de sua zona de conforto e abandone o conformismo. O "mais de Deus" está a uma atitude de distância!

LISSA

Desafio: *Após realizar suas responsabilidades hoje, faça um plano de ação! Organize e planeje sua rotina com o propósito de glorificar a Deus.*

11 AGOSTO

O AMOR DELE POR NÓS SUPERA QUALQUER COISA

Em amor nos predestinou para sermos adotados como filhos por meio de Jesus Cristo, conforme o bom propósito da sua vontade. (EFÉSIOS 1:5)

Meu relacionamento com meu pai foi repleto de diversão e brincadeiras. Ele sempre esteve presente na minha infância, mas como todo ser humano, ele falharia em algum momento no processo do meu crescimento. E uma coisa que na minha adolescência eu sentia falta era do abraço do meu pai. Eu via os pais de alguns de meus amigos os abraçando e dizendo: "Eu te amo, filho" na frente das pessoas, e eu achava aquilo muito da hora. Eu nunca me revoltei contra meu pai por isso, mas sempre desejei que ele fizesse algo semelhante por mim.

E uma das coisas que Deus me ensinou foi que não tem como uma pessoa transmitir algo que nunca recebeu, então fui buscar conhecer a história da vida do meu pai. Foi uma tarde cheia de lágrimas, as minhas e as dele. Foi conhecendo a história dele que eu pude entender essa dificuldade de expressar amor dessa maneira. Eu sei, isso parece um "casos de família gospel", mas tenho certeza que Deus vai ministrar ao seu coração nesse devocional.

Talvez você sinta falta de algo da parte do seu pai terreno na área emocional, talvez ele nunca tenha dito "eu te amo" ou te dado um abraço acolhedor. Mas sabe, talvez seu pai não recebeu esse amor e por isso não sabe como transmitir para você. Contudo o amor do nosso Deus Pai supera todas as falhas dos nossos pais terrenos.

Isaías 49:15 diz que o amor dEle não se esquece de nós. Talvez você nunca tenha conhecido o amor de seus pais, mas saiba que o amor de Deus por você supera todas as falhas humanas. Ele deu tudo por nós (2 CORÍNTIOS 8:9), nos considera filhos (1 JOÃO 3:1) e nada pode nos separar desse amor (ROMANOS 8:38,39).

Desafio: Esse desafio talvez possa parecer difícil para você nesse momento, mas busque conhecer a história do seu pai (ou responsável). Pergunte sobre a história da infância dele, como os seus avós o tratavam etc. Isso esclarecerá muita coisa e, mais do que isso, pode trazer cura à vida do seu pai e também à sua. Tire um tempo para orarem juntos, abrindo o coração para Deus, para que vocês possam aprender a transmitir esse amor através da ajuda do Espírito Santo.

CONDO

AGOSTO 12

O ATLETA DA FÉ

Combati o bom combate, terminei a corrida, guardei a fé.
(2 TIMÓTEO 4:7)

A Bíblia compara a vida cristã como uma corrida, como um atleta que corre para a linha de chegada. Assim como na corrida, há uma largada em nossa vida: quando aceitamos aquilo que Jesus fez por nós e O reconhecemos como Senhor da nossa vida. Existe um caminho a ser percorrido. Nesse caminho, o atleta precisa sempre ganhar velocidade e manter-se firme, correndo sem parar. Nas corridas da antiguidade, havia obstáculos e armadilhas posicionados pelo caminho, além de outros corredores que poderiam empurrar, passar o pé, fazendo o outro cair. Podemos considerar isso as adversidades, tentações e o pecado, diante dos quais devemos estar vigilantes e cuidadosos em todo tempo, para não tropeçar, pois prejudicará nossa corrida (1 CORÍNTIOS 10:12).

Existe também uma linha de chegada, que é a glória futura em Jesus, onde o conheceremos plenamente. Esse é nosso objetivo, nosso alvo (FILIPENSES 3:12). Ter isso em mente é extremamente importante, pois aquele que corre sem vislumbrar o alvo é como quem tenta esmurrar o vento: nada consegue (1 CORÍNTIOS 9:26). Devemos correr com os olhos focados na linha de chegada, sem olhar para trás, para não perdermos de vista nosso objetivo, acabar desanimando da corrida e desistindo.

Mantenha seus olhos focados em Jesus! Não nas adversidades, nem nas circunstâncias. Olhe para Ele! Não olhe para o passado, para o que você fez ou deixou de fazer, aceite o perdão do Senhor, pois Ele morreu na cruz para que você fosse justificado. Quando Pedro tirou os olhos de Jesus e começou a observar a tempestade e o vento, ele teve medo e começou a afundar (MATEUS 14:30). Não tire os olhos da linha de chegada! E como fazemos isso? Passando tempo em secreto com o Senhor Jesus, observando-O, contemplando-O, para não o perdermos de vista.

NELSON

Desafio: *Vá para um gramado ou um lugar que tenha areia, para você não se machucar. Tente correr a maior distância e o mais rápido possível, sem cair e em linha reta enquanto olha para trás. Não dá certo! Precisamos correr visando nosso alvo. Invista mais tempo com o Senhor, contemplando a linha de chegada.*

13 AGOSTO

A HONRA NÃO ESPERA RECOMPENSA

Eliseu mandou que Geazi dissesse a ela: "Você teve todo este trabalho por nossa causa. O que podemos fazer por você? Quer que eu interceda por você junto ao rei ou ao comandante do exército?" Ela respondeu: "Estou bem entre minha própria gente". (2 REIS 4:13)

Todos nós possuímos figuras de autoridade em diversas áreas de nossa vida. Na escola, os professores. Em casa, os pais. Nas ruas, um policial. E assim por diante. Diante dessas autoridades, espera-se de nós uma atitude de honra e também, conforme o caso, que apresentemos bons resultados, como na escola por exemplo. Porém, você já se perguntou qual é a sua motivação ao tomar tais atitudes?

Respeitar seu professor é uma obrigação, não se deve esperar uma recompensa em relação a isso. Então, por que esperamos ganhar presentes de nossos pais depois de uma boa nota na prova? Muitos já ouviram: "Você não fez mais que a sua obrigação", mas poucos compreenderam o significado disso. A honra não espera recompensa, apesar de poder gerá-la (ÊXODO 20:12).

A Bíblia conta a história de uma mulher que honrou Eliseu e seu servo Geazi ao lhes dar quarto e cama (2 REIS 4). Ela não esperou nada em troca, apenas quis agradá-los. Quando questionada sobre o que gostaria de receber, não pediu nada — mesmo não tendo filhos e possuindo um marido idoso, ou seja, poderia pedir um filho. Por conta desse coração, Deus a abençoou e ela engravidou. Portanto, honrar as autoridades que Deus instituiu sobre a nossa vida deve ser o verdadeiro objetivo dessa atitude. Nosso coração deve estar sedento por honrá-los, mesmo que isso não diga respeito a nós (ROMANOS 12:10).

FILIPE

Desafio: Escolha uma autoridade em sua vida e, hoje mesmo, tome uma atitude visando honrá-la publicamente. De preferência, algo que não dará a você mesmo nenhuma recompensa. Mesmo que ninguém veja, Ele vê!

AGOSTO 14

A CARA DO REI

*Eles lhe trouxeram a moeda, e ele lhes perguntou:
"De quem é esta imagem e esta inscrição?" "De César",
responderam eles. Então Jesus lhes disse:
"Deem a César o que é de César e a Deus o que é de Deus".
E ficaram admirados com ele.* (MARCOS 12:16,17)

Nos versículos acima, os fariseus tentam incriminar Jesus de alguma forma perguntando a respeito dos impostos, se era lícito pagar ao imperador romano César ou não. Eles queriam colocar Jesus em uma "saia-justa", fazendo com que Ele escolhesse um dos lados. Se Cristo somente respondesse que era a favor de pagar, estaria contra o povo que era oprimido pelo governo. Porém, caso ele somente respondesse que era injusto pagar, estaria contra os romanos, que, por sua vez, o prenderiam na hora. Mas Jesus impressiona a todos com Sua resposta nos ensinando algo muito incrível: "Deem a César o que é de César e a Deus o que é de Deus".

Qual é a imagem que está na moeda? César. Então entreguem ao governo tudo que é do governo, obedecendo às leis de onde vivem. E nós, filhos de Deus, fomos criados à Sua imagem e semelhança, temos dentro de nós Sua identidade e somos reflexo de quem Ele é. Logo, devemos entregar a Deus tudo que somos, porque a Sua imagem está gravada em nós!

Concordando ou não, devemos nos submeter às autoridades do governo como cidadãos exemplares, respeitando as regras e cumprindo-as independentemente da corrupção aqui na Terra. Apesar de regras a serem seguidas aqui, nosso padrão vem do Céu, pois ele é eterno. Devemos aprender a colocar as coisas no seu devido lugar. Assim como Paulo orienta: "Deem a cada um o que lhe é devido: Se imposto, imposto; se tributo, tributo; se temor, temor; se honra, honra" (ROMANOS 13:7).

Desafio: *Você já orou entregando tudo o que você tem para Deus? Parece ser algo tão "bobo" não é mesmo? Mas é muito importante você verbalizar isso. Ore hoje entregando absolutamente tudo a Deus e tenha no seu coração o desejo de honrá-Lo com tudo o que você tem.*

JULIA

AFINAL, QUEM É O CULPADO?

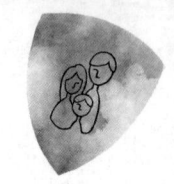

O filho não levará a culpa do pai, nem o pai levará a culpa do filho.
(EZEQUIEL 18:20)

Quando chegamos a uma certa idade na adolescência, começamos a perceber certas coisas em nossos pais. Geralmente a primeira delas é que eles cometem erros, afinal, eles são pessoas, certo? Certo, mas isso não parecia tão óbvio quando éramos crianças. Outra coisa é que eles têm problemas, às vezes, graves. E de repente, olhamos para nós, filhos, e fazemos a seguinte pergunta: "Será que os problemas que passo hoje são consequências dos erros dos meus pais?".

Contarei um pouco da história da minha família. Meu pai, quando jovem, pôde cursar seis universidades, e adivinha só? Não terminou nenhuma. Ele acabou entrando para a polícia. Se casou com a minha mãe, que era dona de casa. Tiveram minhas irmãs e eu. Depois de um tempo, meu pai foi demitido. Eu e minha irmã do meio tínhamos acabado de entrar na adolescência. Meu pai não conseguia arranjar emprego e minha mãe começou a trabalhar num salão. Então, eles se separaram. Eles não podiam nos oferecer escolas boas, muito menos pagar uma faculdade para nós. Certo dia me perguntei: "Será que, se meu pai tivesse estudado naquelas seis universidades que ele passou, eu não teria uma vida melhor? Será que a culpa é minha? Não, acho que meus avós não puderam oferecer isso a eles, então a culpa é deles?". Eu entrei em crise, procurando respostas, me sentia muito injustiçada por tudo o que estava acontecendo. Foi aí que Deus falou comigo.

"Se você soubesse de quem era o culpa, o que mudaria em sua vida? Pare de tentar achar um culpado, filha. Eu te coloquei neste lugar. Os erros do passado ficaram no passado, viva o agora. Se você está num buraco, Eu estou com você nele e nós vamos sair dessa juntos, sem olhar para trás! Ame seus pais e honre a vida deles com a vida que Eu tenho para você, afinal, por algum motivo eu os fiz para serem seus pais, certo?" Depois desse dia, parei de procurar respostas. Entendi que eu não precisava me martirizar pelo que aconteceu ou deixou de acontecer. Deus tem um propósito para todas as situações, então, ao invés de questionar, eu passei a viver.

> **Desafio:** O meu maior desafio depois que Deus falou comigo foi falar com meus pais a respeito disso. Então, hoje te desafio a fazer o mesmo. Abra o jogo com eles, peça perdão por qualquer situação que você os tenha culpado e diga que os ama independentemente do que aconteceu. Vai ser bom, acredite.

STELA

AGOSTO 16

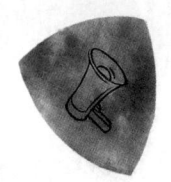

SUA IMAGEM IMPORTA

Criou Deus o homem à sua imagem, à imagem de Deus o criou; homem e mulher os criou. (GÊNESIS 1:27)

Você sabe que fomos chamados para sermos o diferencial do mundo. Precisamos influenciar positivamente as pessoas que convivem conosco e, através de boas obras, glorificarmos ao Senhor (MATEUS 5:13-16). Além disso, nossa imagem será associada àqueles com que andarmos, ou seja, com quem mais nos relacionamos.

Com 16 anos, conheci um cara no meu colégio que fumava muita maconha. Decidi falar de Jesus para ele e, como ele era fechado, dediquei grande parte do meu tempo para isso. Infelizmente, fiz da maneira errada, pois, apesar de eu não fumar, eu estava presente quando ele fumava. Eu pensei que, se estivesse ao lado dele enquanto ele fumava, mostrando atitudes cristãs que não concordavam com isso, ele pararia. Porém logo fui chamado pela diretoria que disse algo como: "Achei que você era diferente, não sabia que você fazia essas coisas". A pergunta que fica é: com quem você tem associado sua imagem? Quando as pessoas olharem você e sua roda de amizades, elas devem ver Cristo! Ouvi o pastor Victor Azevedo perguntar se nós cristãos gostaríamos de ter uma foto nossa como propaganda de um bar. Eu não gostaria, pois aquele lugar não representa o que acredito. Se Deus nos fez à imagem e semelhança dEle, logo Ele acredita em nós. Nós temos a imagem do Rei dos reis associada à nossa vida! Precisamos nos associar a pessoas e a situações que glorifiquem a imagem dEle que está em nós.

Adolescente, não adianta tentarmos influenciar outras pessoas associando nossa imagem a coisas que não são corretas. Quer um exemplo? Você não precisa andar com os bagunceiros para influenciar seus comportamentos (SALMO 1:1). Na história que contei, eu tinha uma boa intenção, mas associei minha imagem da forma errada. Eu poderia ter falado de Jesus sem precisar estar com o menino enquanto ele fumava. Portanto, escolha refletir a imagem de Deus em todo tempo.

Desafio: *Faça uma lista das pessoas com que mais anda, dos perfis que segue nas redes sociais e das ações que realiza. Todos podem ser associados à imagem de Deus? Alinhe sua imagem com a dEle.*

FILIPE

17 AGOSTO

BRINCANDO E ADORANDO

Assim, quer vocês comam, bebam ou façam qualquer outra coisa, façam tudo para a glória de Deus. (1 CORÍNTIOS 10:31)

Tudo na nossa vida pode ser usado para glorificar o Senhor, para manifestar Jesus. Com exceção é claro, do pecado, pois o pecado nos afasta dEle. Sempre gostei muito de jogos virtuais e filmes, principalmente os de ação. Buscando fantasias para brincar, reproduzir cenas de filmes que eu havia achado legal, ou qualquer outra coisa, conheci o *Parkour*. Trata-se de um conjunto de técnicas que visa a transposição de obstáculos da forma mais eficaz, veloz e segura possível.

Acabei me envolvendo com um grupo da modalidade e pude, então, experimentar como era possível, através do *Parkour*, manifestar o amor de Jesus e pregar Sua mensagem. Muitas são as possibilidade: seja através de um treino, nas ruas, de performances, transmitindo a Palavra de Deus (abertura na Conferência Origem 2017) ou do relacionamento criado com outros praticantes.

O que quero dizer aqui é que tudo pode ser usado para Jesus. Quando entregamos nossa vida a Ele, não foi brincadeirinha, entregamos de verdade. Uma rendição total! Quer dizer que tudo o que somos, fazemos ou temos, deve ser usado para glorificar a Ele. O fluir de Deus deve vir de cada ação e atitude nossa. Isso engloba suas diversões, lazer, esportes e diversas outras coisas. Sim! Podemos louvar a Deus através de nossas atividades de lazer. Ele está interessado na sua vida como um todo!

NELSON

Desafio:
Peça direcionamentos a Deus de como usar as suas atividades mais simples para demonstrar o amor dEle e glorificá-Lo.

AGOSTO 18

SANTIDADE É UMA ALIANÇA

Vocês, porém, são geração eleita, sacerdócio real, nação santa, povo exclusivo de Deus, para anunciar as grandezas daquele que os chamou das trevas para a sua maravilhosa luz. (1 PEDRO 2:9)

Há um desejo que queima no coração de Deus. Eu já posso ver em meu espírito uma geração de jovens que se levanta como um exército para viver de forma santa. Como podemos esperar fazer a diferença se formos iguais ao mundo? Ouso dizer que, só quando essa imagem se tornar realidade, veremos mudanças genuínas em cada área de influência da sociedade e, mais importante, diferença genuína na vida de cada pessoa que a compõe.

Você ama Jesus? Em que você baseia sua resposta? Se você respondeu que sim, porque é fiel à Palavra de Deus (ou o contrário), sua resposta está de acordo com a Bíblia. Mas o que o amor e a santidade têm a ver? Tudo! Vemos em João 14:21 que a santidade é a expressão do amor ao Senhor. Um dos primeiros passos para amar ao Senhor é dizer: "Eu aceito" (MATEUS 10:32), assim como os noivos no dia do casamento. Embora essa ação faça parte da cerimônia, é óbvio que um casamento é muito mais do que isso! Uma aliança é feita de um compromisso diário e eterno. Quando a noiva casa com o noivo, ela se compromete a não traí-lo com ninguém, ou seja, ser exclusiva para ele.

Santidade não é "frescura", mas, sim, a expressão desse compromisso. Santidade é fidelidade. A Bíblia nos compara com a noiva de Cristo e nos ensina que o Noivo voltará para uma Igreja SANTA. O que isso quer dizer? Quer dizer que a noiva dos sonhos de Deus é fiel a Ele. E não há espaço para nenhuma outra paixão que ocupe o lugar Dele! Se eu te falasse sobre uma noiva que traiu seu noivo "só" com uma pessoa, você acharia que isso é certo já que foi "apenas" com uma pessoa? Claro que não! E com Deus não é diferente! Se estamos sendo conscientemente e constantemente infiéis em uma coisa contrária à Palavra, já fomos infiéis (TIAGO 2:10) e precisamos consertar a aliança que foi quebrada.

Se você nunca tinha pensado em santidade dessa forma e reconhece que não foi fiel ao Senhor, refaça a sua aliança com Ele. Tome a melhor decisão da sua vida e volte a amá-Lo. A Bíblia nos mostra cada passo necessário nesse processo.

Desafio: *Peça ao Espírito Santo para te mostrar se há alguma área que ainda não passou das trevas para a luz. Busque ajuda em uma igreja ou líder (caso já frequente alguma)!*

LISSA

19 AGOSTO

AMOR A TODAS AS VISTAS

> *Lembre-se de onde caiu! Arrependa-se e pratique as obras que praticava no princípio. Se não se arrepender, virei a você e tirarei o seu candelabro do seu lugar.* (APOCALIPSE 2:5)

Todos nós já ouvimos a expressão "amor à primeira vista". Já vimos diversos filmes que exploram de maneira repetitiva essa ideia. Já ouvimos o mesmo inclusive de pessoas chegadas a nós. Talvez você ainda não tenha se sentido assim por alguém especial, mas esse sentimento por Deus é imprescindível.

O conceito desse primeiro amor é muito bem explorado no livro *De todo coração*, do pastor Luciano Subirá, como sendo um fogo extremamente intenso dentro de nós que coloca Jesus acima de todas as coisas. A pessoa que possui esse sentimento transborda de alegria e larga tudo o que possui para desfrutar do que achou (MATEUS 13:44). Quando O amamos dessa forma, tornamos o relacionamento com Ele a prioridade. Por exemplo, obviamente tenho minhas obrigações aqui na Terra, mas, quando encontrei esse amor, minha vontade era ficar todos os dias no meu quarto com a porta fechada buscando conhecê-Lo.

Com o passar do tempo, muitas pessoas deixam esse amor esfriar. O presente que, antes era uma caixa de chocolates, torna-se um bombom. Apocalipse 2:4 fala que o motivo disso é que abandonamos o primeiro amor, ou seja, se você não possui mais essa fome de querer conhecer mais o Senhor, não é por perder, mas por abandonar esse amor. Não amá-Lo dessa forma não é acidental, mas uma escolha!

Portanto, cabe a nós resgatarmos esse primeiro amor. Devemos nos lembrar do passado, ou seja, do que sentíamos antes por Ele. Depois, nos arrependermos e, por fim, agirmos como antes. Não devemos contar aos outros uma história de amor à primeira vista com Jesus, mas em todas as vistas!

FILIPE

Desafio:
Feche seus olhos e pense, por alguns minutos, na beleza de Deus. Lembre de como O conheceu e de tudo o que Ele fez por você, de como Ele o amou. E, caso ainda não O conheça, converse sobre isso com alguém que você sabe que O conhece.

AGOSTO 20

CTRL+C – CTRL+V

Tu formaste o íntimo do meu ser e me teceste no ventre da minha mãe.
(SALMO 139:13)

Você já sentiu que não existia nada diferente em você, nada que se destacasse ou chamasse atenção? Eu já me senti assim algumas vezes e, sinceramente, foi um processo demorado até entender que de fato eu não precisava copiar ninguém para parecer melhor, mais atraente ou inteligente. As redes sociais, por exemplo, estão sempre nos lembrando de que algumas pessoas têm a vida muito melhor, são mais bonitas, viajam mais, têm relacionamentos perfeitos e diversas outras coisas que, mesmo não sendo reais, geram um senso de comparação. Eu acredito que, existem poucos níveis de comparação que de fato nos fazem crescer em vez de criar sentimentos ruins, como inveja, insatisfação, frustração e uma constante ingratidão.

Um exemplo muito sério disso foi o relacionamento dos irmãos Caim e Abel. Caim foi o primeiro assassino da humanidade (GÊNESIS 4:8) e sabe por que isso aconteceu? Porque ele se comparou ao irmão. A comparação muitas vezes nos leva a duvidar de Deus, de quem Ele é, da Sua honestidade, do Seu caráter (DEUTERONÔMIO 10:17) e até mesmo da bondade dEle — e foi exatamente isso que Caim fez. Muitas vezes dizemos de forma quase inconsciente que a vida dos outros é melhor, mais fácil, que Deus ama mais outra pessoa e essa é uma forma muito dolorida de comparação, além de ser uma armadilha de Satanás para nos afastar de Deus.

O que eu quero te fazer pensar hoje é que talvez não esteja tudo bem, talvez o momento que você está vivendo seja difícil, talvez você não consiga perceber em nada a bondade de Deus, talvez você esteja se esforçando bastante para se parecer com alguém que você conhece que está muito bem e talvez você nem veja isso de uma forma tão ruim. Mas o que eu tenho para dizer é que você não é uma cópia e não deve tentar ser uma. As cópias podem até atrair pessoas, mas elas nunca construirão um legado e esse é um chamado de Deus para você. Ele te fez autêntico para que, com a sua história, com o seu jeito, com a sua personalidade e com as suas características, você consiga construir o legado que Ele planejou!

> **Desafio:** pegue um papel e escreva o máximo de características suas. Podem ser coisas boas e coisas não tão boas. Comece a pensar como potencializar ou minimizar, mas faça isso sem se basear em outras pessoas. Lembre-se de atualizar essa lista constantemente e, antes de tentar se comparar com alguém, lembre-se de que você é autêntico e não uma cópia.

BEA

21 AGOSTO

SEJA OUSADO

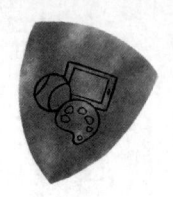

Pois Deus não nos deu espírito de covardia...
(2 TIMÓTEO 1:7)

Myles Munroe disse em uma das suas mais famosas mensagens que o lugar mais rico do mundo é o cemitério. Ele afirmou que lá estão vários sonhos não realizados, dons que nunca foram mostrados, metas que nunca foram alcançadas e talentos enterrados para sempre. Myles disse que não devemos morrer cheios, mas vazios. E o que ele queria dizer com isso? Que deveríamos compartilhar tudo o que temos em nossa passagem pelo mundo, realizar todos os nossos sonhos, usar todos os nossos dons e não enterrar os nossos talentos.

Acho que você, assim como eu, não gostaria de chegar ao final da vida cheio de frustrações e arrependimentos daquilo que não pôde fazer. E o mundo está cheio de pessoas assim. Tenho amigos que têm talentos incríveis na música, dança, escrita, mas que por medo, muitas vezes, não os expõem. Talvez medo de não se achar suficiente, que sempre vai ter alguém melhor que você, que as pessoas não vão gostar, que isso, que aquilo. Pensamos em milhares de motivos para não querermos nos expor. Mas esquecemos do detalhe mais importante em cada dom que temos: todo dom vem de Deus (TIAGO 1.17).

Cada talento que possuímos veio do alto e foi selecionado justamente para você o ter. Deus nos fez com eles por algum motivo. E esse dom é unicamente seu e não deve ser comparado com outros. Deus confiou a você esses talentos e não os deu para você escondê-los.

STELA

Desafio:
Agradeça a Deus pelo dom depositado em sua vida e depois mostre para alguém que não saiba desse talento. Quer ser mais ousado? Poste em uma rede social.

262

AGOSTO 22

GENEROSIDADE: UMA EXPRESSÃO DE AMOR

Porque Deus amou o mundo de tal maneira que deu seu filho unigênito, para que todo aquele que nele crer não pereça, mas tenha a vida eterna. (JOÃO 3:16 ARA)

Definitivamente, não há nada maior do que o amor de Deus, porque Deus é o próprio amor, e, sendo Deus infinito, Seu amor também o é. E qual foi a maior expressão desse amor? A morte de Jesus na cruz, por todos nós. Todos (JOÃO 15:13). O que esse amor fez? Deu. "Deus amou o mundo de tal maneira, que DEU...". Deus estava mostrando que um amor verdadeiro é generoso. Generosidade faz parte do plano de Deus para a Sua Igreja. Em João 3:35, está escrito: "O Pai ama o Filho e entregou tudo em suas mãos". É bem claro e fácil de entender: o amor vem acompanhado da generosidade. O Pai ama o Filho, e entregou, deu. O Pai amou o mundo, por isso deu. O amor sincero é generoso (2 CORÍNTIOS 8:7,8).

Lembro uma vez em que eu havia recebido uma oferta no valor de 100 reais. Foi em um período em que eu estava começando a entender a alegria em dar (ATOS 20:35). Fui com meu tio fazer algumas compras no mercado e estava com aquele dinheiro na carteira. Ao entrar no estabelecimento, notei que duas mulheres estavam vendendo trufas na porta do mercado. Acabei entrando com meu tio e fazendo as compras normalmente, no entanto, ao sair, o Espírito Santo agitou meu coração. Entreguei todo o dinheiro para aquelas senhoras e perguntei se podia orar com elas. Elas permitiram e acabaram por fim entregando a vida para Jesus.

Qual o valor de uma pessoa? Se Deus deu Seu Filho por elas, acredito que elas são bem valiosas. Será que não vale a pena abrir mão de uma quantia tão pequena, para que uma pessoa seja alcançada? Será que não valeu a pena abrir mão dessa pequena quantia e ter em troca um sorriso sincero de alegria? Qual seria o preço de um sorriso daquele? Com certeza nenhum dinheiro pode comprar, somente o amor sincero expresso pela generosidade pode colher algo tão lindo. Quero encorajá-lo a experimentar o quão maravilhoso é dar!

NELSON

Desafio: *Seja generoso com alguém nessa semana.*

23 AGOSTO

VOCÊ POSSUI UM PAI

Então perguntou a Jessé: "Estes são todos os filhos que você tem? "Jessé respondeu: "Ainda tenho o caçula, mas ele está cuidando das ovelhas". Samuel disse: "Traga-o aqui; não nos sentaremos para comer até que ele chegue." (1 SAMUEL 16:11)

Sempre, ao ler a história de Davi, eu ficava perplexo com a atitude de seu pai Jessé diante de Samuel (1 SAMUEL 16:5-13). Quando o profeta pediu para trazer todos os filhos, Jessé simplesmente ignorou Davi e deixou que ele ficasse cuidando das ovelhas. Ao me colocar no lugar de Davi, imagino como foi saber que seu pai o chamou por último junto a todos seus irmãos.

Muitos adolescentes estão nessa mesma situação. Muitos perderam seus pais, não possuem uma paternidade bem definida ou não se sentem amados por uma figura paterna. Porém, nenhum de nós pode dizer que não possui um Pai que o ama! Quando conseguimos enxergar Deus como nosso Pai, nosso sentimento em relação a essa área é totalmente alterado (1 JOÃO 3:1). Davi entendia que Deus era seu Pai, focou nisso e foi inclusive chamado de homem segundo o coração de Deus (ATOS 13:22).

Deus não te vê como o caçula que está cuidando das ovelhas. Ele te vê como aquele que vencerá Golias. O olhar dEle sobre nós é completamente diferente! Ele vê seu coração (1 SAMUEL 16:7) e os enormes planos que possui para você. Jamais se esqueça disso. Você possui um Pai que o ama do jeito que você é. Nada do que fizer fará com que Ele o ame mais ou o ame menos. Basta você abrir seu coração e se colocar no lugar de filho!

FILIPE

Desafio:
Liste características da personalidade de Deus que O fazem ser o melhor Pai de todos.

AGOSTO 24

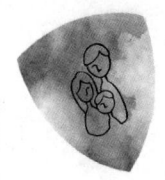

O ELO PERFEITO

Acima de tudo, porém, revistam-se do amor, que é o elo perfeito.
(COLOSSENSES 3:14)

O primeiro milagre de Jesus aconteceu durante uma celebração de casamento. O plano da criação, revelado desde o Jardim do Éden, nos mostra um Deus que ama e acredita na família. Cada figura familiar fundamenta princípios do Reino de Deus, assim como cada distorção desses papéis estabelecidos provoca alguma falta espiritual e emocional.

Em uma pesquisa realizada com crianças de 4 a 8 anos por psicólogos norte-americanos, foi registrada a frase de "Jenny" ao afirmar que: "Há dois tipos de amor, o nosso amor e o amor de Deus, mas o amor de Deus junta os dois".

Eu acredito nesse amor incorruptível do Céu que é capaz de restaurar os relacionamentos mais quebrados da Terra. O amor de Deus é o que torna uma família saudável. O amor ao Senhor é o laço e o vínculo mais profundo que pode existir. Se a sua família ainda não vive essa realidade, acredite que, assim como Ele fez naquela festa, Jesus continua sendo o melhor para transformar o que era velho em algo novo.

A família não é uma mera construção social, é uma união de propósitos, um sonho estabelecido por Deus e, por isso, essa aliança deve ser protegida de qualquer conceito antibíblico. Sejamos perseverantes em meio a uma sociedade que banaliza o amor verdadeiro. Cristo em nós, a esperança da glória (COLOSSENSES 1:27).

Existem sim casais que, mesmo após muitos anos de convivência, são apaixonados. Existem filhos que amam seus pais e que escolhem obedecê-los em alegria. Existem irmãos que são como melhores amigos. Tudo isso é possível quando o amor de Deus é aquilo que une o nosso amor. E é isso que Deus tem para a sua vida.

Desafio: *Sua relação com algum familiar está fria? Convide essa pessoa para um tempo de comunhão e orem juntos. Caso essa pessoa não seja cristã, ore pela conversão dela e expresse o amor de Jesus com suas palavras!*

LISSA

25 AGOSTO

IDOLATRIA OCULTA

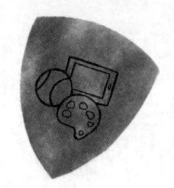

Não terás outros deuses além de mim. Não farás para ti nenhum ídolo, nenhuma imagem de qualquer coisa no céu, na terra, ou nas águas debaixo da terra. (ÊXODO 20:3,4)

Idolatrar não é necessariamente se prostrar diante de uma imagem ou prestar culto a estátuas. É também dar um espaço e amor excessivo em nosso coração a coisas materiais, internet, dinheiro, pessoas, trabalho, enfim, qualquer coisa que não o Senhor. Tudo aquilo que tira o primeiro lugar de Deus e torna-se mais importante em nossa vida é uma forma de adoração. É colocar a criação antes do Criador.

"O coração do homem é uma fábrica de ídolos", disse Calvino. Adorar outras coisas, na verdade, é uma forma indireta de nos adorarmos, pois colocamos a nossa vontade acima de qualquer outra, nos tornando senhor de nós mesmos. Não é errado admirar, apreciar ou gostar, mas de maneira exagerada acaba sendo uma veneração.

Além do único e verdadeiro Deus, existem outros deuses em sua vida? Um exemplo disso é a internet: a maioria dos jovens acaba fazendo do seu mundo o virtual, gastando um tempo absurdo e vivendo em prol de seus interesses egoístas. Está na hora de derrubar altares feitos por humanos e deixar prevalecer o altar de Deus.

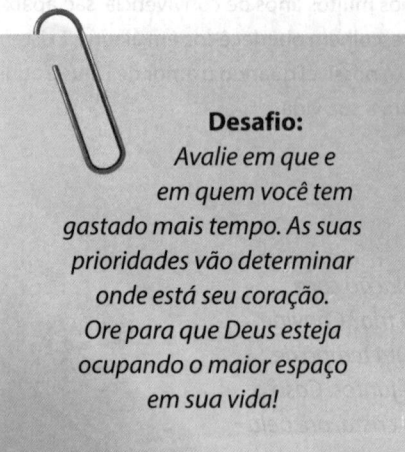

Desafio:
Avalie em que e em quem você tem gastado mais tempo. As suas prioridades vão determinar onde está seu coração. Ore para que Deus esteja ocupando o maior espaço em sua vida!

JULIA

DEIXE SUA MARCA

*Vocês são a luz do mundo.
Não se pode esconder uma cidade construída
sobre um monte.* (MATEUS 5:14)

Você já teve uma vontade de fazer algo que chame a atenção das pessoas? É isso que esse texto está nos comunicando. Se alguém construir uma cidade sobre um lugar alto, de longe as pessoas enxergarão. Do mesmo modo, tudo o que você faz possivelmente alguém estará observando. A questão toda é: você já pensou que tudo o que faz deixa uma marca?

Trazendo para o pessoal, Jesus está nos comparando com uma cidade no alto. Mas o que as pessoas estão observando? A mensagem que carregamos, pois somos cartas de Cristo (2 CORÍNTIOS 3:3); se aquilo que faço pode ser copiado (MATEUS 5:16) e se as minhas atitudes demonstram se ando na luz ou nas trevas (MATEUS 7:20).

Cada um desses textos reforça a ideia de que estamos sendo observados. Jesus, ao morrer na cruz, conquistou para nós um lugar de destaque. A luz de Cristo está em nós, por isso, precisamos ser honestos nos perguntando: "Estou reluzindo essa luz?".

Pense que você está deixando pegadas enquanto caminha. Será que os perdidos poderão seguir as suas pegadas?

Sandro Vila

Desafio:
Seja bom com algum desconhecido. Abrace seus pais, irmãos, amigos ou professor. Diga para essa pessoa que ela é importante. Ore por seus amigos que não conhecem o amor de Jesus como você conhece. Deixe sua marca, brilhe sua luz!

AGOSTO 27

ESCOLHA BEM SEUS AMIGOS

Aquele que anda com os sábios será cada vez mais sábio, mas o companheiro dos tolos acabará mal.
(PROVÉRBIOS 13:20)

Vou abrir meu coração para você. Eu sempre fui o adolescente cercado de amigos preguiçosos na escola. Por saberem que eu era esforçado, eu tinha diversas "amizades" sempre dispostas a se aproveitar do meu trabalho. Quando me dei conta disso, decidi andar com uma galera realmente esforçada e eu descobri como o colégio poderia ser simples.

Quero que você entenda que ter amizades que se esforçam no colégio ou na faculdade não são para simplesmente tirar boas notas. Uma vez ouvi uma frase muito interessante: "Ou você influencia ou é influenciado". Não existe meio termo! Nós, como cristãos, quando andamos com pessoas que não levam os estudos a sério, somos influenciados negativamente! Você pode me perguntar: "Mas e se eu andar com amigos preguiçosos e tentar influenciá-los?". Você não precisa ser de um grupo para influenciá-lo! A sua atitude longe daqueles que o levam à preguiça os influenciará, exatamente porque eles verão o seu diferencial, e não apenas se aproveitarão dele.

A Bíblia conta a história de como Daniel e seus amigos, graças também aos seus estudos, foram recompensados (DANIEL 1–4). Daniel andava com aqueles que eram igualmente esforçados e dispostos a aprender. Já reparou como os preguiçosos dão sempre os mesmos conselhos negativos, que refletem como são? Não deixe ser influenciado negativamente! Devemos ajudar quem tem dificuldade? Claro! Mas é sempre evidente a diferença entre aqueles que possuem dificuldade nos estudos e aqueles que são preguiçosos. E, quando lembramos o que Deus pensa dos não esforçados (PROVÉRBIOS 6:6-11), o ideal é ficar longe. Craig Groeschel, em seu livro *Direção divina: 7 decisões que mudarão a sua vida*, diz algo incrível: "Mostre-me seus amigos e eu lhe mostrarei seu futuro".

Desafio: *Na próxima oportunidade, sente perto de pessoas realmente comprometidas durante a aula. Se permita ser influenciado por aqueles que querem demonstrar a glória de Deus em seu aprendizado. Chegou a hora!*

FILIPE

AGOSTO 28

POR QUE NÃO?

Àquele que é capaz de fazer infinitamente mais do que tudo o que pedimos ou pensamos. (EFÉSIOS 3:20)

Quero te levar a pensar hoje sobre a criatividade de Deus, pensar sobre quantas vezes Ele foi além da nossa capacidade de imaginar e fez coisas incríveis. Você já imaginou quantas vezes Deus se perguntou: "Por que não"? É exatamente sobre essa pergunta que vamos falar hoje! Uma das coisas que eu posso te afirmar é que a nossa criatividade é muito mais trabalhada quando estamos passando por situações difíceis. Por exemplo, é muito mais fácil ter uma grande ideia com muita pressão, pessoas te cobrando e o prazo acabando, do que sentado na beira da praia, com muito tempo livre.

E na Bíblia temos muitas situações assim. Eu ouso dizer que a Bíblia se resume em "algo deu errado e Deus está vindo para consertar". Uma dessas situações é a de Moisés e o povo atravessando o mar. Se essa história não te deixa impressionado, acho que você deveria ler novamente! Pensa comigo: Deus poderia ter simplesmente matado todo o exército, Ele poderia ter teletransportado o povo para a Terra Prometida, poderia ter feito o povo ficar invisível e, sinceramente, são infinitas possibilidades. Mas eu imagino que Deus se perguntou: "Por que não abrir o mar?" (ÊXODO 14:21-28). Isso me deixa maravilhada, pensar que o nosso Deus não usa o caminho mais fácil, e sim o mais criativo. O que nos faz olhar para algumas situações e pensar: "Só pode ter sido Deus!".

Eu te faço a seguinte pergunta hoje: "Por que não?". Por que não entramos no mundo da arte? Se somos filhos do maior Artista de todos, por que não nos destacamos como artistas? Deus colocou em você a criatividade e toda a capacidade de fazer trabalhos artísticos (ÊXODO 35:35), então por que não começar a impactar as artes de forma criativa, fazendo com que as pessoas pensem: "Só pode ter sido Deus!"?

Desafio: *Hoje se pergunte "por que não?" e busque fazer coisas que revelem a glória de Deus de forma criativa que impactem o maior número de pessoas possível.*

BEA

29 AGOSTO

QUANDO "NINGUÉM" ESTÁ OLHANDO

Correu o olhar por todos os lados e, não vendo ninguém, *matou o egípcio e o escondeu na areia.*
(ÊXODO 2:12 – ênfase adicionada)

A exposição, progressivamente, se tornou natural com a influência da comunicação em nossos dias. Através das redes sociais, podemos acompanhar o que as pessoas do outro lado do globo estão fazendo nesse exato momento. E, claro, vemos apenas o que elas nos permitem ver, porque no final das contas, as plataformas digitais são assim: cada um projeta a imagem que quiser. Mais bonitos, mais santos, mais pacientes.

E olha que isso nem é tão atual. A história mostra que até mesmo Dom Pedro II foi retratado como mais velho nos quadros! A questão é: uma imagem projetada pode se tornar tão agradável, tão natural a ponto das pessoas passarem a acreditar nela. No entanto, aquilo que realmente somos não pode ser fingido diante de Deus.

Os olhos do Senhor passam por toda a Terra (2 CRÔNICAS 16:9), em todo tempo e sem que nenhuma informação se perca. Moisés, ao ver que "ninguém estava olhando", revelou seu caráter naquele momento ao matar um egípcio. Quem sabe suas motivações eram até boas aos seus próprios olhos. Mas, quando vivemos com a convicção de que o olhar de Deus está sobre nós, teremos a consciência de que é apenas a satisfação dEle que importa. Ou seja, se ser aceito entre os homens significa ser reprovado por Deus, então não vale a pena, porque vivemos para a audiência de Um.

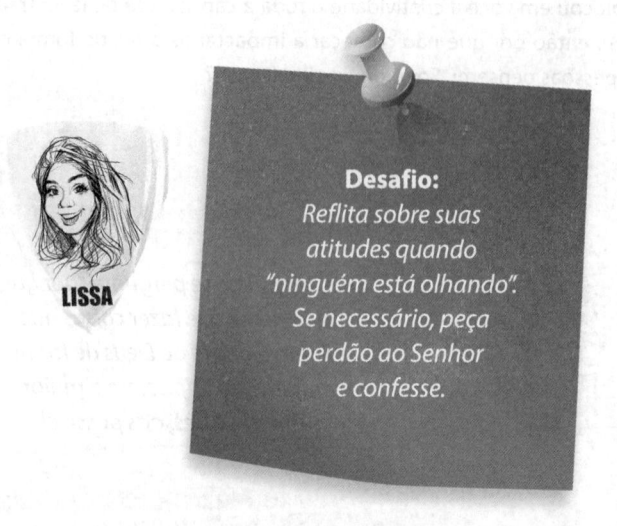

LISSA

Desafio:
Reflita sobre suas atitudes quando "ninguém está olhando". Se necessário, peça perdão ao Senhor e confesse.

AGOSTO 30

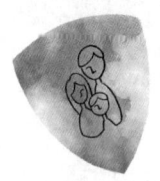

ARRUME E NÃO ESCONDA DEBAIXO DO TAPETE

Ele fará com que os corações dos pais se voltem para seus filhos, e os corações dos filhos para seus pais; do contrário eu virei e castigarei a terra com maldição. (MALAQUIAS 4:6)

Algumas bênçãos que Deus tem para nossa vida não podem se realizar enquanto nosso coração estiver mal resolvido com as pessoas com quem convivemos aqui na Terra. Quando se trata de família, o assunto é muito mais sério, pois, se o coração de pais e filhos não se voltarem uns para os outros, eles estarão debaixo de maldição, ou seja, em pecado. O Senhor quer trazer cura para as famílias divididas, mas, para isso, é necessário haver reconciliação.

O nosso relacionamento com as pessoas afeta diretamente o nosso relacionamento com Deus. Quando não perdoamos, não podemos ser perdoados por Ele (MATEUS 6:15). Além disso, como está escrito em 1 João 4:20, "Se alguém afirmar: 'Eu amo a Deus', mas odiar seu irmão, é mentiroso, pois quem não ama seu irmão, a quem vê, não pode amar a Deus, a quem não vê".

Nós enfrentaremos problemas, ou melhor, desafios com as pessoas e até mesmo com a nossa própria família e isso é certeza! Mas não podemos deixar que isso cresça em nosso coração e atrapalhe nossos relacionamentos. Problemas devem ser resolvidos e não escondidos com remendos.

Desafio:
Conserte suas situações mal resolvidas com seus familiares e libere perdão. Não deixe que a desunião tire o que Deus tem para sua família.

AGOSTO 31

MEU PRIMEIRO EMPREGO

Sirvam aos seus senhores de boa vontade, como servindo ao Senhor, e não aos homens, porque vocês sabem que o Senhor recompensará cada um pelo bem que praticar, seja escravo, seja livre. (EFÉSIOS 6:7,8)

Ah, o primeiro emprego! Dá medo, mas, ao mesmo tempo, uma felicidade por saber que logo ganhará seu primeiro salário e poderá comprar as suas coisas sem precisar depender 100% dos pais. É uma nova etapa que nos leva ao amadurecimento e aumenta a nossa responsabilidade. Na verdade, independência e responsabilidade devem andar juntas, acredito que uma precisa da outra para não tomarmos decisões erradas.

Não somente no trabalho, mas em tudo o que fazemos devemos fazer como se estivéssemos fazendo para o Pai. A excelência deve ser a marca dos Seus filhos. E isso inclui ter um bom relacionamento com seus colegas e principalmente com seu chefe. Estar sempre atento nas suas atividades, buscar aprender mais sobre a sua função e fugir das reclamações.

Talvez agora você não precise trabalhar, procurar um estágio ou coisa do tipo, isso quer dizer que tem alguém que está trabalhando para que você não se preocupe com isso. Se esse é o seu caso, já é motivo o suficiente para você ser grato! Mesmo assim, é importante ter em mente que uma hora, esse momento vai chegar e que será uma fase essencial para seu crescimento.

Desafio:
Separe um tempo hoje para orar pelos mais de 12 milhões de brasileiros desempregados (Fonte: IBGE 2018) para que se abram portas de empregos para eles!

STELA

NOTAS

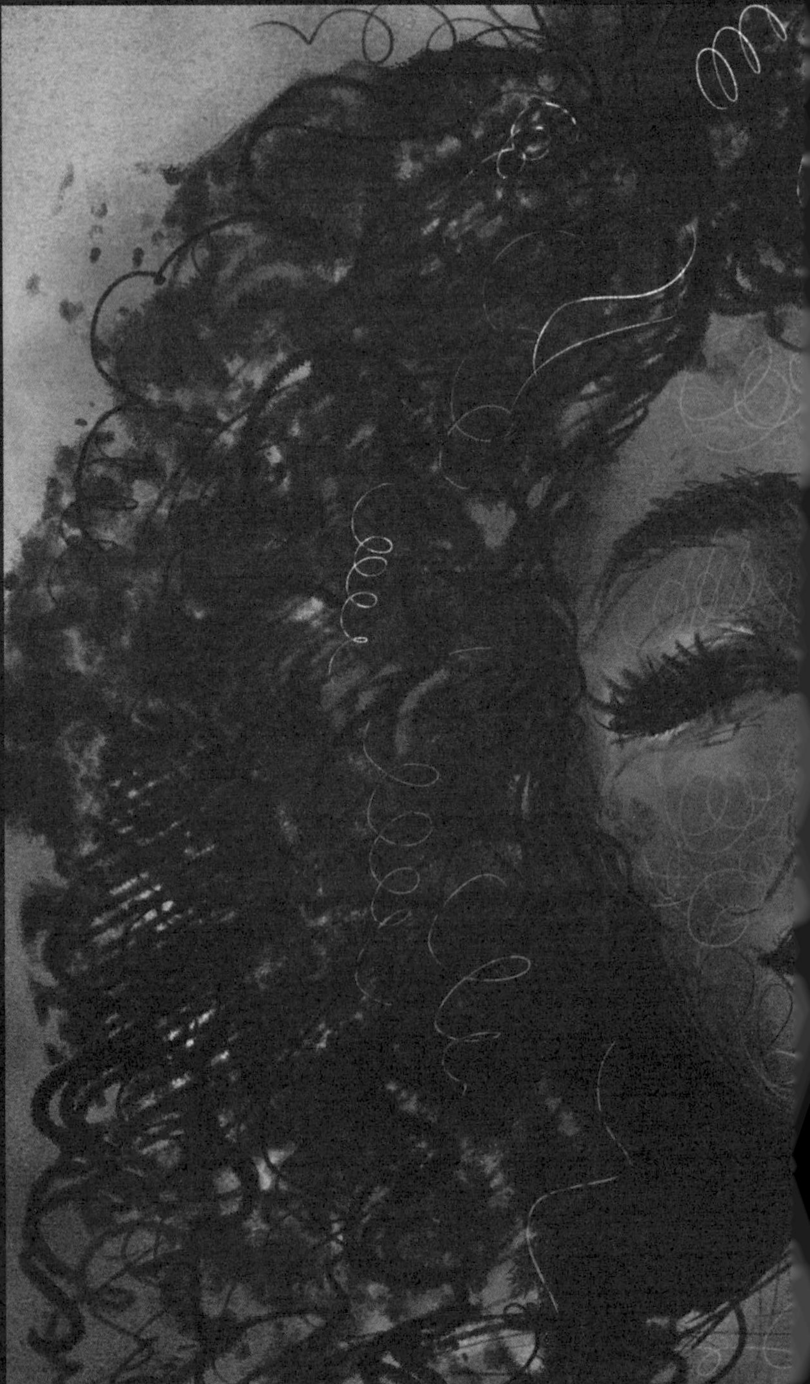

SETEMBRO

1 SETEMBRO

COMPARAÇÃO

Eu te louvo porque me fizeste de modo especial e admirável. Tuas obras são maravilhosas! Disso tenho plena certeza. (SALMO 139:14)

Nunca existiu e nem existirá ninguém igual a você em milhões de anos, sociedades, culturas. Deus te fez único e essa é a sua força. Estar bem com a pessoa que Deus te formou é um dos sinais que mostram se você realmente vive a sua identidade como um filho.

A vida, em algum momento, te apresentou ao universo da comparação. Seja por alguém comentando que você se parece com um parente, mencionando as suas notas, avaliando sua produtividade ou qualquer outra coisa. Não podemos controlar o que as pessoas farão para nós, mas é nossa responsabilidade reagir em tudo como verdadeiros filhos que somos!

É diferente quando nós mesmos nos colocamos nessa posição, o que infelizmente muitas vezes é comum entre os jovens. Em alguns momentos da minha vida, permiti que frases que eu tinha escutado e comparações que as pessoas fizeram entrassem no meu coração. Em vez de perdoar e continuar a vida, eu tomei a opinião delas sobre mim e permiti que aquilo se tornasse um peso. Em outras ocasiões, escutei comparações que me favoreciam e, sem maturidade, podemos achar que isso é verdade, nos tornando orgulhosos.

Deus não se agrada em nenhum desses extremos! O seu valor não está na sua aparência, nas suas notas ou dons. Você é a soma de todos os pensamentos maravilhosos que o Pai cultiva a seu respeito, tanto na Palavra, quanto aqueles que Ele está esperando para te revelar no secreto. Ele quer fazer através da sua vida coisas incríveis que não podem acontecer através de nenhuma outra pessoa!

Não é errado ter confiança e fé nisso, mas é essencial que você lembre que sem Jesus é impossível! Nós somos vasos de barro (2 CORÍNTIOS 4:7) e também temos fé sobrenatural — Ele é o autor de grandes feitos.

Desafio: Alguma frase marcou sua vida? Peça a Deus ajuda para perdoar essa pessoa e pense sobre as palavras que você liberou sobre outros. Se necessário, peça perdão!

LISSA

SETEMBRO 2

FAÇA O MELHOR

*Assim brilhe a luz de vocês diante dos homens,
para que vejam as suas boas obras e glorifiquem ao Pai de vocês,
que está nos céus.* (MATEUS 5:16)

As histórias da Bíblia sempre nos ensinam. Em muitas delas podemos ver como homens que não eram capazes de realizar algo sozinhos, conseguiram atingir seus objetivos através de Deus. Todos eles, apesar de errarem às vezes, confiaram que Deus cumpriria Seu plano.

Davi, com o auxílio de Deus, venceu diversas batalhas e foi um dos melhores guerreiros da história. José, filho de Jacó, com a ajuda dEle, foi um dos melhores administradores de todos os tempos. Salomão, graças ao Senhor, foi um dos homens mais sábios já vistos. O que isso exemplifica? Deus quer que tenhamos lugares de influência na sociedade, seja na administração, no conhecimento ou, inclusive, nas artes e nos esportes. Não importa a área! O Senhor quer usar a vida de Seus filhos para demonstrar toda Sua glória e Seu poder (MATEUS 5:16). Ele é superior a todos e a tudo o que o mundo pode proporcionar.

Portanto, precisamos fazer nossa parte e colaborar com Ele! Deus é perfeito em tudo que faz e precisamos ser instrumentos de Sua capacidade. Devemos dar nosso melhor nos estudos, nos esportes ou nas artes. Tudo deve ser feito com excelência para glorificar a Ele (COLOSSENSES 3:23). Precisamos mostrar que possuímos uma habilidade diferenciada, que não é deste mundo, para que as pessoas vejam que isso não vem de nós, mas dEle.

Desafio: *Qual área você pode se aperfeiçoar para fazer o seu melhor? Todos temos facilidade em algo. Pode ser nos esportes, nas artes ou em qualquer outra área. Escolha uma área e tome uma atitude hoje que lhe aperfeiçoe nela!*

FILIPE

3 SETEMBRO

HANNAH BAKER (FITA 1 LADO A)

Eu disse essas coisas para que em mim vocês tenham paz. Neste mundo vocês terão aflições; contudo, tenham ânimo! Eu venci o mundo. (JOÃO 16:33)

Se você não entendeu esse título é porque não assistiu uma das séries mais famosas dos anos de 2017 e 2018, que prometeu surpreender ainda mais em 2019. Mas sinceramente eu não te aconselho a assistir. Para mim, essa série não deveria ser de entretenimento, mas, sim, uma forma de alerta para esta geração, um lembrete sobre a saúde mental dos nossos amigos, conhecidos e até uma ótima reflexão sobre a nossa. Um pouco depois que a série foi lançada, um jogo começou a viralizar através das redes sociais, o nome dele era *Baleia Azul*. Um jogo que te levava ao suicídio em pouco tempo e milhares de jovens se envolveram com ele. Mas a grande questão é que, mesmo de forma distante, a série, o jogo e alguns filmes lançados na época pareciam estar relacionados.

Para te colocar mais a par do assunto, Hannah Baker, na série, é uma menina que comete suicídio e deixa fitas "culpando" certas pessoas por sua morte. Essa atitude dela para muitos parece tão triste, um grito de socorro, mas ao meu ver a mídia usou a Hannah como uma figura de vingança. Pelos próximos dias, conversaremos sobre tudo que o que ela fez, isso envolve: o suicídio em si, o *bullying*, as mentiras de Satanás e a forma como podemos lidar com situações do tipo. Hoje vamos conversar sobre esse tema tão silencioso que mata tantas pessoas da nossa geração, pessoas que tinham família, amigos e que escolheram deixar tudo para trás, por não aguentarem mais a pressão.

Pode até ser que na sua cabeça você pense que ela não estava aguentando mais, talvez você já tenha sentido essa vontade, como eu já senti (essa é uma história para o próximo devocional), mas você já pensou que de certa forma o suicídio é uma maneira de olhar para Deus e dizer: "Você não sabe ser Deus"?! O nosso Pai é o Autor da vida (ATOS 3:15) e nada sai do controle dEle; mesmo em situações difíceis, Ele está presente. Isso significa que o Senhor sabe exatamente a hora em que alguém deve morrer e, com o suicídio, as pessoas destroem os planos perfeitos de dEle. A Palavra de Deus não nos diz que tudo será maravilhoso, mas nos dá ótimos exemplos de pessoas que venceram, por isso, se inspire nelas!

Desafio: *Se você já lutou contra esse gigante e venceu, te desafio a ajudar alguém que está passando por isso. Ore para que Deus te direcione a alguém nessa situação e seja uma ponte para o verdadeiro Amor na vida dessa pessoa.*

BEA

SETEMBRO 4

HANNAH BAKER (FITA 1 LADO B)

Até os cabelos da cabeça de vocês estão todos contados. Não tenham medo; vocês valem mais do que muitos pardais! (LUCAS 12:7)

Hoje vamos ter uma conversa sobre *bullying*. Ainda falando sobre a série, um dos motivos do suicídio da Hannah foi o *bullying* e infelizmente isso não é uma exclusividade dela. Muitos adolescentes e jovens chegam ao ponto de tirar a própria vida por não aguentarem comentários e atitudes maldosas de outras pessoas. A minha primeira pergunta é: Você já sofreu *bullying*? E a segunda é ainda mais séria: Você já fez *bullying* com alguém? Abrindo-me de verdade para você, já estive nas duas posições e confesso que, quanto mais machucada eu estava, mais eu gostava de machucar os outros. Gostava de tirar fotos enquanto as pessoas estavam distraídas e postar nas redes sociais fazendo alguma piada, gostava de rir quando alguém caía ou errava algo, mesmo que não fosse por total culpa dela. Simplesmente implicava com alguém por achá-la em algum ponto melhor do que eu.

Nessa fase, eu andava com os alunos mais populares do colégio. No entanto, a grande questão é que, olhando para esse meu grupo de amigos, ninguém estava bem. Alguns quase reprovando, todos em relacionamentos conturbados, muitas vezes vivendo apenas uma ilusão quando estávamos juntos. E foi nesse momento que um dia me sentei na janela do terceiro andar e falei que não aguentava mais. Era exatamente nesse ponto da conversa que eu queria chegar. Se você sofre *bullying*, acredite ou não, quem faz isso com você está muito machucado. E se você é a pessoa que faz *bullying*, o que eu vou te falar agora é bem simples e eu espero que mude sua maneira de ver as coisas.

Você já pensou que essa pessoa contra a qual você faz *bullying* também foi feita à imagem e semelhança de Deus e que, atingindo ela, você fere no mesmo momento o coração do Senhor? Como cristãos devemos nos tornar mais parecidos com Jesus. Mesmo quando havia motivos, o Mestre não condenava as pessoas (JOÃO 8:1-11). Elas são mais valiosas do que podemos enxergar, cada uma tem um propósito e Deus cuida delas também. Todos somos filhos amados de Deus e eu não sei você, mas, da mesma forma que eu me sentiria constrangida se o pai de um amigo viesse me cobrar por algo que fiz a ele, me sentiria ainda mais envergonhada sabendo que Deus, como Pai, estaria bravo comigo por ter feito algo com um filho Seu. Pense sobre isso.

Desafio: *Antes de começar o seu dia, separe pelo menos seis pedaços pequenos de papel (você pode cortar uma folha A4) e uma fita adesiva. Escreva mensagens encorajadoras e deixe em lugares estratégicos, por exemplo, em cima da mesa daquele colega que não fala muito. Você também pode colar atrás das portas dos banheiros ou deixar na mesa do seu professor.*

BEA

5 SETEMBRO

HANNAH BAKER (FITA 2 LADO A)

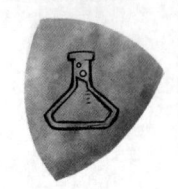

Em amor nos predestinou para sermos adotados como filhos, por meio de Jesus Cristo, conforme o bom propósito da sua vontade. (EFÉSIOS 1:5)

Esse terceiro dia falando sobre saúde emocional ao meu ver é o mais importante. Isso porque vamos falar sobre identidade, e uma pessoa sem identidade se deixa levar por tudo o que dizem ou pensam sobre ela. Nessa série sobre a qual estamos discutindo, você pode observar muitos perfis diferentes: temos uma menina que se suicidou, um estuprador, um menino viciado em drogas, uma lésbica, uma depressiva, um menino que tentou se matar e deu errado, um pai que traiu a mãe, um traficante, uma mãe que não consegue superar o passado, um menina que se corta e um deles é da igreja e precisa garantir sua imagem de santo enquanto dorme com garotas de programa. Se você analisar bem, todos os personagens da série têm algum problema muito sério e, ao meu ver, tudo isso gira em torno de não possuírem uma identidade.

Quando você não tem uma identidade firme, é muito fácil se perder completamente. Por exemplo, se você não tivesse um nome e de repente todo mundo resolvesse te chamar de Maria, o seu nome se tornaria Maria. Não porque é de fato, mas porque você não tinha identidade e, por isso, o que disseram sobre você virou realidade. Eu fico imaginando como Deus deve se sentir vendo esse tipo de coisa acontecer, vendo que muitas vezes ignoramos a identidade que Ele nos deu (1 JOÃO 3.1) e escolhemos o que o mundo nos diz. O que me preocupa é que vemos dia após dia pessoas escolhendo identidades falsas e frágeis, ficando extremamente aquém daquilo que Deus planejou para elas. Preocupa porque muitas dessas pessoas estão ao nosso lado ou mesmo somos nós e simplesmente deixamos passar, aceitamos as mentiras de Satanás e deixamos que ele nos controle quando parecer mais conveniente.

Toda essa conversa é para chegar ao grande ponto: quando Jesus morreu na cruz, não foi porque era bonito, não foi porque era legal, não foi porque Ele ficaria famoso, mas foi por amor! Foi porque, antes de tudo, Ele já sabia quem você era e aonde você deveria chegar. Ele acreditou em você e por isso não mediu esforços para te ter por perto. Por isso, vá com força contra a maré, não se encaixe em nenhum desses personagens e não permita que as pessoas ao seu redor continuem acreditando que essa forma tão vazia de viver é a única. Você pode fazer a diferença!

Desafio: Escreva uma carta anônima para alguém mostrando quem ela é de verdade. Use versículos sobre amor e palavras de coragem. Seja um agente de transformação.

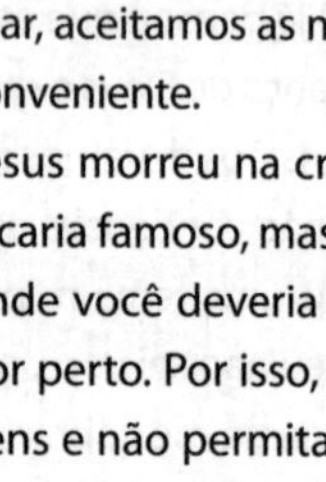

BEA

SETEMBRO 6

HANNAH BAKER (FITA 2 LADO B)

O ladrão vem apenas para furtar, matar e destruir;
eu vim para que tenham vida, e a tenham plenamente.
(JOÃO 10:10)

Na série que estamos analisando e debatendo, Satanás consegue cumprir sua missão: ele consegue roubar a alegria de viver da Hannah, faz com que ela se mate e destrói muitas pessoas que estão a sua volta. Mas, mesmo depois de falar sobre suicídio, sobre *bullying*, sobre a falta de identidade dessa geração, o que eu quero te dizer hoje é que existe uma esperança e essa, infelizmente, é a parte que a série não conta. Eles não falam sobre a fonte de vida que habita dentro de cada um daqueles que têm Jesus como seu único e suficiente Salvador. Nós podemos ser a resposta para esses adolescentes que estão perdidos!

Podemos ser a resposta porque entendemos quem nós somos, entendemos o problema, temos atitudes. Não se limite aos desafios, flua naquilo que Deus te deu como estratégia para curar as pessoas. Seja de forma física ou emocional, mas seja livre para liberar isso que o Espírito Santo está gerando dentro de você. Deus te colocou na sua sala de aula, no seu estágio, no seu círculo de amigos por um motivo. Busque ser intencional em tudo isso, tenha conversas profundas, se esforce para reparar nos pequenos sinais que as pessoas ao seu redor dão e faça exatamente o que Jesus faria.

Este é o meu último texto dessa série de devocionais sobre saúde emocional e mental e esses foram provavelmente os textos mais difíceis de escrever. Primeiro porque percebi muitas falhas em mim, e segundo porque me desafiei também! E, por fim, o que eu quero te dizer é que nós somos um time, você não está sozinho no meio de tudo isso e não existe nenhuma mentira de Satanás que possa te fazer parar. Não esqueça que o que está dentro de você é maior do que aquilo que está no mundo (JOÃO 1:4) e que Ele acredita em você!

Desafio: *Faça um post nas suas redes sociais e diga que você tirará um tempo para orar por todas as pessoas que comentarem na publicação. Ore pelo emocional delas, ore pela identidade e ore principalmente para que você seja usado por Deus na vida de cada uma dessas pessoas.*

7 SETEMBRO

MATE O QUE TE MATA

Da mesma forma, considerem-se mortos para o pecado, mas vivos para Deus em Cristo Jesus. Portanto, não permitam que o pecado continue dominando o corpo mortal de vocês, fazendo que obedeçam aos seus desejos. Não ofereçam os membros do corpo de vocês ao pecado, como instrumentos de injustiça; antes ofereçam-se a Deus como quem voltou da morte para a vida; e ofereçam os membros do corpo de vocês a ele, como instrumentos de justiça. (ROMANOS 6:11-13)

Autogoverno. Deus deu ao homem o direito de escolher, ou seja, o livre arbítrio! Ele nos permite tomar as nossas próprias decisões. Porém quando morremos com Cristo e nos tornamos uma nova pessoa nEle, devemos permitir que Ele nos ajude a fazer as melhores escolhas, pois Ele sempre sabe o que é melhor para nós.

Quando nos colocamos nesse lugar de governo da nossa própria vida e tiramos Deus do trono, nos tornando senhor de nós mesmos, acabamos nos expondo mais facilmente ao pecado, pois a verdade é que o nosso coração é enganoso (JEREMIAS 17:9). Um dos problemas mais comuns na adolescência é a guerra que existe em nossa mente, quando temos pensamentos impuros ou de morte, comparações com outras pessoas, uma felicidade inconstante ou desejos momentâneos. Ouça o que eu digo: mate aquilo que te mata!

Quando não deixamos Deus no controle, nos tornamos vulneráveis ao pecado, deixando nossa mente totalmente aberta para tudo que vemos, ouvimos e sentimos. O versículo acima fala para não deixamos o pecado dominar nosso corpo, mas, pelo contrário, devemos oferecer o nosso corpo a Deus. Quando deixamos Deus governar a nossa mente, lutando contra o pecado e aperfeiçoando nossa fraqueza na força dEle (2 CORÍNTIOS 12:9), aprendemos a estar na zona segura. Lute pela santidade e, por mais que seja difícil, permaneça em obediência dando ouvidos à voz dAquele que tem os melhores planos sobre você. Deixe Ele governar!

JULIA

Desafio: Onde a sua carne tem falado mais alto que a santidade? Avalie áreas da sua vida em que você precisa se posicionar e lutar contra o pecado, matando tudo aquilo que tem te matado. Fale com pessoas de confiança que possam te ajudar a vencer essa batalha!

SETEMBRO 8

UMA PRESSÃO CHAMADA VESTIBULAR

Para tudo há uma ocasião, e um tempo para cada propósito debaixo do céu. (ECLESIASTES 3:1)

Último ano do Ensino Médio. Você teve o ano inteiro para se dedicar ao tão temível vestibular. Você passa horas estudando, vira madrugadas resolvendo exercícios, tira dúvidas com seu professores, deixa de sair com seus amigos para ficar em casa revisando as matérias e ainda tem que lidar com toda aquela pressão familiar. Chega o fim do ano e você, sentado numa sala, se depara com a prova do vestibular na sua frente. Toda sua vida de aprendizado no colégio se resume a isso. Todas as horas e horas estudando têm que ter valido a pena. Você começa a prova. Quebra a cabeça resolvendo cada exercício. Olha para o relógio, percebe que ficou muito tempo numa questão e corre para fazer as outras. Você finalmente termina a prova. Agora tem que aguardar o resultado.

Não existe alegria maior do que quando você vê que seu nome está na lista dos aprovados. Você quer contar para todo mundo que passou, se emociona e lembra que valeu a pena cada hora de estudo. Vai no banho de lama e logo faz sua matrícula! Agora começa uma nova fase.

Mas o quão frustrante é quando você não encontra seu nome na lista dos aprovados? Começa aquele desânimo total, você se sente burro, lembra que virou madrugadas estudando e parece que tudo foi em vão. Mas Deus quer te dizer algo hoje: "Você não é burro. Eu vi cada hora que você se dedicou, aliás, Eu estava junto com você o tempo todo estudando. Eu sei da sua capacidade, Eu mesmo que a dei para você! Não desista. Continue. Você não vai estar atrasado por ter que estudar mais um ano. Quando você orou aquela vez 'seja feita a Tua vontade', você entregou a sua vida para mim. Agora você está no meu tempo. E Eu sei o que tenho para você e quero te mostrar isso. Eu estou com você. E mal posso esperar para ver seu nome naquela lista!".

STELA

Desafio: *Talvez nesse ano você tenha estudado demais da conta. Que tal tentar separar um tempo para relaxar, sair com os amigos e se divertir, fazer o que não podia por estar estudando?*

283

9 SETEMBRO

CHILL PILL

Maria, sua irmã, ficou sentada aos pés do Senhor, ouvindo-lhe a palavra. Marta, porém, estava ocupada com muito serviço. E, aproximando-se dele, perguntou: "Senhor, não te importas que minha irmã tenha me deixado sozinha com o serviço? Dize-lhe que me ajude!". Respondeu o Senhor: "Marta! Marta! Você está preocupada e inquieta com muitas coisas…". (LUCAS 10:39-41)

Quando Jesus disse isso para Marta, Sua intenção não era ignorar as responsabilidades de Marta, mas mostrar uma perspectiva que ela não estava enxergando. Da mesma forma, muitos de nós agimos como Marta e precisamos mudar o foco para enxergar como o Mestre. Se fosse nos dias de hoje, talvez a expressão ideal para Marta seria: "Marta, Marta… *Chill Pill*". Ou seja, relaxa!

A ótica que Jesus estava querendo mostrar para Marta, ou melhor, a revelação que Ele estava lhe oferecendo, era para que ela entendesse que existe um lugar de descanso em meio às turbulências da nossa vida. Esse lugar é na presença de Deus. Aí você pode pensar: "Então, isso significa que não preciso fazer absolutamente mais nada e posso passar todo o meu tempo no quarto na presença de Deus". E a resposta para isso é: "Não!". Você não precisa escolher entre uma coisa e outra. Você pode continuar tendo suas responsabilidades, como filho, estudante e/ou profissional e, em meio a tudo isso, continuar adorando ao Deus vivo que habita dentro de você.

Se você tem se sentido perdido em meio a milhares de trabalhos, afazeres da escola, faculdade e coisas do seu emprego para resolver, decida hoje convidar Jesus para fazer parte de tudo isso. Decida adorá-lo e desfrutar da presença dEle no seu dia a dia. Ao mesmo tempo, lembre também de priorizar o seu tempo a sós com Ele. Não há nada melhor que isso! Quero te encorajar a aquietar seu coração e tomar posse do que diz em Isaías 41:10. Confie no Senhor.

CONDO

Desafio: *Durante esse dia, pare e reflita em como anda seu coração em relação às suas responsabilidades. Analise se você tem descansado no Senhor mesmo tendo tantas coisas para fazer e resolver. Que durante esse dia você possa encontrar descanso em Jesus!*

SETEMBRO 10

NADA DE SER *ALONE*!

Então o Senhor Deus declarou: "Não é bom que o homem esteja só; farei para ele alguém que o auxilie e lhe corresponda". (GÊNESIS 2:18)

Relacionamento é vital. Em toda a história da humanidade, não houve um momento em que deixamos de nos unir em grupos. Todos nós precisamos conversar, trocar sentimentos, afetos. Deus nos criou para um relacionamento com Ele, mas viu também que era bom que o homem tivesse outras pessoas para interagir (GÊNESIS 2:18).

A comunhão faz um bem inimaginável: trocamos conhecimentos, encontramos apoio para as horas difíceis (ECLESIASTES 4:10; ROMANOS 12:15), nos sentimos amados e os Céus se movem quando ela é somada à unidade (ATOS 2).

Não devemos andar sozinhos. Ovelhas que andam isoladas tornam-se alvo fácil para lobos. A Bíblia nos adverte: "Não deixemos de reunir-nos como igreja" (HEBREUS 10:25). Você entende como relacionamento é importante? Expulse esses sentimentos de rejeição, de querer ficar isolado e andar sozinho, isso não procede de Deus. Ao contrário, busque construir relacionamentos que te aproximem do Senhor e que te edifiquem. Congregar com irmãos, pessoas que compartilham do mesmo fogo por Jesus é vital para que o nosso não apague!

NELSON

Desafio:
Fortaleça suas amizades, conheça pessoas novas. Demonstre e receba o amor de Jesus através dos relacionamentos. No seu ambiente de estudo, procure aquela pessoa que está sempre sozinha na hora do intervalo. Vá lá conversar com ela, faça ela se sentir amada!

11 SETEMBRO

REFÉNS DO EU

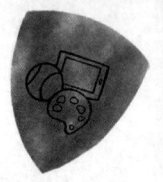

O orgulho vem antes da destruição; o espírito altivo, antes da queda.
(PROVÉRBIOS 16:18)

É muito legal e gratificante quando temos o reconhecimento daquilo que produzimos recebendo elogios e ouvindo que nosso trabalho está excelente. Os holofotes estão sobre você e todo mundo está te olhando. Que honra! Todos estão te aplaudindo e dizendo o quanto você manda bem! Quem não gosta disso? Porém, o lugar de destaque é um terreno perigoso para qualquer um que pise nele. Não é todo mundo que sabe lidar com a fama sem se deixar ser consumido por ela.

Se não tomarmos cuidado, o orgulho começa a dominar o nosso coração. Ele vem para distorcer nossa ótica, fazendo com que, ao invés de olharmos para Deus, olhemos para nós mesmos, para as **nossas** conquistas, **nossos** dons, **nossos** talentos, **nosso** ego. Esquecemos por um momento que tudo o que flui de nós vem dEle. Tomamos a honra que era de Deus para nós e desejamos mais. É como se abrisse um apetite por mais holofotes, mais *likes*, mais fama, mais atenção. De repente, aquele lugar que antes era um prazer, agora se torna uma prisão e você passa a ser refém de si mesmo. A única pessoa que tem a chave para se libertar é você mesmo, porém não é você quem tem que abrir a porta.

Deus quer que você entregue essa chave para Ele. Este é o primeiro passo: reconhecer que Ele é o Senhor da sua vida (1 CRÔNICAS 29:11). Depois é reconhecer que todo dom vem dEle (TIAGO 1:17) e que as nossas obras servem para glorificar o nome dEle (MATEUS 5:16). Então Deus vem e te liberta dessa prisão. Tudo se resume a Ele. Sem Ele nada seria possível (JOÃO 15:5). Não estou dizendo que você não deve mais receber elogios e reconhecimentos pela sua arte, de forma alguma! A questão é como você deve lidar com tudo isso, não permitindo que o seu orgulho tome o lugar de Deus na sua vida!

STELA

Desafio:
Experimente ampliar sua visão indo além de si mesmo. Comece a perceber qualidades de outras pessoas e compartilhe isso com elas.

SETEMBRO 12

A ÚLTIMA MARCHA NUPCIAL

Maridos, amem suas mulheres, assim como Cristo amou a igreja e entregou-se a si mesmo por ela para santificá-la, tendo-a purificado pelo lavar da água mediante a palavra, e apresentá-la a si mesmo como igreja gloriosa, sem mancha nem ruga ou coisa semelhante, mas santa e inculpável. (EFÉSIOS 5:25-27)

O casamento é uma aliança entre duas pessoas apaixonadas que se comprometem uma com a outra a passarem o restante da vida juntas, sendo um dos dias mais importantes na vida de alguém. Sem dúvida, um dos momentos mais esperados na cerimônia é a entrada da noiva. Toda preparada para seu amado, com um lindo vestido branco e cabelos arrumados, ela entra e deixa todo auditório encantado. Já imaginou uma noiva entrando em seu próprio casamento toda suja, com vestes rasgadas, penteado bagunçado e sem calçados?

A grande verdade é que nós também estamos sendo preparados para o último e maior casamento da história, no qual Cristo aguarda ansiosamente ver Sua noiva. Jesus amou a Igreja e se entregou por ela, assim nos tornou Sua propriedade exclusiva, nos purificando de todo pecado. Somos noivas! Nosso papel é nos manter em santidade, assim como Aquele que nos chamou é Santo.

No Novo Testamento, Jesus descreve que o reino dos Céus é semelhante a dez virgens que pegaram suas candeias para se encontrar com o noivo (MATEUS 25:1-13). A parábola é uma comparação com o casamento judaico de antigamente, que tinha a tradição de a noiva esperar com suas madrinhas. Quando o esposo estivesse chegando, elas deveriam sair para iluminar o caminho até a celebração das núpcias. Elas sabiam que em alguma hora o noivo viria, mas dentre elas haviam cinco prudentes e cinco insensatas. As cinco prudentes levaram consigo óleo nas vasilhas e as insensatas pegaram somente as candeias. Quando o noivo se aproximou, somente cinco estavam preparadas e foram com ele. As insensatas bateram na porta, mas já era tarde demais e o noivo não as deixou entrar, pois não as conhecia. A moral da história é estarmos preparados em todo momento, nos mantendo em santidade, porque ninguém sabe o dia nem a hora do grande casamento. Ele quer nos encontrar prontos, por isso devemos manter diariamente uma vida de santidade, matando nossa carne para que a vida dEle viva em nós. Você tem sido noiva de Cristo ou amante? Avalie tudo que tem entrado em seu coração através de seus olhos, ouvidos e o que tem saído da sua boca.

Desafio: *De que forma você tem se preparado para a volta de Jesus? Escreva uma lista de pontos a serem melhorados em você e cole no seu quarto. Todo dia olhe para ela e se desafie a dar o seu melhor. A sua evolução vai mostrar o seu comprometimento com Ele.*

JULIA

13 SETEMBRO

CUIDADO COM AS AMIZADES

Não se deixem enganar: "as más companhias corrompem os bons costumes".
(1 CORÍNTIOS 15:33)

Cresci ouvindo minha mãe falar esse versículo acima. Infelizmente quando somos adolescentes, nem sempre damos ouvidos aos preciosos conselhos dos pais. E como tinha uma tendência a ser popular, não cuidava com quem eu me relacionava; simplesmente, quanto maior o número de amigos, melhor.

Em Provérbios encontramos o seguinte: "Não faça amizades com os briguentos, nem ande com quem se ira facilmente, pois aprenderá a ser igual a eles e colocará a si mesmo em perigo" (22:24,25 NVT). Infelizmente, mesmo estando na igreja, me envolvi com más amizades e acabei tomando rumos em minha vida que me afastaram do Senhor. Ser popular, às vezes, vai ter um preço muito alto a ser pago, pois agradar todo mundo o tempo todo te obriga a dizer "sim" para coisas que você no fundo gostaria de dizer "não".

Escolher nossas amizades não é uma tarefa fácil, mas te garanto que boas amizades vão aceitar os seus nãos. Não quero! Não vou! Não estou bem hoje! "O amigo é sempre leal, e um irmão nasce na hora da dificuldade" (PROVÉRBIOS 17:17 NVT).

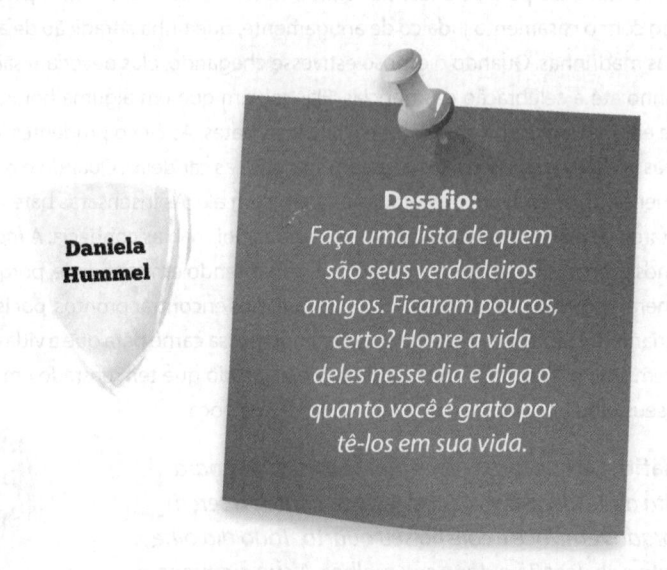

Daniela Hummel

Desafio:
Faça uma lista de quem são seus verdadeiros amigos. Ficaram poucos, certo? Honre a vida deles nesse dia e diga o quanto você é grato por tê-los em sua vida.

SETEMBRO 14

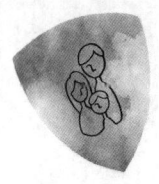

A CULPA NÃO É MINHA!

E Deus disse: Quem te mostrou que estavas nu? Comeste tu da árvore de que te ordenei que não comesses? Então disse Adão: A mulher que me deste por companheira, ela me deu da árvore, e comi. E disse o Senhor Deus à mulher: Por que fizeste isto? E disse a mulher: A serpente me enganou, e eu comi. (GÊNESIS 3:11-13)

No Jardim do Éden, foi lançada uma tendência que permaneceu em alta até os dias atuais: transferir a culpa. Adão culpou Eva. Eva culpou a serpente. Cada um, preocupado com seus próprios interesses, defendeu o seu lado e apontou somente o erro do outro!

Assumir responsabilidades é um fator muito importante na convivência familiar. Independentemente das diferenças de personalidade, sempre existem dois lados para uma mesma história e a estratégia mais sábia é controlar o fator emocional.

Muitas vezes, quando eu discordava com alguém em casa ou quando algo aconteceu diferente das minhas expectativas, eu pensava: "Seria tão mais fácil tal pessoa ignorar o orgulho e me pedir perdão". Então por que eu mesma não fazia isso?

É muito confortável atribuir as falhas em nossos relacionamentos às outras pessoas! Pode até ser que você tenha certeza de que está certo, mas os efeitos que causamos nas pessoas também são nossa responsabilidade. Aprendi a pedir perdão quando, de alguma forma, magoei alguém ao expor meus pensamentos — mesmo sem querer.

Fui marcada por uma frase que escutei de minha vó, uma vez que discuti com minha prima quando éramos crianças: "A mais madura é a primeira a pedir perdão". Naquele cenário fui movida pelo orgulho de ser a mais humilde e pedir perdão. Tempos depois entendi que a ação mais madura realmente é a humildade que aprendemos com o exemplo de Jesus.

Por mais simples que essa verdade seja, assumir responsabilidade tem um poder revolucionário! Quando mudamos, tudo muda!

Desafio: *Na próxima vez que você se deparar com algum conflito, pense com calma qual seria a reação de Jesus em seu lugar. Palavras utilizadas e tom de voz devem ser levados em consideração. (Isso funciona comigo, vai que dá certo com você também.)*

LISSA

15 SETEMBRO

SAIA DO MURO E QUEIME

Conheço as suas obras, sei que você não é frio nem quente. Melhor seria que você fosse frio ou quente! Assim, porque você é morno, nem frio nem quente, estou a ponto de vomitá-lo da minha boca.
(APOCALIPSE 3:15,16)

Vou começar o devocional de hoje com uma história já bem conhecida. Era uma vez (clichê) um homem que estava em cima de um muro. De um lado estava Deus, clamando sem parar para que esse homem viesse para seu lado. Já do outro, estava o diabo que, sem dizer nada, ficava só observando. Curioso, o homem perguntou para o diabo: "Por que você não faz nada para que eu vá para o seu lado?". Então o diabo respondeu: "Porque o muro é meu!".

Diversos jovens e adolescentes, por vergonha ou por medo, escolhem ficar no muro durante o período de estudo. Ninguém de suas escolas ou de suas faculdades sabe que eles são cristãos. Esses tendem à indecisão e à falta de atitude. Porém, saiba que Deus não gosta de pessoas mornas ou frias. Por isso, o fogo no coração de um cristão deve sempre esquentá-lo! Devemos estar sempre quentes, queimando as pessoas que se relacionam conosco. Além disso, durante meu Ensino Médio, aprendi que devemos estar tão quentes a ponto de aqueles do outro lado do muro sentirem o fogo dEle, ou seja, você não deve subir no muro para chamar quem está do outro lado.

Nós não podemos nos contentar com o morno! Vou dar um exemplo: imagine que você esquentou uma pizza a ponto dela ficar somente morna, mas você quer que ela esteja quente. Então, você pensa: "Vou esperar um tempo e ela esquentará". Faz sentido? Não! A verdade é que algo morno tende ao frio, jamais ao quente. Por mais óbvio que isso seja, muitos não entendem. Portanto, mantenha sempre sua chama acesa e alimente o fogo, pois Deus não quer pizza fria ou morna, meu amigo(a). Ele gosta dela queimando!

FILIPE

Desafio: *Não basta as pessoas saberem que você é cristão no seu ambiente escolar. Está na hora de queimar por Ele! Escolha uma hora do seu dia para orar pelos seus colegas da escola ou faculdade. Você e eles serão transformados.*

SETEMBRO 16

"UMA MÃO NA BÍBLIA E A OUTRA NO JORNAL"

Quem se isola, busca interesses egoístas, e se rebela contra a sensatez.
(PROVÉRBIOS 18:1)

Esse título é de uma frase do teólogo Karl Barth (1886–1968), que me faz refletir bastante. Eu não tinha o costume de ler jornais e canais de notícias. Gostava apenas de ver na internet o que me interessava e nunca estava por dentro do que estava acontecendo no mundo. Eu e minha mãe até evitávamos assistir TV, porque, toda vez que a ligávamos, só passavam notícias ruins, tristes e revoltantes. Não queríamos encarar a realidade à nossa volta. Eu pensava assim: "Ah, se isso algum dia for me afetar, aí sim vou me importar e buscar saber mais a respeito, fora isso, não preciso dar importância." Você pensa desse modo também?

No meu trabalho tenho que constantemente olhar as notícias em vários sites e, desde que comecei a fazer isso, minha mente e até mesmo minha vida com Deus mudaram. Passei a orar por coisas que nunca imaginava, como por exemplo, pela união das duas Coreias novamente (que hoje estão divididas entre Coreia do Sul e do Norte), pelo fim das guerras no Oriente Médio e paz entre os países árabes e para que se abram portas de empregos para os 13,4 milhões de desempregados no Brasil.

Ao mesmo tempo que temos que investir o máximo no nosso relacionamento com Deus e ler a Palavra, não podemos ser desinformados quanto às coisas que estão acontecendo ao nosso redor. Olhar não somente para cima ou para si, mas também para os lados. Quando conhecemos o terreno em que pisamos, conseguimos desenvolver meios e estratégias para atuar sobre ele. Se fecharmos os nossos olhos para a sociedade como vamos mudá-la? Temos a tecnologia a nosso favor! Redes sociais, sites de notícias, *YouTube* e aplicativos, tudo na nossa mão!

STELA

Desafio:
Ligue sua TV ou acesse algum site de notícias. Procure por coisas que têm acontecido agora na sociedade, e anote isso em algum lugar (papel ou celular). A partir de hoje, comece a orar sobre isso que você encontrou.

17 SETEMBRO

AULA DE FÍSICA

Como está escrito: Quem tinha recolhido muito não teve demais, e não faltou a quem tinha recolhido pouco. (2 CORÍNTIOS 8:15)

Esse versículo me veio à mente durante uma aula de Física, no Ensino Médio. É incrível como Deus fala através das coisas mais simples. A criação expressa Deus (ROMANOS 1:20)!

Quando estudamos assuntos relacionados à eletricidade, aprendemos que corpos carregados com cargas eletricamente opostas sempre tentam fazer de tudo para se anularem. O corpo que está com excesso de carga tende a passá-la para o que está com falta, para que não falte a ninguém. Dá para pensar nisso? Os átomos são generosos um com os outros! Que grande lição, não é mesmo? Reconhecem a necessidade um dos outros para que possam supri-las, de modo que quem muito tem, não sobre, e quem pouco tem não passe necessidade.

Temos que entender que tudo pertence a Deus (1 CRÔNICAS 29:10-12). A prata é dEle e o ouro também (AGEU 2:8). E é da Sua vontade que Seus filhos sejam abençoados. Aquilo que temos foi nos dado apenas para administrarmos, somos apenas mordomos daquilo que pertence ao Senhor (GÊNESIS 2:15).

Quando somos incomodados por Deus a abençoar um irmão, devemos entender que Deus só está pedindo para que você dê para outra pessoa aquilo que está sob sua administração, mas que na verdade é dEle. Será que sendo Deus dono de tudo, Ele não tem esse direito? Devemos nos sujeitar ao comando do Senhor e, agindo como filhos maduros, obedecê-lo, sempre com alegria, não esquecendo que aquilo que temos não nos pertence e que poder dar é um privilégio (2 CORÍNTIOS 8:4).

NELSON

Desafio:
Procure por alguém que esteja necessitando de algo e abençoe essa pessoa. Seja com um tênis, roupa, alimento, ou aquilo que o Espírito Santo trouxer ao seu coração.

SETEMBRO 18

LATROCÍNIO DA ESTABILIDADE EMOCIONAL

O ladrão vem apenas para roubar, matar e destruir; eu vim para que tenham vida, e a tenham plenamente. (JOÃO 10:10)

Uma das piores lutas da humanidade é a interior. Uma confusão instalada dentro da mente, onde constantemente somos tomados por pensamentos ruins, que na maioria das vezes acabam ficando fora da própria razão. O que leva indivíduos a dependerem de remédios para aguentarem mais um dia, a realizarem cortes no corpo na tentativa de aliviar uma tristeza profunda ou até mesmo não conseguirem fazer coisas simples como sair de casa? A ausência de estabilidade emocional tem levado muitas pessoas a se submeterem a coisas terríveis, inclusive na fase da adolescência.

Nada nem ninguém têm o poder de te atingir, a não ser que você mesmo permita. Entregue sua saúde emocional nas mãos dAquele que de fato conhece seu interior e pode te ajudar a lidar com todas as suas emoções. Coloque sua saúde como prioridade e nem pense que isso é egoísmo, é apenas se amar primeiro para depois conseguir amar o próximo. Afinal, você nunca conseguirá amar alguém corretamente, se primeiro não amar a Deus e a si mesmo (MATEUS 22:36-39).

Além disso, algo que você precisa entender é que Deus te criou e te planejou antes mesmo de você ser gerado no ventre da sua mãe. Ele te escolheu e escreveu todos os dias da sua vida por te amar de uma maneira absurda. Você não é sua nota ruim, seus problemas, suas dificuldades ou suas limitações. Nunca se compare com as outras pessoas. Você tem dentro de si algo que ninguém jamais pode tirar: a identidade de filho, a singularidade que te faz único e especial. Dê ouvidos apenas à voz que te fala quem você é, a voz que acalma e traz paz em meio a qualquer tempestade dentro de nós, a voz que gera vida!

Como vimos no versículo de hoje, Satanás veio para roubar, matar e destruir, tanto nosso físico quanto nosso emocional. Muitas vezes ele tem sido o autor do latrocínio — roubo que tem por consequência a morte — de nossas emoções e pensamentos, roubando toda nossa alegria e essência, destruindo nossos sonhos e nos matando aos poucos de dentro para fora. Não deixe ele te contar mentiras, te fazer se sentir inferior ou incapacitado, porque somente Deus pode te dizer quem você é e somente Ele pode trazer a verdadeira alegria. Ele é a luz que destrói qualquer escuridão dentro de nós!

Desafio: *Se levante e lute todos os dias pela sua vida, seus objetivos e sua paz. Vamos lá, hoje é mais um dia para erguer a cabeça e viver tudo aquilo que seu Criador tem para você. Busque esse amor em Jesus e deixe-O te contar quem você é para Ele.*

JULIA

19 SETEMBRO

ESPÍRITO X CARNE

Pois a carne deseja o que é contrário ao Espírito; e o Espírito, o que é contrário à carne. Eles estão em conflito um com o outro, de modo que vocês não fazem o que desejam. (GÁLATAS 5:17)

Nem todo dia estamos com aquela vontade de ler a Bíblia ou orar. Tem momentos em que passamos muito tempo comendo da Palavra de Deus e orando com muito fervor, mas outros que não estamos no mesmo pique, e isso é normal acontecer. Quando isso acontecia comigo, eu pensava que, por exemplo, era melhor não ler a Bíblia naquele momento do que ler sem vontade, sabe? Mas isso é a mais pura mentira. Não estou dizendo que não é importante sentir o desejo de buscar a Deus, mas que não devemos depender tão somente dos nossos sentimentos. A busca tem que ir além disso, tem que envolver tudo do nosso ser (MATEUS 22:37) e estar acima de tudo (MATEUS 6:33).

O fato é que a nossa carne nunca vai querer se alimentar e se fortalecer das coisas de Deus. Quando olhamos para a vida de Paulo, vemos que ele se deparava muito com isso. Vemos em Romanos 7:15 o apóstolo dizendo: "Não entendo o que faço. Pois não faço o que desejo, mas o que odeio". Nos versículos 22 e 23, ele continua dizendo: "Pois, no íntimo do meu ser tenho prazer na lei de Deus; mas vejo outra lei atuando nos membros do meu corpo, guerreando contra a lei da minha mente, tornando-me prisioneiro da lei do pecado que atua em meus membros." É uma luta que só ganha quem você alimenta mais; o espírito ou a carne.

O que é alimento para o espírito é veneno para a carne, e o que é alimento para a carne é veneno para o espírito. A comida do espírito é a Palavra de Deus (MATEUS 4:4), e a fome por ela vai ser gerada a partir do momento que começarmos a buscar ler a Bíblia, jogando fora tudo aquilo que faz mal para o espírito! Do que você tem se alimentado?

STELA

Desafio: *Comece a abrir mão de algumas coisas para ter mais comunhão com Deus. Não estou dizendo que ver série é pecado, mas, por exemplo, você pode decidir, em vez de ver um episódio de um seriado, assistir a uma pregação no YouTube. Que tal?!*

SETEMBRO 20

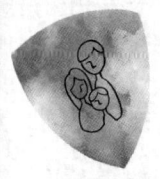

MESMO SEM MOTIVO

Eu, porém, vos digo que todo aquele que, sem motivo, se irar contra seu irmão estará sujeito a julgamento; e quem proferir um insulto a seu irmão estará sujeito a julgamento do tribunal; e quem lhe chamar: Tolo, estará sujeito ao inferno de fogo. (MATEUS 5:22 ARA – ênfase adicionada)

Quando eu era mais novo, notei uma diferença nítida no meu agir com as pessoas: quanto mais intimidade eu tinha, mais eu ofendia. Por exemplo, por eu saber que meu irmão sabia qual era meu sentimento por ele, constantemente chamava-o de "idiota, animal ou mané". Eu não estava bravo com ele, mas fazia essa "brincadeira". Porém, não temos controle sobre como nosso próximo vai receber o que falamos.

Uma vez minha mãe ouviu eu chamar meu irmão de idiota enquanto jogávamos videogame. Ela ficou muito decepcionada e me mostrou o versículo de Mateus 5:22. O que eu mais gosto nesta versão da Almeida Revista e Atualizada (ARA) é que ela informa que o julgamento, ao qual estamos sujeitos, também trata-se de uma situação sem motivo aparente. Se não podemos nos irar e insultar nem como brincadeira, você acha que seria certo fazer isso com uma motivação? A palavra "insulto" no original (Fonte: Strong) é *rhaka*, de origem aramaica, que quer dizer "cabeça-oca". Não devemos nem chamar nossos irmãos de "cabeça-oca", então como seria possível chamar alguém de algo pior?

Um dia, ao me irar de verdade, insultei meu chefe! Por eu estar acostumado a brincar dessa forma com meu irmão, o insulto saiu automaticamente de mim naquele momento. Consegue imaginar as consequências dessa atitude? Foi necessário muito tempo para recuperar a confiança dele. Precisamos evitar a ira (SALMO 37:8), aprender a dominá-la (ECLESIASTES 7:9) e cuidar com o que dizemos tanto no momento de ira quanto de brincadeira (TIAGO 1:19,20). Não é porque aquela pessoa faz parte da sua família (ou você a considera assim), que você pode insultá-la.

FILIPE

Desafio:
Pergunte a alguém de sua família se você costuma insultá-lo(a), mesmo que brincando. Peça perdão e tome uma atitude para parar com isso.

21 SETEMBRO

EU QUERO SER RICO!

*Não digam, pois, em seu coração: "A minha capacidade
e a força das minhas mãos ajuntaram para mim toda esta riqueza".*
(DEUTERONÔMIO 8:17)

Você já se perguntou se é pecado ser rico? Eu já pensei muito sobre essa questão, afinal a Bíblia fala muito sobre a questão do dinheiro (PROVÉRBIOS 15:16; ECLESIASTES 5:12; 1 TIMÓTEO 6:9,10), e acho que muitas pessoas interpretam de forma errada tudo isso. Eu acredito que, de forma alguma, Deus quer nos ver passando fome e morrendo sem termos construído nada, mas também acredito que Satanás se aproveita muito do nosso desejo de conquistar, principalmente quando essa conquista envolve dinheiro.

Jesus chega a dizer que é mais fácil um camelo passar por dentro de uma agulha do que um rico entrar no reino de Deus, e isso me assustou muitas vezes. Mas o que eu acho que Jesus quer dizer é que existe uma linha muito fina com que devemos tomar cuidado, e por quê? Em 1 Timóteo 6:9,10, a Bíblia diz que os que querem ficar ricos caem em tentação, em armadilhas e em muitos desejos descontrolados e nocivos que levam os homens a mergulharem na ruína e na destruição, e creio que isso nem precisa ser explicado, né?

O que eu quero dizer com tudo isso é que talvez Deus queira te fazer um grande empresário, um engenheiro milionário, um presidente ou qualquer outra coisa que envolva muito poder aquisitivo. Mas o que Ele realmente não quer e despreza profundamente é o nosso amor ao dinheiro! O Senhor é o dono do ouro e da prata (AGEU 2:8); além de ser Aquele que deu, Ele é aquele que é capaz de tomar (JÓ 1:21).

Desafio:
Se isso já se passou pela sua cabeça, eu te desafio hoje a pensar em tudo que você poderia fazer com um milhão de reais. Anote em um papel e, quando finalizar essa lista, risque todos os objetivos que só te favorecem, pense em como o seu dinheiro pode abençoar o Reino de Deus e não em como ele pode saciar suas ambições.

BEA

SETEMBRO 22

OBEDIÊNCIA: UMA ZONA DE SEGURANÇA

Se vocês obedecerem aos meus mandamentos, permanecerão no meu amor, assim como tenho obedecido aos mandamentos de meu Pai e em seu amor permaneço. (JOÃO 15:10)

Alguma vez alguém já te deu uma ordem do tipo: "Vá lá e faça tal coisa. Se alguém achar ruim, mande que venha falar comigo"? Algumas vezes eu já ouvi isso, o que achei muito interessante. Há uma zona de segurança quando você está obedecendo alguém, pois você está sob a responsabilidade dessa pessoa. Lembro-me de dois acontecimentos em situações parecidas, mas com resultados opostos, que me fizeram refletir a respeito.

Há algum tempo, eu estava com minha família no interior do Paraná, em um sítio, andando descalço numa região onde havia cobras e animais perigosos, quando minha mãe pediu para que eu entrasse no mato para colher uma abóbora. Tudo estava coberto de folhas e eu pensei no risco. No entanto, como eu estava cumprindo uma ordem, senti tranquilidade. Entrei descalço, peguei a abóbora e foi tudo muito bem. Esse tipo de tranquilidade pode ser encontrado na obediência.

Quando eu era ainda mais novo, meu pai tinha me dado um skate, mas faltavam os equipamentos de segurança. Na casa havia uma rampa que eu já havia descido várias vezes sem cair, até o dia que ele disse: "Não desça mais essa rampa até que eu compre os equipamentos de segurança". Como eu sabia que conseguia descer, pois nunca tinha caído e ele estava demorando para comprar os equipamentos, resolvi desobedecer. Resultado: caí pela primeira vez e quase quebrei o braço. Não me machuquei sério, mas serviu de lição. Quando desobedeci, automaticamente saí da zona de proteção que a autoridade do meu pai exercia sobre mim.

Quando andamos em sujeição, encontramos bênção; mas, quando andamos em desobediência, maldição. Todo o mal que sofremos no mundo é fruto do pecado e o pecado, fruto da desobediência.

Desafio: *O desafio é obedecer. Pode ser difícil, mas vale a pena. Procure obedecer e ouvir ainda mais as autoridades na sua vida e principalmente a Deus. "Vocês serão meus amigos, se fizerem o que eu ordeno"* (JOÃO 15:14).

NELSON

23 SETEMBRO

LUPINHA DO DIABO

E se o seu olho o fizer tropeçar, arranque-o e jogue-o fora.
É melhor entrar na vida com um só olho do que, tendo os dois olhos,
ser lançado no fogo do inferno. (MATEUS 18:9)

Sabe aquela lupinha no *Instagram*? Um dos meus amigos deu o nome de "lupinha do diabo", porque essa é uma parte do aplicativo onde aparecem publicações de todo tipo de perfil e também publicações relacionadas com os *posts* que você curte e perfis que você segue. Enfim, uma verdadeira bagunça. E em meio a tudo isso, o diabo pode e vai lançar uma "sataneira".

O pecado sempre vai aparecer de maneira sutil e agradável aos olhos, assim como no Éden (GÊNESIS 3:6). O *insta* é apenas um exemplo, pois para muitos pode ser algo inofensivo, mas o diabo sabe as nossas fraquezas e são nelas que ele vai nos tentar (TIAGO 1:14). Ou seja, se for preciso usar o *insta*, ele não vai pensar duas vezes para te fazer cair através dessa ferramenta "inofensiva".

Não me entenda mal, redes sociais são úteis para influenciar vidas e espalhar o evangelho, mas, se isso tem feito você tropeçar, se livre o quanto antes! Jesus nos ensina a cortar o mal pela raiz. É isso que ele quis dizer com: "Se o seu olho o fizer tropeçar, arranque-o e jogue-o fora", ou seja, precisamos nos livrar daquilo que nos leva a pecar. Seja uma rede social, uma música, um filme, até mesmo um esporte pode acabar sendo um tropeço dependendo do caso.

Caso você esteja pensando: "Ah, não me sinto tentado por redes sociais, então estou de boa", lembre-se de 1 Coríntios 10:12. Então, fique atento!

Desafio: Analise como anda sua vida e no que você tem tropeçado, como o exemplo que dei sobre o Instagram. Perceba o tempo que você gasta no aplicativo, qual o conteúdo com que você tem interagido. Isso tem acrescentado algo relevante em sua vida? Quantas tarefas você tem negligenciado por passar horas vendo stories e posts? A partir dessa análise, tome uma atitude e, se preciso, fique um tempo sem redes sociais. Talvez sua pedra de tropeço seja outra coisa, da mesma forma, avalie, se faça perguntas e se posicione de maneira prática.

SETEMBRO 24

O MAIOR TIME DO MUNDO

Jesus respondeu: "Está escrito: 'Adore o Senhor, o seu Deus e só a ele preste culto'".
(LUCAS 4:8)

Sempre gostei muito de futebol. Sou aquele tipo de torcedor que grita, canta e reclama durante uma partida. Certo dia fui assistir a um jogo do meu time em um estádio da minha cidade. Estávamos perdendo por 1x0 e nossa torcida não parava de cantar. Continuávamos incentivando os jogadores durante todo o jogo.

Durante a partida, o Espírito Santo falou comigo. Comecei a olhar a atitude de todos torcedores. Estávamos até sem voz! Percebi então, o que Ele queria me mostrar. Comecei a lembrar da minha atitude durante o louvor no culto daquela semana. Eu havia acordado cedo e isso serviu de justificativa para que eu me sentisse cansado e "louvasse" sem nenhum comprometimento. Fiquei 90 minutos em pé durante o jogo, enquanto na igreja meus pés se cansaram nos primeiros 30 minutos de louvor. Onde estava meu coração? Deus procura adoradores que O adorem em espírito e em verdade (JOÃO 4:23), certo? Perceber a diferença da minha postura nas duas situações me deixou completamente constrangido!

Sejamos sinceros: os jogadores não nos conhecem, não ligam para nós e, ao final do mês, suas contas bancárias continuam cheias. Agora Deus, o nosso Pai, nos chama pelo nome, nos ama tanto que enviou Seu próprio filho para morrer por nós e nos concede Sua graça. Não existe motivo para nos comprometermos mais à uma partida do que a Ele! Ele deve ser nosso maior foco e desejo. Devemos gritar, chorar e nos entregar completamente, todos os dias, a Deus. Podemos continuar torcendo para um time de futebol, mas somente Deus merece todo nosso coração e louvor!

FILIPE

Desafio:
Qual tem sido sua atitude na igreja? Durante o próximo culto, tenha uma melhor reação e postura do que costuma fazer. Expresse seu amor por Ele! Deus deve ser sempre o dono do nosso coração!

25 SETEMBRO

CANTINHO DO PENSAMENTO

...pois o Senhor disciplina a quem ama, assim como o pai faz ao filho de quem deseja o bem. (PROVÉRBIOS 3:12)

Se tem uma das coisas que eu me lembro bem na infância é de quando eu aprontava e meus pais me corrigiam. Sempre depois da correção, eles sentavam, pegavam a Bíblia e me mostravam o motivo deles estarem fazendo aquilo. No começo não fazia sentido, porque a gente sempre associa correção com algo ruim e eu pensava: "Ah, me bateu e agora vem falar de amor, né?!". Mas, ao longo dos anos, eu tirei um aprendizado importante: a correção é baseada no amor.

Da mesma forma genuína que nossos pais nos corrigem, assim também Deus faz conosco. Quando entendemos o tamanho do Seu cuidado por nós, reconhecemos que muitas vezes o "não" que recebemos é uma forma de demonstrar amor. Em vários momentos, eu via pessoas da igreja fazendo coisas erradas e não recebendo nenhuma punição por isso e, quando eu pensava em colocar o pé para fora, Deus já me repreendia. Então questionei-O sobre isso.

Em resposta, o que Ele ministrou ao meu coração foi: "Eu corrijo os que são filhos". Foi aí que eu comecei a entender que quem se submete a ser chamado de filho será tratado como um filho (HEBREUS 12:6). E o mais impressionante é que Deus nunca olha para o nosso pecado, mas para o nosso coração. Por isso, precisamos ter um coração ensinável, que aceita a disciplina e obedece por saber que Deus tem o melhor para nós.

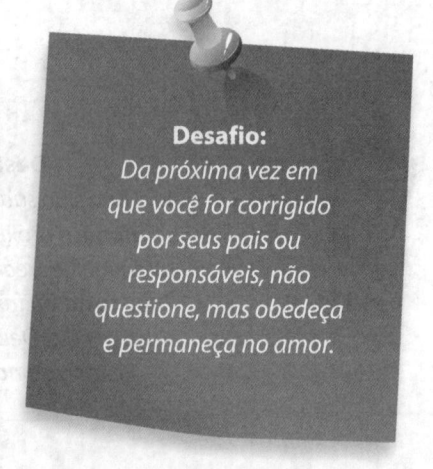

JULIA

Desafio:
Da próxima vez em que você for corrigido por seus pais ou responsáveis, não questione, mas obedeça e permaneça no amor.

SETEMBRO 26

COMO OUVIR A VOZ DO ESPÍRITO SANTO?

Porquanto, todos os que são guiados pelo Espírito de Deus são filhos de Deus. Pois vós não recebestes um espírito que vos escravize para andardes, uma vez mais, atemorizados, mas recebestes o Espírito que os adota como filhos, por intermédio do qual podemos clamar: "Aba, Pai!" (ROMANOS 8:14,15 KJA)

A liderança do Espírito Santo é uma marca na vida dos filhos de Deus. Desejamos Ele, precisamos dEle e sabemos que não é possível vivermos a plenitude do evangelho sem Ele. Seja através de uma palavra de conhecimento, cura, perdão, consolo ou conselho, a voz do Espírito Santo escreve as histórias mais lindas.

Aprendi que, quando escutamos pessoas contando suas experiências com o Senhor, podemos ter a impressão de que aquilo é algo muito complicado ou fora do nosso alcance, mas isso não é verdade. É com ciúme que por nós anseia o Espírito que Ele fez habitar em nós (TIAGO 4:5). Ele está ansioso para nos revelar o caráter de Deus. Ele ama você e fala com você.

Não podemos viver conscientemente sem santidade e esperar que o nosso relacionamento com Aquele que é Santo não seja influenciado. Quanto mais nos ajustarmos para viver de acordo com a Palavra, mais reconheceremos Sua voz. Em Isaías 30 no versículo 21, a Palavra nos diz: "Quer você se volte para a direita quer para a esquerda, uma voz nas suas costas dirá a você: Este é o caminho; siga-o". É essa voz que te lembra que não foi legal ter rido de uma piada suja ou ter permanecido calado quando falavam mal de alguém sem que essa pessoa soubesse. Essa voz te fala para perdoar alguém enquanto você ora, fala para você ter paciência com a sua família e servir as pessoas sem reclamar.

Com o tempo, a voz de Deus no nosso íntimo se torna clara, assim como quando você atende o telefone e já reconhece a voz de um amigo. Se você não tiver certeza se foi um pensamento ou o Espírito Santo, lembre que Deus jamais falará nada contrário à Sua própria Palavra. Na dúvida, faça mesmo assim. Ore por alguém na rua, peça perdão. Várias vezes eu orava dizendo: "Deus, se é você eu quero obedecer". Obviamente eu não falava para alguém que tinha sido o Espírito Santo, mas depois, vendo os resultados, descobri que realmente era. A Bíblia nos ensina que quem é fiel no pouco será fiel no muito (MATEUS 25:21). Deus confia grandes experiências com o Espírito Santo àqueles que são fiéis aos pequenos impulsos do dia a dia.

Desafio: *Esteja atento aos impulsos do Espírito Santo hoje!*

LISSA

27 SETEMBRO

CEDO DEMAIS!

Confie no Senhor de todo o teu coração e não te apoie em seu próprio entendimento; reconheça o Senhor em todos os teus caminhos, e ele endireitará as suas veredas. (PROVÉRBIOS 3:5,6)

Já aconteceu com você de perceber alguém da família insinuando que você ainda não sabe qual profissão quer ter no futuro? Será que as pessoas percebem o quanto essa atitude é insensata? Gostaria de falar para elas que conheço muitos adultos que, mesmo trabalhando há anos na mesma profissão, estão sempre pensando em trocar de área. Como uma pessoa pode definir a carreira de sua vida com 17 anos de idade? E ainda há famílias que começam a pressão quando você ainda estuda no Ensino Fundamental.

Se você se sente frustrado por não conseguir responder sua família sobre essa decisão e tem vontade de dizer que "é cedo demais para decidir!", aí vai a dica: Não diga! Ame cada pessoa que faz isso, eles não fazem por mal. Explique que você decidirá junto com o Espírito Santo. Mas faça isso mesmo! Comece a orar, conversar com Deus sobre quais são suas áreas de interesse. Se não tiver nenhuma, peça para Ele te mostrar quais são suas maiores habilidades. Pense em que área você tem mais facilidade.

Outra dica é: faça a sua parte! Existem coisas que ninguém pode fazer por você e esta é uma delas. Pesquise sobre as profissões: o que cada profissional faz em sua área, qual é seu objeto e ambiente de trabalho, faixa salarial, requisitos necessários para entrar nessa profissão, conhecimentos prévios exigidos, pontos positivos e negativos.

Todas elas têm seus desafios, mas não se preocupe com isso, pois, se você continuar firme em seu relacionamento com Deus, Ele te ajudará para sempre! Quando decidir, espere um pouco para contar, pois é comum mudar de ideia. Assim você evitará cobranças e aborrecimentos.

Joelma Silveira

Desafio: *Converse com o Espírito Santo sobre as decisões de sua vida. Faça uma tabela lançando dados de pesquisa sobre as diferentes profissões para que você possa comparar. Assista vídeos úteis sobre as profissões.*

SETEMBRO 28

FAKE NEWS

Guarde a sua língua do mal e os seus lábios da falsidade.
(SALMO 34:13)

Há pouco tempo surgiu uma nova onda de notícias falsas circulando pela internet (não que isso já não fosse algo presente na sociedade). São vídeos, notícias e *posts* que vemos nas redes sociais que geralmente trazem um conteúdo sensacionalista com imagens que te atraem, mas na verdade não passam de um *clickbait* para te fisgar a clicar no *link*. Porém, o principal problema das *fake news* não é só o fato de elas existirem, mas, sim, a rapidez com que elas se espalham. Todos nós estamos o tempo todo conectados à internet; isso faz com que a propagação seja mais rápida, ainda mais se for algo viral.

Talvez você já tenha brincado de telefone sem fio. Funciona mais ou menos assim: você sussurra uma frase para a primeira pessoa do grupo e depois ela passa para o outro do lado e assim sucessivamente até chegar no último da fila. Se um não estiver prestando atenção no que o outro disse, o resultado será este: a frase que você tinha passado no início estará totalmente distorcida. Engraçado que muitos brincam disso todo dia, mas tem outro nome: fofoca! A *fake news* nada mais é do que um reflexo de uma sociedade fofoqueira que, ao invés de guardar uma informação para si, quer contar para Deus e o mundo sem ao menos saber a verdadeira fonte disso. Isso sem falar quando se trata da vida dos outros, aí o negócio sobe para outro nível.

Não podemos ser porta-vozes da mentira e consumidores desse tipo de conteúdo! Devemos guardar tanto a língua quanto a nossa mente dessas coisas e, principalmente, fugirmos da ignorância. Os meios de comunicação têm que servir para espalhar a verdade. No meio profissional, Deus está à procura de jornalistas, publicitários e criadores de conteúdo digital que não sejam movidos pelo desejo do que as pessoas querem ver, mas, sim, movidos pela realidade dos fatos!

Desafio: *Na próxima vez que alguém chegar em você e começar a falar mal de uma outra pessoa, peça para ele parar e tente mudar de assunto. Faça isso frequentemente, porque, se seu amigo fala dessas coisas para você, é porque ele sabe que você vai escutar. Mude o hábito. Fuja da fofoca e, quando vir uma notícia sobre qualquer assunto que te interessa, pesquise mais em outras fontes, não fique se baseando apenas em uma informação.*

STELA

29 SETEMBRO

PALHAÇO DISFARÇADO

Como o louco que atira brasas e flechas mortais, assim é o homem que engana o seu próximo e diz: "Eu estava só brincando!". (PROVÉRBIOS 26:18,19)

Sempre fui uma pessoa disposta a brincar. Porém, muitas brincadeiras que já fiz tiveram consequências absurdamente desagradáveis, pois foram feitas em momentos ruins ou com pessoas erradas. Por exemplo, algumas vezes brinquei com minha mãe sobre determinado assunto e, após ela se ofender, dizia: "Toda brincadeira tem um fundo de verdade".

Uma vez conheci um palhaço que brincava com os "defeitos" das pessoas. Ele tirava sarro da aparência, da roupa ou da atitude. Ele pensava que o fato de estar caracterizado como um palhaço permitia que ele falasse o que desejasse, sem magoar ninguém. Muitas pessoas fazem o mesmo ao utilizarem o tom de brincadeira para lançar indiretas ou para enganar alguém. Além disso, dizem algo absurdo e, quando percebem o resultado do que fizeram, falam que estavam apenas brincando para se livrar das consequências. Quando fazemos algo assim, estamos mentindo e você sabe quem é o pai da mentira (JOÃO 8:44) e que Deus odeia uma língua mentirosa (PROVÉRBIOS 6:16-19). Não devemos utilizar um discurso divertido para camuflar palavras ofensivas. Não adianta se fantasiar de palhaço e falar o que vier à mente!

Minha mãe também sempre me dizia outra frase: "Brincadeira só deve ser feita quando ambos se divertem". A verdade é que devemos buscar nunca enganar ninguém com nossas palavras, seja na forma de uma ofensa camuflada ou de um escape das consequências. Esse engano pode gerar sérias consequências inclusive em nossa casa! A história de Jacó e Esaú é um belo exemplo disso (GÊNESIS 27). Portanto, lembre: camuflar suas palavras não modifica o impacto delas.

FILIPE

Desafio: *Fale hoje, sem brincadeira, para alguém sobre suas qualidades. Não seja um palhaço disfarçado!*

SETEMBRO 30

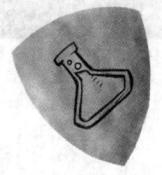

CUIDE DO TEMPLO

Acaso não sabem que o corpo de vocês é santuário do Espírito Santo que habita em vocês, que lhes foi dado por Deus, e que vocês não são de si mesmos? (1 CORÍNTIOS 6:19)

Somos um conjunto de espírito, alma e corpo. Devemos cuidar de todas essas áreas. Muitas vezes, valorizamos uma e negligenciamos outra. Cuidar do nosso corpo é tão "espiritual" quanto ir à igreja, orar, ler a Bíblia; isso merece nossa atenção. Nossa saúde depende do bem estar de todos esses aspectos.

Assim como cuidamos da nossa alma e do nosso espírito, como forma de glorificar a Deus, devemos cuidar do nosso corpo. Portanto, se somos templo do Espírito, devemos mantê-lo em bom estado. Ninguém gosta de morar numa casa mal cuidada, portanto seja um bom anfitrião.

O Senhor cura? Sim! Mas devemos fazer de tudo para manter nossa saúde em bom estado. Um exemplo disso é o conselho que Paulo dá a seu discípulo Timóteo, dizendo para que ele não tomasse somente água, mas bebesse também vinho para fazer bem ao estômago (1 TIMÓTEO 5:23).

O Senhor Jesus disse para amarmos os outros como amamos a nós mesmos (MATEUS 22:39). Para amar o próximo, temos que nos amar e, nos amando, cuidamos de nós mesmos. Não vamos ficar levando uma vida sedentária, enchendo o estômago de comida que faz mais mal do que bem ou prejudicando nosso metabolismo com poucas horas de sono. Isso é errado, não é glorificar a Deus em nosso corpo.

NELSON

Desafio:
Separe 15 minutos do seu dia durante um mês para dedicar-se à exercícios físicos. Além disso, escolha algum alimento considerado como "porcaria" e deixe de consumi-lo durante esse período, por exemplo, refrigerante.

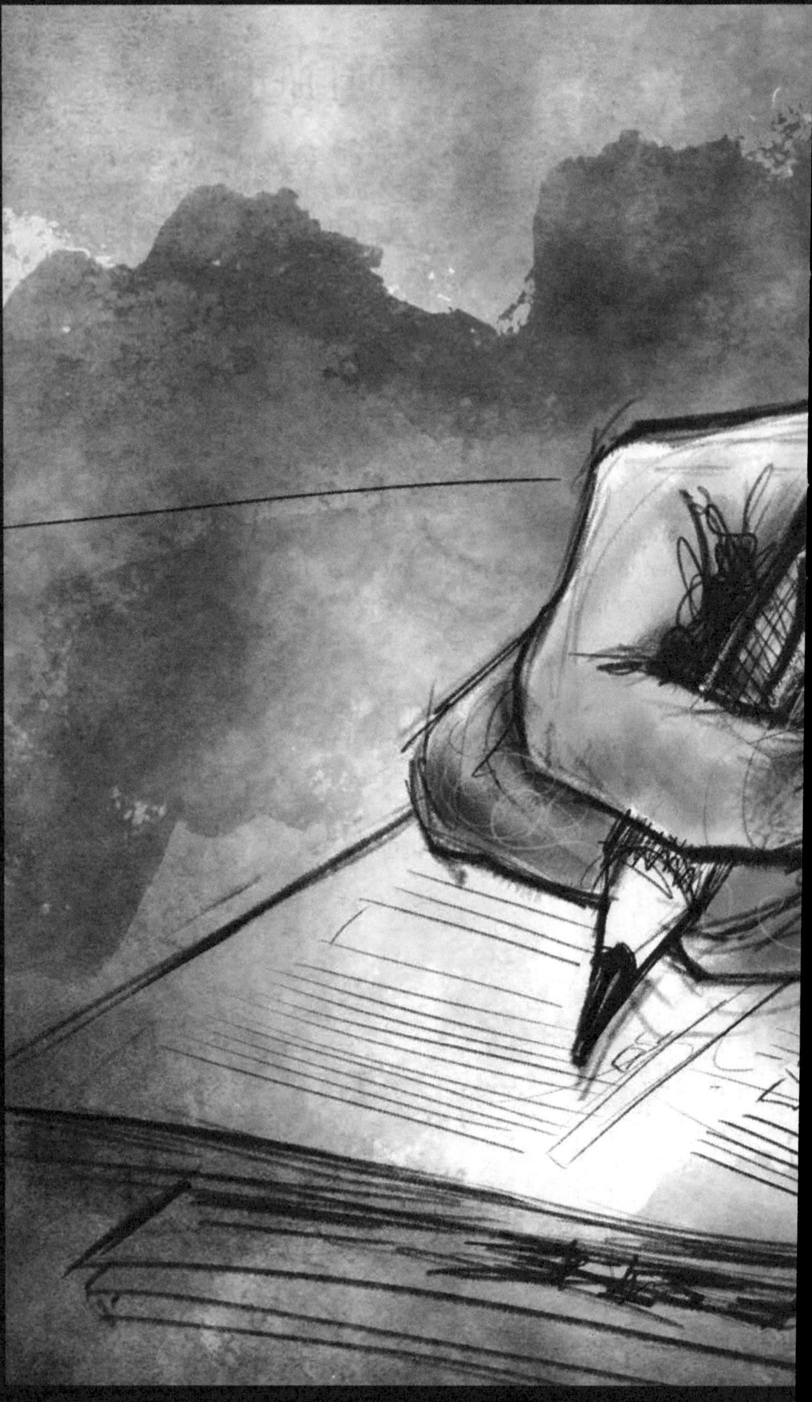

OUTUBRO

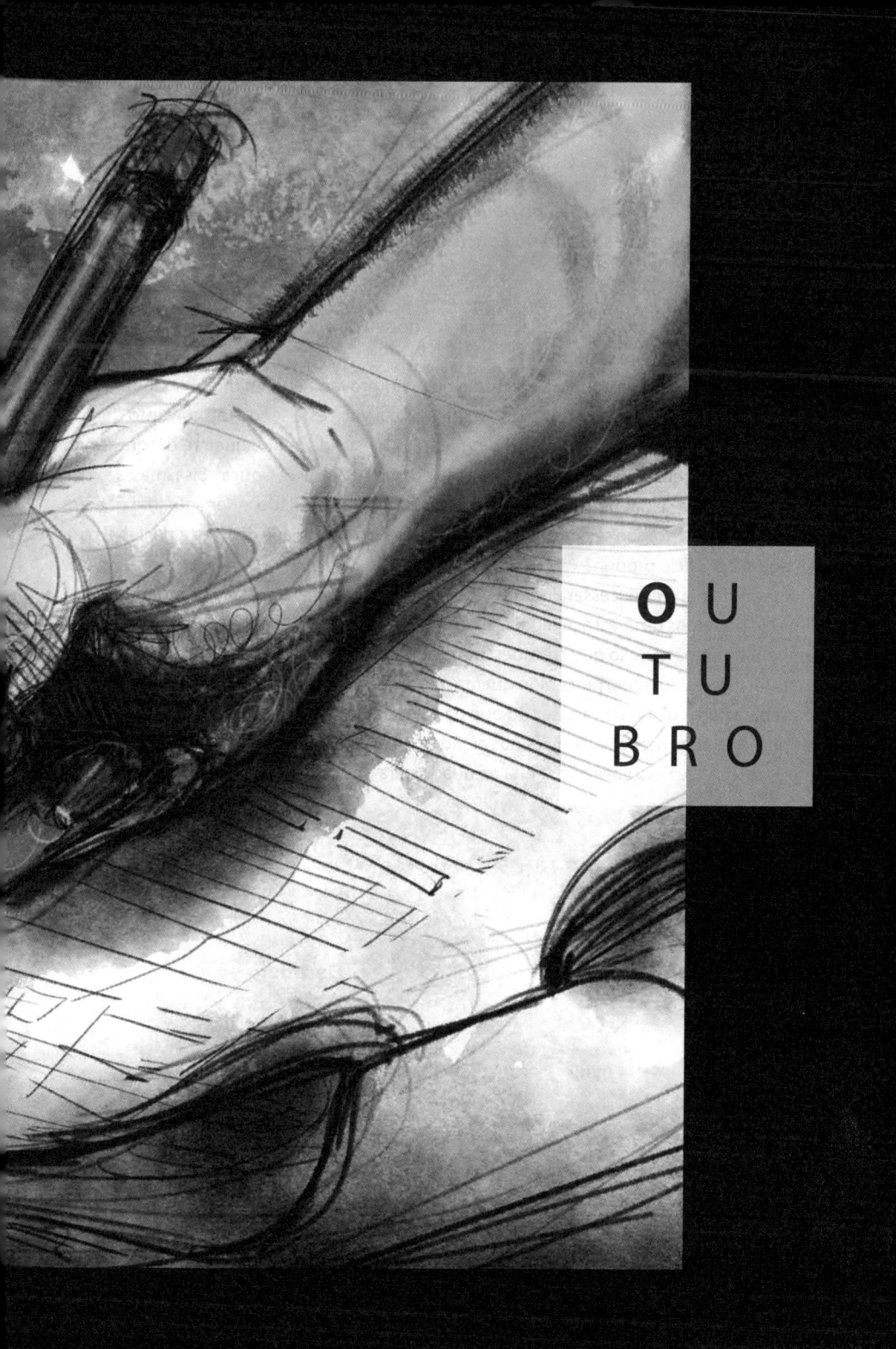

1 OUTUBRO

ACEITE SEU ZERO

*Quem é fiel no pouco, também é fiel no muito,
e quem é desonesto no pouco, também é desonesto no muito.*
(LUCAS 16:10)

Você se sente indignado com a situação política do seu país? E fica revoltado com os escândalos políticos de desvio de dinheiro?

Deixa eu te dizer uma coisa: se você cola nas suas provas, não tem moral nenhuma para se revoltar com o governo corrupto do seu país, afinal você está sendo tão corrupto quanto eles! Aí você pode pensar: "Ah, mas é só uma prova". Jesus disse que quem é desonesto no pouco também será no muito. Não estou dizendo que sua prova é pouca coisa, mas, se você se corrompe para se dar bem no que era sua obrigação ter estudado, quem garante que um dia, no seu emprego, não se corromperá quando tiver oportunidade de fazer algo ilegal para ter algum benefício próprio?

Apesar de não ser necessariamente esse o contexto que Jesus estava abordando, acredito que podemos fazer essa analogia. Se formos corruptíveis no que consideramos pouco, também seremos naquilo que consideramos muito.

Na faculdade, eu tenho percebido quanta gente há que não está nem aí com isso. A galera se prepara para colar na prova, sendo que daqui a alguns anos sairão formados como "profissionais" da área. Reavalie sua vida nos estudos, peça ao Espírito Santo que te convença do que é certo. Ah, e caso você não tenha estudado para uma prova, aceite seu zero e não cole.

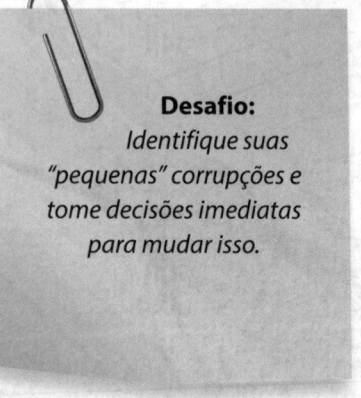

CONDO

Desafio:
Identifique suas "pequenas" corrupções e tome decisões imediatas para mudar isso.

OUTUBRO 2

PODE OU NÃO PODE?

Tudo me é permitido, mas nem tudo convém.
Tudo me é permitido, mas eu não deixarei que nada domine.
(1 CORÍNTIOS 6:12)

"Pode ou não pode?" Esse é o tipo de tratamento que pais dão aos filhos quando eles ainda são pequenos e não são capazes de discernir aquilo que lhes fará bem ou não. Mas, quando o filho cresce, ele não precisa mandar mensagem para a mãe para perguntar se pode ou não tomar um monte de sorvete — e acabar gripado. Na Bíblia, no Antigo Testamento, tudo era regido por listas e listas de leis, porque os filhos de Deus não O conheciam intimamente, pois Jesus ainda não havia sido revelado (COLOSSENSES 2:17).

Mas agora temos Jesus e, portanto, a possibilidade de nos achegarmos a Deus conhecendo-O. Assim, vamos tomar atitudes de filhos maduros! Entenda: se você quer realmente crescer no Senhor, deverá agir não somente com base naquilo que pode ou não pode, mas naquilo que vai ou não lhe impulsionar, lhe acrescentar, mergulhando mais fundo no seu relacionamento com Ele.

A Bíblia diz que "Tudo me é permitido", mas também que "nem tudo convém". Das coisas que são pecado, nem nos aproximamos, no entanto existem outras que em si não são erradas, mas retardarão nosso crescimento em Deus. Convém praticá-las?!

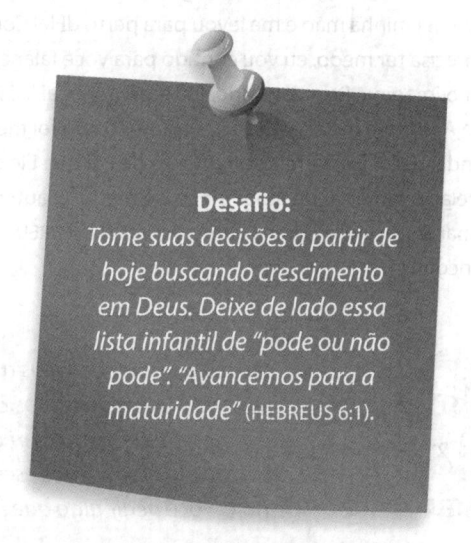

NELSON

Desafio:
Tome suas decisões a partir de hoje buscando crescimento em Deus. Deixe de lado essa lista infantil de "pode ou não pode". "Avancemos para a maturidade" (HEBREUS 6:1).

309

3 OUTUBRO

NÃO TENHO MEDO DE VOCÊ

Assim sendo, aproximemo-nos do trono da graça com toda a confiança, a fim de recebermos misericórdia e encontrarmos graça que nos ajude no momento da necessidade. (HEBREUS 4:16)

Não tive um dos melhores relacionamentos com meu pai. Apesar dele ser um cara sorridente e engraçado, em casa ele era muito alterado e não aceitava ouvir opiniões contrárias a dele. Então, desde criança sempre tive um certo medo do meu pai (hoje em dia não mais). Lembro-me de ocasiões em que eu queria pedir algo para ele, mas, por receio da resposta que poderia levar, eu pedia para minha mãe falar por mim. Ou em momentos que eu precisava de algo, mas não o incomodava, porque ele estava assistindo TV no sofá.

E todo esse medo afetou meu relacionamento com Deus. Era difícil de entender a paternidade dEle. Sempre tive essa imagem de que Deus era um homem velho, de barba branca com uma bengala que sempre estava de olhos em nós esperando o momento em que errássemos para dizer: "Você vai para o inferno se continuar assim!" Um dos grandes obstáculos que encontrei foi que eu não conseguia pedir nada para Ele. Eu pensava: *Por que vou incomodar Deus? Quem sou eu para ficar pedindo coisas para Ele?*

Foi aí que começou um processo de perdão e cura. Eu só consegui me aproximar mais de Deus quando passei a perdoar o meu pai. O mais legal foi quando eu entendi a figura de Jesus nesse relacionamento. Lembra que eu pedia para minha mãe falar com meu pai por mim? A Bíblia fala que ninguém se achega a Deus se não for por meio de Cristo (JOÃO 14:6). Jesus segurou na minha mão e me levou para perto dEle! Como se Ele estivesse me dizendo: "Você não precisa ter medo, eu vou contigo para você falar com Ele. Você vai ver que Ele não é bravo como imagina. Pelo contrário, Ele é muito legal!". E hoje tenho conhecido um Deus que é Pai de Amor. Ele me escuta, me pergunta como foi meu dia, o que eu quero, o que eu estou sentindo, tudo! É esse relacionamento de Pai que Ele quer ter com todos nós, os Seus filhos. Um relacionamento de amor e não de medo. O autor de Hebreus fala que podemos nos aproximar do trono da graça com confiança (HEBREUS 4:16). Deus está nos esperando para esse encontro!

STELA

Desafio: *Sabendo Deus o que é bom para nós, nem tudo o que pedirmos Ele vai nos dar, porém, devemos entender que temos essa liberdade para pedir, porque Ele vai nos escutar. Que tal na oração de hoje, você pedir algo que nunca pediu para Deus?*

OUTUBRO 4

LIBERDADE X GOVERNO

*Quando os justos florescem,
o povo se alegra; quando os ímpios governam,
o povo geme.* (PROVÉRBIOS 29:2)

A Palavra de Deus é realmente um livro que traz instrução para todas as áreas da sociedade e não seria diferente com o governo de uma nação. Vemos na Bíblia sociedades sendo formadas e como foram governadas. Temos histórias de nações que foram governadas pela anarquia, que é o sistema onde não há lei e os indivíduos fazem o que lhes agrada com impunidade. Tem como marca a confusão política (*Dicionário Webster*, 1828). Outras sociedades foram formadas por um governo tirano. A tirania tem como base um exercício arbitrário e despótico do poder e tem como marca a severidade, rigor, inclemência (*WEBSTER* 1828).

Nas duas formas de governar, vemos palavras ruins como impunidade, severidade e inclemência. Nesse tipo de governo, em que há confusão e guerras, não vemos a vontade de Deus, "pois Deus não é Deus de desordem, mas de paz" (1 CORÍNTIOS 14:33). Os profetas consistentemente expuseram os extremos da ilegalidade, seja a anarquia seja a tirania. Deixar de lado a Lei de Deus ou adaptá-la para exercer meu próprio controle sobre os outros é proibido. O alvo de Deus é a liberdade para cada indivíduo, como um homem ou mulher maduros e livres em seu relacionamento com Ele.

Como isso ocorre? Isso começa com o governo do nosso "eu" (autogoverno) e então se manifesta através do lar, da Igreja e da sociedade. Que Deus nos ajude a ter esse padrão de pensamento e, assim, influenciar outros com essa mesma mentalidade. Dessa forma, teremos um país mais justo.

Desafio:
Você tem conseguido exercer o domínio próprio em seus relacionamentos? Provavelmente você sabe em que tem falhado, então, decida tomar um posicionamento.

Leslie Vila

5 OUTUBRO

O BOM TRABALHADOR À EMPRESA TORNA

*Tudo o que fizerem, façam de todo
o coração, como para o Senhor, e não para os homens.*
(COLOSSENSES 3:23)

É muito comum vermos pessoas que ocupam cargos importantes se submeterem à corrupção, sendo simplesmente atraídas pelo poder e ganância. Algo que não deveria ser normal acaba se tornando natural, por causa das autoridades que vemos abusando da sua posição. Em meio a esse caos, nós devemos ser a diferença. Andar na contramão e realmente fazer o que Jesus faria no nosso lugar.

Na Bíblia, vemos que José foi levantado como uma grande autoridade, governando o Egito com muita sabedoria e integridade. Independentemente das oportunidades que apareciam, ele manteve seu coração completamente ligado ao de Deus. O Egito teve seus 7 anos de fartura e, quando passou pelos seus 7 anos de crise, José tinha organizado, planejado e liderado as coisas tão bem que tudo se manteve estabilizado.

O problema não é você ganhar muito dinheiro, assumir posições importantes ou ser uma autoridade, mas o que você faz com aquilo que Deus te deu para administrar. O bom trabalhador nunca depende das circunstâncias, mas da excelência em servir primeiramente a Deus de todo coração. Precisamos de pregadores, de ministros de louvor, missionários e, sim, igualmente, precisamos de cristãos exercendo influência e sendo referência no mundo dos negócios! Deus tem um propósito para cada um no lugar que está.

JULIA

Desafio:
Intensifique seu estudo ou trabalho no quesito "qualidade". Saiba que esse posicionamento manifestará a glória de Deus.

É BOM DEPENDER

*Quanto a mim, sou pobre e necessitado,
mas o Senhor preocupa-se comigo. Tu és o meu socorro
e o meu libertador; meu Deus, não te demores!*

(SALMO 40:17)

Eu sempre fui uma pessoa com uma enorme dificuldade de me encontrar em uma situação na qual dependia de alguém ou de algo. Ter que confiar em um colega do colégio durante um trabalho acabava com meu emocional. Preferia fazer tudo sozinho! Não sei você, mas eu sempre fui o aluno que fazia todo o trabalho por medo de que os outros integrantes fizessem algo errado.

Há alguns anos, contudo, entrei na faculdade. Por conta de algumas portas que Deus abriu, eu comecei a fazer duas faculdades e um estágio ao mesmo tempo. Nunca dormi tão pouco na minha vida! E, então, aquele garoto que odiava depender de alguém, não tinha a menor possibilidade de lidar com tudo sozinho.

Às vezes, nos encontramos em situações de pobreza emocional, nas quais precisamos de um refúgio. Mas não desanime, pois Ele se preocupa (JOÃO 16:33). Ele nos enxerga (SALMO 34:15)! Basta nos humilharmos e nos entregarmos completamente. Ele nos socorre e nos liberta. Devemos ser sedentos por essa dependência! O que fazemos de melhor por nós mesmos é depender de Deus, pois Ele faz muito mais do que poderíamos fazer sozinhos.

Você não foi feito para viver sozinho (ECLESIASTES 4:9-12). Até Jesus confiou em seus discípulos e delegou algumas ações a eles. Faça sua parte, mas jamais esqueça que você nunca vai precisar estar só.

FILIPE

Desafio: *O desafio de hoje é difícil! Escolha uma situação da sua rotina que você percebe que gosta de fazer sozinho e, hoje mesmo, peça ajuda a alguém (mesmo que não precise) e a Ele. Aprenda a depender!*

OUTUBRO

O CRISTÃO E A POLÍTICA

Como é feliz a nação que tem o Senhor como Deus.
(SALMO 33:12)

Qual a importância da política? O que ela tem a ver comigo? O que a Igreja tem a ver com isso?

A política interfere em tudo na vida em sociedade. Nos preços dos alimentos, na qualidade de vida, na liberdade, nos direitos e deveres, na organização, na cidadania. Sem política não há vida conjunta. Política é exatamente isto: interação entre membros de uma sociedade para definir aquilo que é melhor.

A Igreja tem tudo a ver com isso. Através de política, se produz justiça. Deus ama a justiça (SALMO 33:5). Todo o território em que a Igreja se calou, o mundo e o mal tiveram voz. O evangelho do Senhor deve ser anunciado, deve ser expresso aos governos. Isso é vital! A liberdade que você tem de ir a um culto abertamente foi definida politicamente.

Muitas vezes ouvi dizer que "cristão não deve se misturar com política para não se corromper." O cristão deve sim entrar no meio da política para levar a luz e acabar com a corrupção! Para levar o Reino de Deus, necessitamos que pessoas forjadas com os princípios e cultura do Céu exerçam influência nos governos. Isso é trazer o Céu para a Terra. Podemos e devemos ter representantes cristãos na política, que não se corrompam e que influenciem governos com a justiça do Senhor.

Desafio:
Tente se interessar mais por política pesquisando sobre como você adolescente, pode participar nessa área da sociedade.

NELSON

OUTUBRO 8

A BUSCA PELA EXCELÊNCIA

Não negligencie o dom que foi dado a você...
(1 TIMÓTEO 4:14)

Uma vez, ouvi alguém dizer que antigamente, quando alguém comprava uma cadeira de madeira, a primeira coisa que o comprador fazia era olhar o acabamento na parte de baixo do móvel. Se estivesse muito bom, ele sabia de cara que tinha sido um cristão que havia feito. Por quê? Porque os cristãos eram conhecidos pela excelência do trabalho que faziam. E hoje? Aquilo que você faz tem a marca da excelência ou é entregue de qualquer jeito?

Em tudo o que fazemos, devemos buscar a excelência. Quando não buscamos o aperfeiçoamento dos dons e talentos que Deus depositou, estamos enterrando-os e sendo negligentes. Deus aceita a nossa arte quando a fazemos de todo coração, mas isso não deve virar motivo de desculpa para entregar de qualquer jeito e não aprendermos mais. Além disso, mesmo que sejamos ótimos no que fazemos, não podemos fugir da disciplina e de nos aperfeiçoarmos. Os maiores inimigos da excelência são a preguiça e o comodismo.

Com o aprendizado sempre surgem novas ideias. É como se fosse uma escada que você vai subindo de degrau em degrau. Tente ser o melhor no que você faz, seja tocar, desenhar, atuar, escrever, independente do que seja, vai em frente! Dê tudo de si naquilo que você ama. Estude. Se aprofunde. Pratique. Repita. Vá além! O Brasil precisa de artistas cristãos que produzam uma arte relevante para sociedade!

STELA

Desafio:
Talvez você esteja meio enferrujado, mas que tal voltar a tocar violão e encarar de frente aquela pestana? Ou voltar a praticar exercícios de desenho? Acho que está na hora de retomar as aulas de dança, hein?! Seja o que for, invista no seu lado artístico!

9 OUTUBRO

HUMANIZAÇÃO

Aquele que é a Palavra tornou-se carne e viveu entre nós.
(JOÃO 1:14)

Por muito tempo não conseguia me relacionar com Deus. Para mim Jesus e o Espírito Santo eram ótimos, mas não conseguia ver Deus como um amigo. Assim que entrei na faculdade, descobri que existe uma técnica na publicidade chamada "humanização de marca" que é usada para chamar mais atenção dos clientes. É comprovado que as pessoas se identificam mais com marcas que usam pessoas nas propagandas e que o ser humano chama mais atenção do que qualquer produto ou cor em uma peça publicitária.

Assim que ouvi isso, comecei a pensar sobre a Bíblia e sobre tudo o que me impedia de construir um relacionamento direto com Deus. O que mais me chamou atenção em Deus é exatamente a questão da humanização, que está presente desde o momento da criação do homem, quando Deus diz: "Façamos o homem à nossa imagem e semelhança". E depois quando o próprio Deus se fez homem e habitou conosco para promover a salvação. Esse para mim é o melhor exemplo de humanização que já existiu. Já pensou o que aconteceria se Deus tivesse apenas dito algo do Céu em vez de enviar o Seu filho, construir um ministério e habitar entre nós? Provavelmente teríamos medo de Deus e não nos identificaríamos com Ele.

Isso nos mostra muito mais do que somente um Deus que sabe qual estratégia usar, mas um Deus empático, que sabe exatamente todas as formas de associação que nós conseguimos fazer. Que sabe como nos conquistar, que nos ensina sobre as mais diversas esferas, mas principalmente um Deus que quer se relacionar, que se comunica, que quer estar perto e que se fez homem para nos amar da melhor forma.

Desafio: *Experimente hoje falar com Deus da maneira mais humanizada possível. Converse com Ele como um amigo e acabe com tudo que te impede de se aproximar mais dEle. Experimente também falar de Jesus para alguém dessa forma e depois conta qual foi o resultado disso! Envie um e-mail para contato@intencionais.com.br.*

BEA

OUTUBRO 10

A FOGUEIRA ETERNA

Portanto, já que estamos recebendo um Reino inabalável, sejamos agradecidos e, assim, adoremos a Deus de modo aceitável, com reverência e temor, pois o nosso "Deus é fogo consumidor!". (HEBREUS 12:28,29)

Não sei se você já teve a oportunidade de acender uma fogueira. São diversas variáveis que a farão ser incrível, como o clima, a madeira utilizada e a maneira como você a acende. Certa vez, em um acampamento da igreja, fui um dos encarregados de acender a fogueira do culto à noite. E, modéstia à parte, ela ficou irada! Nunca vi uma fogueira tão alta!

O mais interessante, porém, foi que os acampantes simplesmente não conseguiam sentar próximos a ela. O fogo era tão alto e tão luminoso que, mesmo de longe, as pessoas escondiam seus rostos! Quando vi isso, o Espírito Santo me perguntou algo que eu gostaria de repetir a você: "O seu amor por Deus está queimando a ponto de as pessoas serem impactadas de longe?". A Bíblia diz que Jesus nos batizará com o Espírito Santo e com o fogo (MATEUS 3:11), portanto o quanto você está queimando por Ele?

O fogo que habita em nosso interior não nos foi dado apenas para nos aquecer. Ele deve ser tão alto que seja visto de longe. Tão quente que aquece todos que encontrarmos. Tão forte a ponto de as pessoas olharem e entenderem que não vem de nós. E, por fim, deve ser alimentado diariamente, para que nunca se apague. Através da oração, do jejum, da busca incessante por Ele e da leitura da Palavra, o fogo nunca dormirá. Isso é a lenha! Portanto, você já alimentou sua fogueira hoje?

FILIPE

Desafio:
Alimente sua fogueira hoje. Você já leu este devocional, uma chama está acesa. Mas não pare por aí! Tome uma atitude que sirva como lenha para a chama que queima por Ele.

11 OUTUBRO

VOCÊ TAMBÉM SERÁ PRESO

...a revestir-se do novo homem, criado para ser semelhante a Deus em justiça e em santidade provenientes da verdade. (EFÉSIOS 4:24)

Tenho certeza que você já ouvir falar sobre a palavra corrupção, mas será que você sabe o que ela significa e será que ela está tão distante de você? Em primeiro lugar, vamos esclarecer de uma vez por todas o que significa a palavra mais repetida em 2018. Corrupção é o efeito ou ato de corromper alguém ou algo, com a finalidade de obter vantagens em relação aos outros por meios considerados ilegais ou ilícitos (Fonte: significados.com.br). Lendo assim, parece até mais complicado do que realmente é, mas a minha questão hoje é a forma como muitas vezes nós julgamos os corruptos que estamos vendo presos por desviarem milhões dos cofres públicos e esquecemos de julgar a nós mesmos — que também somos corruptos.

Nesse momento você pode estar se perguntando porque eu estou dizendo isso, mas já parou para pensar que furar a fila, colar na prova, ficar com o troco a mais, colocar a culpa no seu irmão, copiar a lição do seu amigo, comprar alguma coisa pirata também é corrupção? A Bíblia fala algumas vezes sobre como Deus abomina o suborno, a propina e qualquer forma de julgamento corrupto (MIQUEIAS 6:11; PROVÉRBIOS 11:1; DEUTERONÔMIO 25:13-16; LUCAS 3:12,13; ÊXODO 23:8). Isso nos mostra que, mesmo em coisas aparentemente "pequenas", entristecemos o coração de Deus quando somos corruptos, injustos ou trapaceiros.

Existe uma grande chance da operação de combate à corrupção nunca chegar em você, mas o nosso Deus vê tudo o que acontece em secreto (PROVÉRBIOS 15:3) e não existe nada que esteja escondido que não vá vir à tona (MARCOS 4:22). Deus é também um modelo e padrão de justiça (NEEMIAS 9:33), que nos ensina através da renovação da mente (ROMANOS 12:2) a vencer a corrupção, mantendo os olhos fixados nEle.

Desafio: *Você consegue perceber que está sendo corrupto em alguma situação na sua vida? Se a resposta for sim, se esforce para acabar com isso o mais rápido possível e tente se parecer ao máximo com o nosso Padrão que é fiel e justo.*

BEA

OUTUBRO 12

DIA DAS CRIANÇAS

UM OLHAR PARA AS CRIANÇAS

...Cristo em vós, a esperança da glória.
(COLOSSENSES 1:27 ARA)

Após uma viagem missionária para Índia, minha mãe chegou em casa e começou a me contar sobre as coisas que mais chamaram sua atenção, como de costume. Escutei animada sobre como ela estava grata pela oportunidade de ir até lá e ver a mão de Deus em cada detalhe, escutei sobre as muitas diferenças culturais e religiosas, acontecimentos engraçados e, sem dúvida alguma, a parte que mais me marcou nessa conversa foi escutar sobre a realidade tão crítica — espiritual, emocional e física — em que aquelas pessoas vivem.

Essa memória ainda é tão viva em mim; é como se eu pudesse escutá-la dizendo: "Visitamos lugares com tanta idolatria, pobreza e tristeza que a única solução imaginável era olhar para as crianças desejando que elas pudessem conhecer Jesus". Desde aquele dia, acredito que entendi um pouco melhor o motivo pelo qual ela decidiu cursar pedagogia anos antes.

Embora eu tenha um bom histórico comportamental na escola, por muito tempo não entendi a importância da dedicação acadêmica como bom testemunho e, consequentemente, não fui dedicada em minhas notas como fui em meu comportamento em sala de aula. Me sentia culpada em relação ao assunto "educação" e isso me impedia de enxergar a importância desse tema aos olhos de Deus. Ao lembrar da declaração da minha mãe, essa importância se tornou muito clara para mim: é através das crianças de hoje que podemos construir uma sociedade com princípios. Por mais que a frase "um dia você vai entender" tenha sido odiada no momento em que te falaram isso, era verdade! Olhamos para trás e entendemos que o remédio ardido, as broncas e os "nãos" eram, na verdade, amor. O Espírito Santo não limita seus movimentos aos adultos ou aos lugares óbvios.

Se queremos ver qualquer mudança, com impacto eterno, precisamos lembrar que só em Cristo temos esperança. O quanto antes a nossa geração conhecer Jesus, mais rápido poderá efetuar as mudanças que precisamos.

Desafio: Ore pela educação brasileira e elogie cada um dos professores que você encontrar hoje.

LISSA

13 OUTUBRO

SE VIVER SÓ DE *FAST-FOOD*, VAI FICAR COM ANEMIA!

*Como crianças recém-nascidas, desejem de coração
o leite espiritual puro, para que por meio dele cresçam
para a salvação.* (1 PEDRO 2:2)

Fala sério! Todo mundo sabe que não dá para ficar só comendo lanche, pois isso fará mal à nossa saúde. Tem que comer alimentos nutritivos, comida com "sustância". Não adianta viver só de "miojo", feito ali em 5 minutinhos. Não dá para viver de *fast-food*!

Nosso espírito é exatamente assim. Precisamos alimentá-lo. E como fazemos isso? Com a Palavra de Deus (MATEUS 4:4). Mas o que comemos também define a saúde e crescimento do nosso espírito. O acesso correto à internet traz muitos benefícios. Podemos acessar boas pregações, sermões, estudos bíblicos, e isso nos ajuda muito a crescer. Mas somente isso não é suficiente. Isso tudo é *fast-food*. Devemos ter momentos com Deus, momentos de intimidade, tempo de meditação nas verdade bíblicas, tempo de adoração, de conversa com o Senhor. Viver consumindo macarrão instantâneo logo te deixará fraco, assim como não ter tempo de qualidade em relacionamento com Deus, e achar que somente vendo um videozinho de 15 minutos vai ser suficiente, é enganação! Nada substitui nosso tempo com Jesus.

Muitas vezes eu vivi isso. Achava que vendo uma pregação de alguns minutos de algum ministro que eu gostasse seria suficiente. O resultado disso é que eu deixei de crescer enquanto permanecia nessa condição. Não cometa o mesmo erro!

NELSON

Desafio:
Gaste mais tempo hoje lendo a Bíblia, conversando com Deus e conhecendo Jesus. Alimente-se da comida que trará nutrientes, e não somente de fast-food.

OUTUBRO 14

FOI PARA ISSO QUE DEUS TE CAPACITOU

A um deu cinco talentos, a outro, dois e a outro, um, a cada um segundo a sua própria capacidade; e, então, partiu. (MATEUS 25:15 ARA)

Há uma longa discussão que percorreu a história até os dias atuais. A definição de arte parece ter um significado diferente e ao mesmo tempo semelhante para cada pessoa. Muitos dizem que a arte tem limite e afirmam que parte da arte contemporânea não deveria receber tal título já que, ao ser comparada com obras de períodos como o Renascentismo, Classicismo, notam-se exigências técnicas diferentes.

Um dos significados de arte é "a realização de um ofício com excelência". Acredito que os filhos de Deus revelam o caráter de seu Pai quando buscam ser excelentes no que fazem. A parábola dos talentos (unidade de dinheiro na época) em Mateus 25:15 nos mostra que todos nós recebemos algo. Ao compararmos os talentos com habilidades que o Senhor nos confiou, lembramos que cada um de nós recebeu dons para frutificar naquilo que Deus espera de nós na Terra. Então, sim, Deus te designou uma capacidade especial em uma área específica com um propósito e essa é a palavra-chave desse devocional.

Independentemente de qual seja sua opinião sobre os requisitos que determinam a qualidade de um conteúdo, uma coisa é fato: a música, a fotografia, a pintura, a culinária e tantas outras expressões artísticas são fatores que unem as mais variadas pessoas. Por exemplo, é normal escutar que alguém não gosta de um estilo musical específico, mas muito raro ver alguém que não goste de música em si. Esse fator em comum nos une.

As suas habilidades têm o propósito de ministrar a Deus e servir as pessoas. Se você ainda não descobriu qual foi o dom que Deus te deu, peça isso ao Espírito Santo. O que Deus te capacitou para fazer pode ser um dom "clássico" como cantar ou ter facilidade em matemática — ou algo muito importante, muitas vezes desvalorizado, como ser um ótimo ouvinte.

Um dia todos nós estaremos diante daquele que é Justo e a quem deveremos prestar contas. As suas habilidades são usadas para impactar os não cristãos com o amor de Deus? Você faz o que faz para a glória de Deus? Você se esforça para multiplicar as suas habilidades com o propósito de servir às pessoas e edificar a Igreja de Cristo? Ainda há tempo de se posicionar e viver a plenitude do que Deus te chamou para fazer. As expressões de arte são uma ferramenta que une as pessoas. Sendo assim, podemos e devemos usá-las para glorificar a verdadeira fonte da mais bela criatividade: o Criador.

Desafio: *Use uma habilidade sua para glorificar a Deus hoje! Exemplos: Poste um vídeo com algo que pode abençoar as pessoas; cozinhe algo para seus vizinhos que ainda não são cristãos; faça uma carta, desenho ou artesanato para encorajar alguém.*

LISSA

15 OUTUBRO

DIA DO PROFESSOR

A DIDÁTICA DE CRISTO

Quando Jesus acabou de dizer essas coisas, as multidões estavam maravilhadas com o seu ensino, porque ele as ensinava como quem tem autoridade, e não como os mestres da lei. (MATEUS 7:28,29)

Jesus dominava a arte de ensinar. Sua didática cativava todos ao Seu redor, mesmo sem quadro, giz, caneta ou papel. A sua vida era como um quadro negro todo preenchido onde Seus discípulos anotavam tudo o que Ele dizia e fazia. O pastor Hernandes Dias Lopes disse certa vez que "o elemento mais importante na vida de um mestre é aquilo que ele é em si". E o mais maravilhoso na vida de Cristo é que Ele era aquilo que ensinava. Ele não usava a famosa frase: "Faça o que eu digo, mas não faça o que eu faço", pois tudo o que Jesus dizia... Ele fazia.

Em cada situação Jesus usava um meio de ensinar Seus discípulos. Ele era intencional e provocava todos a tomar uma atitude. Suas aulas teóricas levavam Seus alunos à prática. Adorava ilustrar seus ensinamentos por meio de parábolas. Muitas vezes não dava uma explicação logo de cara porque queria deixar em todos uma reflexão. Era doce e humilde para com todos, mas firme quando algum discípulo precisava de uma correção. Nunca usava a força como forma de repreensão, mas confrontava através do questionamento das atitudes do indivíduo. Ninguém podia com ele. Nem os mestres da Lei conseguiam deixar Jesus em uma "saia-justa", nenhuma pergunta era difícil demais e, ainda, acabava dando uma aula de graça para os questionadores.

Que oportunidade maravilhosa os discípulos tiveram de participar de um curso de 3 anos e meio com um professor desses ao vivo e em cores! Olha só o resultado dessas aulas. Ele fez com que os Seus 12 alunos espalhassem os Seus ensinamentos para o mundo inteiro. Jesus é o maior exemplo de professor que existe. Temos muito o que aprender com a Sua vida e tenho certeza que, se a gente quiser, Ele terá prazer em ser nosso professor!

Desafio: *Separe um tempo para ler os capítulos 5, 6 e 7 de Mateus, quando Jesus profere o Sermão da Monte. É a maior aula que Jesus oferece para os Seus discípulos. Observe como Ele ensina e como Ele praticava o que ensinava.*

STELA

OUTUBRO 16

PARTE I
P.O.L.Í.T.I.C.A.

*A esses quatro jovens Deus deu sabedoria
e inteligência para conhecerem todos os aspectos da cultura
e da ciência.* (DANIEL 1:17)

A política, de acordo com o dicionário, significa "ciência do governo dos povos, direção de um estado e determinação das formas de sua organização e prática de oferecer direcionamentos ou de exercer influência (partido, opinião pública, eleitores etc.)". Você tendo algum interesse ou não, a política é um assunto muito importante e não tem como fugir disso!

Em nosso país existe um sistema democrático, ou seja, as pessoas têm o direito de escolher através da votação quem governará o país e representará o povo. Esse sistema é dividido em três "poderes" políticos, que são: o legislativo, o executivo e o judiciário. Calma, comentarei um pouco sobre cada um deles nos próximos devocionais. Mas antes, quero te fazer refletir sobre algo muito importante. Você já se imaginou como um "Daniel" dos nossos dias?

Apesar de ser jovem, Deus pode te usar de forma extraordinária. No versículo de hoje, vimos que Daniel e seus amigos foram capacitados por Deus a serem inteligentes e sábios. Ao ler o livro de Daniel, você vai ver que eles até responderam perguntas de um rei e foram considerados dez vezes mais sábios e inteligentes que todos os magos e encantadores de todo o reino. Isso não te deixa animado? O mesmo Deus de Daniel é o nosso Deus. Isso quer dizer que você pode ser um adolescente relevante no meio em que você está e ser usado por Deus para contribuir na política, assim como foi Daniel.

Desafio:
Se você não tem interesse sobre esses assuntos, assim como eu também não costumava ter, peça ao Senhor para que mude sua mentalidade e te capacite para entender sobre essa esfera que, mesmo sem você perceber, influencia totalmente a sua vida.

CONDO

17 OUTUBRO

PARTE II
PODER LEGISLATIVO

Sabemos que o conhecemos, se obedecemos aos seus mandamentos. Aquele que diz: "Eu o conheço", mas não obedece aos seus mandamentos, é mentiroso, e a verdade não está nele. (1 JOÃO 2:3,4)

Para que uma sociedade funcione e cresça de forma correta, são necessários princípios éticos e morais que dão base para a conduta de cada pessoa. O nome disso é caráter. Por exemplo, todos nós sabemos que roubar e matar são atos criminosos e que existem leis que punem os autores dessas práticas. Então, são atos ilegais. Além disso, são moralmente incorretos, certo? Agora, imagine se não existissem leis contra esses atos?

O Poder Legislativo cuida especificamente dessa parte da criação e aprovação ou não de leis e é representado por deputados federais e senadores. Então, pare para pensar: esses caras têm o poder de decidir o rumo que uma sociedade pode tomar. Você não acha que deveríamos conhecer mais sobre a vida e o histórico de cada um deles?

Os candidatos que elegemos são nossos representantes na hora de decidir algo para nossa nação. Portanto, se preocupe sim em quem você vota e saiba que votar em branco nada mais é do que fugir da sua obrigação e responsabilidade. Como você pode exigir um país melhor, se você mesmo não se posicionar sobre a política que o rege?

Desafio:
Estude os candidatos que seus pais votaram na última eleição e quais propostas eles cumpriram. Que melhorias trouxeram para sua cidade?

OUTUBRO 18

PARTE III
PODER EXECUTIVO

A lei foi introduzida para que a transgressão fosse ressaltada. Mas onde aumentou o pecado, transbordou a graça, a fim de que, assim como o pecado reinou na morte, também a graça reine pela justiça para conceder vida eterna, mediante Jesus Cristo, nosso Senhor. (ROMANOS 5:20,21)

O Poder Executivo é representado pelo Presidente da República, Governadores e Prefeitos. No nível federal, o chefe do poder executivo é o Presidente da República; no âmbito estadual é o Governador e, no âmbito municipal, o Prefeito. Eles são como os principais administradores de uma "grande empresa", onde cada um exerce grande influência em seus ambientes: país, estado e cidade. No Antigo Testamento, quando o Senhor entrega as tábuas da Lei para Moisés com os Dez Mandamentos, podemos enxergar nele um exemplo de representante do poder executivo.

Moisés assumiu esse papel de liderança durante 40 anos guiando o povo pelo deserto. No livro de Êxodo, Deus entrega para Moisés diversas leis que ele deveria apresentar ao povo, tais como leis relacionais, patrimoniais, religiosas, entre outras. Lembrando que essas leis foram aplicadas antes de Jesus vir à Terra, então tem coisas que, trazendo para uma visão atual, parecem absurdas, mas que foram fundamentais naquele momento. Leis são necessárias para que uma nação possa crescer em ordem.

Moisés foi escolhido por Deus para representar o povo. Hoje, nós como cidadãos temos em nossas mãos o poder de escolher os nossos governantes. Não basta clamarmos por um Reino de justiça, paz e alegria (ROMANOS 14:17) se ao votarmos não temos colocado isso como critério na escolha dos nossos candidatos.

Desafio: *Assim como Moisés representava o povo, você também pode ser levantado como um líder. E isso pode acontecer em diferentes esferas. Você não precisa de um cargo público para ser influente. Onde você está, que tipo de influência você tem exercido sobre as pessoas a sua volta?*

19 OUTUBRO

PARTE IV
PODER JUDICIÁRIO

Então Jesus contou aos seus discípulos uma parábola, para mostrar-lhes que eles deviam orar sempre e nunca desanimar. Ele disse: "Em certa cidade havia um juiz que não temia a Deus nem se importava com os homens. E havia naquela cidade uma viúva que se dirigia continuamente a ele, suplicando-lhe: "Faze-me justiça contra o meu adversário". Por algum tempo ele se recusou. Mas finalmente disse a si mesmo: "Embora eu não tema a Deus e nem me importe com os homens, esta viúva está me aborrecendo; vou fazer-lhe justiça para que ela não venha me importunar". (LUCAS 18:1-5)

Basicamente promover a justiça é a função do Poder Judiciário, que é representado por juízes, promotores de justiça, etc. São órgãos do Poder Judiciário: o Supremo Tribunal Federal; o Conselho Nacional de Justiça; o Superior Tribunal de Justiça; os tribunais regionais federais e juízes federais; os tribunais e juízes do trabalho; os tribunais e juízes eleitorais; os tribunais e juízes militares; os tribunais e juízes dos estados e do Distrito Federal e territórios.

Hoje, eu fico muito feliz em poder dizer que o Brasil pode contar com juízes que atuam eficazmente no combate à corrupção. Provavelmente você cresceu ouvindo sobre o "jeitinho brasileiro", que Brasil não tem jeito e que os nossos políticos são todos corruptos. É comum acharmos vários culpados, desde aqueles que nos colonizaram até as leis e governantes que temos hoje. E confesso que muitas vezes isso me gera um desânimo em relação ao futuro da nossa nação.

Mas, sabe, lendo esses versículos de hoje, o que eu posso compreender é que Jesus quer nos incentivar a não desistir. Todos sabemos que o Brasil vive uma situação delicada quando se trata de política. São tantos escândalos de corrupção envolvendo os representantes da nação que é revoltante. Mas, assim como essa viúva, temos que ter sede de justiça, buscando sempre a justiça do Senhor e não a nossa, orando e não desanimando independentemente das circunstâncias. Jesus nos ensina que bem-aventurados são aqueles que têm fome e sede de justiça (MATEUS 5:6). E eu te pergunto, você tem tido esse tipo de fome e sede?

Desafio: *Como você reage quando vê notícias sobre corrupção? Você fica indiferente? Você fica indignado? Isso te dá tristeza? Gera em você vontade de fazer algo? A maneira como reagimos aos problemas a nossa volta, determina o futuro que teremos como nação. Assista ou leia um jornal hoje e ore efetivamente por tudo aquilo que você vê de errado em nosso país.*

CONDO

OUTUBRO 20

HÁ DONS EM VOCÊ!

*Há diferentes tipos de dons, mas o Espírito é o mesmo.
Há diferentes tipos de ministérios, mas o Senhor é o mesmo.
Há diferentes formas de atuação, mas é o mesmo Deus
quem efetua tudo em todos.* (1 CORÍNTIOS 12:4-6).

Você já se perguntou quem é você? Ou do que você é formado? No texto acima, Paulo está nos mostrando como as coisas devem ser organizadas e como Deus trabalha através delas.

Há diferentes tipos de dons, diferentes tipos de ministérios e diferentes formas de atuação.

Todos nós trazemos características que nos definem ou fazem parte da formação da nossa identidade. Contudo, quero levá-lo a entender que há uma parte fundamental dessa descoberta. Sempre haverá um "o que", um "para" e um "como". Enquanto você se desenvolve, alguns dons ou habilidades aparecem e você descobre que eles servirão para alguma tarefa, aprendendo que há um modo de fazer. Por exemplo, talvez você goste de ler, então você poderá aplicar essa habilidade como professor, jornalista, escritor etc. Contudo, precisará aprender que haverá um modo de ensinar, comunicar e informar às pessoas aquilo que você aprendeu com a leitura.

No versículo base vimos que é Deus quem efetua tudo em todos, então, através dos dons, ministérios e atuação, Deus realiza a Sua vontade, cumprindo o propósito dEle para a sua vida. Pois é Deus quem efetua em nós tanto o querer quanto o realizar, de acordo com a boa vontade dele (FILIPENSES 2:13). Ou seja, suas aptidões ou habilidades são a própria vontade de Deus.

Mas você pode se perguntar: "Como posso perceber quais habilidades já estão em mim?". Vejamos:

- Através de coisas que você faz com frequência;
- Seus hábitos diários podem ajudá-lo a descobrir áreas de interesse;
- Livros, filmes, documentários, amizades e lugares podem contribuir nessa descoberta;
- Pergunte aos seus pais o que eles veem em você. E lembre-se de que Deus concedeu dons aos homens (EFÉSIOS 4:8).

Sandro Vila

Desafio: *A partir de hoje, procure se observar com o objetivo de descobrir seus dons. Não deixe o negativismo, dificuldades ou pessoas definirem quem você é! Ore pedindo a Deus para que ele lhe mostre aquilo que você ainda não descobriu em você mesmo.*

21 OUTUBRO

COMPLEXO DA APROVAÇÃO SOCIAL

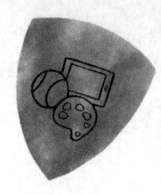

É necessário que ele cresça e que eu diminua.
(JOÃO 3:30)

Vivemos em uma época em que é muito fácil se sobressair em mídias, redes sociais e afins. Isso gera uma competição para exibir quem tem mais amigos, dinheiro, *likes* ou até quem é mais, supostamente, feliz. Há uma necessidade do ser humano em se expor para receber reconhecimento das pessoas e aplausos para alimentar um vazio que se chama ego.

Jesus é nosso maior exemplo de servo. Esperavam por Ele em todo Seu esplendor, vivendo em um palácio e usando roupas caras para que todo mundo O visse, mas Jesus tomou a forma de servo, fazendo-se semelhante aos homens (FILIPENSES 2:7). Fomos criados para Ele e nosso projeto de vida é estar com Ele um dia, e não buscar a aprovação das pessoas. Chegou o tempo de sermos cristãos que não buscam se encaixar ou viver de aparência, mas que são reconhecidos pelos Céus e temidos pelo inferno. Cristãos que simplesmente fazem o seu papel de pisar nas pegadas de Jesus por amor e não por reconhecimento.

A nossa motivação deve ser sempre agradar a Deus acima de todas as coisas e honrar o nome dEle, para que, através da nossa vida, Ele apareça. Ter a humildade de reconhecer que sem Ele nós somos nada e nada podemos fazer. Porque nunca foi sobre nós, mas, sim, sobre Ele e Seu ministério, que é serviço e não ser visto.

JULIA

Desafio:
Você gosta de servir? Se sim, sonde o seu coração e veja qual a motivação para isso. Se você não costuma servir, decida fazer isso de alguma forma e faça com a motivação correta. Faça por amor!

OUTUBRO 22

SUBMISSÃO À AUTORIDADES NÃO CRISTÃS

Lembre a todos que se sujeitem aos governantes e às autoridades, sejam obedientes, estejam sempre prontos a fazer tudo que é bom... (TITO 3:1)

A Bíblia nos orienta a respeitar as autoridades sobre nossa vida, sejam elas nossos pais, professores, pastores ou governantes. Ao considerarmos a possibilidade de comandos antibíblicos, precisamos entender a diferença entre submissão e obediência para esse caso específico.

Enquanto obediência está na fidelidade aos comandos dados (mesmo que eles sejam antibíblicos), submissão está em não ir contra as consequências de servir, em primeiro lugar, ao Senhor e Sua Palavra. Vemos um exemplo dessa situação em Daniel. Que ótimo exemplo de submissão a um governo que, em sua cultura, cultivava princípios contrários às leis de Deus, porém, ao mesmo tempo, se mantendo fiel ao Senhor. Como ele foi capaz?

O sucesso de Daniel nesse quesito está relacionado ao entendimento correto da "cadeia de comando". Deus ocupava o primeiro lugar em sua vida e até mesmo sua submissão aos líderes tinha como objetivo agradar ao Senhor. Quando um decreto que proibia orações foi feito, confrontando assim a vontade de Deus, Daniel precisou escolher entre sua segurança ou sua fidelidade a Ele, assim como aconteceu com Sadraque, Mesaque e Abednego. O posicionamento deles contra o decreto não foi falta de submissão porque eles se sujeitaram às consequências dessa escolha!

Isso nos ensina que, mesmo quando insatisfeitos com o valor dos impostos, regras da casa ou qualquer outra coisa, precisamos ser obedientes e, caso alguma ordem seja contra a Bíblia, a submissão nos leva a aceitar as consequências com mansidão (e não confrontá-las de maneira rebelde). Assim como Daniel, Sadraque, Mesaque e Abednego, podemos contar com a intervenção sobrenatural de Deus nesses momentos.

Já para os casos mais comuns, em que a obediência a um líder não interfere em nossa obediência a Deus, a conduta de acordo com Tito 3 permanece. Isso me lembra da história de um jovem que desejava dedicar sua vida para servir às nações e entendia que essa era a vontade de Deus para a sua vida. Embora ele quisesse viajar assim que se formasse no Ensino Médio, seus pais não cristãos exigiram que ele cursasse uma faculdade. Mesmo contra sua vontade, ele se dedicou em todos os anos e se formou com êxito. Mais tarde, quando viajou para fazer missões, percebeu o quanto aquele curso o ajudou em seu ministério e propósito. Ou seja, toda fidelidade à Palavra de Deus trará bênçãos!

Desafio: *Ore pelas autoridades sobre a sua vida. Peça para que elas conheçam e amem Jesus profundamente e possam ser excelentes guias.*

LISSA

23 OUTUBRO

TRABALHANDO DE GRAÇA

Não digam, pois, em seu coração: 'A minha capacidade e a força das minhas mãos ajuntaram para mim toda a riqueza'. Mas, lembrem-se do Senhor, do seu Deus, pois é ele que lhes dá a capacidade para produzir riqueza, confirmando a aliança que jurou aos seus antepassados, conforme hoje se vê. (DEUTERONÔMIO 8:17,18)

É muito comum nós cristãos termos facilidade em dizer que entregamos nossa vida, nossos sonhos, nossos medos e nossos problemas a Deus. Mas, quando se trata de dinheiro, nos achamos os donos e os merecedores dele. Pelo fato de termos trabalhado pela remuneração, temos dificuldade em entregar nossas finanças a Ele.

Algum tempo atrás, recebi a notícia que meu contrato de estágio estava comprometido. Caso o problema não fosse resolvido, eu teria trabalhado cerca de 15 dias de graça! Essa situação abriu minha mente para perceber que eu não tenho tanto controle quanto pensava sobre essa área. Larry Titus, em seu livro *Teleios — O homem completo*, conceitua o dinheiro como uma ferramenta em nossas mãos para os propósitos do Reino. Por conta disso, não podemos de forma alguma deixar que o dinheiro seja nosso senhor, pois até Jesus afirmou que não podemos servir a Deus e ao dinheiro (MATEUS 6:24).

Eu não sei a fonte do seu dinheiro. Talvez seja seus pais, através de uma mesada. Ou pode ser um empregador, através de um estágio. O que importa é: seja agradecido pelo o que recebe, pois nada disso é seu, mas dEle. Quando você entender isso, administrará ainda melhor esse presente, pois estamos lidando com o que é dEle e com o que deve ser investido onde Ele desejar.

FILIPE

Desafio: Ore e peça a Deus que lhe mostre como você vê o dinheiro. Faça uma divisão de como gostaria de gastar seu dinheiro, ou seja, separe a quantia que está disposto a gastar no mês. Além do dízimo e das ofertas, quanto você gastaria em lazer, em comida etc.? Entenda que nada disso é seu, então administre com sabedoria e com cuidado o que Deus colocou em suas mãos.

OUTUBRO 24

DE BANHO TOMADO

*Portanto, irmãos, temos plena confiança
para entrar no Lugar Santíssimo pelo sangue de Jesus.*
(HEBREUS 10:19)

No princípio, no Jardim do Éden, Deus disse para Adão não comer o fruto da árvore do conhecimento do bem e do mal (GÊNESIS 2:17), mas o homem, vacilão, desobedeceu e como consequência, em sua consciência, sentiu-se culpado e fugiu da presença de Deus (GÊNESIS 3:8). Porém, somente na presença dEle encontramos vida, sendo assim, longe dEle não podemos viver.

Muito tempo se passou, mas, por causa do pecado — que afasta o homem de Deus (ISAÍAS 59:2) —, o povo de Israel passou a se reunir no Templo do Senhor anualmente para oferecer sacrifícios, mas ninguém podia entrar no Lugar Santíssimo, onde a presença de Deus era manifesta, a não ser o sacerdote.

Então, Deus, carregado de amor, envia seu único Filho Jesus para morrer e purificar toda a humanidade de seus pecados e para que o homem acessasse o Senhor livre de culpa. A Bíblia descreve que, quando Jesus morreu, o véu que separava o Lugar Santíssimo foi rasgado (MATEUS 27:51). Isso quer dizer que, através do sacrifício definitivo de Jesus, temos livre acesso ao Pai, podendo achegar-nos a Ele com uma consciência limpa e restaurada.

Não importa o que você tenha feito, Jesus te purifica. Não corra da presença dEle, corra para Ele. Você é muito amado por Ele. Você é digno de se aproximar do seu Pai! Volte correndo para os braços dEle. Deus anseia por você e te ama!

NELSON

Desafio: Tome posse do que Jesus fez por você. Ele levou sobre si toda a culpa e vergonha, te fazendo digno! Existe algo do qual você precisa se arrepender? Decida fazer isso hoje, pois Ele é Aquele que é capaz de perdoar os seus erros e jogá-los no mar do esquecimento (MIQUEIAS 7:19).

25 OUTUBRO

A PROFISSÃO MAIS IMPORTANTE DO MUNDO

Fala com sabedoria e ensina com amor.
(PROVÉRBIOS 31:26)

Todas as pessoas têm liberdade para escolher suas profissões, mas nós como cristãos sabemos que essa é uma escolha muito importante. Afinal ela tem muita ligação com o nosso propósito e deve ser guiada por Deus que, além de ser o nosso Criador, sabe exatamente onde devemos estar e qual é o nosso propósito ali. Por isso, hoje vamos conversar sobre uma profissão muito importante, que tem a capacidade de influenciar todas as outras.

Você sabia que no Japão o professor é uma das profissões mais respeitadas do país? Isso porque a sociedade reconhece que todas as outras profissões dependem da educação e podem ser diretamente influenciadas por ela, afinal a opinião de um professor nos ajuda a construir as nossas próprias opiniões. Mesmo que de forma subjetiva, muitos professores podem influenciar a nossa tomada de decisão em relação à profissão que seguiremos. Lembro-me de quando uma professora me chamou e disse que eu deveria virar escritora, e lembro que na hora não dei muita importância, mas olha só o que está acontecendo agora. Tenho certeza que, de alguma forma, aquela fala dela serviu para me incentivar a escrever mais, além de ter sido usada por Deus para me preparar, e nela eu realmente vi Provérbios 31:26 se cumprindo.

Sabemos que no Brasil não é dada tanta honra aos professores. Muitas vezes, eles passam por situações bem difíceis em salas de aulas, e você nem precisa procurar muito para encontrar notícias de professores que foram agredidos por alunos. A grande questão é que a Bíblia nos fala muito sobre autoridade e diz que não existe nenhuma autoridade que não tenha sido estabelecida por Deus. Parece que às vezes nos esquecemos disso quando pensamos em nossos professores. Julgamos, criticamos, desejamos o mal e esquecemos do que está escrito em Tito 3:1. Por isso, eu te desafio a ter uma postura diferente. Entendendo a posição do seu professor e a autoridade diante de Deus, comece a tratá-lo da forma que ele merece.

BEA

Desafio: *Escolha pelo menos dois professores para surpreender: compre um chocolate ou algo do tipo, deixe na mesa dele e escreva uma mensagem de agradecimento ou admiração. Não esqueça de mostrar em suas atitudes que você sabe o valor que ele tem.*

OUTUBRO 26

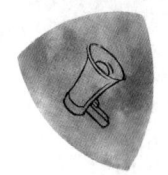

"PEQUENAS" IMPUREZAS

Assim como a mosca morta produz mau cheiro e estraga o perfume, também um pouco de insensatez pesa mais que a sabedoria e a honra. (ECLESIASTES 10:1)

A comunicação é uma ferramenta que influencia significativamente a sociedade. Dos registros históricos sobre sua contribuição em guerras políticas, como a propaganda durante a Guerra Fria, até sua interferência no estilo de roupa que almejamos usar, percebemos que, através de diferentes meios, essa arma determina muitos fatores no mundo em que vivemos.

Algo, no entanto, que muitos não percebem é que os meios de comunicação também interferem em uma outra guerra. O reino das trevas é real, Satanás e os demônios são reais e seu propósito é matar, roubar e destruir (JOÃO 10:10). Nós não podemos permitir que o apelo sexual presente nas mídias, assim como os costumes mundanos — como a cobiça, a rebeldia e tantas outras coisas — se tornem a realidade da nossa geração. Cabe a nós filtrar, segundo a Palavra de Deus, quais são as fontes que exercerão influência sobre nossa vida.

Muitas vezes deixamos coisas "pequenas" passarem. Ao invés de sermos radicais com o que alimentamos nossa alma, escolhemos usar uma "peneira com buracos maiores". Em nome do entretenimento, permitimos, aos poucos, que conceitos antibíblicos entrem em nosso coração. O tempo passa e, de repente, o adultério, a homossexualidade ou o tipo de linguagem que amaldiçoa parece não nos chocar mais, não provocar compaixão em nós por aqueles que estão em pecado. Por falta de cuidado com coisas que parecem sutis, nos conformamos com esse século, exatamente como Romanos 12:2 nos alerta para não fazermos.

O versículo de Eclesiastes 10 nos mostra que, assim como uma mosca morta, pequenininha, pode estragar todo o frasco de perfume, pequenas impurezas podem nos corromper. Meu apelo é para que você tenha discernimento. É melhor entrar no Reino dos Céus sem o que te faz pecar do que ter todo o teu corpo lançado no inferno (MATEUS 5:29). Isso não é legalismo. É uma verdade que precisa ser enfatizada para que o Reino de Deus seja estabelecido por nós, seus embaixadores. Nós, cristãos, devemos ser os influenciadores da sociedade. A influência demoníaca sobre a juventude tem seus dias contados, mas, até lá, não podemos vacilar. Que não sejamos levados pelo pecado como alguém é levado lentamente pela correnteza de um rio. Pelo contrário, que possamos transbordar da fonte de vida através das mídias, filmes, redes sociais, palavras, "olho no olho" e qualquer outro canal que sirva para levar à salvação.

Desafio: *Remova da sua vida pequenas atitudes ou distrações que te fazem pecar!*

LISSA

27 OUTUBRO

O PODER DA DEMOCRACIA

Antes de tudo, recomendo que se façam súplicas, orações, intercessões e ações de graças por todos os homens; pelos reis e por todos os que exercem autoridade, para que tenhamos uma vida tranquila e pacífica, com toda a piedade e dignidade. (1 TIMÓTEO 2:1,2)

Convenhamos, política não é um assunto fácil de estudar. Aliás, é mais complexo (e às vezes entediante) do que se imagina. E infelizmente, na maioria das vezes, quando ouvimos a palavra "política", associamos com "corrupção", o que faz com que a gente fique ainda mais desanimado e afastado desse assunto. No nosso mundo de adolescentes, não temos tanto contato com essa área, mas por que não começarmos a refletir mais sobre isso?

Vivemos numa democracia, graças a Deus. Nós, o povo, podemos participar (diretamente ou através de representantes eleitos) das decisões políticas, desenvolvimento de leis, escolhas de governantes etc. Temos a liberdade de expor nossa opinião e de discordarmos daquilo que vai contra o que acreditamos. Creio que esse sistema de governo é a ponte que nos permite ter voz! Então, como podemos nos posicionar como cristãos?

A primeira coisa básica que devemos fazer é buscar o Reino de Deus e a Sua justiça (MATEUS 6:33), entendendo que Ele é Senhor e tem domínio sobre toda e qualquer autoridade. Depois temos que orar pelos nossos governantes (versículo base), para que todo aquele que está numa posição de autoridade sobre nós tenha sabedoria para governar. Por último, devemos exercer os nossos direitos como cidadãos, como por exemplo, votar. E para votar, você precisa saber qual é a melhor escolha, buscando sempre a orientação do Senhor.

Você que está lendo deve estar pensando: *Mas eu sou adolescente, nem posso votar ainda; eu sou muito novo, como posso fazer a diferença?* A resposta é: estude! Primeiro a Palavra de Deus. Veja o que a Bíblia fala sobre governo e o que Deus pensa sobre tal assunto. Construa sua opinião, ore, questione e se informe.

Desafio: *Se você tem chamado para a política ou apenas se interessa pelo assunto e quer fazer algo a respeito, procure começar a atuar já dentro do seu colégio! Participe talvez de um grêmio estudantil, representação de classe etc.*

STELA

OUTUBRO 28

UMA VIAGEM PACIENTE

Espere no Senhor. Seja forte! Coragem! Espere no Senhor.
(SALMO 27:14)

Minha família sempre gostou muito de viajar. Esperávamos as férias justamente para uma viagem em família. Minha mãe sempre disse algo muito interessante: "Você quer conhecer uma pessoa de verdade? Viaje com ela". Por isso, aprendemos muito um sobre o outro durante esse tempo. Meu irmão, por exemplo, ainda criança, fazia algo que me irritava profundamente: a cada 20 minutos, ele perguntava se já estávamos chegando. Sua atitude apenas refletia o nível de impaciência de uma criança que ainda não consegue ficar muito tempo em uma mesma atividade. Pelo fato de ele ser criança, era algo normal. Mas se um adolescente fizesse isso seria estranho!

Por que contei isso? A viagem da minha família representa nossa jornada aqui na Terra. Meu irmão exemplifica cristãos imaturos e sua pergunta seria a demonstração de uma impaciência. Nossa passagem aqui na Terra terá muitas tribulações, mas precisamos ser perseverantes (ROMANOS 12:12). Não adianta agirmos como crianças com Deus em momentos de estagnação em nossa vida. Meu irmão não aguentava mais ficar sem fazer nada, esperando sentado a viagem acabar. Muitos cristãos não conseguem ser pacientes na espera pela realização dos planos de Deus em suas vidas. A paciência é uma característica do fruto do Espírito (GÁLATAS 5:22), logo deve ser uma busca diária! Frutos demoram para serem formados e demandam cuidado, assim como nossa busca pela paciência.

Meu irmão demonstrava sua impaciência para todos no carro. Quando não conseguimos cultivar o fruto da longanimidade, afetamos todos à nossa volta! Portanto, tenha paciência e embarque nessa viagem com olhos focados no destino, pois dessa forma você nunca se sentirá cansado durante sua espera nEle, mas ansioso para encontrá-Lo.

> **Desafio:**
> Analise sua forma de enfrentar momentos de espera em sua vida natural e espiritual. Faça uma lista de sonhos que você tinha e quanto tempo cada um demorou para se realizar. Através dela, você verá como é possível e prazeroso esperar pela realização dos planos dEle.

FILIPE

29 OUTUBRO

CONFESSANDO PARA SERMOS CURADOS

Portanto, confessem os seus pecados uns aos outros e orem uns pelos outros para serem curados. A oração de um justo é poderosa e eficaz. (TIAGO 5:16)

Lázaro já estava morto há quatro dias. Selado dentro de uma tumba por uma grande pedra, seu corpo já estava em estado de putrefação (JOÃO 11:39). Jesus então chega com a proposta de vida. Mas uma coisa era necessária: que a pedra fosse removida da entrada, gerando a consequente exposição do fedor e da podridão.

Entenda essa tumba como uma representação do seu interior, do seu coração. Há coisas aí dentro que não te fazem bem. São coisas que muitas vezes fedem, mas que precisam sair para que haja cura. Satanás age nas trevas, no oculto. Tudo aquilo que permanece em oculto está sob o domínio dele. Mas Deus trabalha na luz. Onde há transparência, há o agir de Deus. Portanto, precisamos nos abrir uns aos outros. Quem nunca sentiu aquela leveza após desabafar? Falar sobre nossos erros, sobre aquilo que nos aflige ou o que temos de defeitos muitas vezes pode parecer muito desafiador, pois vamos nos expor, mostrando quem realmente somos, mas isso é necessário. É uma condição para que a cura aconteça, seja da sua alma, da sua mente, ou até mesmo uma cura física.

Para isso, precisamos entender que a nossa aparência e aquilo que as pessoas pensam a nosso respeito não importam, pois estamos mortos para nós mesmos (GÁLATAS 2:20). Portanto, confessar e desabafar não deve ser um medo. Lembre-se: não há vergonha que Jesus não tenha tomado sobre Si. Vá sem medo de demonstrar aquilo que está dentro de você (ISAÍAS 54:4).

Desafio:
Pense um pouco nas coisas que estão aí dentro do seu coração, ache alguém de confiança e vá conversar com essa pessoa. Isso produz numerosos frutos bons, como intimidade entre os irmãos e a possibilidade do trabalhar de Deus no seu interior!

NELSON

OUTUBRO 30

JUSTAS EXIGÊNCIAS DA LEI

Porque, aquilo que a lei fora incapaz de fazer por estar enfraquecida pela carne, Deus o fez, enviando seu próprio Filho, à semelhança do homem pecador, como oferta pelo pecado. E assim condenou o pecado na carne, a fim de que as justas exigências da lei fossem plenamente satisfeitas em nós, que não vivemos segundo a carne, mas segundo o Espírito. (ROMANOS 8:3,4)

Não sei vocês, mas eu me sinto a pessoa mais especial do mundo lendo esse texto ou quando escuto que fomos comprados por um alto preço. Quando a Lei indicava que éramos pecadores e não poderíamos ser salvos por causa da nossa natureza pecaminosa, Jesus se tornou o próprio pecado para morrer como sacrifício perfeito para estar de acordo com o que a Lei exigia.

Quando a Lei não conseguiu ser um meio de salvação por causa da nossa carne, Deus enviou Jesus para nos dar acesso à vida (JOÃO 3:16)! O amor dEle por nós é maior que qualquer lei. Deus simplesmente poderia ter deixado as coisas como estavam, mas Ele não o fez, porque o Seu objetivo nunca foi a separação, mas, sim, o relacionamento. Onde havia uma barreira, Ele a quebrou, por amor.

A Lei nos mostrou a necessidade de um Salvador, para que conseguíssemos um dia ser santos como Ele é santo. Na época do Antigo Testamento, o sacrifício de um animal era necessário para se aproximar de Deus e para se obter o perdão dos pecados (LEVÍTICOS 4:35). Já no Novo Testamento, houve o último sacrifício, o sacrifício permanente, que foi o sacrifício de Jesus! Ele nos limpou de todo pecado e rasgou o véu que nos separava do Criador. Não é só porque fomos perdoados que devemos deixar de cometer transgressões, mas porque fomos justificados pelo Seu sangue e agora podemos ter livre acesso a esse Deus de amor. Nós obedecemos por amor àquele que nos amou primeiro. Te amo, Jesus!

JULIA

Desafio: Em uma ação de honra e agradecimento ao sacrifício de Jesus na cruz, prepare uma ceia (pão e suco de uva) com sua família ou amigos. O pão simboliza o corpo de Cristo, a dor que deveria ser nossa e foi transferida para Ele. O vinho simboliza o sangue que foi derramado, selando uma aliança de Jesus conosco (LUCAS 22:19,20).

31 OUTUBRO

O QUE VOCÊ ESTÁ COMUNICANDO?

E conhecerão a verdade, e a verdade os libertará.
(JOÃO 8:32)

A Bíblia é o livro mais traduzido do mundo! Nós não só temos acesso a ela em português em milhares de versões diferentes (NVI, NTLH, ARC etc.). Temos na forma impressa, digital, história em quadrinhos, braile, em TUDO. Mas antigamente as pessoas não tinham essa facilidade toda. Isso tudo só foi possível graças a um cara chamado Martinho Lutero.

No século 16, houve um grande marco na história do cristianismo e da comunicação. Na Alemanha, grande parte da população não tinha acesso à Bíblia. Somente os líderes da igreja poderia lê-la e interpretá-la. Por isso, as pessoas iam às missas, onde o padre fazia a leitura da Palavra e as ensinava. Mas a Bíblia só estava traduzida em latim, e as pessoas não sabiam latim. Não havia outra tradução naquela época. Nesse contexto apareceu Lutero. Ele fazia parte da igreja e era um grande estudioso da Bíblia. Com o tempo, ele começou a perceber que havia muitas coisas erradas que a igreja estava fazendo, coisas que iam contra a Palavra de Deus, mas o povo não sabia disso.

Então no dia 31 de outubro de 1517, Lutero fixou na porta da igreja de Wittenberg suas 95 teses e, assim, marcou o início da Reforma Protestante. Assim, ele traduziu a Bíblia para o alemão fazendo com que todo mundo pudesse ter acesso a ela. Ele usou a máquina de imprensa de Gutenberg para imprimir a Palavra e começou a distribuí-la para a população. Isso fez com que a Bíblia fosse cada vez mais espalhada, visto que estava mais fácil de entendê-la. Graças à tradução para o alemão, pessoas de outros países podiam traduzi-la para seus próprios idiomas, assim, todo mundo estava lendo a Bíblia na sua língua!

E hoje, com toda a facilidade do acesso que temos à Bíblia, com tantos estudos, pregações conferências, cultos etc., como temos transmitido o evangelho para a vida das pessoas? São Francisco de Assis disse: "Pregue o evangelho, se necessário use palavras". Haverá pessoas que virão até você que nunca chegaram perto de uma Bíblia antes, então pense que a sua vida será a primeira Bíblia que essa pessoa poderá ler.

Desafio:
Como você tem comunicado Cristo?
Que tal evangelizar de uma forma que você nunca fez?

STELA

NOTAS

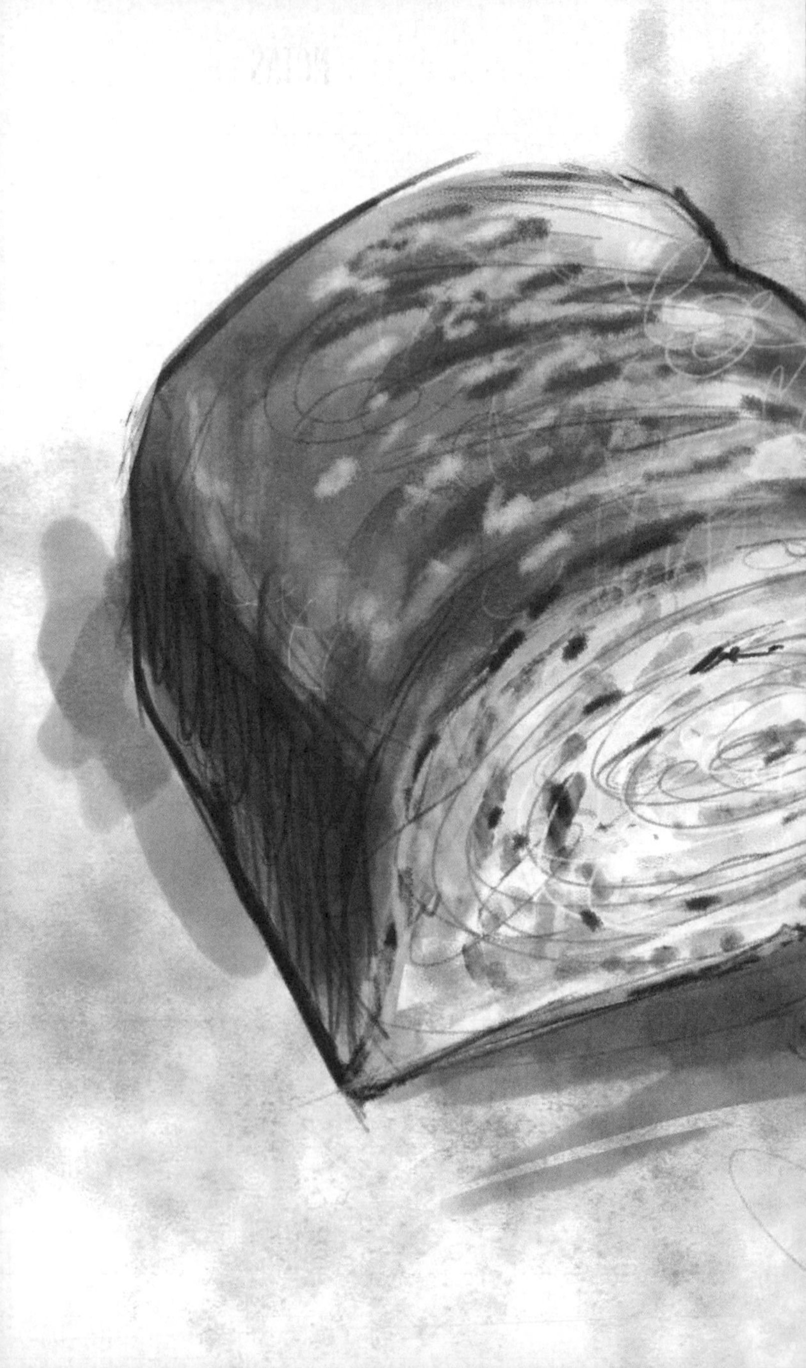

NOVEMBRO

NOVEMBRO

VONTADE DE COMER

Então Jesus declarou: "Eu sou o pão da vida. Aquele que vem a mim nunca terá fome; aquele que crê em mim nunca terá sede". (JOÃO 6:35)

Quando eu era criança, diversas vezes reclamei para minha mãe que estava com fome, e ela sempre me respondia: "Você não está com fome, está com vontade de comer". Eu afirmava isso, mesmo depois de ter comido há poucas horas. A fome, diferentemente do desejo de comer, é causada pelo hormônio grelina[1], que é produzido no estômago quando esse órgão está vazio. Esse hormônio manda um sinal de fome para o cérebro e o corpo recebe o aviso. Portanto, o que eu sentia quando criança era apenas um desejo, pois meu estômago não estava vazio.

Ao analisar isso, percebi como a vida com Deus é parecida. Quando estamos com fome, basta comermos que ela cessará. Nosso espírito também precisa se alimentar do Pão que é Jesus! Ele é o único alimento que basta. Ele preenche, sustenta e fortifica. A diferença é que, após saciarmos nossa fome nEle, precisamos desenvolver uma vontade de comer. Nunca estaremos saciados o suficiente (1 CORÍNTIOS 10:12), portanto nossa busca deve ser contínua, como na oração do Pai Nosso, na qual fomos ensinados a pedir pelo pão diariamente (MATEUS 6:11). Esse alimento é a Palavra e a intimidade com Ele. No reino natural, você come e sua fome cessa. No espiritual, você se alimenta e sua fome aumenta.

Além disso, cientistas descobriram que a satisfação da fome é influenciada pelas indicações no ambiente, como sugestões visuais em propagandas. Por isso, nós nos alimentamos do que somos influenciados. Se quisermos saciar nossa fome espiritual e começarmos a viver uma vontade constante pelo alimento, precisamos cuidar com o ambiente que nos influencia. Portanto, não tenha fome, mas vontade de comer aquilo que vem dEle!

FILIPE

Desafio: *Se você leu até aqui, já se alimentou espiritualmente hoje, mas não deve parar por aí. Por isso, quero que encontre mais uma fonte de alimento para usufruir hoje, como: um novo livro cristão, vídeos cristãos e músicas de louvor. Está na hora de exercitar sua vontade de comer!*

[1] **Fonte:** https://veja.abril.com.br/saude/tratamento-corta-hormonio-da-fome-e-evita-ganho-de-peso/

NOVEMBRO 2

MISSIONÁRIO EMPRESÁRIO

Aquele que supre a semente ao que semeia e o pão ao que come, também lhes suprirá e aumentará a semente e fará crescer os frutos da sua justiça. Vocês serão enriquecidos de todas as formas, para que possam ser generosos em qualquer ocasião e, por nosso intermédio, a sua generosidade resulte em ação de graças a Deus. (2 CORÍNTIOS 9:10,11)

Existem missionários ricos? Sim! Muitas vezes criamos rótulos para chamados, achando que só podem ser feitos de uma determinada maneira e esquecemos que o Reino é gigante e diversificado! Existem pessoas que vão atuar nos campos e aquelas que vão atuar nos bastidores, sendo suporte para impulsionar a propagação do evangelho. Se você sonha em ser um empresário por exemplo, Deus pode te chamar para abençoar um ministério pagando as passagens, a comida ou futuras construções em locais de extrema necessidade.

Cristo ama quem dá com alegria (2 CORÍNTIOS 9:7). Poder retribuir tudo o que Ele faz por nós na vida de outras pessoas nada mais é do que o reflexo do nosso entendimento do Seu amor. Quando amamos a Deus acima de todas as coisas, conseguimos amar também os outros e isso pode ser demonstrado de diversas formas. Seja abençoando materialmente ou espiritualmente, tudo o que Ele coloca em nossas mãos é dEle. Temos que saber administrar e fazer todo dinheiro cooperar com o Seu propósito.

Sendo alguém que vai ao campo ou alguém que investe em missões financeiramente, a regra é: seja um missionário atuante! O final do versículo base desse devocional fala que a nossa generosidade tem que resultar em ações de graça a Deus, ou seja, onde investimos nosso dinheiro pode ou não manifestar a glória dEle, tudo depende da forma como usamos. Às vezes, por mais que o nosso resultado de contribuição atual pareça pouco em missões, pode fazer uma grande diferença na vida de alguém necessitado.

Desafio:
Escolha um ministério missionário e o abençoe de alguma forma. Seja investindo seu tempo, recursos ou orações.

JULIA

3 NOVEMBRO

A MARCA DOS LÍDERES EXCELENTES

Ouve, pois, as minhas palavras; eu te aconselharei, e Deus seja contigo; representa o povo perante Deus, leva as suas causas a Deus, ensina-lhes os estatutos e as leis e faze-lhes saber o caminho em que devem andar e a obra que devem fazer. Procura dentre o povo homens capazes, tementes a Deus, homens de verdade, que aborreçam a avareza; põe-nos sobre eles por chefes de mil, chefes de cem, chefes de cinquenta e chefes de dez; para que julguem este povo em todo tempo.

(ÊXODO 18:19-21 ARA – ênfase adicionada)

Uma sociedade que almeja qualquer progresso precisa de ordem, assim como a natureza humana que, ao longo da história, demonstra seu forte senso de injustiça. Quando algo errado se torna certo aos olhos de um grupo, cai a primeira peça que será responsável por desencadear um "efeito dominó". É a estrutura de um prédio que sustenta todos os outros andares e, quando removida, o resto não suporta.

Foi esse o efeito do primeiro pecado da história. Em Colossenses 3:5 vemos que é por causa dos frutos da natureza decaída do homem que a ira de Deus vem sobre os filhos da desobediência. Jamais seremos santos por nós mesmos, mas, se nos revestirmos do novo homem que se refaz para o pleno conhecimento, segundo a imagem daquele que o criou (VERSÍCULO 10), não seremos mais as nossas diferenças, mas Cristo será "tudo em todos".

Então, e só então, quando andarmos no caminho que devemos, assim como Jesus fez, veremos as soluções que tanto esperamos em nosso país. A resposta para as orações feitas pelo Brasil e pelas nações está no ensino, seguido pela prática, da Palavra de Deus.

Sonho com futuros líderes que, assim como a Bíblia fala em Êxodo 18, serão ensinados nos estatutos, leis e obras que devem realizar segundo o coração de Deus. Não podemos nos conformar com o prognóstico que afirma que essa geração será formada por adultos imaturos e inconsequentes, mas precisamos nos posicionar, em fé e oração, por uma sociedade que teme ao Senhor. "Bem-aventurado o homem que teme ao Senhor e se compraz nos seus mandamentos. A sua descendência será poderosa na terra; será abençoada a geração dos justos. Na sua casa há prosperidade e riqueza, e a sua justiça permanece para sempre" (SALMO 112:1-3).

Jesus é a solução. Para nossa vida pessoal, para nossa escola, para o nosso grupo pequeno, para o nosso país e qualquer outra coisa podemos ter certeza que "O temor do Senhor é o princípio da sabedoria" (SALMO 111:10).

> **Desafio:** Ore pelas pessoas que são autoridade sobre a sua vida, para que eles conheçam e sejam fiéis a Palavra de Deus.

LISSA

NOVEMBRO 4

A IMPORTÂNCIA DE COMUNICAR

E Moisés comunicou aos israelitas tudo o que o Senhor lhe tinha ordenado. (NÚMEROS 29:40)

Você já tinha parado para pensar sobre esse versículo? Aqui Moisés tinha recebido instruções de Deus para o povo, instruções importantes que serviriam de norte para toda uma nação. Nesse momento da história, o Senhor tinha dito que Josué seria o sucessor de Moisés, mas lhe deu muitas ordenanças antes disso acontecer.

Imagine se Moisés tivesse deixado de comunicar aos israelitas o que o Senhor havia lhe dito, desde as tábuas da Lei até o que deveria ser feito com as ofertas, as festas e tantas outras instruções. O povo hebreu necessitava desses direcionamentos, pois tinha vivido sob o domínio de faraó durante muito tempo vivendo debaixo de sua lei, porém agora iniciariam um novo tempo debaixo da lei de Deus. Pense em quantas coisas novas, desafiadoras e também inovadoras foram trazidas para essa nação.

Já imaginou se eles ficassem no deserto sem instrução nenhuma? Teria virado uma confusão. O Senhor, que desde o princípio colocou em nós o poder de nos comunicarmos, também sabia da importância de registrar algumas coisas, como as tábuas da Lei e também as próprias escrituras sagradas — a Bíblia.

Nos dias de hoje não é diferente. Para colocarmos o nosso pensamento para fora, precisamos nos comunicar e hoje temos muitos meios de comunicação a nosso favor. Muitas vezes usamos as redes sociais para perder tempo, mas elas são ótimas ferramentas para levar uma palavra de conforto a alguém, por exemplo. Recentemente ouvi o testemunho de uma pessoa que estava com a vida destruída e, vendo uma *live* no *Facebook* de uma reunião caseira de estudo bíblico, sentiu o toque de Deus através desse vídeo, resolveu então visitar uma igreja e voltar para o Senhor. Que tremendo!

O que você tem comunicado aos outros através de suas palavras, ações e redes sociais? Devemos aproveitar toda essa tecnologia para espalhar coisas boas aos outros. Use sua criatividade e se deixe ser usado.

Leslie Vila

Desafio: *Poste em suas redes sociais pelo menos uma vez por semana um versículo ou algo que fale de como as pessoas são importantes para você e para Deus. Ou então diga para as pessoas escreverem para você um pedido de oração e se dedique a orar por eles 5 minutos diários e veja a diferença em sua vida e na vida dos outros.*

5 NOVEMBRO

DIA MUNDIAL DO CINEMA

O FILME DA SUA VIDA

Mas quem é você, ó homem, para questionar a Deus?
Acaso aquilo que é formado pode dizer ao que o formou:
"Por que me fizeste assim?" (ROMANOS 9:20)

Não sei você, mas eu sempre gostei muito de cinema. Não importa o gênero, gosto de todos os filmes! Por conta disso, hoje é um dia muito especial. Dia 5 de novembro é considerado o Dia Mundial do Cinema!

Conheço o nome de diversos atores e atrizes e, durante os filmes, gosto de analisar suas interpretações. Acho impressionante o fato de como eles se tornam pessoas completamente diferentes dependendo da história! E analisando minha rotina, vejo o mesmo. Infelizmente, muitas pessoas vivem em busca de um Oscar, ou seja, interpretam diariamente uma "melhor" versão delas mesmas para serem aceitas em determinado grupo. Mudam suas personalidades, seus gostos e seu humor, pois se importam demais com o que os outros pensam delas. Porém, você deve se importar com o que Deus pensa de você!

Deus nos separou no ventre de nossa mãe (JEREMIAS 1:5) e devemos ser agradecidos por como Ele nos criou — desde a nossa aparência até a nossa personalidade (SALMO 139:13,14). Mudar sua aparência e suas preferências para fazer novas "amizades" é apenas uma atuação. Encontre e abrace a sua identidade, pois você é único! E, além disso, aceite os outros como eles são, pois foi Deus quem os criou (ROMANOS 15:7). Jamais esqueça que, quando você nasceu, um filme iniciou. Portanto, abrace o papel que Deus lhe concedeu e siga Seu roteiro.

FILIPE

Desafio:
Faça uma lista com tópicos que dizem respeito a sua personalidade. Analise seus grupos de amizade e veja se estão de acordo com suas preferências e crenças. Você é único(a) e seu jeito é especialmente sensacional!

NOVEMBRO 6

ID

Bem-aventurados serão vocês quando, por minha causa os insultarem, perseguirem e levantarem todo tipo de calúnia contra vocês. (MATEUS 5:11)

Se você já se sentiu ou se sente inseguro, envergonhado e até mesmo com medo do que as pessoas dirão quando você se posicionar como seguidor de Jesus, quero lembrá-lo de que você não é o único e essa é a realidade de muitos jovens e adolescentes; até mesmo adultos estão sujeitos a isso.

Reconhecer nossa identidade em Cristo nos faz enxergar as coisas por um outro ponto de vista. Quando entendemos que somos filhos de Deus e temos nossa identidade bem formada nEle, as ofensas e confrontos já não nos abalarão como antes. Em Efésios 1:5 está escrito que Deus nos predestinou em amor para sermos adotados como filhos através de Jesus, ou seja, Ele nos escolheu como filhos e entregou Seu filho para morrer a fim de que a nossa adoção fosse realizada.

Portanto, não precisamos nos sentir inseguros ou com medo, até porque o verdadeiro amor lança fora todo o medo (1 JOÃO 4:18). Quando se sentir assim, lembre-se do que Jesus fez para que pudéssemos ser filhos de Deus. Essa é a nossa identidade através de Cristo. Somos filhos do Dono do mundo e de nada precisamos ter medo!

CONDO

Desafio:
Agora quero encorajá-lo(a) a fazer uma oração e ler em voz alta este versículo: Efésios 1:5. Peça ao Espírito Santo para ajudá-lo(a) a reconhecer a sua identidade em Jesus, para que, quando te perseguirem ou se levantarem contra você, sua "ID", ou seja, sua identidade de filho esteja bem firmada.

7 NOVEMBRO

ACABANDO COM A ANSIEDADE
PARTE 1: VOLTANDO PARA A DEPENDÊNCIA

Portanto eu lhes digo: não se preocupem com suas próprias vidas, quanto ao que comer ou beber; nem com seus próprios corpos, quanto ao que vestir. Não é a vida mais importante do que a comida, e o corpo mais importante do que a roupa?. Observem as aves do céu: não semeiam nem colhem nem armazenam em celeiros; contudo, o Pai celestial as alimenta. Não têm vocês muito mais valor do que elas? (MATEUS 6:25,26 ARA)

Imagine a seguinte situação: você, criança, se perde no mercado e fica desesperada por não encontrar seus pais, pois você ainda é pequeno e indefeso. Você fica então tomado por um sentimento de preocupação, angústia e desespero. Mas, então, enxerga a figura dos seus pais vindo ao seu encontro. Agora surge um novo e maravilhoso sentimento de segurança, confiança, proteção. Nada mais o preocupa, pois você confia e depende dos seus pais. Eles te abraçam e você começa agora a chorar de alegria, sentindo o calor do corpo deles que tanto o acalma. Esse é o salário da dependência: segurança, confiança, proteção.

Sabe qual a tragédia em tudo isso? O homem, no jardim do Éden, escolheu a independência (GÊNESIS 3:6) e, como consequência disso, toda a humanidade vaga por esse mundo como crianças perdidas num mercado. Vivemos preocupados com tudo: "Que roupa vou vestir amanhã?", "O que vai ser de mim se eu não passar no vestibular?". Vivemos angustiados, ansiosos, assustados por perceber o quão fraco e impotentes somos diante das mais diversas situações.

O que fazer agora? Voltar correndo para os braços do Papai! Voltar correndo para a dependência dEle. Ao contrário do que o mundo diz, a verdadeira liberdade está em depender e depender de Deus. Não há prisão maior do que deitar-se para dormir preocupado e angustiado com o dia de amanhã, enquanto existe um Deus que "dá aos seus enquanto dormem" (SALMO 127:2). Não há prisão maior do que o medo. Mas, onde há dependência e confiança em Deus, ali há liberdade, porque "o perfeito amor lança fora todo o medo" (1 JOÃO 4:18).

Aprender a viver na dependência do Pai é maravilhoso. Ele não falha. Experimentamos o lugar mais seguro, aconchegante e amoroso do Universo: Seu abraço. Você não é filho de qualquer um, você é filho do próprio Deus. Aprenda a confiar e depender dEle.

Desafio: *Pegue um papel e faça uma lista de áreas que você não tem dependido de Deus e tem tentando lutar na sua própria força. Faça uma oração de entrega dessa questão e desfrute da paz que supera o entendimento* (FILIPENSES 4:7).

NELSON

ACABANDO COM A ANSIEDADE
PARTE 2: PRECISAMOS CONFIAR

Confie no Senhor de todo o seu coração e não se apoie em seu próprio entendimento. (PROVÉRBIOS 3:5)

"Não confie em seu próprio entendimento". Quero lhe fazer uma pergunta: Como você sabe se algo é bom para você? Talvez você diga que algo é bom quando o agrada, quando te traz prazer. E como você sabe aquilo que é mal para você? Será aquilo que causa dor, desconforto? Vamos pensar um pouco mais sobre isso?

Comer muitos doces lhe traz prazer? É agradável? Mas você sabe que pode trazer consequências ruins para a sua saúde, certo? Então, comer muitos doces é bom ou não para você? Tomar aquele xarope com um gosto péssimo quando o médico receita, agrada você? Provavelmente não. Mas você sabe que precisa.

Como vamos julgar aquilo que queremos para nós mesmos? Devemos depender de Deus. É Ele quem deve determinar o melhor para nós de acordo com a Sua vontade perfeita (ROMANOS 12:2). No princípio, Adão e Eva escolheram comer do fruto da árvore do conhecimento do bem e do mal, tomando para si a função de julgar o que era melhor para eles, mesmo tendo recebido direções claras de Deus do que deveria ser feito. E qual foi o resultado disso? O mundo virou essa bagunça. Guerras são travadas por conflitos de interesse, porque o que é bom para um lado não é bom para o outro. O bem e o mal tornaram-se relativos. E a lista continua...

Somente o Senhor sabe todas as coisas e conhece os efeitos de cada decisão. Ele, diferente de nós, é o justo juiz que não falha (DEUTERONÔMIO 32:4). Quantas vezes tomamos decisões por conta própria, e depois acabamos vendo que não foi a melhor? Devemos aprender a confiar nEle, pois assim nunca ficaremos desapontados com o andamento da nossa vida, já que ela está firmada na vontade de Deus que não falha. Deixe de lado a necessidade de estar no controle, permita que o Espírito Santo te dirija, pois é isso que filhos fazem (ROMANOS 8:14). E ao entendermos nosso lugar de filhos amados de um Deus zeloso, depositando nEle a nossa confiança, não haverá ansiedade, pois, mesmo que não vejamos o resultado final, saberemos que Deus tem o melhor no tempo certo. Procure ouvir a voz de Deus nas coisas mais simples e dar a Ele o direito de governar a sua vida.

Desafio: *Durante o período de um mês, se determine a orar antes de tomar uma decisão. Com o tempo, isso se tornará um hábito.*

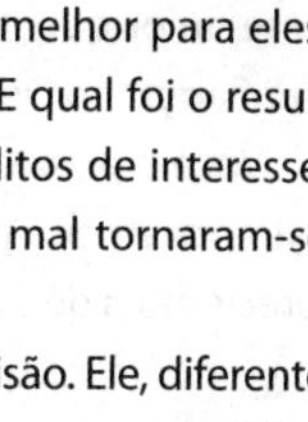

NELSON

NOVEMBRO 9

ACABANDO COM A ANSIEDADE
PARTE 3: APRENDENDO A CONFIAR

Sabemos que todas as coisas cooperam para o bem daqueles que o amam, dos que foram chamados de acordo com o seu propósito. (ROMANOS 8:28 ARA)

O que nos leva a não querer confiar em Deus, deixando de viver a plenitude do que Ele tem para nós? A falta de conhecimento! Como assim? A falta do conhecimento da natureza de Deus é muito destrutiva (OSEIAS 4:6). Pense comigo: Como podemos confiar em alguém que não conhecemos? E se não conhecemos, como vamos saber se essa pessoa retribuirá nossa confiança? Temos medo de nos frustrarmos, de não sermos correspondidos.

Portanto, precisamos conhecer o Senhor. Devemos entender que somos filhos e filhas de Deus, pois recebemos um Espírito de adoção (ROMANOS 8:15), e Deus ama Seus filhos. Qual pai, que pedindo seu filho um ovo, lhe dará um escorpião? (LUCAS 11:12). Se nós humanos, falhos e imperfeitos, sabemos amar, quanto mais Deus não nos amaria? A maior expressão de amor foi a de Jesus, que sofreu a morte de cruz por todos nós. Cristo é o centro de todo esse amor que nos permite confiar em Deus: "E é por intermédio de Cristo que temos tal confiança em Deus" (2 Coríntios 3:4 ARA).

Você precisa entender isto: Jesus deu Sua vida. Deus Pai abriu mão de Seu Filho primogênito por amor a nós. Acha que Ele não estaria disposto a dar muito mais por você? Será que precisamos de uma prova maior do que essa para confiar nEle?

Desafio:
Passe mais tempo com Ele, conhecendo Sua natureza de amor. Nós somente confiamos em quem conhecemos e sabemos a respeito. Busque verdadeiramente se relacionar com Jesus e conhecê-lo. Passe mais tempo em secreto com Ele.

NELSON

NOVEMBRO 10

MANDA QUEM PODE...

Todos devem sujeitar-se às autoridades governamentais, pois não há autoridade que não venha de Deus; as autoridades que existem foram por Ele estabelecidas. Portanto, aquele que se rebela contra a autoridade está se opondo contra o que Deus instituiu, e aqueles que assim procedem trazem condenação sobre si mesmos. (ROMANOS 13:1,2)

Depois de uma certa idade, descobri que discussões políticas eram algo muito comum, tanto nas aulas de sociologia como nos almoços de família, nos programas e em diversos lugares. Como sempre fui muito observadora, gostava de notar a forma como as pessoas falavam sobre isso; algumas preferiam ficar em silêncio, outras se manifestavam de forma estridente, outros se irritavam e, por fim, notei que no geral as pessoas estavam constantemente insatisfeitas com o governo.

Foi por isso que eu escolhi falar sobre este ditado: "Manda quem pode, obedece quem tem juízo". A Bíblia afirma que não existe nenhuma autoridade que não tenha sido estabelecida por Deus. Em Romanos 13:6,7 diz também que as autoridades estão a serviço de Deus, afinal sabemos que nada sai do controle dEle. De forma indireta, quando criticamos alguma autoridade, estamos criticando também a Deus. Em Êxodo 22:28, recebemos uma instrução clara de que não devemos falar mal nem de Deus, nem de nossas autoridades.

Ligando sua TV ou abrindo um portal de notícias, não é difícil observar diversas manifestações contra o governo, contra as autoridades, contra superiores e também contra Deus. Por isso, eu te convido a ser diferente: em vez de reclamar, criticar e julgar, ore por suas autoridades, ore para que Deus traga luz ao que está escondido, para que a justiça e a verdade se manifestem no governo, nos parlamentos, tribunais, prefeituras e na vida das pessoas que lideram o nosso país.

BEA

Desafio: *Se torne um solucionador de problemas e não um rebelde reclamão. Pense sobre a autoridade que você mais desrespeita e a surpreenda. Obedeça sem questionar nenhuma vez durante duas semanas e observe as mudanças.*

11 NOVEMBRO

STATUS: OFFLINE

Tornem-se meus imitadores, como eu o sou de Cristo.
(1 CORÍNTIOS 11:1)

Nós somos diariamente bombardeados com informações, promoções, receitas, notícias e tudo que é postado por pessoas que seguimos em nossas redes sociais. De certa forma, aquilo que acompanhamos gera uma certa influência em nossa vida, pois a mídia tem esse papel de gerar impacto e uma ação em quem alcança. É só aparecer alguém com muitos seguidores usando uma calça diferente que, depois de um tempo, outras pessoas estão comprando e usando também.

A internet tem sido hoje o palco de alienados que são simplesmente conduzidos a terem o que não precisam e a serem quem não são. Está aí uma das piores mentiras impostas por Satanás: colocar valores em pessoas e com base em roupas de marca, status, popularidade, dinheiro e beleza. Padrões altos para pessoas vazias. Em um mundo plastificado, precisamos ser verdadeiros, seguir e imitar a Cristo, estabelecer a cultura do Céu e não sermos guiados pela massa.

Se a mídia tem conseguido te influenciar de alguma forma negativa te tornando uma pessoa que você não é ou te fazendo agir diferente, dê um tempo. Esteja offline para paradigmas colocados por pessoas e online para ouvir a voz de Jesus. Busque ser autêntico e extrair o melhor de si para que nada venha tirar sua verdadeira identidade, pois você não precisa se parecer com ninguém além dEle. Siga a Jesus de todo coração e compartilhe o Reino.

JULIA

Desafio:
Não viva uma vida de aprovação virtual. Se desligue um pouco das redes sociais para viver uma vida social real. Invista em mais tempo com sua família e amigos, visando ter bons momentos de qualidade que ficarão marcados para sempre!

NOVEMBRO 12

COMO SER FELIZ NO TRABALHO?

E, quando Deus concede riquezas e bens a alguém, e o capacita a desfrutá-los, a aceitar a sua sorte e a ser feliz em seu trabalho, isso é um presente de Deus. Raramente essa pessoa reflete no fato de que a sua vida é curta, porque Deus o mantém ocupado com a alegria do coração. (ECLESIASTES 5:19,20)

A adolescência é um período muito desafiador. É nela que, de acordo com a sociedade, devemos decidir nosso futuro profissional. Como cristãos, sabemos que Deus tem um chamado específico para cada um de nós (2 PEDRO 1:10) e devemos encontrar isso nEle. Contudo, vejo muitos adolescentes que menosprezam certos chamados de Deus. Ser um pastor não é maior do que ser um professor de Ensino Médio, por exemplo.

Primeiramente, abrace seu chamado. O filósofo chinês Confúcio afirmou algo incrível sobre isso: "Escolha um trabalho que você ame e não terás que trabalhar um único dia em sua vida". Nada do que você fizer a partir das portas que você mesmo abriu será melhor do que com as que Deus abriu para você. Quando já souber seu chamado, saiba que Deus quer que você trabalhe com alegria — como diz nosso texto-base de hoje. Ele vai capacitá-lo e Seu presente será uma profissão que lhe trará felicidade. Não adianta você buscar uma profissão que gere uma recompensa monetária incrível se você for infeliz todos os dias e não for usado onde Ele quer.

Por fim, saiba que o que Ele possui para você será diferente do seu irmão. Deus nos conhece melhor que nós mesmos! Acha mesmo que Ele estaria errado ao escolher seu chamado? Confie na palavra dEle e se alegre naquilo que o Senhor lhe confiar. Muitos adultos são extremamente tristes por passarem a vida desejando aquilo que não possuem ou por invejarem aquilo que outros conquistaram. A Bíblia diz que isso é correr atrás do vento (ECLESIASTES 6:9). Portanto, busque em Deus o seu chamado; não busque a riqueza, mas a felicidade naquilo que Ele lhe confiar.

Desafio: Ore e agradeça a Deus pelos planos que Ele possui para você. Caso já saiba seu chamado, escreva uma lista de pontos positivos e sonhos que ele transmite. Se ainda não sabe, não desanime e coloque diante de Deus seu desejo de conhecer o que Ele possui para você.

FILIPE

13 NOVEMBRO

QUANDO O PECADO SE TORNA UMA IDEIA

O propósito é que não sejamos mais como crianças, levados de um lado para outro pelas ondas, nem jogados para cá e para lá por todo vento de doutrina e pela astúcia e esperteza de homens que induzem ao erro. (EFÉSIOS 4:14)

O diabo é bem estratégico quando falamos de influência. Em vez de fazer barulho, chamar a atenção e usar a força, ele só precisa espalhar uma ideia e colocar na mente de uma pessoa. Essa ideia vem acompanhada de um discurso bonito que aparenta ter boas intenções, justiça e ser bem pacífica. Ela vai se espalhando e contaminando aos poucos as escolas, universidades, mídias sociais, a opinião pública, política, de forma gradativa e silenciosa. É como se fosse uma bactéria que vai se multiplicando e se espalhando de pessoa para pessoa. Seu objetivo final é fazer com que todo mundo esteja pensando igual, para que, quando ele realmente se levantar, não encontre resistência, mas apoio. Mas, afinal, o que seria essa ideia? Tudo aquilo que vai contra a Palavra de Deus. Então, se ele está atacando diretamente a nossa cultura, nós, como filhos de Deus, devemos nos levantar para espalhar a cultura do Céu na nossa sociedade. E por que não usar a mesma estratégia?

Tudo começa pela mente. É dali que começa o processo de absorção de informação. A Bíblia diz que devemos ter a mente de Cristo (1 CORÍNTIOS 2:16) porque, se eu penso como Cristo, eu vivo como Cristo. Mas como fazemos isso? Estudando a vida dEle e a Sua Palavra. Precisamos fortalecer o nosso espírito e nossa mente. Quem tem mentalidade fraca aceita qualquer ideia e discurso bonito que lhe agrade aos olhos, tomando aquilo como a sua opinião. Aí quando aparece outra coisa melhor, joga fora aquilo que tinha e toma essa outra coisa como sua nova opinião. Não é porque todo mundo está pensando igual que você deve pensar o mesmo.

Se você não está firme naquilo que acredita, qualquer vento de doutrina do mundo vai te levar para direção contrária à Palavra de Deus (e muitas vezes sem você perceber). Quem tem imunidade espiritual baixa se contamina facilmente com a bactéria do mundo. Já que aquilo que o diabo tem feito é como uma bactéria, precisamos levar o antídoto, que é Cristo. Onde tem mentira, vou levar a verdade. Onde tem corrupção, vou levar a justiça. Onde tem trevas, vou levar a luz. Onde tem morte, vou levar vida!

STELA

> **Desafio:** *Pense num assunto polêmico que, quando é falado dentro da sala de aula, acaba em discussão. Pensou? Você sabe o que Deus pensa sobre isso? Será que as pessoas concordam com Deus? Por que não? Pesquise, estude o que a Bíblia diz a respeito e esteja pronto para levar a verdade através da Palavra!*

NOVEMBRO 14

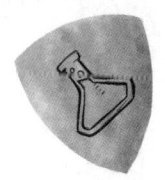

TEMPO DE CURAR

Para tudo há uma ocasião, e um tempo para cada propósito debaixo do céu.
(ECLESIASTES 3:1)

A psicologia revela que é comum nos irritarmos com características em outras pessoas sem perceber que essas mesmas características estão bem presentes em nós. Talvez seja por isso que "os opostos se atraem" — os opostos não possuem as mesmas falhas! Ao perceber isso em minha própria vida, pedi ao Espírito Santo ajuda para administrar as minhas frustrações e para que elas não me impedissem de amar as pessoas verdadeiramente.

Podemos nos frustrar ao perceber que a vida é diferente das expectativas criadas no passado. As pessoas não são perfeitas; o que deveria ser justo muitas vezes é corrupto; antigos referenciais podem se revelar, na verdade, hipócritas. Podem mentir, podem machucar, podem falhar, e aprender a lidar com tudo isso nem sempre é um processo fácil.

Até mesmo quando acreditamos estar bem, precisamos vigiar para não errar o alvo, reconhecendo assim as nossas próprias vulnerabilidades. Lembre-se de que se o alicerce de um prédio estiver comprometido, o estrago será grande! Não adianta apenas ignorar a falha e construir mais coisa por cima. É preciso voltar e arrumar o "estrago inicial". Assim como em nossas feridas, na hora de mexer pode doer, mas é necessário tratar para que não haja mais danos no futuro. Quanto mais tempo uma ferida é ignorada, mais estrago ela pode causar.

Davi dava ordem à sua alma (SALMO 131:2) para que ela se acalmasse. Nós podemos fazer a mesma coisa! Por isso, te encorajo a refletir: O que te irrita nas pessoas? Quais foram as coisas que mais te machucaram sentimentalmente?

Quando choramos e falamos sobre essas coisas com a pessoa certa, somos curados! E o fruto disso é uma vida muito mais leve! A verdade é que pessoas bem resolvidas fazem as pazes com a vida, com elas mesmas e consequentemente com os que estão à sua volta. Deixe para lá as memórias negativas que tomam sua mente e permita que o Espírito Santo preencha esse lugar no seu coração com a alegria dEle. Não permita que as feridas te atrapalhem futuramente, o tempo de curá-las chegou!

Desafio: *Converse com um cristão de confiança sobre as suas dores e culpas.*

LISSA

15 NOVEMBRO

SEJA LEGAL

Se vivemos pelo Espírito, andemos também pelo Espírito.
Não sejamos presunçosos provocando uns aos outros e tendo inveja
uns dos outros. (GÁLATAS 5:25,26)

"Seja legal, não seja chato". A frase é essa mesmo! Quando eu era mais novo, tinha a mania de querer que as coisas acontecessem ao meu favor. Simples assim. Apesar de não admitir na época, minhas ações provavam que era essa a realidade do meu coração e confesso que ainda tenho muito a melhorar. Então, se você fica bravo quando algo não funciona a seu favor ou quando as pessoas não te tratam do jeito que você gostaria, esse é um problema que pode ser muito perigoso em sua caminhada cristã, caso não seja solucionado logo.

Em Gálatas 5, Paulo fala sobre vivermos pelo Espírito, e algumas das características do Seu fruto em nós são: amabilidade, paciência e bondade. Já a nossa carne vive de maneira contrária ao Espírito de Deus; portanto, se você pertence a Jesus, o Espírito Santo habita em você e essas características devem ser desenvolvidas. Porém, se você não consegue reconhecer nenhuma dessas características do fruto do Espírito em sua vida, significa que sua vida com Cristo precisa ser alinhada. Que o Espírito Santo possa te visitar neste dia e te ajudar a reconhecer o que precisa ser restaurado.

CONDO

Desafio:
Veja no YouTube o vídeo "Não seja chato, seja legal".

NOVEMBRO 16

COMPLEXO DE VIRA-LATA

Por que você repara no cisco que está no olho do seu irmão, e não se dá conta da viga que está em seu próprio olho? (MATEUS 7:3)

Várias vezes ouvi pessoas dizendo frases como: "Queria ter nascido em outro país", "Por que fui nascer no Brasil?", "Queria ter nascido em um país que fala inglês" ou "Não vejo a hora de sair do Brasil". Estatísticas apontam que, nos últimos 7 anos, o número de brasileiros que deixaram o país cresceu 165%[1]. Não sei você, mas considero esse número assustador.

A Bíblia fala que Deus criou o íntimo do nosso ser, nos formou ainda no ventre de nossa mãe e conhece todos nossos caminhos (SALMO 139:13-16). Se você odeia o fato de ter nascido no Brasil, saiba que está odiando algo planejado por Deus! Obviamente, temos chamados que podem nos levar a outros países, porém aqui é nossa origem. Devemos ser gratos pelo nosso país, pois o fato de nascermos aqui foi ideia dEle. Nossa geração possui algo que Nelson Rodrigues chamou de Complexo de Vira-lata, em que nos colocamos em um lugar de inferioridade frente ao resto do mundo, sempre falando mal de nós mesmo. A palavra tem poder, adolescente (PROVÉRBIOS 18:7), por isso, cuide com o que fala sobre nosso país.

Em Mateus 7, somos ensinados a analisar a nós mesmos antes de analisarmos o próximo. Contudo, nossa geração não vê nenhum cisco nos olhos dos outros governos e um *Empire State Building* no nosso! Temos problemas? Gigantes! Mas não adianta ir embora sem direção de Deus. Como cristãos, podemos ser o futuro de um Brasil diferente. Por meio de nossa vida, podemos ver essa nação rendida ao Senhor e sedenta por agradá-Lo e conhecê-Lo. Para isso, um amor pelo local que Ele escolheu para começarmos essa jornada precisa fluir em nosso coração.

FILIPE

Desafio: *Analise os seus pensamentos sobre nosso país. Liste cinco tópicos que você gosta em relação ao Brasil. Agora, liste mais cinco que você não gosta. Ore por eles.*

---

[1]**Fonte:** g1.globo.com/economia/noticia/com-a-crise-dispara-a-quantidade-de-brasileiros-que-desistem-de-viver-no-brasil.ghtml

17 NOVEMBRO

TRANQUILO NA HORA DA PROVA

Nele estão escondidos todos os tesouros da sabedoria e do conhecimento.
(COLOSSENSES 2:3)

Todos nós sabemos o quanto provas podem causar nervosismo, tensão e ansiedade. Mas isso é porque não conhecemos o poder que está em nós. A Bíblia fala que Deus é onipotente (tem todo o poder), onipresente (está em todo o lugar) e onisciente (sabe de todas as coisas). Ora, se Deus tem todo o conhecimento e Ele habita em nós (1 CORÍNTIOS 3:16), quer dizer que todo o conhecimento já está em nós! No entanto, toda a obra de Deus, seja ela em ou através de nós, necessita da nossa parceria (1 CORÍNTIOS 3:9). Não porque Deus seja dependente, mas porque Ele quer que participemos dos Seus planos e propósitos. Sendo assim, não adianta somente esperar que o conhecimento surja na sua cabeça na hora de uma prova. É necessário cooperar com Deus, estudar o conteúdo.

Se você fez o que tinha que fazer — que é estudar — como forma de adorar a Deus (COLOSSENSES 3:23; 1 CORÍNTIOS 10:31), então fique tranquilo e confie no seu Pai. Reivindique esse conhecimento que já está em você. E, acima de tudo, reconheça a ação da graça capacitadora de Deus na sua vida. Declare antes mesmo de começar a fazer o exame que a glória é toda dEle e, depois de receber o resultado, de saber a sua nota, agradeça e glorifique a Ele, porque Ele é merecedor.

E lembre sempre: sua identidade está forjada e firmada em Deus, não em uma prova. Não necessite de resultados acadêmicos para se sentir útil e bem consigo mesmo. Ir bem nos estudos é importante? Claro que sim, mas isso não deve te definir. Seu valor foi provado na cruz, não em um gabarito!

NELSON

Desafio: *Faça um teste. Na próxima vez que for estudar, peça ajuda do Professor Espírito Santo. Reivindique o conhecimento que já está dentro de você e faça tudo como forma de glorificar a Deus.*

NOVEMBRO 18

EU, FRANKSTEIN!

...porque todos os que são guiados pelo Espírito de Deus são filhos de Deus. Pois vocês não receberam um espírito que os escravize para novamente temer, mas receberam o Espírito que os adota como filhos, por meio do qual clamamos: "Aba, Pai". (ROMANOS 8:14,15)

"Ele tem os olhos do pai!"; "O jeito de andar dela e da avó!"; "Já falaram que ele tem as pernas do tio?"; "Ela puxou o nariz da mãe!". Às vezes, você não se sente um Frankstein? Parece que você foi formado por "pedaços" de algumas pessoas e sente que não sabe quem você é.

Muitas vezes nos sentimos tão para baixo, nos sentimos inadequados nessa sociedade ou na família. Isso já aconteceu com você? E na escola então? A coisa fica pior quando estamos no ambiente escolar. Parece às vezes que a gente simplesmente não se encaixa naquele contexto e até pensa em mudar de escola. As exigências sociais são tantas que fica difícil corresponder.

Mas quero te dar uma boa notícia: esses sentimentos são comuns à maioria das pessoas em algum momento na vida, não são exclusivamente seus. O que acontece é que poucas pessoas têm coragem de se abrir com uma pessoa de confiança e outras fingem que está tudo bem. Por isso você pensa que só acontece com você.

Segunda boa notícia: você não precisa se esforçar para definir sua identidade! É isso mesmo. Sabe por quê? Você pertence a Ele, é filho amado ou filha amada do Pai. Conforme você vai amadurecendo e na medida em que você vai buscando o Espírito Santo em suas decisões diárias, seu caráter vai sendo naturalmente definido, você terá o caráter de Cristo! Suas habilidades e competências vão sendo construídas em Deus. Não saia desse caminho e tenha certeza que de que tudo vai se definir. Acredite, eu trabalho todos os dias com adolescentes e jovens há muitos anos e acompanho os processos da vida deles. Percebo que aqueles que escolheram caminhar sob a luz da Palavra de Deus são sempre bem-sucedidos em seu futuro!

Desafio: *Procure seu líder de célula, pastor ou pastora e conte sobre como você se sente com relação a sua identidade. Não guarde isso em seu coração.*

Joelma Silveira

19 NOVEMBRO

EU SOU ADOTADA

Em amor nos predestinou para sermos adotados como filhos por meio de Jesus Cristo, conforme o bom propósito da sua vontade. (EFÉSIOS 1:5)

Você não sabia que também é adotado? Jesus, quando morreu na cruz, derramou Seu sangue não só para sermos perdoados e limpos de pecados, mas para sermos aceitos como filhos. Ele desceu do Céu para poder voltar para lá de mãos dadas conosco, nos levando para casa! O mais incrível é que isso é acessível para todos aqueles que creem e reconhecem Jesus como salvador.

Não é sobre o que você pode fazer por Ele, mas sobre o que Ele já fez por você. Muitas vezes não conseguimos reconhecer Deus como nosso Pai porque estamos muito acostumados a criar um padrão de paternidade baseado no que vemos ou vivemos. O homem foi criado à imagem e semelhança do Deus perfeito. Ele não erra, não maltrata e não abandona. Por mais que você não tenha sido planejado por seus pais, não se sinta parte da família ou até mesmo não os conheça, Deus, o seu Pai, te planejou e te criou por um propósito.

Você não nasceu por acaso e muito menos por acidente! Ele não comete erros e pensou direitinho quando decidiu colocar você no mundo. Se permita tentar olhar para Deus como seu Pai, não baseado em experiências que você já teve, mas pela essência de quem Ele é. Deixe-O cuidar de você como filho e te levar para casa sempre que você pensar em sair dela.

JULIA

Desafio:
Quando reconhecemos Deus como Pai, começamos a entender a nossa identidade como filho. Ore para que você consiga entender quem realmente você é para Ele! Quebre todas as barreiras dentro de si e não classifique Deus baseado nas atitudes ruins que você já observou dentro da sua casa. Você tem o privilégio de ser amado e pode chamar o Criador do Universo de Papai!

NOVEMBRO 20

É TRISTE, MAS RENDE *LIKES*

*Entre vocês há alguém que está sofrendo?
Que ele ore.* (TIAGO 5:13)

Que todo mundo passa por momentos difíceis, todos nós já sabemos. Mas algo tem me chamado muita atenção nos últimos dias: a forma como as pessoas se interessam pelo sofrimento dos outros. Talvez isso para você seja bem comum, mas não consigo ver como uma coisa normal. Comecei a notar como certas pessoas ganham uma visibilidade maior por possuírem alguma doença, por sofrerem um acidente ou até mesmo por terem perdido alguém.

Isso nunca tinha me feito pensar, até que ouvi alguém falando sobre uma pessoa que perdeu um parente: "Agora ela já aprendeu, é só postar uma foto dele que ganhamos seguidores". Essa frase me fez tomar um posicionamento muito sério sobre as pessoas que eu seguia nas redes sociais. Entendi que muitas vezes não se tratava de amor, mas, sim, de uma certa forma de autopromoção. Resolvi perguntar para uma amiga que trabalha em uma emissora de TV e ela me disse que os dias em que mortes não são noticiadas a audiência cai cerca de 80%. Em seguida ela soltou a seguinte frase: "Dá vontade de sair e matar alguém só para os números subirem". Essas duas situações me fizeram perceber que o que está escrito em Mateus 24:12 já é a nossa realidade, e como isso é triste.

O nosso Deus nunca foi um promotor de injustiças e muito menos do sofrimento de alguns para promoção de outros, e por que nós nos tornamos passivos em relação a tudo isso? Eu quero te desafiar a quebrar esse padrão da sociedade. Em vez de ser um mero espectador, se torne um intercessor. Ore por pessoas enfermas e também por quem está ao redor de pessoas assim. Ore para que Deus brilhe como Sol da justiça na vida deles. Ore para que os seus olhos sejam bons e que não se agradem com o sofrimento de outros.

Desafio: *Observe ao seu redor pessoas que se comportam de maneira apática em relação ao sofrimento dos outros. Ore e incentive essas pessoas a olharem para a situação como um transformador, e não como um espectador. Não esqueça de começar dando o exemplo.*

BEA

21 NOVEMBRO

CORAÇÃO ENSINÁVEL

O caminho do insensato parece-lhe justo, mas o sábio ouve os conselhos.
(PROVÉRBIOS 12:15)

Já dizia meu pai, citando meu avô: "Na escola da vida, o castigo vem antes da lição". Me arrependo por todas as vezes que ignorei bons conselhos por achar que eu me garantiria sozinha. Até hoje, ao pensar sobre as muitas vezes em que eu "quebrei a cara", me lembro da seguinte afirmação: "Conselhos são avisos para nós mesmos no passado".

Seja ignorando a clássica advertência de mãe para levar blusa ou o aviso para não andar com tal pessoa, em algum momento da vida, todos nós somos introduzidos à frase "eu te avisei". Não importa o quanto você já estiver sofrendo com as consequências da sua decisão, você não será poupado do clássico e do não muito amado sermão.

Precisamos encarar esta verdade: enquanto houver amor, haverá sermão (embora o contrário não seja necessariamente aplicável). Seria muito mais fácil para a pessoa que exerce um nível de liderança sobre a sua vida se tornar indiferente. Mesmo assim, ela se importou o suficiente para te mostrar que algumas coisas nessa vida simplesmente não mudam (aceitemos, dói menos!).

Com o tempo e algumas cicatrizes adquiridas ao longo do caminho, passamos a admirar a maturidade. O caminho mais seguro deixa de ser "perda de tempo" e se torna investimento. Aprendemos quais brincadeiras são válidas e quais não são e, de repente, nos consideramos suficientemente maduros outra vez — o cenário perfeito para desilusão.

A Palavra de Deus nos ensina a vigiar. Orar para não cair em tentação e, mesmo em pé, cuidar para não cair (MATEUS 26:41; 1 CORÍNTIOS 10:12) . A vida é muito difícil para os orgulhosos — eles se tornam solitários, independentes. Provérbios nos mostra que um coração sábio é sempre disposto a aprender (PROVÉRBIOS 9:9). Que nós possamos apresentar um coração humilde diante de Deus!

LISSA

Desafio: *Escreva uma carta para o "você" de 3 anos atrás e reflita sobre quais são os erros que você deve evitar intencionalmente a partir de hoje.*

NOVEMBRO 22

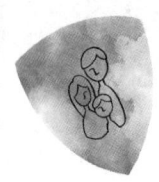

DIVÓRCIO

"Porque sou eu que conheço os planos que tenho para vocês", diz o Senhor, "planos de fazê-los prosperar e não de lhes causar dano, planos de dar-lhes esperança e um futuro". (JEREMIAS 29:11)

Meus pais se separaram quando eu tinha 12 anos. Para mim, aquilo foi um alívio. Minha infância sempre foi marcada com muitas brigas em casa e sabíamos que toda a família precisava de descanso, então no começo foi fácil lidar com aquela situação. Eu e minha irmã ficamos com a minha mãe e visitávamos meu pai de 15 em 15 dias. A princípio, tudo estava indo bem, afinal, depois havia me convertido e começado um relacionamento com Deus.

Entretanto, no meio da minha adolescência, percebi que o divórcio dos meus pais tinha me afetado de alguma forma. Comecei a reparar nos pais dos meus amigos na igreja. Eles sempre estavam todos presentes no culto, buscavam seus filhos no culto dos adolescentes, tomavam a ceia em família e aquilo era algo diferente para mim porque eu não vivia aquilo (e não estou querendo dizer que as famílias da igreja são perfeitas e não têm problema algum. Era a forma como eu enxergava naquela época). Minha mãe trabalhava muito e meu pai morava em outra cidade. Comecei a me sentir sozinha, a perguntar para Deus porque que eu tinha que ter pais separados, e principalmente, pensava o quanto não queria viver a mesma história quando eu fosse me casar. Mas o Senhor me acalmou e me lembrou dessa passagem de Jeremias 29:11.

Deus tem planos para nossa vida e o divórcio não faz parte da Sua vontade. Isso apenas foi uma escolha dos meus pais, e tem que ser uma escolha nossa se vamos ou não querer viver aquilo que Deus tem para nós. Deus quer que tenhamos uma família segundo o Seu propósito. Hoje consigo lidar super bem com essa situação desde o momento em que eu decidi que entregaria tudo nas mãos do Senhor para que Ele faça a sua vontade na minha vida. E você? Topa entregar isso também?

Desafio: *Mesmo que seus pais sejam separados ou não, procure conversar com algum amigo que passou por essa situação, pergunte como ele se sentiu e como conseguiu lidar com isso. Troquem uma ideia a respeito de que forma vocês podem ajudar outras pessoas a lidar com isso.*

STELA

23 NOVEMBRO

DOMÍNIO PRÓPRIO

Mas o fruto do Espírito é amor, alegria, paz, paciência, amabilidade, bondade, fidelidade, mansidão e domínio próprio. Contra essas coisas não há lei. (GÁLATAS 5:22,23)

Todos somos governantes. Todos somos líderes, se não de multidões, somos de nós mesmos. Devemos aprender a ter domínio próprio. Um dos pontos principais da caminhada cristã é a luta do espírito vivificado contra a carne. A Bíblia diz que uma das características daqueles que pertencem a Jesus é que estes crucificam a carne, com suas paixões e desejos (GÁLATAS 5:24). Quer dizer que não podemos fazer nada do que gostamos? Não é isso o que o versículo quer dizer. Ele afirma a respeito das paixões e desejos pecaminosos. No entanto, existem dois tipos de pessoas: as que têm a mentalidade da carne, cujo desejo resulta em morte, e as que têm a mentalidade do Espírito, cujo fruto é vida (ROMANOS 8:5,6).

Conforme renovamos a nossa mente, vamos transformando o nosso interior (ROMANOS 12:2). Nossa alma, corresponde a nossos desejos, sentimentos e emoções. Gosto de dizer que a alma é um espelho que reflete a imagem do lado cujo está inclinada. Um espelho inclinado para o Espírito refletirá os desejos e características do Espírito; um espelho voltado para a carne, as da carne.

Esta é a peça-chave para o domínio próprio: controlar nossas vontades muitas vezes é difícil, mas se torna mais fácil quando, mediante a graça capacitadora do Espírito Santo, renovamos a nossa mente, inclinando-a para o Espírito. O resultado disso é que nossa carne que está crucificada (GÁLATAS 2:20) começará a perder voz, ao passo que o Espírito Santo exercerá maior controle sobre nossas paixões e vontades. A crucificação era uma morte lenta, então, não espere mudar da noite para o dia. É um processo de decisões diárias. Não nos veremos livres da carne até o dia da Glória de Jesus, mas podemos não dar ouvidos a ela!

NELSON

Desafio: *Gaste tempo se relacionando com Jesus, alimentando seu espírito com a Palavra de Deus. Jejue, vigie e peça sempre ajuda a Jesus* (HEBREUS 2:18).

NOVEMBRO 24

A CRUZ É MORTE

*Pois quem quiser salvar a sua vida, a perderá,
mas quem perder a vida por minha causa, a encontrará.
Pois, que adiantará ao homem ganhar o mundo inteiro
e perder a sua alma? Ou, o que o homem poderá dar
em troca de sua alma?* (MATEUS 16:25,26)

A proposta do evangelho nunca foi de uma melhora de vida, mas, sim, uma proposta de renúncia. Quando entendemos que o Reino é muito maior que nossas vontades e maior que nós mesmos, mudamos o foco para Jesus. É sobre renunciar por amor. A entrega nunca foi algo fácil, mas sempre foi necessária para que quanto menos de nós tiver, mais parecidos e cheios Dele possamos ficar. Você quer viver a plenitude de tudo que Ele tem preparado para sua vida? O seu nível de entrega vai determinar o lugar que você vai chegar em Deus.

Muitas vezes visualizamos Jesus como nosso início, onde conhecemos o perfeito amor que salva, e como nosso fim, que é com quem vamos morar pela eternidade. Ele é tudo isso, mas precisamos entender principalmente que Jesus é o caminho e ninguém vai ao Pai, se não por Ele.

Já parou para pensar em tudo que você está vivendo hoje, se realmente vale a pena morrer por isso? Viver de aparência, prazeres momentâneos e uma vida baseada em alimentar o ego por causa da reputação só vai te fazer alguém vazio por dentro. Se você entender que seu padrão não é o do mundo, por consequência vai viver como alguém que anseia por coisas eternas. A Cruz é realmente morte, onde você se coloca à disposição para morrer para si mesmo todos os dias a fim de que Cristo viva. A conclusão que eu cheguei escrevendo este texto é que eu preciso morrer mais!

JULIA

Desafio: Em um ato de rendição e um passo de fé, ore hoje pedindo para Jesus te ajudar a entregar áreas da sua vida que você sabe que precisa. Seja sua saúde emocional, sua família, seu relacionamento, suas amizades ou qualquer área que esteja te afastando Dele, te preocupando e tirando sua paz.

25 NOVEMBRO

MARIA NÃO VAI COM AS OUTRAS

Respondeu o Senhor: "Marta! Marta! Você está preocupada e inquieta com muitas coisas; todavia apenas uma é necessária. Maria escolheu a boa parte, e esta não lhe será tirada".
(LUCAS 10:41,42)

Todos já ouvimos a importância de se possuir tempo de qualidade com Deus. O secreto é necessário e permite que vivamos momentos únicos (MATEUS 6:6). Contudo, todos temos obrigações diárias que "roubam" nosso tempo com Ele. Não estou falando que não devemos cumprir com essas obrigações! É necessário agir conforme nossas responsabilidades, mas o foco principal deve ser sempre conhecê-Lo e fazê-Lo conhecido!

A Bíblia conta a história de Marta e Maria em Lucas 10. Jesus estava na casa de Marta, irmã de Maria. Marta estava distraída com todos os serviços da casa, enquanto sua irmã estava sentada aos pés de Jesus ouvindo o que Ele dizia. Indignada por fazer tudo sozinha, Marta dedurou sua irmã para Jesus, mas Ele deu um corte supremo nela — como diz o versículo destacado. O que é possível aprender com isso? É necessário estudar e ser o melhor aluno possível, é necessário ser esforçado e cumprir com as responsabilidades, porém o mais importante é escolher a boa parte que nunca será tirada: o conhecimento nEle!

Escola, faculdade, trabalho, casa, todos demandam muito de nosso tempo. Mas isso pode ser facilitado se pedirmos, com o coração correto, a Ele. A Palavra diz que aquele que deseja sabedoria basta pedir e a receberá (TIAGO 1:5), portanto possuímos o segredo para agir sabiamente com nossas responsabilidades e, assim, maximizar nosso tempo de buscar o Senhor. Há tempo para tudo (ECLESIASTES 3:1), mas Deus sempre anseia pelos Seus filhos com fome e sede diária.

Desafio: Desinstale as redes sociais de seu celular hoje. Ao fazer isso, você verá quanto tempo livre possui. Agora que já sabe, decida quais horários pode utilizar para investir em seu relacionamento com Deus. Você não se arrependerá!

FILIPE

NOVEMBRO 26

COMPLEXO DE INFERIORIDADE

Então, disse Moisés a Deus: "Quem sou eu para ir a Faraó e tirar do Egito os filhos de Israel?" (ÊXODO 3:11)

Não é de hoje que muitas pessoas se sentem inferiores a outras, simplesmente por não se acharem boas o bastante para fazer algo ou porque acreditam que sempre haverá alguém que fará melhor que elas. Isso me lembra a história de Moisés. Ele foi gerado em uma época em que estavam matando todos os bebês israelitas que nascessem meninos, por isso, a gravidez de sua mãe foi escondida. Assim que ele nasceu, o esconderam por três meses e depois disso foi colocado no cesto em um rio. Mas, como Deus já tinha tudo planejado, no percurso do rio, ele foi salvo pela filha de faraó e se tornou um membro da família real.

Anos se passaram e Moisés observou a cena de um egípcio matando um dos hebreus, que era seu povo. Diante disso matou o egípcio e o enterrou. Com medo das punições pelo seu ato, ele fugiu e se escondeu. Por dois momentos de sua vida, como podemos observar, ele foi escondido ou se escondeu. Quando Deus apareceu pedindo algo, não foi diferente. O grande Eu Sou havia ouvido o clamor do povo de Israel e chamou Moisés para libertá-los da escravidão do Egito. Mas ele deu várias desculpas, questionando a Deus: "Quem sou eu? O que direi? E se não crerem? Eu nunca fui eloquente! Envie outra pessoa!". Para todas essas indagações, Deus tinha a resposta. Pois não era na força de Moisés, mas, sim, em QUEM o chamou.

O propósito que Deus tem para nós é muito maior que nossas debilidades, pois Deus não procura pessoas autoconfiantes, mas pessoas que confiem nEle. Muitas vezes, por situações do passado, acabamos indiretamente repetindo a história, nos escondendo e fugindo. Porém nunca esqueça que o Deus que te chama é o mesmo Deus que te capacita. Sem mais desculpas, acredite no seu potencial e nunca se compare a ninguém. Você pode todas as coisas nAquele que te fortalece, pois, quando é Deus agindo através de você, nenhuma fraqueza sua pode impedir (FILIPENSES 4:13).

Desafio: *Se Deus tem te chamado para fazer algo, mas você não se sente capaz, ore para que hoje você possa dar esse passo de fé. Acredite nas suas habilidades e não deixe sua mente o destruir te fazendo acreditar que você é menos do que realmente é. Deus te fez diferente, justamente porque quer te usar desse jeito. Obedeça e confie!*

JULIA

27 NOVEMBRO

NO DEVIDO TEMPO

Tudo fez Deus formoso no seu devido tempo; também pôs a eternidade no coração do homem, sem que este possa descobrir as obras que Deus fez desde o princípio até ao fim. (ECLESIASTES 3:11 ARA)

É a manhã seguinte depois do seu casamento. Você acorda, olha para a pessoa com quem casou e não poderia estar mais feliz. Essa realmente é a pessoa com quem você sonhou por tantos anos. Então, você percebe que continuou exatamente como era antes. As mesmas qualidades que possuía um dia antes de casar, mesmas vulnerabilidades que possuía um dia antes de casar e, principalmente, o mesmo coração que, mesmo se alegrando profundamente com as coisas dessa vida, só pode ser saciado por Deus.

Por mais óbvio e simples que esse exemplo possa parecer, foi pensando sobre isso que a minha "ficha caiu". Tenho o privilégio de ter um ótimo exemplo de casamento em casa. Meus pais, perfeitamente imperfeitos, decidiram colocar o Senhor em primeiro lugar em suas vidas e o fruto disso é lindo. Eu amo como Deus instituiu a família, cada papel com um propósito e isso inclui, é claro, o casamento.

Na criação vemos que foi o próprio Deus que deu origem a essa ideia e tudo que Deus faz é formoso. O mundo aproveitou a beleza dessa união e passou a propagá-la, sem fidelidade ao modelo original, nos filmes e livros e lentamente infiltrou um pensamento na cabeça de muitos jovens: "Você só será completo quando estiver em um relacionamento romântico perfeito". Não é isso que vemos na Palavra. Por mais belo que o matrimônio seja, ele jamais preencherá o lugar de Deus na vida de alguém. Seu coração anseia por mais do que essa Terra pode oferecer, anseia pela eternidade que Deus pôs em seu coração.

Somente quando Deus ocupar o primeiro lugar em nossa vida seremos capazes de amar de verdade. Não perca tempo esperando ser "mais completo" na manhã após seu casamento; em vez disso, descubra o lugar de plenitude que só a presença de Deus pode trazer para a sua vida. Então, você poderá dizer, assim como Davi: "Tu me farás ver os caminhos da vida; na tua presença há plenitude de alegria, na tua destra, delícias perpetuamente" (SALMO 16:11 ARA).

Desafio: *Reflita se você tem investido na pessoa que almeja se tornar. Escreva metas para o seu período de solteiro.*

LISSA

NOVEMBRO 28

VOCÊ JÁ É UM MISSIONÁRIO!

E disse-lhes: "Vão pelo mundo todo e preguem o evangelho a todas as pessoas". (MARCOS 16:15)

Existem apenas dois tipos de pessoas no mundo: as que são missionárias e as que são campos missionários. Missionários são aqueles que estão mortos para o mundo e vivos para Cristo. Campos missionários são aqueles que estão mortos para Cristo e vivos para o mundo. Jesus vive em você, Ele é vida, então por que não levar a Vida aonde tem morte?

Todos nós somos chamados a sermos missionários e você não precisa ir necessariamente até a África para começar a fazer missões. Você pode começar agora mesmo! Por muito tempo, eu tinha essa ideia de que só seria missionária quando fosse enviada para um lugar de muita miséria, pobreza e fome, mas mal sabia eu que Ele já tinha me enviado para uma missão. Deus me levou a enxergar que a minha escola era um grande campo missionário. Eu tinha tantos amigos que não conheciam Jesus verdadeiramente e eu poderia ser um canal para mostrar isso para eles! Lembro que no Ensino Médio começamos a fazer um grupo de estudo bíblico durante o intervalo e muitas pessoas foram ministradas através do louvor e da Palavra. Foi um tempo muito legal de crescimento para minha vida. E não só você pode ser usado na sua escola, mas também na sua família, no ônibus, num restaurante, em qualquer lugar! Toda hora é hora de falar de Jesus.

Deus quer encontrar pessoas como você para levar a Sua mensagem aonde quer que você for. A sua vida precisa ser como um copo que começa a ser cheio de água e, quando chega na borda, você não para de enchê-lo e faz com que ele transborde muito e molhe tudo ao seu redor. Você precisa transbordar Jesus, transbordar a Vida que há dentro de você! Quando a luz chega, as trevas têm que ir embora (2 CORÍNTIOS 6:14).

STELA

Desafio:
Identifique qual é o seu campo missionário hoje e escolha três pessoas para evangelizar.

29 NOVEMBRO

UM LUGAR MELHOR QUE NÁRNIA

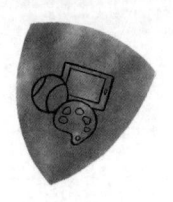

Se vocês pertencessem ao mundo, ele os amaria como se fossem dele. Todavia, vocês não são do mundo, mas eu os escolhi, tirando-os do mundo; por isso o mundo os odeia. (JOÃO 15:19)

Hoje é um dia muito especial! Em 29 de novembro de 1898, o autor cristão C. S. Lewis, escritor de Crônicas de Nárnia, nasceu. Seu livro O leão, a feiticeira e o guarda-roupa, o qual depois virou um filme, conta a história de quatro irmãos que descobrem, através de um guarda-roupa, uma passagem ao mundo de Nárnia. Lewis, sabiamente, introduz diversos princípios cristãos em sua obra, o que a torna tão especial!

Por que estou contando tudo isso? Uma das frases mais famosas de Lewis foi: "Eu descobri em mim mesmo desejos que nada nesta Terra podem satisfazer; a única explicação lógica é que eu fui feito para um outro mundo". De fato fomos feitos para um outro mundo, que é eterno! Nós sabemos o significado da palavra "eterno", mas muitas vezes não entendemos o impacto dela, pois priorizamos as riquezas da Terra, as felicidades momentâneas e os sonhos terrenos. Algo eterno é para sempre, certo? Se você acha essa frase óbvia, reflita sobre a importância que dá à ela.

Pense agora no lugar mais bonito e incrível que você já conheceu. Pensou? Aposto que C. S. Lewis imaginaria Nárnia. Mas saiba que o Céu é muito melhor! Portanto, faz sentido vivermos todos os dias da nossa vida aqui na Terra buscando riquezas com itens materiais, dedicando a maior parte do nosso tempo ao trabalho ou aos estudos e procurando o reconhecimento dos outros? Apesar de tudo isso parecer ser importante e necessário, não deve ser a fonte de nossa alegria (MATEUS 6:19,20). Somos peregrinos neste lugar, portanto não devemos agir como se fôssemos daqui. Devemos andar ansiosos pelo Senhor (FILIPENSES 3:20) em busca do que realmente importa.

FILIPE

Desafio: Faça um jejum hoje de algo que realmente é especial para você. Pode ser de celular, de videogame ou de alimento. Foque durante esse dia na beleza do Reino que nos aguarda.

NOVEMBRO 30

UMA NOVA FAMÍLIA

Pois vocês não receberam um espírito que os escravize para novamente temerem, mas receberam o Espírito que os torna filhos por adoção, por meio do qual clamamos: "Aba, Pai". (ROMANOS 8:15)

Ser filho do próprio Deus... Irmãos de Jesus. Essa é a coisa mais incrível que poderíamos ouvir! Mas não damos o devido valor para isso, infelizmente. Não entendemos o que isso significa. A grande realidade é que a sociedade em que vivemos não vê significado em quase nada. O amor perdeu seu significado, a família perdeu seu significado, os amigos, os relacionamentos... Na época em que Jesus viveu na Terra, as coisas tinham muito mais significado do que hoje.

Jesus se referia a si mesmo como o Filho de Deus. Essa afirmação causou muito rebuliço e confusão entre as pessoas, especialmente entre os fariseus e os mestres da Lei. Eles entendiam o quão magnífico seria ser filho do próprio Deus e o fato de Jesus, que para eles não passava de um simples homem, afirmar que era filho do próprio Deus, foi considerado uma blasfêmia.

Mal sabiam eles que Jesus era o filho unigênito, mas logo se tornaria o primeiro de muitos outros filhos. E isso inclui você!

Nós estávamos perdidos e Ele nos adotou! Nos deu tudo o que era dEle, nos fez irmãos de Jesus e participantes da sua herança (ROMANOS 8:17). Fala sério! Somos filhos do Criador do Universo! Somos parte de uma grande família, da família de Jesus. Então por que vivemos sempre tão inseguros, com medo, ansiosos, quando o próprio Deus é nosso Pai? Devemos buscar cada vez mais conhecer esse amor. Conhecer esse Pai e assumirmos nossa posição de filhos!

NELSON

Desafio: *Busque conhecer cada vez mais o seu Pai! Se entregue ao amor dEle. Confie nEle. Busque entender o significado de tudo isso. Leia Lucas 3:21-37, "A genealogia de Jesus". Pelo sacrifício de Jesus seu nome poderá estar nessa lista!*

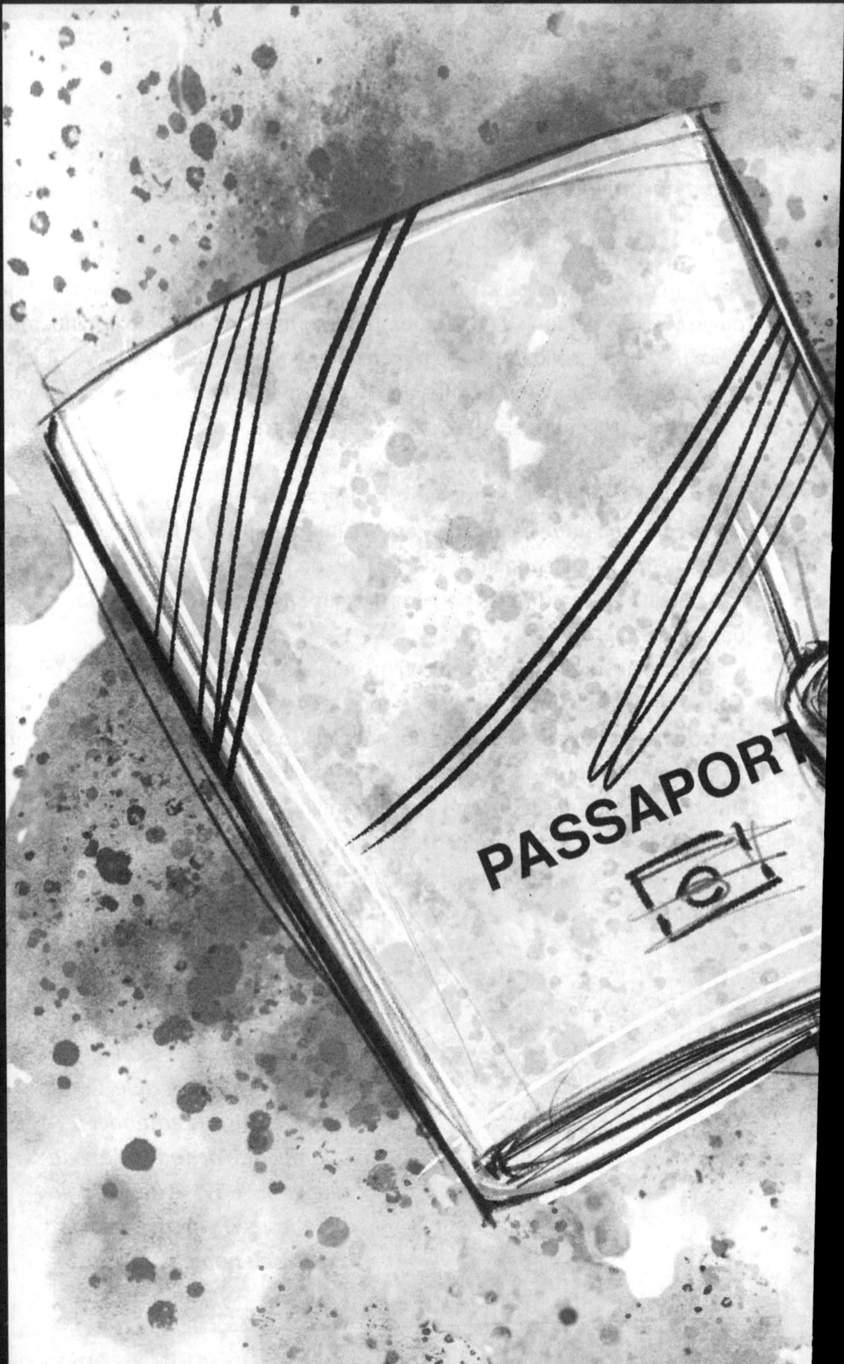
PASSAPORT

DEZEMBRO

1 DEZEMBRO

VISTO PARA A ETERNIDADE

Porque Deus tanto amou o mundo que deu o seu Filho Unigênito, para que todo o que nele crer não pereça, mas tenha a vida eterna. (JOÃO 3:16)

Todos possuíamos um passaporte. E ele tinha o visto para um só lugar: o inferno. Quando você o recebeu, já estava carimbado com ele. Sua passagem já havia sido comprada, mas você não tinha acesso a ela e nem sabia quando seria a sua viagem. Só precisava esperar até o dia em que chegassem em sua casa e te levassem para o aeroporto. Você não tinha como alterar seu destino. Mas, no outro lado do mundo, existia outro país: o Céu. No entanto, para viajar até lá era necessário um outro visto, que era muito caro e nenhum cidadão tinha condições de comprá-lo. Você ficou desesperado tentando fazer de tudo para conseguir o dinheiro necessário, mas estava fora do seu alcance.

No país do Céu, havia um presidente chamado Deus que, ao olhar para os cidadãos do mundo e o seu destino, se compadeceu e falou para seu embaixador: "Preciso que você compre o visto de todos eles. Fale direto com o líder daquele país, eu pago qualquer valor para ter os cidadãos morando nas minhas terras". Então, o embaixador vai. Sabendo o presidente do inferno quem era o homem que estava lhe pedindo os vistos e da sua importância, pede o próprio visto do embaixador em troca dos vistos dos cidadãos. O embaixador, sem hesitar, diz: "Feito!". Então, as passagens são compradas.

O presidente do inferno estava feliz com o que tinha feito, mas ele não se atentou a uma coisa: o embaixador não tinha visto e nem passaporte. Ele já tinha a cidadania celestial porque ele era de lá. Então ele tinha o direito de voltar para sua terra sem dever nada a ninguém. Apesar do presidente ter ficado furioso, ele não tinha autoridade para impedi-lo de partir. O embaixador vai embora com todos os vistos comprados.

Toc Toc. Alguém bateu na porta da sua casa. É chegado o grande dia da viagem! Você vai até o aeroporto, faz seu check-in e entra no avião. Pouco tempo depois, ele pousa. As portas se abrem. O comandante pede seu passaporte. Assim que ele confere seu visto, com um sorriso olha para você e diz: "Bem-vindo a sua nova casa!".

Desafio: É interessante olhar a salvação de um ponto de vista diferente. Que tal contar essa história para algum amigo que está sem o visto para a eternidade?

STELA

DEZEMBRO 2

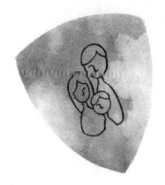

COMO CRISTO E A IGREJA

Mulheres, sujeitem-se a seus maridos, como ao Senhor, pois o marido é o cabeça da mulher, como também Cristo é o cabeça da igreja, que é o seu corpo, do qual ele é o Salvador. Assim como a igreja está sujeita a Cristo, também as mulheres estejam em tudo sujeitas a seus maridos. (EFÉSIOS 5:22-24)

O alto preço pago pelo sangue de Jesus na cruz nos tornou propriedade de Deus. A partir do sacrifício do Cordeiro, temos o direito de escolhê-lo. A vida cristã implica na morte para nós mesmos. Passamos a viver pelo Espírito e negamos nossa carne em função de uma vida agradável ao Senhor. Pelo exemplo de Jesus, sabemos que podemos contar com a ajuda sobrenatural do Espírito Santo enquanto nos esforçamos — cooperando com Ele.

Nossa dívida de gratidão representa a nossa parte. A Bíblia nos apresenta o modelo ideal de casamento pela figura do amor entre Cristo e a Igreja. A submissão não é pesada quando o amor de todo o coração é maior do que tudo o que está envolvido.

Entristeço-me quando vejo meninas que, por não terem tido um bom exemplo familiar, não entendem que o lugar de submissão não precisa ser um peso. O homem recebeu a difícil tarefa de amar sua esposa como Cristo amou a Igreja (EFÉSIOS 5:25). O lugar da mulher envolve o sentimento de amor, proteção e cuidado.

Para resumir, a Bíblia instrui que os dois lados sirvam um ao outro. Quando um casamento é firmado na vontade de Deus, os frutos serão visíveis. A revelação do Deus que é amor revoluciona todos os nossos conceitos. Ninguém é mais fiel que o Senhor. Não duvide que a sua vida será infinitamente melhor seguindo a instrução dele. Não se preocupe, Ele já preparou a história perfeita para você.

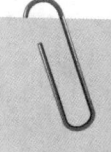

Desafio:
Ore para que o entendimento correto sobre o casamento se torne real em seu espírito.

LISSA

3 DEZEMBRO

IDEOLOGIA DO REINO

Jesus retirou-se com os seus discípulos para o mar, e uma grande multidão vinda da Galileia o seguia. (MARCOS 3:7)

Ideologia se remete à ideia de algo que é ou seria ideal, defendido por alguém ou um grupo de pessoas. Ela também pode ser um instrumento de convencimento, trabalhando na consciência humana com o objetivo de alienar pessoas. Por exemplo, a ideologia de Hitler buscava um padrão de pessoas que supostamente era o ideal e todos que não seguiam o padrão — não por opção, mas por não terem nascido com a raça ariana — eram excluídos e exterminados.

Já a ideologia do Reino não busca pessoas perfeitas e prontas, mas pessoas do jeito que são e que se permitem serem aperfeiçoadas de acordo com o caráter de Cristo. O Reino é a inclusão e não a exclusão. Jesus simplesmente atraía multidões pelo poder do evangelho, porque não buscava convencer ninguém, mas refletir o Pai em todas suas ações. O importante nunca foi a quantidade, mas a qualidade; o número de pessoas que o seguiam foi consequência do grande líder que Jesus se tornou aqui.

A ideia do evangelho na prática é que ele se torne um estilo de vida, quando diariamente vivemos por algo maior. A ideologia do Reino está acima de qualquer outra, pois quebra todos os paradigmas humanos, revelando por trás disso o perfeito Criador que cuida da Sua criação.

Desafio:
Se reúna durante o intervalo com um grupo de pessoas dispostas a ouvir sobre a Palavra de Deus. Deixe que o amor e a simplicidade de vocês atraiam as pessoas para perto. Que a ideologia do Reino seja estabelecida na escola/faculdade através da sua vida!

JULIA

DEZEMBRO 4

ALIENADO OU ANTENADO?

Depois de três dias o encontraram no templo, sentado entre os mestres, ouvindo-os e fazendo-lhes perguntas. (LUCAS 2:46)

Você pode procurar nas mídias qualquer tipo de informação que esteja querendo saber. Mas já se perguntou se as reportagens, entrevistas, notícias e todo tipo de conteúdo que é liberado na internet ou jornais, são realmente verdadeiros, honestos e se são baseados em fontes confiáveis? Acreditar, sem questionar, no que um *post* no *Facebook* diz a respeito de determinado assunto, não é uma atitude muito sábia, certo?

Vemos na Bíblia que Jesus crescia em sabedoria (LUCAS 2:52) e, para isso, Ele teve que se preparar. Apesar de novo, fazia perguntas aos mestres no templo e, além disso, apresentava respostas também (LUCAS 2:47). Da mesma forma, os mestres faziam perguntas para Ele e ficavam impressionados com o Seu entendimento.

Agora pense de que forma o seu interesse em buscar informação em fontes confiáveis pode afetar sua sociedade, sua geração ou seu país. Não aceite tudo o que a mídia te apresenta como verdade. Busque questionar (de maneira respeitosa), tenha um senso crítico, pesquise, vá atrás das fontes para conhecer e entender o conteúdo. Fuja de *fake news*, fuja do supérfluo e do superficial! Em qualquer assunto procure saber sobre a sua veracidade. Da mesma forma como os mestres ficaram impressionados com o entendimento de Jesus, busque você também ser uma referência.

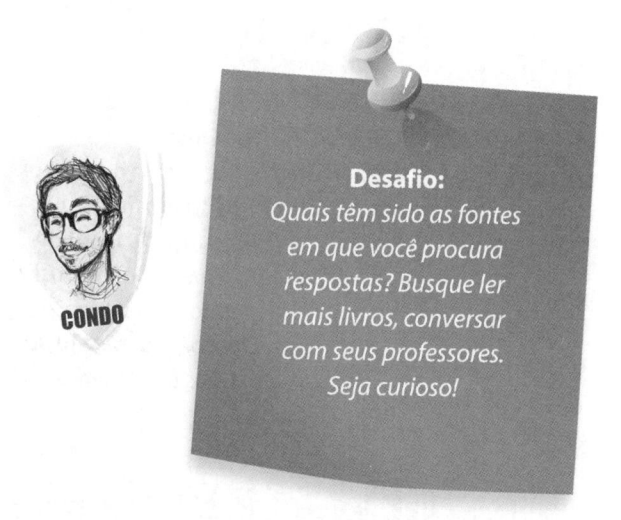

CONDO

Desafio:
Quais têm sido as fontes em que você procura respostas? Busque ler mais livros, conversar com seus professores. Seja curioso!

5 DEZEMBRO

FILHOS DE UM DEUS ARTISTA

Tu criaste o íntimo do meu ser e me teceste no ventre de minha mãe. Eu te louvo porque me fizeste de modo especial e admirável. Tuas obras são maravilhosas! Disso tenho plena certeza.
(SALMO 139:13,14)

A arte é uma das esferas da sociedade, uma das áreas de influência. Amo como crescemos em tantas áreas diferentes quando andamos com Deus. Ela é um livro tão rico que traz chaves para bons relacionamentos e prosperidade. E ela me desperta também para ter um olhar ao belo. Vejo a arte mais bela na feitura de Deus, como podemos ver na natureza.

Ao olharmos para a porção bíblica acima, nos deparamos com a verdade de que fomos feitos por maravilhosas mãos, uma verdadeira obra de arte. Há um momento em que, assim como o salmista, nossa alma entende essa verdade. Esse é o momento de fazer as pazes com o cabelo, com o nariz, com a altura. O momento de se render ao fato de que fomos feitos de forma maravilhosa e perfeita. E que tranquilidade há na alma quando esse entendimento nos vem, é uma cura ao coração. Deixamos de estar preocupados em nos encaixarmos nos padrões de beleza estabelecidos e nos alegrarmos por ser quem somos. Influencie sendo você!

Kelly Subirá

Desafio:
Faça as pazes com o espelho! Peça ao Espírito Santo que te leve ao mesmo lugar do salmista. Que sua alma possa saber muito bem que você é maravilhoso, pois foi feito por um Deus que te ama.

DEZEMBRO 6

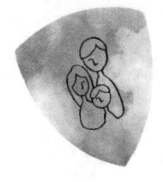

ROCHA

Instrua a criança segundo os objetivos que você tem para ela, e mesmo com o passar dos anos não se desviará deles. (PROVÉRBIOS 22:6)

Lembro-me perfeitamente da minha experiência de passar três meses longe dos meu pais. Confesso que, nas primeiras duas semanas, me achei dona do mundo, sentia que podia fazer tudo que eu quisesse, na hora que eu quisesse. Mas, durante essa viagem, algumas coisas me marcaram bastante, como a saudade, o crescimento, os lugares novos e a certeza que eu tinha um lugar para voltar.

Talvez você já tenha feito um mergulho, mas, caso a resposta seja não, quando você entra no mar, precisa colocar alguns pontos de referência e eles precisam ser fixos. Por exemplo, não podem ser peixes, algas ou coisas que se movam. A instrução é que de preferência você escolha rochas, afinal, caso você se perca, o barco está perto delas, ou seja, aquele é o seu lugar. Quero te levar a pensar sobre a vida como um grande mergulho: no começo sempre estamos perto do barco, sempre com alguém presente. Mas, depois, talvez você precise nadar um pouco sozinho, se desafiar a ir mais longe e é possível que, em algum momento, você até perca o barco de vista. Mas é aí que entram as rochas da sua vida.

Durante essa viagem, entendi que não importava em qual lugar no mundo eu estivesse, as minhas rochas estariam no mesmo lugar. Por mais longe que eu estivesse, eu sempre teria um lugar para voltar e, de alguma forma, eu precisava valorizar esse lugar, me lembrar sempre dele e honrar. Espero que você consiga enxergar a sua família como esse lugar de proteção. Que você possa ir muito longe, exatamente onde Deus te chamou, mas sempre com um lugar seguro e fixo para voltar, da forma que Deus planejou. Afinal, a família é o plano perfeito dEle.

Desafio: *Tire um tempo para honrar sua família, seja ela biológica ou espiritual. Invista seu tempo e seja intencional nele. Lembre que pessoas não são eternas e que você deve aproveitá-las. Sugiro uma ida a algum lugar especial para vocês. Esqueçam os telefones e aproveitem o melhor desse tempo em família.*

BEA

7 DEZEMBRO

PRONTOS PARA DAR

Então perguntou Pedro: "Ananias, como você permitiu que Satanás enchesse o seu coração, a ponto de você mentir ao Espírito Santo e guardar para si uma parte do dinheiro que recebeu pela propriedade?". (ATOS 5:3)

Era uma fase desafiadora financeiramente, talvez a mais difícil que minha família já havia experimentado. Eu e meu irmão passamos a guardar moedas em um cofrinho para que pudéssemos comprar brinquedos; nossos pais nos encorajaram a fazê-lo. O cofrinho aos poucos foi enchendo, assim como nossas expectativas e, como crianças, pensávamos estar ricos! E então, finalmente chegou o momento de contar o que arrecadamos.

Imagino o quanto foi difícil para o meu pai obedecer o que o Espírito Santo havia colocado em seu coração (não por ele mesmo, mas por sua preocupação conosco). Ele sabia em seu espírito que aquele recurso que havíamos guardado como família, não era para nós. O Senhor o pediu para ofertar para os filhos de outro casal. Naquele momento não tínhamos o suficiente para nossos brinquedos, mas entendemos o que deveria ser feito. E ninguém é mais fiel que Deus! Então, ofertamos aquele valor. Pouco tempo depois, ganhamos de uma outra pessoa exatamente os brinquedos que queríamos (e que nem poderíamos comprar com o recurso inicial).

Sou grata a Deus por esse episódio que, através da conduta do meu pai, me ensinou a diferença entre pão e semente. Desde então, sei que é bom ser a pessoa que recebe, mas muito melhor é poder dar! Precisamos lembrar que a generosidade faz parte da natureza de Deus, então, se algo do tipo passar pela sua cabeça, não faça como Ananias e Safira no texto que lemos hoje. Não recue! Assim, você terá exercitado essa área positivamente — o que é muito melhor do que não obedecer ao Espírito Santo, e também não permitirá que Satanás vença em seu coração!

Desafio:
Presenteie alguém hoje.

LISSA

ESSÊNCIA DO JARDIM

Nós amamos porque ele nos amou primeiro.
(1 JOÃO 4:19)

A humanidade tem um desejo insaciável de conhecer o seu propósito. Um provável fragmento da memória do homem antes da queda no jardim, a queda que o fez perder sua identidade. Deus criou o homem para que este tivesse comunhão com Ele, a base da adoração. Adão não tinha nenhum problema, nenhuma dor e nenhum sofrimento, mas tinha a necessidade de adorar a Deus por quem Ele é, porque adoração nunca foi sobre nós ou nossos problemas, mas sobre Ele. Desde o princípio, Deus buscava se relacionar com o homem. E Adão, apesar de ter a natureza grandiosa a sua volta, deveria estar sempre com os olhos fixos nEle.

Adoração é se entregar por inteiro. É sair do piloto automático e buscar o Senhor de todo coração, pois Deus procura em nós algo verdadeiro, assim como está na Palavra: "...os verdadeiros adoradores adorarão o Pai em espírito e em verdade. São estes os adoradores que o Pai procura" (JOÃO 4:23). Muitas vezes é difícil mantermos nosso posicionamento em todas as fases da nossa vida, pelos altos e baixos, decepções e pela nossa fragilidade. Por isso, é muito importante depender totalmente de um Deus que supre nossas necessidades e se importa conosco, porque o poder dEle se aperfeiçoa na nossa fraqueza (2 CORÍNTIOS 12:9).

Jesus tem que ser o principal da nossa programação. Buscar a Ele não somente pelas Suas mãos, mas principalmente pela Sua face. É tempo de voltarmos ao verdadeiro avivamento, uma busca intensa e demasiada pela Palavra de Deus, que gera a adoração espontânea; o avivamento que tem como objetivo restaurar o propósito e significado de ser um adorador, porque adoração é quando a criação reflete a glória de Deus. É voltar ao princípio, onde tudo começou: o jardim do Éden.

JULIA

Desafio:
Crie uma lista de 10 motivos para adorar a Deus e comece praticando durante essa semana.

9 DEZEMBRO

OUÇA QUEM SABE

Roboão, contudo, rejeitou o conselho que as autoridades de Israel lhe tinham dado e consultou os jovens que haviam crescido com ele e o estavam servindo. (2 CRÔNICAS 10:8)

O período da adolescência é repleto de incertezas e indecisões. Alguns acham que sabem tudo e fazem escolhas de maneira individual, sem aconselhamento. Mas ouvir conselhos dos mais velhos é um princípio básico baseado no simples fato de que eles já viveram mais do que você, logo, possuem mais experiência. Eles são figuras de governo e autoridade em sua vida! Não é sempre que nossos pais, por exemplo, estarão certos, mas tenha certeza de algo: na maioria das vezes estão! E, independentemente disso, devemos nos submeter a eles.

A Bíblia, em 2 Crônicas 10, conta como o rei Roboão preferiu ouvir as pessoas erradas. O povo pediu para que o rei diminuísse o trabalho pesado ao qual eles eram submetidos, pois assim seriam submissos. Então Roboão pede ajuda para autoridades mais velhas, que disseram que ele deveria atender o pedido do povo, pois dessa forma seriam fiéis. Como não gostou da resposta, o rei consultou os seus jovens amigos, que falaram exatamente o contrário, ou seja, que ele deveria tornar o trabalho do povo ainda mais duro. Roboão, então, ouviu o conselho dos jovens e aumentou o trabalho do povo. Como consequência, o povo se rebelou contra o governo dele.

Muitas vezes queremos apenas seguir o conselho que nos agrada e de quem nos agrada. Roboão sabia da importância da opinião dos mais velhos (por isso perguntou antes para eles), mas não ouviu o que gostaria. Deus instituiu autoridades sobre nós e devemos obedecê-las (PROVÉRBIOS 4:1). Se você considera que seus pais estão sempre errados (o que não é verdade), ao menos obedeça à Bíblia: "Meu filho, obedeça aos mandamentos de seu pai e não abandone o ensino de sua mãe" (PROVÉRBIOS 6:20).

FILIPE

Desafio: *Na sua próxima decisão, compartilhe todas as suas ideias com pessoas que possuem autoridade sobre você. Ouça o que elas acham e ore pedindo direcionamento do melhor conselheiro de todos: Deus!*

DEZEMBRO 10

CONSUMISMO

*Vejam como é grande o amor
que o Pai nos concedeu: sermos chamados filhos de Deus,
o que de fato somos!* (1 JOÃO 3:1)

Quando o homem pecou, lá no princípio, perdeu sua natureza gloriosa em Deus e assumiu uma natureza pecaminosa. Entenda isto: todos os nossos anseios estão ligados a nossa vontade de ter aquilo para qual fomos criados. Fomos criados para o amor, para a segurança, para a liberdade, para a prosperidade. O problema se manifesta quando tentamos buscar essas coisas por meio de um caminho que não é Jesus.

Somos seres sociáveis, precisamos nos sentir pertencentes a algum grupo. No entanto, muitas vezes, para isso, acabamos vivendo o consumismo ou nos submetemos a padrões ditados pela moda. Quem nunca quis comprar a roupa de marca do momento só porque todos os amigos tinham? E o resultado é que alcançamos um sentimento de pertencimento que não é verdadeiro.

Quando entendemos que somos filhos de Deus, que Ele nos ama, que fazemos parte de uma família, de um corpo, o Corpo de Cristo, que somos especiais, amados e valorizados, não precisamos buscar o status de estar na moda (seja ela roupas, celular de última geração, videogame etc.). Essa é a nossa identidade: filhos amados. É quem nós somos. Mas, para entender isso, não basta ler este devocional, é necessário conhecer Jesus! Quando entendemos quem Jesus é, entendemos também quem nós somos. Contudo para conhecer Jesus, precisamos passar tempo com Ele.

NELSON

Desafio:
Busque controlar os seus gastos e saciar suas vontades, desejos, anseios e prazeres em Jesus. Para isso, passe mais tempo com Ele.

11 DEZEMBRO

FÉ QUESTIONADA

*Se algum de vocês tem falta de sabedoria,
peça-a a Deus, que a todos dá livremente, de boa vontade;
e lhe será concedida.* (TIAGO 1:5)

Você já ficou irritado numa aula quando o professor começava a questionar a sua fé? O meu professor de história sempre que podia levantava dois grupos para debaterem sobre religião e ciência, e o pior, colocava os cristãos para defenderem o evolucionismo e os ateus para defenderem o criacionismo. Era uma guerra na sala de aula. Eu ficava muito frustrada comigo por, muitas vezes, não ter resposta quando esse meu professor me questionava sobre Deus ou, pior ainda, quando ele sabia mais sobre a Bíblia do que eu.

Na primeira vez que houve um desses debates, eu estava no grupo que confrontaria o criacionismo através de argumentos sobre a evolução. Nunca vi problema em debater sobre isso, até porque eu estava bem firmada na minha fé, mas, quando fui estudar, percebi o quão leiga eu era sobre ambos assuntos. Nesse dia, um desejo começou a surgir dentro de mim. Ao mesmo tempo que eu sabia que precisava buscar mais a Deus e estudar a Sua Palavra, eu entendia também que eu precisava estudar sobre outros assuntos, até mesmo aqueles que em algum momento questionariam a minha fé. E, por incrível que pareça, aquilo me fazia buscar mais a Deus. Depois de um tempo, eu realmente fiquei grata a Deus pelo meu professor. Eu creio que Deus o usou para fortalecer ainda mais minha fé.

Passei a tentar entender aquilo que eu acredito. Quando eu vejo que não encontro alguma resposta, quando eu me deparo com algum argumento que não sei como refutar, quando alguma dúvida surge em mim, eu olho para Deus e digo: "Você tem todas as respostas. Você é o próprio conhecimento. Você é o dono de toda ciência. Por mais que eu tenha milhões de dúvidas, sei que, quando eu estiver aí com você, você responderá todas elas".

STELA

Desafio: *Converse com pessoas que pensam diferente de você em algum assunto específico e tente entender o porquê elas pensam dessa forma. Depois veja o que a Bíblia diz sobre isso e tente mostrar seu ponto de vista.*

DEZEMBRO 12

DE BOAS

*Portanto, não se preocupem com o amanhã,
pois o amanhã se preocupará consigo mesmo. Basta a cada dia
o seu próprio mal.* (MATEUS 6:34)

Tudo se torna mais fácil quando paramos de nos preocupar tanto com as coisas. Não estou dizendo que devemos viver de maneira desleixada e não dar importância para as nossas responsabilidades, até mesmo porque a Bíblia nos ensina a fazermos tudo como se estivéssemos fazendo para Deus (COLOSSENSES 3:23,24).

A questão é que não podemos deixar uma preocupação excessiva tomar conta do nosso coração e acabar nos desviando do propósito. Todas as vezes que eu me preocupo demais com algo que está para acontecer, três coisas ocorrem: me estresso, desconto nas pessoas e perco o foco do que ainda tenho que fazer no meu dia. Graças a Ele tenho aprendido a ser mais "de boas" em relação às minhas preocupações.

Você pode ser aquele tipo de pessoa que é mais tranquila ou talvez seja preocupada exageradamente, como eu era. O que eu quero dizer é: Jesus não quer que você se preocupe tanto com as coisas, pois, no seu excesso de preocupação, você deixa de confiar em quem Ele é! Viva bem o que tem para hoje e deixe o amanhã para amanhã. Parece óbvio, né? Se é tão óbvio, vamos colocar em prática! Fica de boas e descansa em Deus.

Desafio: O que está te deixando preocupado hoje? Te convido a entregar isso ao Senhor (SALMO 37:5) e a confiar nEle. Faça a seguinte oração, é simples não precisa muito: "Deus, eu entrego minha preocupação ao Senhor e em nome de Jesus não vou mais ficar me preocupando com isso hoje, deixando que isso estrague meu dia. Me ajuda. Em nome de Jesus, amém!".

13 DEZEMBRO

O MAIOR ARTISTA DE TODOS OS SÉCULOS

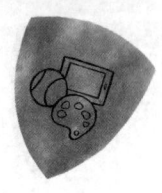

No princípio Deus criou os céus e a terra.
(GÊNESIS 1:1)

A criação foi um dos maiores exemplos em que percebemos que Deus é um grande artista. Em cada detalhe Ele é preciso. Na grandeza dos mares, as cores dos céus, inúmeras espécies de plantas e animais, tudo o que existe foi feito por Ele da forma mais apaixonada, através do "haja". Deus levou à existência o que era sem vida, do pó da terra formou o homem e o chamou de Seu; em vez da voz, preferiu as mãos para moldá-lo à Sua imagem e semelhança.

A Bíblia é inspirada por Deus, o melhor pintor, agricultor, arquiteto, músico e oleiro. Logo é cheia de poemas, construções de grandes palácios (como o de Salomão), muitas canções, danças e criatividade, como o modo de Jesus em explicar o Reino através de parábolas.

A palavra arte vem do latim *ars* que significa habilidade. Nesse sentido, podemos dizer que qualquer habilidade que você tenha pode ser considerada uma arte. É também uma forma de contribuir para o Reino (1 PEDRO 4:10), pois somos parte do corpo de Cristo e, assim, cada uma coopera para que ele funcione, sendo Cristo o cabeça do corpo (COLOSSENSES 1:18). Todos os dons que Deus colocou em você são uma forma de expressar quem Ele é. Deus é quem capacita, então use seus talentos para glorificar o nome dEle.

Desafio:
Faça uma lista com suas habilidades e invista tempo nelas para o Reino de Deus e nunca se esqueça de que Deus quer te usar do jeito que você é!

JULIA

DEZEMBRO 14

QUER TER RAZÃO OU SER FELIZ?

Nada façam por ambição egoísta ou por vaidade,
mas humildemente considerem os outros superiores a si mesmos.
Cada um cuide, não somente dos seus interesses,
mas também dos interesses dos outros. (FILIPENSES 2:3,4)

Uma das minhas maiores dificuldades é relacionada ao meu orgulho. Quando ouvi pela primeira vez que o Senhor rejeita os soberbos e dá graça aos humildes (TIAGO 4:6), decidi buscar uma mudança nas minhas atitudes. Admito que ainda sou tratado nessa área, mas, graças a Deus, já estou muito melhor. A verdade é que você sempre encontrará pessoas com opiniões diferentes da sua. Como diz meu amigo Israel Subirá: "Se você frequenta qualquer ambiente em que existam outras pessoas, você provavelmente já vivenciou uma discussão".

Acredito que a demonstração mais orgulhosa da minha parte era sempre querer ganhar uma discussão e percebo que isso é muito comum na adolescência. Quando estamos nessa fase, queremos mostrar nossa capacidade argumentativa simplesmente para alimentar nosso ego. Com o tempo, porém, descobri que, quando abrimos mão de ganhar uma discussão (mesmo corretos), nosso orgulho é tratado, encontramos paz (SALMO 37:11) e evitamos brigas desnecessárias que machucam. Obviamente, existem assuntos que devem ser discutidos para que possamos ajudar alguém a crescer (EFÉSIOS 4:29), mas o amor é primordial, pois ele evita uma discussão baseada no ego.

O segredo para conseguir abrir mão do nosso orgulho durante uma discussão e deixar que a outra pessoa "esteja certa", é se colocar em um lugar de humildade onde o interesse do outro é maior que o seu. E, sinceramente, quando somos adolescentes, por falta de experiência, a tendência é estarmos errados! Somente através dessa atitude, encontramos, na mansidão, a mesma satisfação de ganhar uma discussão e ainda alegramos o Senhor (SALMO 22:26).

FILIPE

Desafio: Pergunte às pessoas de seu convívio como você costuma reagir durante momentos de discussão. Se for uma resposta positiva, continue exercitando sua humildade. Caso não seja, peça perdão, ore e peça a Deus para que o Espírito Santo esteja te alertando nesses momentos.

15 DEZEMBRO

O VALOR DOS TEMPOS DIFÍCEIS

É melhor ir a funerais que ir a festas; afinal, todos morrem, e é bom que os vivos se lembrem disso. A tristeza é melhor que o riso, pois aperfeiçoa o coração. O sábio pensa na morte com frequência, enquanto o tolo só pensa em se divertir. (ECLESIASTES 7:2-4 NVT)

Tempos difíceis geram homens fortes, homens fortes geram tempos fáceis, tempos fáceis geram homens fracos e homens fracos geram tempos difíceis. Esse ciclo (que aprendi em uma aula de História com o Professor André Felipe Klassen) me leva a refletir sobre a nossa geração. A tecnologia expandiu os conceitos de comodismo e progressivamente nos acostumamos com as coisas mais fáceis e mais rápidas.

É inevitável admitir os muitos benefícios que as facilidades atuais trouxeram à qualidade de vida social, mas será que com elas também fomos prejudicados? É possível que a nossa geração valorize menos e não viva à altura de seu potencial? Em épocas em que a Bíblia era escassa entre as massas, cristãos decoravam até mesmo livros inteiros e hoje, com tantos aplicativos, estudos, comentários e recursos, muitos nem mesmo cultivam essa leitura!

Esse é só um dos exemplos! São as coisas que nos desafiam que nos fazem crescer. E, com esse entendimento, seremos gratos por todos os "nãos" que escutamos, pelos trabalhos difíceis que fizemos e até mesmo as circunstâncias não tão confortáveis. Que nós não sejamos acomodados a ponto de comprometer o que o Senhor nos confiou! Um dia, prestaremos contas ao Senhor sobre como gastamos cada recurso. Que não sejamos acomodados pelas facilidades, mas impulsionados!

Calma! O desafio de hoje não será tão assustador quanto o tema!

LISSA

Desafio: *Reflita sobre os recursos disponíveis em sua vida e planeje uma estratégia para aproveitá-los melhor.*

DEZEMBRO 16

A SOLIDÃO DE JESUS E O PODER DA CRUZ

E houve trevas sobre toda a terra, do meio-dia às três horas da tarde. Por volta das três horas da tarde, Jesus bradou em alta voz: "Eloí, Eloí, lamá sabactâni?", que significa "Meu Deus! Meu Deus! Por que me abandonaste?" (MATEUS 27:45,46)

Por muitas vezes, eu li esse versículo e não entendi. Como poderia Deus, que é fiel, abandonar Seu Filho Jesus? Isso realmente me causava grande confusão. Quando Jesus foi crucificado, Ele levou sobre Si toda a culpa, vergonha, enfermidades e todo o pecado do mundo.

Você não se sente distante de Deus quando comete um pecado? Porque é isso que o pecado faz: nos leva a sentirmos que somos indignos da presença de Deus (ISAÍAS 59:2). Agora pense em Jesus. Ele levou sobre Si todo o pecado do mundo (ISAÍAS 53:5; JOÃO 1:29). Todo. Ele sentiu a culpa de todos os erros das pessoas. Nele foi colocado o peso de todos os assassinatos, roubos, mentiras, imoralidades que haviam sido cometidas e que haveriam de ser. Dá para imaginar a imensidão da dor que isso foi para Ele? Ele que nunca havia pecado, nunca havia se sentido distante de Deus, estava com o pecado do mundo inteiro sobre Seus ombros. Ele não podia mais, pela primeira vez, sentir-se próximo de Seu Pai.

Acredito que Jesus, no Getsêmani, não se sentia angustiado a ponto de suar sangue somente por saber que seria surrado, pregado e humilhado. Acredito que essa é a menor das dores, quando comparada à dor de, pela primeira vez, sentir-se distante de Seu Pai. Foi a primeira vez que Jesus se sentiu só.

Meu querido, entenda isto: o preço que Jesus pagou na cruz por você foi altíssimo. Ele levou sobre Si todo o sentimento de culpa, vergonha, todo o pecado. Ele abriu caminho até Deus, para que pudéssemos nos relacionar com Ele plenamente. Valorize isso! Cada vez que você fica guardando culpa é como se dissesse: "É Jesus, sei que você morreu naquela cruz, mas Seu sacrifício não valeu de nada para mim".

NELSON

Desafio: *Se até Deus já te perdoou por meio de Jesus, quem é você para não se perdoar? Sonde seu coração e veja se há coisas em sua vida que você já se arrependeu e pediu perdão, mas ainda não consegue se sentir perdoado. Se encontrar algo, lance agora mesmo aos pés de Jesus!*

17 DEZEMBRO

OPOSITORES OU COOPERADORES?

Tudo isso provém de Deus, que nos reconciliou consigo mesmo por meio de Cristo e nos deu o ministério da reconciliação, ou seja, que Deus em Cristo estava reconciliando consigo o mundo, não lançando em conta os pecados dos homens, e nos confiou a mensagem da reconciliação. Portanto, somos embaixadores de Cristo, como se Deus estivesse fazendo o seu apelo por nosso intermédio... (2 CORÍNTIOS 5:18-20)

O apóstolo Paulo nos mostra que o propósito de Deus é reconciliar consigo o mundo por meio de Cristo e é de extrema importância entendermos essa missão de Deus, porque a missão dEle determina a nossa. Quando nossa missão é oposta à de Deus, construímos coisas para nos satisfazer que não necessariamente traduzem em sinais do Reino.

Ao lermos em João 3:16 que Deus amou o mundo, será que de fato pensamos sobre o que Ele quer dizer com o "mundo"? O mundo envolve eu e você, assim como, os bandidos, os ladrões, assassinos, corruptos, mendigos, prostitutas e a lista é bem grande. Jesus morreu por eles também e a reconciliação deles com Deus depende de mim e de você. Se não entendermos que a missão é dEle e que a missão dEle determina a nossa, o que temos em mente sempre será mais importante. Em João 4:34 Jesus diz: "A minha comida é fazer a vontade daquele que me enviou e concluir a Sua obra". Será que o cumprimento da missão de Deus tem sido comida para nós? Algo que não podemos viver sem?

Tomar a forma de Cristo é fazer aquilo que Ele fazia. Em Lucas 24:13-19 fala que, logo após a morte de Jesus, dois discípulos caminhavam em direção a Emaús quando o próprio Mestre se aproximou e começou a caminhar com eles, mas não O reconheceram. E quando foram perguntados sobre quem era Jesus, a resposta deles foi: "Ele era um profeta, poderoso em palavras e em obras diante de Deus e de todo o povo". Você já parou para pensar se as pessoas descreveriam você como esses dois discípulos descreveram Jesus?

Jesus conhecia a vontade do Pai, Ele tinha prazer em cumpri-la e nos ensina a clamar por ela. Na oração conhecida como o Pai Nosso, aprendemos a orar "venha o teu reino; seja feita a tua vontade, assim na terra como no céu" (MATEUS 6:9,10). Considerando que o Reino de Deus é justiça, paz e alegria no Espírito Santo (ROMANOS 14:17) e que nós somos cooperadores de Deus (1 CORÍNTIOS 3:9), temos o grande privilégio de fazer parte dessa missão!

Denise Cortazio

Desafio: *O que a queda (pecado) provocou no mundo que você percebe? O que te incomoda? Se você vê, você tem uma responsabilidade sobre isso. Então, decida fazer algo!*

DEZEMBRO 18

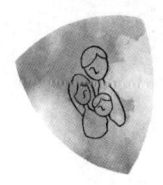

NOIVA PREPARADA

Regozijemo-nos! Vamos nos alegrar e dar-lhe glória! Pois chegou a hora do casamento do Cordeiro, e a sua noiva já se aprontou. (APOCALIPSE 19:7)

Você já teve a oportunidade de ser convidado a um casamento? Eu já fui em alguns e sempre achei interessante como todos esperam ansiosos pela entrada da noiva! Nosso texto-base de hoje fala sobre a hora do casamento do Cordeiro que aguarda por sua Noiva. E essa Noiva é a Igreja de Cristo!

Além disso, algo que eu sempre achei sensacional em casamentos é o cuidado que se possui com a apresentação das noivas. Todas estão completamente impecáveis! Não há exceção. São dias de preparos e de decisões para deixá-las o mais próximo da perfeição. Portanto, se somos a Noiva do Cordeiro, como está nosso preparo? Para responder essa pergunta, precisamos responder outras três.

Primeiramente, se duas pessoas se casam, elas se conhecem muito bem e amam o íntimo um do outro. Você conhece o íntimo de Jesus tão bem a ponto de poder se casar com Ele? Segundo, é esperado santidade por parte de uma noiva (APOCALIPSE 19:8). A maneira que você vive na Terra está demonstrando santidade? E, por fim, a noiva possui uma ligação com seu noivo, eles são semelhantes. Ninguém se casa com alguém que não o atrai! Você tem se parecido com Jesus? Chegou o momento de compreendermos a enorme responsabilidade de sermos chamados de Noiva de Jesus e começarmos o árduo preparo para o casamento.

Desafio:
Responda as três últimas perguntas. Estabeleça uma atitude para cada uma delas, visando estar mais próximo do ideal. Esteja preparado!

FILIPE

19 DEZEMBRO

VOCAÇÃO PARALISADA

Como prisioneiro no Senhor, rogo-lhes que vivam de maneira digna da vocação que receberam. (EFÉSIOS 4:1 ACF)

Vocação vem do termo latim *vocare*, que significa chamar. Então, quando descobrimos a nossa vocação nos deparamos com o nosso chamado. Deus nos chamou para um propósito. Vocação não é um hobby ou algo que você faz quando está a fim, é aquilo que te move, que te faz sair do lugar. São dons e talentos que Deus depositou na sua vida para exercê-los de forma relevante para a sociedade. Entretanto, como sempre, o inimigo vai buscar nos atacar para que a gente fuja desse propósito.

Num momento da minha vida, eu estava exercendo um papel de liderança em uma área da minha igreja local, na qual eu amava muito, porém havia já um certo tempo que aquilo tinha se tornado mais um fardo do que um prazer. Eu estava no meu limite e precisava dar um tempo. Então o Espírito Santo começou a me incomodar para tomar uma atitude e abrir mão daquilo por um tempo e me permitir ser cuidada por Ele. Apesar de ter relutado bastante contra isso, decidi obedecer e descansar. O diabo não perdeu a oportunidade para colocar coisas na minha cabeça dizendo: "Você realmente não era uma boa líder, não é para qualquer um, tem pessoas bem melhores que você para fazerem isso, invista em outras coisas e deixe isso de lado".

Mas Deus levantou pessoas maravilhosas no meu caminho para que eu não abandonasse essa área de liderança e que acreditavam no meu potencial. Nesse período de recesso, pude descansar, organizar minha mente e entender que era um tempo de amadurecimento do meu chamado. Eu poderia ter dado ouvidos ao diabo e nunca mais voltar a ser líder. Fazendo isso, eu estaria paralisando a vocação que Deus me instituiu!

STELA

Desafio:
Mande uma mensagem para um amigo que tenha uma vocação incrível, mas que tenha desanimado no caminho e hoje está estagnado. Escreva algo motivador e lembre-o de como Deus ainda quer usá-lo!

DEZEMBRO 20

FLECHAS NA MÃO DO ARQUEIRO

Como flechas nas mãos do guerreiro são os filhos nascidos na juventude. (SALMO 127:4)

Além da Bíblia falar muito sobre a criação de filhos, ela também fala que nós (filhos) somos como flechas nas mãos dos arqueiros (pais), o que a meu ver é uma analogia perfeita. Afinal as flechas são criadas pelo arqueiro, desenvolvidas por ele e, no fundo, ele já sabe o propósito dela. Então, quem tem a responsabilidade de instruir seus filhos e determinar para onde eles vão são os pais! É deles a missão de preparar bem as flechas e fazer com que elas consigam atingir o alvo, o propósito e realmente "chegar lá e fazer acontecer".

Mas esse papel não é apenas dos nossos pais. Todos nós, como filhos, devemos olhar para frente, ver onde está o alvo, analisar o caminho e, o mais importante, devemos estar preparados para o momento de lançamento. Todo o percurso que a flecha faz até chegar ao alvo é como o percurso que nós fazemos para alcançar nossos propósitos. Muitas vezes é doloroso, difícil, pode dar medo e em algum momento pode até parecer chato, mas garanto que no final vale a pena.

Devemos ser instruídos e obedientes aos nossos pais para que sejamos boas flechas e como filhos devemos ser uma boa "estratégia" para eles. Acredito que muitas flechas facilitam ainda mais o processo de lançamento para os seus arqueiros. Por exemplo, um arqueiro seguro de sua flecha, vai soltá-la com alegria, mirando sorridente no alvo, mas, se por acaso ele estiver com medo de onde a flecha vai parar porque ela está meio torta, meio quebrada, existe uma grande chance de ele errar o alvo. O que quero dizer é que se trata de um trabalho em conjunto. Por isso, se prepare para ser lançado e voe!

Desafio: *Você conversa com os seus pais ou responsáveis sobre seu propósito? Tenha uma conversa franca com eles sobre isso, abrindo seus pontos fracos e fortes, e assim como um avião tem um checklist de voo, escreva junto com eles quais são os próximos passos para o seu lançamento.*

BEA

21 DEZEMBRO

CRISTÃO SEM VERGONHA

Adúlteros, vocês não sabem que a amizade com o mundo é inimizade com Deus? Quem quer ser amigo do mundo faz-se inimigo de Deus. (TIAGO 4:4)

Cada vez é mais comum vermos adolescentes que não são conhecidos como seguidores de Cristo em seu ambiente escolar. Muitos têm amigos que nem sabem que eles são cristãos. Porém, percebo que o motivo disso não é necessariamente vergonha de contar aos outros que eles acreditam em Deus, mas medo das consequências disso. O adolescente se importa demais com o que os outros pensam e tem medo de ser zoado no colégio como o "certinho" ou "santinho".

A Bíblia nos mostra alguém que tinha um pensamento completamente oposto. Quando Jesus foi traído, João, o discípulo amado, e Pedro o seguiram até a casa do sumo sacerdote onde Ele seria interrogado. Ao chegarem na casa, João, conhecido do sumo sacerdote, pôde entrar, enquanto Pedro esperava do lado de fora. Porém, João conversou com a moça encarregada da porta, que permitiu que Pedro entrasse (JOÃO 18:15-17). Foi nesse momento que Pedro foi questionado: "Você também estava com Jesus, o galileu", e ele negou as três vezes (MATEUS 26:69-75). Se falaram para Pedro que ele também estava com Jesus, então sabiam que João era um discípulo!

João não teve medo de ser identificado como discípulo de Jesus. Ele seguiu seu Mestre até o final, inclusive ficou próximo da cruz durante a crucificação de Jesus. Diferente dos demais discípulos (JOÃO 19:25,26). Ele não tinha vergonha! Não tinha medo de ser zoado ou perseguido pelo povo. Nosso foco deve ser agradá-Lo, não importa o que pensem de nós. Não devemos amar o mundo e o que está nele, mas focar na vontade do Pai, a qual permanece para sempre (MATEUS 6:10). Afinal, ser perseguido por Jesus é um presente (MATEUS 5:10). Como consequência, João foi eternamente conhecido como aquele quem Jesus amava. Acho que valeu a pena, não é mesmo?

Desafio: *Analise em sua roda de amizades como você é visto. Você tem sido conhecido por andar com Ele? Hoje mesmo tome uma atitude que mostre seu amor por Jesus aos seus amigos. Não tente parecer deste mundo, pois você não é!*

FILIPE

DEZEMBRO 22

O MAIOR MANDAMENTO

*Ele respondeu: "Ame o Senhor,
o seu Deus de todo o seu coração, de toda a sua alma,
de todas as suas forças e de todo
o seu entendimento' e 'Ame o seu próximo
como a si mesmo".* (LUCAS 10:27)

Como humanidade, lutamos para encontrar definições e garantir que as coisas estejam debaixo do nosso controle, mas, em toda Sua grandeza, o Criador simplesmente não se limita a nenhuma classificação. Ele não cabe dentro de uma caixa. Ele é o Grande Eu Sou. Ele é o mesmo desde sempre e para sempre.

Muitas vezes, ao ler o Antigo Testamento, pensei que Deus parecia muito diferente naquele período. Errei! Ao longo da História, nosso Deus é o mesmo, o que muda é a nossa revelação sobre Ele! E, com a certeza de que Ele permanece imutável, sabemos que aquilo que o agrada também permanece o mesmo. Sua vontade é clara por toda a Palavra: fomos feitos para amá-lo mais do que qualquer outra coisa!

Deus entregou o que tinha de mais valioso: Jesus! Fomos tratados com o melhor dEle! E da mesma forma, Ele deve e merece ser tratado com o nosso melhor! O amor é a decisão que define como nossos dias serão vividos. Muito mais do que um sentimento, o Senhor espera de nós uma conduta condizente! Se esse é o mandamento mais importante, o quanto você tem sido fiel? Deus ocupa o primeiro lugar em sua vida ou você oferece a Ele apenas as sobras? Reflita sobre suas escolhas! Amá-Lo, conhecê-Lo e servi-Lo são prioridades suas? Que nossa geração possa amar ao Senhor completamente. Que possamos oferecer o melhor para o Melhor.

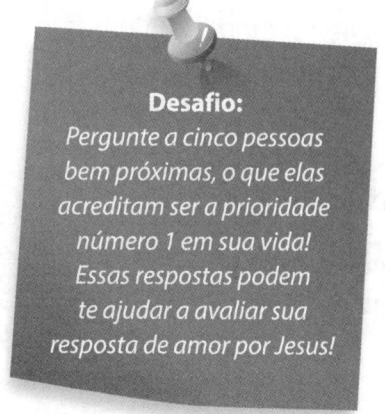

LISSA

Desafio:
Pergunte a cinco pessoas bem próximas, o que elas acreditam ser a prioridade número 1 em sua vida! Essas respostas podem te ajudar a avaliar sua resposta de amor por Jesus!

23 DEZEMBRO

CONTROLE-SE!

Mas o fruto do Espírito é amor, alegria, paz, paciência, amabilidade, bondade, fidelidade, mansidão e domínio próprio. Contra essas coisas não há lei. (GÁLATAS 5:22,23)

Eu tenho que me policiar demais para não ficar o tempo todo conectada com as redes sociais. Teve um momento que eu havia perdido o controle e estava mais conectada com o mundo virtual do que o real. Minha mãe sentou comigo uma vez e me disse: "Filha, você está viciada". E eu respondi (enquanto olhava para o meu celular): "Nada a ver, mãe". E foi aí que eu me toquei. Aquele vício estava afetando tudo ao meu redor e eu tive que tomar uma atitude... radical.

Desinstalei todos meus aplicativos. Avisei todos os meus amigos que estaria offline por um tempo e que, se fosse urgente, poderiam me ligar. Os primeiros dias são os piores da vida. Você se sente isolado, vazio e entediado. Não tinha mais mensagens, *posts*, *stories*, nada. Você se sente tão desconectado que, se você quisesse conversar com alguém, a única opção era ligar para a pessoa (raramente fazem isso hoje em dia). Porém, os dias foram se passando e aquela angústia começou a diminuir. Por incrível que pareça, foi o tempo em que eu mais esvaziei a minha cabeça e pude focar totalmente em Deus. E o impressionante é que eu havia me aproximado mais da minha família. O ambiente mudou. Depois de uma semana, eu voltei às mídias com outra mentalidade. Estabeleci um limite. Comecei a vigiar para que eu não viesse a perder o controle de novo.

Já que temos o Espírito Santo, uma das características do fruto dEle em nós é o domínio próprio. Isso não só se aplica a você controlar sua raiva (como eu pensava), mas ele serve para você ter o domínio contra tudo que venha tentar roubar o lugar de Deus na sua vida. Portanto, controle-se! Tenha foco e não permita que um celular seja senhor e te domine completamente.

STELA

Desafio: *Estabeleça um tempo limite para mexer no celular, como meia hora. Ajuste o despertador e quando ele tocar, saia do celular.*

DEZEMBRO 24

INCLUA JESUS NESSA!

*Tudo o que fizerem, façam de todo
o coração, como para o Senhor, e não para os homens.*
(COLOSSENSES 3:23)

Você já pensou em ser um grande profissional em algum esporte, um juiz ou bom empresário? Independentemente da profissão que escolherá, ela pode e deve ser uma ferramenta para o Reino de Deus! Neste devocional quero te contar um pouco sobre o meu time favorito de futebol americano, o *Philadelphia Eagles*.

Eles entenderam que a profissão deles não está separada dos sonhos de Deus e enxergam os seus empregos como uma plataforma de espalhar o evangelho. Pelo fato de muitas vezes os jogos coincidirem com os horários do culto, eles têm as próprias reuniões com um pastor e estudos bíblicos durante a semana. Assim, eles podem sempre se alimentar da Palavra e ter um acompanhamento de um líder. Fora de campo eles também têm levado o amor de Cristo através de programas sociais em comunidades carentes e outros eventos.

Como lemos no versículo de hoje, Paulo disse que tudo que fizermos devemos fazer como se fosse para o Senhor. Isso também está ligado aos estudos, trabalhos e atividades de lazer, basicamente tudo o que fazemos. Nosso comportamento diante dos nossos afazeres tem que estar totalmente ligado à excelência, pois, se tudo é para Deus, tudo deve ser feito da melhor forma.

Desafio: *Em sua próxima atividade de lazer que envolva mais pessoas, leve o Reino através do esporte e em todas as suas atitudes. Lembre que você está fazendo para Deus. Orem antes de começar o jogo, se alguém se machucar, ore pela pessoa e, na hora que surgir a oportunidade de brigar, pense duas vezes. Nossa vida com Deus não pode estar separada dos nossos compromissos e atividades de lazer.*

CONDO

25 DEZEMBRO

NATAL

O NATAL E A ADORAÇÃO

A vocês, graça e paz da parte de Deus nosso Pai e do Senhor Jesus Cristo, que se entregou a si mesmo por nossos pecados a fim de nos resgatar desta presente era perversa, segundo a vontade de nosso Deus e Pai. (GÁLATAS 1:3,4)

Hoje é Natal, que maravilhoso não é mesmo? Presentes, Papai Noel... Será que o Natal é somente isso? Muitas vezes podemos esquecer que o Natal (simbolicamente no dia 25 de dezembro) é a celebração do nascimento de Jesus, aquele que veio ao mundo, para viver como homem e morrer pelos pecados de toda a humanidade, para que pudéssemos ter vida. Jesus entregou-se por inteiro por cada um de nós. O mínimo que podemos fazer é nos entregarmos também a Ele e adorá-Lo. Adoração não é somente cantar músicas bonitas na igreja; adoração é levar uma vida de entrega, uma vida que agrada e exalta ao Senhor, que O louva e O honra.

Quando penso no Natal, no nascimento de Jesus, logo lembro da história dos homens que, sabendo do nascimento de Jesus, vieram adorá-Lo trazendo consigo presentes: ouro, incenso e mirra (MATEUS 2:1-12). Sim, podemos adorar ao Senhor com nossos bens, com aquilo que possuímos materialmente. No entanto, Deus não precisa daquilo que temos; Ele não precisa da nossa oferta, do nosso dinheiro ou das nossas coisas, porque Ele é dono de tudo (AGEU 2:8). Mas o que Ele quer é o nosso coração! Ele não quer o que podemos oferecer, Ele nos quer (JOÃO 4:23). Então por que ofertar? Porque, quando ofertamos ao Senhor, declaramos que Ele é maior e mais importante que nossos interesses, do que aquilo que possuímos, e isso é adoração!

Quando entregamos a nossa vida a Jesus, estamos declarando que Ele é Senhor e Dono de tudo o que temos e somos. Acredite, é uma ótima escolha, porque Ele é um ótimo administrador!

Desafio: *Entregue ao Senhor sua vida com tudo o que você é, assim como Jesus te entregou a dEle. Feliz Natal!*

NELSON

DEZEMBRO 26

FÉ NÃO É SENTIMENTO

Ora, a fé é a certeza daquilo que esperamos e a prova das coisas que não vemos. (HEBREUS 11:1)

Nós, cristãos, precisamos demonstrar alegria em nossos dias apesar das más circunstâncias, pois as pessoas necessitam de exemplos de pessoas que consigam ser alegres mesmo em momentos difíceis. Nenhum outro povo louva a Deus enquanto é morto por crer nEle! Nossa alegria está em nosso Senhor e deve ser vista sempre (FILIPENSES 4:4).

Porém, muitas vezes achamos complicado permanecer felizes em meio às dificuldades. O sentimento grita mais alto. Nos deixamos levar pelo o que sentimos e não pelo o que cremos. O texto de Hebreus 11:1 fala que a fé é a certeza do que esperamos, não do que sentimos ou do que vivemos. Se você baseia seu sentimento na certeza do que você espera e não no que vê, você é feliz! Estou falando isso para lhe mostrar que você pode continuar feliz independente da situação. A fé não é um sentimento, mas uma convicção! Tomé, discípulo de Jesus, baseou sua fé naquilo que ele via e sentia, mas o próprio Jesus o repreendeu e disse que felizes são os que creram sem ver (JOÃO 24:29).

Mas como alinhar nosso sentimento ao que cremos? Exercitando a fé! E como exercitar? A fé vem pelo ouvir a Palavra de Deus (ROMANOS 10:17), então devemos primeiramente buscar o conhecimento de Sua palavra. Você precisa conhecer o que espera! Em seguida, devemos tomar uma atitude que expresse nossa busca pela felicidade nEle através da fala. Em Marcos 11:23, Jesus fala que, se alguém disser ao monte para se levantar e se atirar ao mar e crer de todo coração, assim acontecerá. Portanto, para basearmos nossas emoções na alegria que vem dEle, também precisamos crer de todo coração e declarar! Seja você o exemplo da felicidade que só Deus pode proporcionar. Não se baseie em sentimentos, mas no que você crê!

FILIPE

Desafio: *Na próxima vez que estiver triste, lembre-se do amor de Jesus por você. Comece a declarar as promessas dEle sobre a sua vida e que Deus é o Senhor das suas emoções. Abra a boca e comece a declarar!*

27 DEZEMBRO

A PERGUNTA CERTA

*Então Pedro disse a Jesus: "Senhor,
é bom estarmos aqui. Se quiseres, farei três tendas: uma para ti,
uma para Moisés e outra para Elias".* (MATEUS 17:4)

Antes de tudo, leia esse capítulo completo e, quando terminar, volte aqui. Você já ouviu dizer que Pedro era o discípulo mais "gente como a gente" de todos? Eu concordo muito com essa frase porque me identifico muito com as reações dele. Por exemplo, no versículo que acabamos de ler, acredito ele não estava mal-intencionado. Acho até que ele tenha sentido um arrependimento instantâneo por ter dito aquilo, afinal, logo em seguida, Deus se manifesta em toda a Sua soberania, falando em voz audível pela segunda vez no Novo Testamento, interrompendo Pedro (MATEUS 17:5).

E agora eu quero te mostrar porque geralmente nos identificamos com essa situação. Pedro cometeu três erros: 1. Achou que Deus precisava da ajuda dele (força física); 2. Colocou Jesus, Moisés e Elias no mesmo nível; e 3. Não acreditou que Jesus era suficiente. Deus é capaz de fazer todas coisas. Sendo bem realista, Ele não precisa da nossa ajuda, mas, por nos amar tanto, nos chama para cooperar com Ele (1 CORÍNTIOS 3:9). Voltando ao primeiro erro de Pedro, você já tentou "ajudar" Deus em alguma coisa? Na Bíblia, encontramos vários exemplos de pessoas que tentaram "ajudar Deus" e se deram muito mal. Um ótimo exemplo disso é Abraão.

Deus não deixou de ter grandes planos para Pedro e nem para Abraão, mas os planos não dependiam da força de nenhum dos dois. A pergunta certa muitas vezes não é: "Deus como eu posso Te ajudar?". Afinal, Ele é Deus e é suficiente! Mas devemos nos preocupar em perguntar como podemos cooperar com os planos dEle. Quando tentamos ajudar Deus com nossa própria força, tentamos tirar Deus do lugar dEle, falamos de forma indireta que Ele não é bom o suficiente para realizar aquilo. Porém, Deus continua sendo infinito em amor, como podemos ver no versículo 7. Se possível, leia de novo e se lembre que, mesmo com as nossas falhas, com nossas tentativas, erros e acertos, Ele continua por perto, dizendo: "Não tenha medo, o amor continua aqui" (1 JOÃO 4:18).

Desafio: Se concentre hoje em entender o que Ele quer fazer através de você, se coloque à disposição dEle, entregue os seus planos, sonhos e projetos e deixe Deus ser Deus de verdade na sua vida.

BEA

DEZEMBRO 28

QUE VOZ É ESSA?

Quanto ao que foi semeado entre os espinhos, este é aquele que ouve a palavra, mas a preocupação desta vida e o engano das riquezas a sufocam, tornando-a infrutífera. (MATEUS 13:22)

Na área de comunicação, existem diversos fatores necessários e essenciais para que ela exista, como: quem vai transmitir a mensagem (emissor), quem vai recebê-la (receptor), a mensagem em si, que é o conteúdo, o código, que é a maneira de transmiti-la, e o canal, que é a fonte. Você pode observar esses fatores presentes em diversos lugares como o rádio, programas de TV, uma simples carta e até uma conversa comum.

Muitas vezes, quando a mensagem não é enviada, está relacionada aos ruídos, que são elementos internos ou externos que atrapalham o processo de transmissão. Todos esses processos também se relacionam com a nossa vida com Deus. A forma como Ele interage conosco e a forma como recebemos. Quais têm sido os ruídos que tem te impedido de ouvir a voz dEle?

Constantemente Deus tem tentado se comunicar de muitas formas conosco, mas às vezes, em meio a tantas vozes, nosso coração só dá ouvidos às nossas próprias preocupações e aos nossos desejos. O pecado é o principal ruído que nos faz deixar de receber aquilo que Cristo quer falar, por isso, precisamos estar atentos a que voz tem direcionado a nossa vida. O versículo acima fala da Palavra que foi semeada no coração em meio aos espinhos e às preocupações externas, ou seja, a pessoa até ouve a Palavra, mas os fatores externos sufocam e acabam tornando-a infrutífera. Qual tem sido o tipo de solo do seu coração, em que Deus tem depositado a Palavra dEle?

JULIA

Desafio: Tente lembrar a última vez que você percebeu Deus falando com você através da Palavra, seja você lendo a Bíblia sozinho ou ouvindo alguém pregando. Pense em como aquilo mexeu com você e analise se você realmente mudou alguma coisa em sua vida depois daquela ministração. Se sim, faça disso um hábito. Se não, reveja e mude o quanto antes. Não seja simplesmente um ouvinte, mas um praticante da Palavra. Não deixe nada sufocar aquilo que Deus tem falado ao seu coração.

29 DEZEMBRO

MEU CHAMADO?

*Se o seu dom é servir, sirva; se é ensinar, ensine;
se é dar ânimo, que assim faça; se é contribuir, que contribua
generosamente; se é exercer liderança, que a exerça
com zelo; se é mostrar misericórdia, que o faça com alegria.*
(ROMANOS 12:7,8)

Muitas pessoas vivem com esta crise: qual é meu chamado? Afirmam nunca terem ouvido a voz de Deus direcionando-a a respeito. Mas a real questão é: você realmente quer ouvir aquilo que Deus está falando? Em um mundo de orfandade espiritual, onde todos querem ganhar atenção para sentirem-se especiais e o número de seguidores nas redes sociais acaba sendo o padrão mundano daquilo que é ser importante, as coisas que não se apresentam de maneira tão extraordinária do ponto de vista humano acabam por ser desvalorizadas. E a Igreja tem sido afetada por isso.

As pessoas pedem para Deus um direcionamento e Ele diz, por exemplo: "Vou fazer de você um professor". Como esse direcionamento não parece tão fora do comum, acabam por ignorá-lo, continuando a afirmar: "Deus nunca falou comigo". Se todos forem cantores, quem impactará a política com o amor de Jesus? Se todos forem pregadores que vivem viajando, quem mostrará Jesus nas salas de aula? Devemos entender que somos um corpo, o corpo de Cristo. Cada um tem sua função e todas são necessárias (1 CORÍNTIOS 12:17-19).

Não se preocupe em ser extraordinário. O sobrenatural muitas vezes se manifesta no simples. Preocupe-se em estar no centro da vontade do Senhor e você estará no melhor lugar possível. Deus tem planos específicos para você. Ele sabe suas habilidades e vocações e quer usá-lo em áreas específicas para influenciar a sociedade.

NELSON

Desafio:
Deixe-se ser conduzido por Ele. Não negligencie aquilo que Ele lhe oferece. "Hoje, se vocês ouvirem a sua voz, não endureçam o coração"
(SALMO 95:7,8).

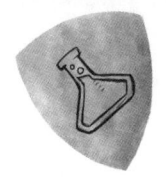

A EMPATIA DE JESUS

*...pois não temos um sumo sacerdote
que não possa compadecer-se das nossas fraquezas,
mas sim alguém que, como nós, passou por todo
tipo de tentação, porém, sem pecado.* (HEBREUS 4:15)

Nos meus primeiros passos da minha conversão, eu enxergava Deus como um cara que não me entendia. Eu olhava para as minhas dificuldades, todos os desafios que havia no caminho e principalmente para os meus traumas e dizia (bem revoltada): "Por que você não desce aqui e vem viver a minha vida para dizer se é fácil?". Aqui se tratava de um tempo que eu tinha acabado de começar um relacionamento com Deus. A verdade é que, no final das contas, era eu que não entendia as coisas.

Um dia eu estava lendo Hebreus 4 e, quando me deparei com o versículo 15, me encontrei em prantos. Preste atenção nesta frase: alguém como nós, [Jesus] passou por todo tipo de tentação, porém, sem pecado. Calma aí, então isso quer dizer que, por amor a nós, Jesus deixou os Céus, se vestiu da sua PRÓPRIA criação, se sujeitou aos próprios limites que estabeleceu desde a fundação do mundo e se tornou humano assim como eu? Em Filipenses 2:7,8, diz: "...mas esvaziou-se a si mesmo, vindo a ser servo, tornando-se semelhante aos homens. E, sendo encontrado em forma humana, humilhou-se a si mesmo e foi obediente até à morte, e morte de cruz!". Portanto o Deus que eu achava que não me entendia, na verdade, é Aquele que mais me compreende no mundo. Quando eu disse para Deus descer aqui e viver a minha vida, de fato Ele já tinha feito isso, por meio de Jesus. Mas como eu pude dizer isso? Simplesmente porque eu ainda não O conhecia.

Empatia é se identificar com o próximo, tentando sentir as mesmas emoções e sentimentos que ele. Empatia é a melhor forma que alguém pode adotar para tentar compreender o outro. Jesus fez isso! Não consigo encontrar alguém que tenha maior empatia do que Ele. Hoje, nos momentos em que estou mal, triste, na *bad* por causa de alguma situação que me abalou e tenho vontade de ficar sozinha no meu quarto, Jesus vai lá, enxuga as minhas lágrimas e me lembra: "Ei, eu te entendo. Eu sei o que você está passando. Vamos sair dessa juntos?"

STELA

Desafio: *Se coloque no lugar dos outros. Comece escutando as pessoas e tentando entender o que elas estão passando.*

31 DEZEMBRO

VOCÊ CHEGOU ATÉ AQUI... E AGORA?!

Hoje é o último dia do ano! Que sentimento surgiu em seu coração ao ler essa frase? É muito comum olharmos para trás neste dia e nos entristecermos pelo o que deixamos de viver em Deus. Porém, queremos lhe mostrar um outro lado. Pare por um momento e tente lembrar dos seus planos no primeiro dia deste ano. Você não tinha ideia do que aconteceria! Agora, ao invés de focar no que não fez, pense no que conquistou. Pense no que Deus fez na sua vida. No quanto cresceu. Se você está lendo este texto agora, temos certeza que sua fome por Ele ainda é grande! Deus acendeu algo em seu coração que te motivou a iniciar a leitura deste livro. Pode ter sido apenas uma faísca na busca para ser e fazer a mudança em sua geração, em sua escola, em seu trabalho, em sua cidade, enfim, a ser intencional em suas escolhas.

A maioria das pessoas tem como costume nesta época do ano ponderar o passado e o futuro. Quem sabe essa é uma das razões pelas quais Deus nos concedeu a noção de tempo. Ao julgarmos o que já conquistamos e refletirmos sobre quem queremos ser, temos a chance de viver com mais zelo. Também temos o costume de estabelecer metas para o próximo ano, esperando que, com o início de um novo ciclo, novas coisas aconteçam. E é verdade. O Senhor trabalha com ciclos. Existem fases na nossa vida. Mas isso não pode ser utilizado como argumento para um conformismo com nossa situação atual. Você, durante todo este ano, recebeu instruções e encorajamentos em diversas áreas da vida cristã. Se você chegou até aqui, queremos te lembrar de todos os desafios que você já venceu. Você impactou os seus amigos, você jejuou pela nossa nação, você viveu novas experiências em Deus, foi mais longe do que imaginava, percebeu que podia transformar a sociedade e tantos outros desafios construíram esse processo. Este ano, definitivamente, você fez acontecer!

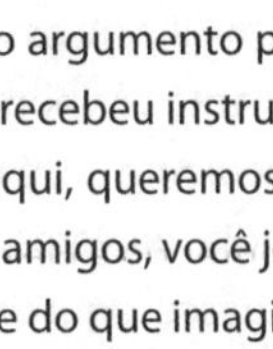

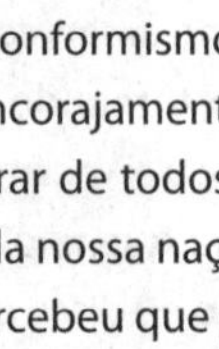

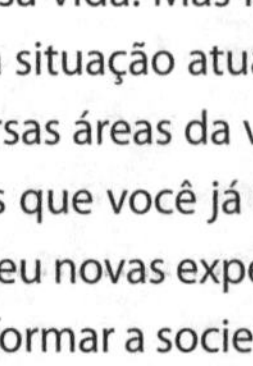

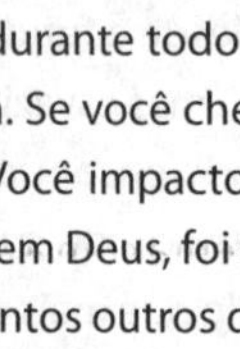

Foram 364 motivações diárias até agora para te tornar uma pessoa mais apaixonada por Jesus, alguém que, assim como nós, anseia pela eternidade e tem o desejo de virar o mundo de cabeça para baixo. Neste último texto, nosso objetivo é elevar ainda mais suas expectativas para esse próximo ano que está por vir! E se você olha para si e se sente frustrado ou incapaz de viver algumas coisas, saiba que não somos muito diferentes de você. Somos seres humanos, com falhas, dificuldades e frustrações. Entretanto, ao iniciarmos a aventura de escrever este livro, decidimos olhar acima das ondas e encontrar nEle toda e qualquer capacitação. Sem Ele nada disso poderia ter sido feito (JOÃO 15:5). Deus está à procura de corações dispostos a se arriscarem a ir além nEle. Pensávamos: "Como assim sete adolescentes podem escrever um livro falando sobre as áreas de influência da sociedade?". E o Senhor nos dizia: "Vocês estão dispostos a isso? Porque Eu estou."

Ele é o real Autor, por isso, cremos que Ele te revelou coisas incríveis no decorrer deste ano, o edificou com segredos do Seu coração, exortou em amor e o consolou. Mas agora a pergunta é: o que você fará com tudo o que o Pai compartilhou com você? Jesus disse que o que ligarmos na Terra será ligado no Céu (MATEUS 16:19). Ou seja, Ele está nos dando autoridade e praticamente está dizendo: "Agora é contigo"! Então, o que você fará com as boas-novas que foram reveladas a você? Um novo ano vai começar e sim, Jesus é a resposta para tudo, mas é através de você que Ele agirá. Ele está esperando o seu "sim" aceitando participar daquilo que Ele está fazendo na sua geração. Não importa a sua idade, seus medos ou dificuldades. Nenhuma desculpa é suficiente para convencer Deus de que você não é capaz de ser levantado no seu tempo, porque é Ele que te capacita. Jeremias disse que era jovem demais (JEREMIAS 1:6), Moisés disse que não tinha jeito para falar (ÊXODO 4:10), Gideão disse que era o menor da casa do seu pai (JUÍZES 6:15), e todos eles se posicionaram para fazer a diferença na sua geração.

Jesus te ama sem interesse e enxerga quem você é. É Ele que muda a sua vida. É Ele que oferece sentido e propósito. Então, ao invés de tentar fazer as coisas sozinho, por que você não tenta com a ajuda dEle? Orando por suas áreas de dificuldade e perguntando a Ele quais metas ter? Muito do que fazemos em nossa rotina é por hábito. Decida o que você quer viver e, se necessário, mude hábitos que têm definido sua vida. Sonhe coisas dignas de um Deus tão grande, porque nEle você pode todas as coisas. Que o seu olhar esteja fixo em quem Ele é, que você tenha um senso de urgência por essa geração e que use tudo que aprendeu este ano, tudo que aprendeu neste livro e tudo que Ele te falou, para transformar e impactar todos que estão ao seu redor.

Que neste novo ano que se inicia você corra em passos largos, sem medo, confiando e sabendo que Ele está à sua frente!

LISSA

NELSON

STELA

Desafio:
Faça desse dia o ponto de virada na sua vida e na vida de alguém!

NOTAS

NOTAS

NOTAS